Axel Weishoff

Wider den Purismus der Vernunft

Kulturwissenschaftliche Studien zur deutschen Literatur

Herausgegeben von
Dirk Grathoff, Günter Oesterle und Gert Sautermeister

In der Reihe „Kulturwissenschaftliche Studien zur deutschen Literatur" werden Forschungsarbeiten veröffentlicht, die eine Erweiterung der tradierten germanistischen Arbeitsgebiete anstreben. Neben dem traditionellen Kanon ästhetischer Literatur sollen vernachlässigte Textgenres, etwa journalistische Prosa, Briefe und Berichte sowie Darstellungs- und Diskursformen technisierter Medien wie Radio, Film und Fernsehen berücksichtigt werden.
In methodisch-theoretischer Hinsicht werden im Rahmen literaturwissenschaftlicher Analysen unterschiedlicher Ansätze – z. B. der kulturwissenschaftlichen Anthropologie und der Psychoanalyse, des Strukturalismus und der Gesellschaftswissenschaften – integrativ verbunden und auf ihre Ergiebigkeit für die traditionellen hermeneutischen, literarästhetischen und -historischen Verfahren erprobt.

Axel Weishoff

Wider den Purismus der Vernunft

J. G. Hamanns sakral-rhetorischer Ansatz zu einer Metakritik des Kantischen Kritizismus

Westdeutscher Verlag

ISBN 978-3-531-13168-9   ISBN 978-3-322-91677-8 (eBook)
DOI 10.1007/978-3-322-91677-8

Inhalt

Wider den Purismus der Vernunft!

Die Formulierung des Themas dieser Arbeit verspricht die Analyse zweier auf-
einander bezogener, philosophischer und theologischer Grundlagentexte des 18.
Jahrhunderts, nämlich der *Kritik der reinen Vernunft* von Immanuel Kant aus dem
Jahr 1781 und der *Metakritik über den Purismum der Vernunft* von Johann Georg
Hamann aus dem Jahr 1784.[1] Der Schwerpunkt der Untersuchungen liegt dabei auf
der Darstellung des 'sakral-rhetorischen Ansatzes Hamanns zu einer Metakritik des
Kantischen Kritizismus', deren Ziel es ist, die von Kant aufgestellte Behauptung der
Möglichkeit einer radikalen »(s)prach(lichen) Reinigung« des Begriffs der »Ver-
nunft« sowohl von der »Überlieferung, Tradition und (dem) Glauben« als auch von
der »alltäglichen Erfahrung« (Hamann, NIII, S.284, Z.7-32) theoretisch zu hinterfragen und praktisch zu widerlegen.

Bevor wir jedoch mit der detaillierten Analyse der uns interessierenden Kant-
und Hamanntexte beginnen können, ist es unumgänglich, zunächst ein angemesse-
nes rhetorik-begriffliches Instrumentarium für die spätere Deutung und ein grund-
legendes rhetorik-geschichtliches Verständnis des 18. Jahrhunderts zu entwickeln.
Dies geschieht im Rahmen eines umfangreichen Einleitungsteils, in dem die
literaturkritischen Arbeiten des heute leider weitgehend vergessenen Romanisten
Erich Auerbach vorgestellt werden, der in seinem großen *Mimesis*-Buch von 1946[2]
und einigen kleineren Aufsätzen aus den vierziger und fünfziger Jahren eben diesen
Fragen nach den »methodischen Prinzip(ien)« eines »historisch-synthetischen«
(Auerbach, 1952, S.307-8)[3] Verfahrens zur Stilinterpretation verschiedenster poe-
tischer Texte der abendländischen Literaturgeschichte nachgegangen ist. Wie sinn-
voll die Anknüpfung an den rhetorischen Ansatz E. Auerbachs ist, wird der
Vergleich mit den bislang maßgeblichen Forschungsansätzen eines E.R. Curtius und
K. Dockhorn zeigen. Die von diesen beiden Philologen eingeschlagenen zwei
Hauptwege der Rehabilitierung der 'literarischen Rhetorik' in Deutschland nach
1945 erweisen sich nämlich aus heutiger Sicht als Sackgassen: Die weitgehende
Konzentration auf die Schullehre *(doctrina bzw. praecepta)* und die Vernach-
lässigung der (außer)schulischen rhetorischen Praxis *(exempla, imitatio)*[4], die
einseitige Betonung entweder des rationalen oder des irrationalen Moments der
Rhetorik[5], das Festhalten an der Annahme einer absoluten Konstanz rhetorischer
Begrifflichkeit und das Beharren auf der Idee einer rein kontinuierlichen Ent-
wicklung der Geschichte der Rhetorik seit der klassischen Antike nicht nur bei E.R.
Curtius (und seinem Schüler H. Lausberg), sondern tendenziell auch bei deren
Widersacher K. Dockhorn[6], führte zwangsläufig dazu, daß die Eigenständigkeit,
Vielschichtigkeit und Eigengeschichtlichkeit des literarischen Werks eines Autors
einer bestimmten Epoche nicht genau genug erfaßt werden konnte. Die Stärke des

rhetorischen Ansatzes E. Auerbachs besteht demgegenüber darin, daß er den beständigen Wechsel für eine gewisse Zeit verbindlicher Stilvorstellungen nachweist und insbesondere zwischen der heidnisch-antiken und der christlich-spätantiken Rhetorikauffassung einen Unterschied ausmacht, der von entscheidender Bedeutung ist: Im Grunde bereits im *Neuen Testament* der *Bibel*, spätestens aber bei den Kirchenvätern entwickelt sich ein eigenständiger *figura*-Begriff und eine dementsprechende Vorstellung von Stilmischung aus Niedrigem (Alltäglichem, Gemeinem, Geschlechtlichem) und Erhabenem (Göttlichem). Es entsteht allmählich neben der klassisch-antiken Stilauffassung ein spezifisch christlicher, durch das ganze Mittelalter hindurch wirksamer und erst gegen Ende des 18. Jahrhunderts säkularisierter *sermo humilis*, der dadurch, daß er die Gesetze der klassisch-antiken 'Dreistillehre' mißachtet, das gesamte »System« der heidnischen »Rhetorik« (Auerbach, 1952a, S.309) in Frage stellen mußte.[7] Das Ergebnis der diesbezüglichen philologischen Studien E. Auerbachs ist ein mehr differenzierender rhetorischer Ansatz zum Verständnis unserer abendländischen Literaturgeschichte, der zwangsläufig provoziert, da durch ihn das thematisiert wird, was dem derzeit unterstellten *consensus omnium* der bundesdeutschen Rhetorik-Forschung nach 1945 widerspricht: nämlich die Tatsache, daß die mehr als zweitausendjährige Geschichte der Rhetorik nicht als eine bloße Ansammlung von zumeist unzulänglichen Interpretationsversuchen einiger weniger Grundlagentexte des Aristoteles, Ciceros und Quintilians begriffen werden kann.[8] Ein Ansatz, der in den späten sechziger Jahren von den an E.R. Curtius und K. Dockhorn orientierten Wissenschaftlern heftig kritisiert[9] und danach weitgehend ignoriert worden ist, der aus heutiger Perspektive jedoch eine unübersehbare Aktualität besitzt. Das Unzureichende an den essayistischen Studien E. Auerbachs besteht allerdings darin, daß er als deutscher Jude aus biographischen Gründen über solche Vorüberlegungen zum metakritischen Verständnis der verschiedenen Epochen und Jahrhunderte der abendländischen Literaturgeschichte nicht hinauskommen konnte. So bleibt für uns zweierlei zu tun. Zum einen muß es darum gehen, mit Hilfe des von E. Auerbach zur Verfügung gestellten begrifflichen Instrumentariums die gegensätzlichen Positionen I. Kants und J.G. Hamanns in dem *inner*rhetorischen Streit[10] über das Verhältnis zwischen 'Vernunft und Sprache' genau herauszuarbeiten. Dadurch wäre es zunächst einmal möglich, eine modellhafte Vorstellung vom sehr vielfältigen Weiterleben der Rhetorik im Deutschland des 18. Jahrhunderts zu erhalten, die die geläufige Forschungsannahme einer ungebrochenen Überlieferung der klassisch-antiken rhetorischen Tradition bis in die Neuzeit hinein widerlegen würde. Dies vor allem soll die vorliegende Arbeit leisten. Zum anderen wäre es notwendig, das von E. Auerbach vorgeschlagene Verfahren der Stilinterpretation über solche Einzelstudien hinaus auf möglichst breiter Materialbasis[11] praktisch zu erproben im Sinne einer umfassenden rhetorischen Metakritik der unterschiedlichsten literarischen (poetologischen, ästhetik-theoretischen, philosophischen, theologischen) Texte des 18. Jahrhunderts.[12] Die Ergiebigkeit dieses von der Rhetorik-Forschung[13] gerade erst in Angriff genommenen Vorhabens einer Revision des herkömmlichen, allzu stark vereinfachenden Bildes der Epoche der Aufklärung in Deutschland aufzuzeigen, ist nicht zuletzt das Anliegen der hier vorgelegten Kant- und Hamann-Interpretationen, die deutlich machen sollen, daß der seinerzeit zwischen diesen beiden großen Königsberger Denkern ausgebrochene Streit über die »Fragen der menschlichen Vernunft« (Kant, KdrV, AVII) *innerhalb* der Europäischen Aufklärungsbewegung des 18. Jahrhunderts ausgetragen worden ist.

Vor der ersten praktischen Erprobung des rhetorischen Ansatzes E. Auerbachs steht jedoch das Problem, daß dessen Grundannahme einer in sich widersprüchlichen Rhetorikgeschichte für einen Großteil der Forschung bislang nicht nachvollziehbar ist. Nicht nur wird der am Ende unübersehbare Bruch[14] zwischen heidnisch-antiker und christlich-spätantiker Rhetorik um das Jahr 400 weitgehend geleugnet. Zudem wird auch der erneute Einschnitt in der Geschichte der Rhetorik um das Jahr 1800, der bekanntlich ihren Niedergang als wissenschaftliche Grundlagendisziplin bedeutete, von den meisten Fachleuten nicht als Umbruch, sondern als vollständiger Abbruch jeder rhetorischen Tradition angesehen.[15] Eine unbestreitbare Tatsache ist nun aber, daß sich gerade der in diesem Zusammenhang immer wieder zitierte Philosoph I. Kant trotz seiner vehementen Kritik an der »hinterlistigen Rednerkunst« (Kant, KdU, B218) seiner Vorfahren und Zeitgenossen bei der Entwicklung und Darstellung des puristischen Erkenntnisstils seiner Erkenntnistheorie an der klassisch-antiken rhetorischen Tradition vor allem Ciceros orientiert hat. Die Rhetorik lebt also auch gegen Ende des 18. Jahrhunderts selbst im Werk ihres scheinbar größten Verächters weiter. Auffällig ist dabei allerdings, daß das Kant vorschwebende (pseudo)ciceronische Ideal[16] einer kunstlosen »Wohlredenheit« (Kant, ibid.) im Widerspruch steht zur rhetorischen Wirklichkeit seiner kritischen Schriften. Bereits die von Kant in den Vorreden seiner drei *Kritik(en)* angesprochenen »Fragen der menschlichen Vernunft« (Kant, KdrV, AVII), die er im Verlauf seiner weiteren Untersuchungen »vollständig zu spezifizieren und gänzlich aufzulösen« (Kant, a.a.O., AXII-XIII) hoffte, erweisen sich bei genauerer Betrachtung als keineswegs reine, sondern alles vorweg bereinigende Fragen im Kontext der gewaltsam gereinigten Sprache seiner *Kritik(en)*. Nach dem von Kant entwickelten 'forensischen Erkenntnismodell' werden nämlich von der »Vernunft« als dem obersten Richter am »Gerichtshof der Kritik« (Kant, ibid.) nur bestimmte Fragen an sie überhaupt zugelassen und alle weiteren Fragen für überflüssig erklärt. Somit aber wird von Anfang an ein künstlicher Zustimmungszwang erzeugt, dem sich der Leser am Ende kaum noch entziehen kann. Die Notwendigkeit einer derart gewaltsamen Zurichtung des Vernunftbegriffs ergibt sich dabei aus der Forderung Kants nach einer bis in die Sprache hineingehenden stilistischen Trennung der »zwei Stämme der menschlichen Erkenntnis«, nämlich »Sinnlichkeit und Verstand« (Kant, a.a.O., A15), bei der die zwischen diesen beiden Stämmen vermittelnde »Einbildungskraft« (Kant, a.a.O., BVII) ihre Eigenständigkeit verliert und dem Verstandesvermögen zu- und untergeordnet wird. Das Resultat dieses kantischen Vernunftdespotismus ist eine abstrakte, mit juristischen Fachbegriffen durchsetzte Wissenschaftssprache, die durch ihre radikale literarische Stiltrennung maßgeblich dazu beigetragen hat, daß die »Vertraulichkeit« der neuzeitlichen westeuropäischen »Philosophie« mit den »niederen Geistesklassen« (Heine, 1834, S.125[17]) bis heute weitgehend verloren gegangen ist.

Demgegenüber geht es J.G. Hamann in seiner diesbezüglichen *Metakritik* darum, zu zeigen, daß eine Vernunftkritik, die nicht eine »Kritik der Bücher und Systeme« der Philosophiegeschichte sein soll, sondern eine Kritik des »Vernunftvermögens überhaupt« (Kant, KdrV, AVII) sein will, sich dem Vorwurf des dreifachen »Purismus« der »Vernunft« aussetzt; erstens dem der »Reinigung« von »Überlieferung, Tradition und Glauben«, zweitens dem der »Reinigung« von der »alltäglichen Erfahrung« und drittens dem der »Reinigung« von der »Sprache« (Hamann, NIII, S.284, Z.7-32). Dem aufmerksamen Leser der kantischen Schriften kann allerdings laut Hamann das Scheitern dieses Versuchs einer vollständigen Reinigung des Vernunftbegriffs nicht entgehen. Auch der Autor Kant war bei der gedanklichen Fassung wie bei der textlichen Ausformulierung seiner Vernunftkritik auf die durch Überlieferung, Tradition und Glauben lebendige, emotionale und wirkungsorientierte Wortsprache angewiesen, die für Hamann allemal gebunden ist an die wechselvolle Rede über das in der Geschichte Jesu Christi sinnlich-konkret gestaltete, 'leidige Kreuz' unserer irdischen Existenz. Diese Rede nun hat die rhetorische Form eines christlichen *sermo humilis,* der als »Briefstyl« (Hamann, NII, S.171, Z.30) zuerst in der *Bibel (NT)* nachweisbar ist, dann etwa von dem Kirchenvater Augustinus sowie vor allem von Luther weiter tradiert wurde und bis zum Ende des 18. Jahrhunderts die Denkmotive und den Schreibstil der Literaten stark beeinflußt hat. Ein *sermo humilis,* der eben nicht nur inhaltlich durch seine religiöse Demut, sondern auch durch seine niedrig-erhabene Form der Nachahmung *(imitatio)* und Verklärung *(transfiguratio)* der Gestalt Jesu spezifisch christlich und »(r)hetorik-(geschichtlich)« betrachtet »gewissermaßen original« ist (Hamann, ibid., und a.a.O., S.172, Z.2). Diese Originalität des Rhetorischen zeigt sich bei Hamann insbesondere dort, wo die große sakrale Kunst der rhetorischen Sprachfügung stärker als bei seinen stilistischen Vorbildern Paulus, Augustinus und Luther ganz ins Irdische (Alltägliche, Gemeine, Geschlechtliche) umschlägt. Sie ist da auszumachen, wo bei ihm der Rahmen einer *rhetorica sacra* durch die Übermacht der sinnlich-realistischen Darstellungen des bewußt Anstößigen zerbricht. Die Originalität des 'spermologischen Stils' Hamanns offenbart sich in den eruptiven literarischen Ergüssen seiner Autorschaft, in denen die Stilmischung aus Niedrigem und Erhabenem dem Stilbruch des göttlichen Rahmens gefährlich nahe kommt und das körperhafte Antlitz des sündigen Menschen Hamann mit allen seinen sexuell motivierten Vereinigungswünschen und Kastrationsängsten die durch Christus figurierte Erscheinung des unsichtbaren, aber allgegenwärtigen Gottes überblendet. Dennoch besteht die Gesamtperspektive der vorgelegten Hamann-Deutung nicht darin, die seit R. Ungers umfangreichen sprachkritischen Arbeiten über *Hamann und die Aufklärung* [18] auch in der Rhetorik-Forschung[19] vorherrschende Annahme zu stützen, im Mittelpunkt seiner *Metakritik* stehe der 'Kampf gegen die Vernunft'. Der Königsberger Denker ist den zahlreichen Selbstaussagen (Tagebüchern, Briefen) und der Lektüre seiner im engeren Sinne literarischen Werke nach trotz seiner Betonung des *movere et delectare* (erregen und erfreuen) gegenüber dem *docere* (belehren) kein Irrationalist gewesen und läßt sich auch nicht eindeutig dem Pietismus zuordnen. Hamanns Kampf gegen die Übersteigerung der Verstandes-ansprüche im Zeitalter der Spät-Aufklärung zielte nicht auf das mittlerweile viel strapazierte *Andere* der heidnischen *Vernunft*[20], also auf das Irrationale als den letzten Grund des sprachlichen In-der-Welt-Seins, sondern dieser Kampf zielte auf eine *andere Vernunft*, der es um das »(s)inn(liche)« Glaubhaftmachen christlich-humanistischer »Traditionen« geht, denn »das Gebot der Vernunft« war Hamann »heilig, gerecht und gut« (Hamann, ZHI, S.355, Z.37 - S.356, Z.1+25-26). Das zentrale Thema seines metakritischen Gesamtwerkes ist die Suche nach einer spezifisch christlichen Vernunft, die den stets rhetorischen Fragen nach der 'Existenz Gottes', der 'Unsterblichkeit der Seele' und der 'Freiheit des Menschen' nicht ausweicht, sondern die sprachlichen Möglichkeiten und Grenzen des Ver-stehens Gottes und des Verstandenwerdens von seinen Mitmenschen und der Nachwelt im Rahmen einer sakralen 'Hermeneutik des Daseins' offenlegt.

Diese Interpretationsbefunde nun führen am Ende zu einer Gewichtsverlagerung innerhalb der neuzeitlichen Rhetorikgeschichte. Der Laientheologe J.G. Hamann erweist sich als ein gleichwertiger Gegner und Zeitgenosse des großen Philosophen I. Kant. Er offenbart sich als ein religiöser Autor, der uns ein von der Erfahrung der Lust und des Leidens geprägtes Bild des die politisch-soziale Wirklichkeit des ausgehenden 18. Jahrhunderts wohl noch verklärenden, doch in seinem christlichen Glauben bereits verunsicherten deutschen Intellektuellen vermittelt, das in der Folgezeit von anderen metakritischen Denkern wie J.G. Herder, F. Nietzsche oder Th.W. Adorno weiterentwickelt und radikalisiert worden ist. Ein Lichtbild, das auch im Zeitalter der Postmoderne seine ganz eigentümliche Ausstrahlungskraft nicht verloren hat.-

Gute rhetorische Tradition ist es immer noch, denen zu danken, die zur Entstehung eines Buches maßgeblich beigetragen haben. Dieser Dank richtet sich zunächst an Herrn Prof. Dr. Lothar Paul, in dessen Hamann- und Herder-Seminaren der späten achtziger Jahre die Idee zu der vorliegenden Dissertation entstanden ist. Ein solcher Dank gebührt vor allem meinem Lehrer Prof. Dr. Gert Sautermeister, der dieses Unternehmen über die Jahre mit herzlichem Interesse und großem Engagement gefördert hat, mir aber dennoch die Freiheit ließ, das zu tun, was ich für richtig hielt. Verpflichtet fühle ich mich der 'Studienstiftung des Deutschen Volkes' für ihr großzügiges Promotionsstipendium, das die Realisierung meines Projektes sehr erleichtert hat.

Harpstedt, im Frühjahr 1996   Axel Weishoff

1 »Sacrae scriptuae sermo humilis«: Erich Auerbachs rhetorischer Ansatz zum Verständnis der abendländischen Literaturgeschichte

1.1 Über die Notwendigkeit, einen eigenen Ansatz zu finden

In einem kleinen Aufsatz aus dem Jahr 1952 mit dem Titel »Philologie der Weltliteratur« hat der große Romanist Erich Auerbach auf seine mehr als drei Jahrzehnte lange literarische Schaffenszeit zurückblickend versucht, für sich die Frage zu klären, »welchen Sinn das Wort Weltliteratur« angesichts der immer weiter voranschreitenden »Vereinheitlich(ung)« des »Leben(s) der Menschen« gegenwärtig und zukünftig »noch haben kann« (Auerbach, 1952, S.301). Eingehend setzt er sich dabei mit den schon seinerzeit sehr vielfältigen Möglichkeiten des »Auffinden(s) des Materials« und des »Ausbilden(s) der Methoden zu seiner Erforschung« auseinander, die einer genauen Fassung des Begriffs der 'Weltliteratur' und dem »Erwerb einer in ihrer Vielfalt einheitlichen Vorstellung vom Menschen« (Auerbach, a.a.O., S.302) doch sehr entgegen zu kommen scheinen. Genauso offen spricht er dann aber auch über die bereits enormen »Schwierigkeiten«, die er als Literaturwissenschaftler zwangsläufig damit bekam, eben dieser stetig zunehmenden »Überfülle des Materials, der Methoden und der Anschauungsweisen« (Auerbach, a.a.O., S.304) über Literatur überhaupt nur einigermaßen »gerecht zu werden« (Auerbach, a.a.O., S.305). Ziemlich ernüchtert heißt es:

> »Wir besitzen Material aus sechs Jahrtausenden, aus allen Teilen der Erde, in vielleicht fünfzig Literatursprachen. Viele Kulturen, von denen wir jetzt Kenntnis haben, waren vor hundert Jahren noch unentdeckt, von anderen kannte man nur einen Bruchteil der heute vorliegenden Zeugnisse. Selbst für die Epochen, mit denen man sich schon seit Jahrhunderten beschäftigt, ist soviel Neues gefunden worden, daß der Begriff von ihnen sich stark verändert hat und ganz neue Probleme aufgetaucht sind. Dazu kommt, daß man sich ja nicht mit der Literatur einer Kulturepoche allein befassen kann; es sind die Bedingungen zu studieren, unter denen sie sich entwickelt hat; es sind die religiösen, philosophischen, politischen, ökonomischen Verhältnisse, die bildende Kunst und etwa auch die Musik in Betracht zu ziehen, und es sind auf all diesen Gebieten die Ergebnisse der ständig tätigen Einzelforschung zu verfolgen. Die Fülle des Materials führt zu immer genauerer Spezialisierung; es ergeben sich Spezialmethoden, so daß auf jedem der Einzelgebiete, ja sogar für jede der vielen Auffassungsweisen eine Art Geheimsprache entsteht. (...) Das alles muß verarbeitet werden, wäre es auch nur, um gegebenen Falles die Wertlosigkeit einer vorgeschlagenen Methode für philologische Zwecke mit gutem Gewissen behaupten zu können. Wer sich nicht konsequent auf ein enges Spezialgebiet und auf die Begriffswelt eines kleinen Kreises von Fachgenossen beschränkt, der lebt in einem Getümmel von Ansprüchen und Eindrücken, denen gerecht zu werden nahezu unmöglich ist. (Denn): wie viele Menschen mag es geben, die das ganze Material auch nur (eines) Gebietes,

mit all seinen Verzweigungen und Forschungsrichtungen, sich angeeignet haben? Wie kann man, unter solchen Umständen, an eine wissenschaftlich-synthetische Philologie der Weltliteratur denken?« (Auerbach, 1952, S.304-5)

Die hier vorliegende Diagnose über die Lage des einzelnen Literaturwissenschaftlers und den Zustand der Literaturwissenschaft hat bis heute gewiß an Gültigkeit nicht verloren. Ganz im Gegenteil. Durch die berechtigte Infragestellung aller geistes-wissenschaftlichen Autoritäten in den späten 60er Jahren und die daraus resul-tierende 'Demokratisierung' der Literatur und der Literaturwissenschaft mußte sich die Anzahl der produzierten Texte unweigerlich um ein Vielfaches erhöhen. Und der literarische Markt ist aus Gründen, die jeder von uns kennt, mehr denn je daran interessiert, aber auch alles, was niedergeschrieben wird, zur Veröffentlichung zu bringen. Die von Erich Auerbach schon vor so langer Zeit bedauerte »Überfülle« des zu verarbeitenden »Materials« (Auerbach, a.a.O., S.304) wirkt auf den neugieri-gen Leser inzwischen beinahe erdrückend. Hinzu kommt noch die mittlerweile geradezu inflationäre Entwicklung literaturwissenschaftlicher »Methoden« (Auer-bach, ibid.), die ein wenig förderliches Durcheinander sei es rezeptionsästhetischer, psychoanalytischer, soziologischer, strukturalistischer, feministischer oder noch ganz anderer Textdeutungsmöglichkeiten erzeugt hat und damit einer gedanklichen Orientierung des Interpreten nicht gerade dienlich sein kann. Zuallerletzt sollte die in den achtziger Jahren zu uns gelangte 'Postmoderne-Debatte' eine von traditionell aufklärerischen Vorstellungen gänzlich verschiedene »Anschauungsweise« (Auer-bach, ibid.) auch der Literatur ermöglichen, doch haben die meistens ebenso heftigen wie unergiebigen Diskussionen darüber bis jetzt nur die ohnehin schon vorhandene Unsicherheit im Umgang mit künstlerischen Texten vergrößert. Zwei-fellos: Die einstmals so beruhigende Zuversicht, es gäbe wohl immer noch »einige Personen, die wenigstens für Europa eine beherrschende Übersicht über das ge-samte Material besitzen« (Auerbach, a.a.O., S.305), ist nach nunmehr vierzig Jahren gänzlich verloren gegangen. Erich Auerbachs damalige Beurteilung der Lage der bundesdeutschen Germanistik hat sich durch den weiteren Verlauf der Entwicklung in ebenso eindrucksvoller wie bestürzender Weise bestätigt.[1]

Und dennoch ist die derzeitige Situation längst nicht so dramatisch, wie man sie unter seinesgleichen gerne zu schildern pflegt. Obwohl nämlich durch die immer »geschichtslose(r)« gestaltete »Bildung« (Auerbach, a.a.O., S.303) und Ausbildung an unseren Schulen die Arbeit in den akademischen Seminaren zunehmend er-schwert wird, so daß das, was »früher auf der Universität (...) vorausgesetzt werden konnte, (...) jetzt dort erst erworben werden« muß, allzu »oft« aber »nicht mehr ausreichend erworben« (Auerbach, a.a.O., S.305) wird, scheint eines sicher: Der aufgrund der vorhandenen Probleme vorhergesagte totale »Zusammen(bruch)« der »spätbürgerlich(.) humanistische(n) Kultur« (Auerbach, ibid.) und ihrer institutio-nellen Träger hat entgegen solchen durchaus realistischen Analysen bis jetzt nicht stattgefunden. Ein spürbarer Verfall der geistigen Bildung an Schulen und Uni-versitäten läßt sich bislang nicht eindeutig belegen. Gibt es doch nach wie vor viele junge Studierende, die trotz jenes zu Recht beschrienen 'allgemeinen Bildungs-notstands' in der Lage sind, durch intensive Forschungsarbeit zu selbständigen literaturkritischen Fragestellungen zu gelangen. Finden sich ja immer noch einige wenige Interessierte, die zudem bereit sind, den damit eingeschlagenen Weg mit großer Beharrlichkeit und radikaler persönlicher Konsequenz zu Ende zu gehen. Daß das schon immer so gewesen ist und wohl auch zukünftig so bleiben wird, hat der erfahrene Pädagoge Erich Auerbach selbstverständlich genau gewußt.

Nicht diese zugegeben manchmal übergroßen Schwierigkeiten bei der Bewältigung des studentischen Lebensalltags sind es also, die es seiner Vermutung nach den angehenden Akademikern heute so schwer machen, die richtige Einstellung zum Studium zu bekommen. Werden es doch »wenigstens (...) die wirklich Begabten und der Sache Verpflichteten« trotz widriger Umstände zumeist »fertigbringen«, im insofern immer auch »praktischen Seminar der Weltgeschichte« das »an sich zu ziehen, was als allgemeine Voraussetzung für historisch-philologische Tätigkeit unentbehrlich ist« (Auerbach, a.a.O., S.306). Können die jungen Studenten ja vielleicht sogar erst dadurch gegenüber den jeweiligen »Modeströmungen« der Zeit »das richtige Verhältnis von Aufgeschlossenheit und Unabhängigkeit finden« (Auerbach, ibid.). Nein, der entscheidende Punkt ist für ihn letztlich ein anderer gewesen. Die auch ohne diese mißlichen »Erscheinungen« (Auerbach, ibid.) des akademischen Alltags äußerst prekäre Situation war es, die ihm einigen Anlaß nachzudenken gegeben hat. Selbst bei nahezu idealen Arbeitsvoraussetzungen bliebe nämlich »das Problem« der damals wie heute kaum noch vorstellbaren, aber vielleicht mehr denn je notwendigen »historische(n) Synthese« (Auerbach, ibid.) für jeden zukünftigen Literaturwissenschaftler und für die Literaturwissenschaft bestehen.

Genauer gesagt bestand eben dieses 'Problem' für ihn darin, daß »das Individuum« auf keinen Fall mehr »auf dem Wege enzyklopädischen Sammelns« (Auerbach, a.a.O., S.307) zu einem brauchbaren Ergebnis gelangen konnte. »Die Erfahrung« nämlich vieler »Jahrzehnte« der Arbeit hatte ihm allzu deutlich »(ge)zeig(t)«, daß »die nach Vollständigkeit strebende Sammlung des Materials auf einem (...) Gebiete« nur »schwerlich« zu »synthetisch gestaltender Tätigkeit führ(te)« (Auerbach, ibid.). Insofern aber hingen die Schwierigkeiten vor allem mit den lange Zeit vorherrschenden Methoden der »Struktur(ierung) des Materials selbst« (Auerbach, ibid.) zusammen. Erich Auerbach kam zuletzt um die Feststellung nicht mehr herum, daß »die herkömmlichen, chronologischen, geographischen oder artgemäßen Einteilungen« der Literaturwissenschaft, so »unentbehrlich« sie »für die Bereitstellung des Stoffes« auch sein mochten, sich »nicht(.) oder nicht mehr« zu einem »energisch-einheitlichen Vorgehen« bei der Textdeutung »eigne(te)n«, denn die dabei im Mittelpunkt stehende »einzelne Gestalt« bot dem Interpreten wohl »die konkrete Lebenseinheit«, die »als Gegenstandsmitte immer besser ist als alles« bloß »Ausgedachte«, nur »b(o)t« sie diese »zugleich allzu unfaßbar und allzu belastet« mit der »ungeschichtlichen Ausweglosigkeit«, in die das bloß »Individuelle« solcher Darstellungen »schließlich mündet« (Auerbach, ibid.).

Gerade diese letzte Äußerung nun muß uns neugierig machen, denn schien der zunächst geäußerte Vorbehalt gegen das »enzyklopädische(.) Sammeln(.)« von Texten und die daraufhin formulierte Kritik an den »herkömmlichen chronologischen, geographischen oder artgemäßen Einteilungen« des vorhandenen »Stoffes«

zusammen mit dem geforderten Rückbezug auf das »persönliche Interesse« (Auerbach, ibid.) des Literaturwissenschaftlers auf eine allemal problematische 'Rettung' des rein Individuellen hinauszulaufen, ergibt sich nach jener letzten Einschränkung ein davon abweichender Gesamteindruck. Was aber soll man davon halten, wenn Erich Auerbach nunmehr von »der geschichtlichen Auswegslosigkeit« spricht, in die das »Individuelle« vieler literaturwissenschaftlicher Untersuchungen der damaligen Zeit geradezu unweigerlich »münde(n)« (Auerbach, ibid.) mußte? Und wie wollte er seine Forderung nach einem mehr »energisch-einheitlichen Vorgehen« (Auerbach, ibid.) bei der Textinterpretation verwirklichen? Ist denn heutzutage überhaupt noch eine historische »Synthese« (Auerbach, ibid.) denkbar, in der das Individuelle einer literaturkritischen Darstellung mit dem Allgemeinen der Literaturgeschichte verbunden bleibt? Es wird sich lohnen, nachzulesen, wie Erich Auerbach diese mittlerweile so komplizierten literaturwissenschaftlichen Grundsatz-fragen für sich beantwortet hat.

Zu einer genaueren Klärung seiner eigenen Position ist er dabei offenbar nach der Lektüre des seinerzeit heftig diskutierten, auch für ihn selbst zweifellos sehr wichtigen Buches von Ernst Robert Curtius über *Europäische Literatur und lateinisches Mittelalter* gekommen. Erich Auerbach schreibt in seiner sehr ausführlichen und für uns höchst interessanten Kritik:

»Unter den Werken historisch-synthetischer Literaturbetrachtung aus den letzten Jahren ist wohl das eindrucksvollste Ernst Robert Curtius' Buch über *Europäische Literatur und Lateinisches Mittelalter.* Dies Buch, so scheint mir, verdankt sein Gelingen dem Umstand, daß es trotz des Titels nicht vom Umfassenden und Allgemeinen ausgeht, sondern von einem scharf gefaßten, ja beinah eng zu nennenden Einzelphänomen: dem Fortleben der rhetorischen Schultradition. Deshalb ist das Werk in seinen besten Teilen, so ungeheure Materialmassen es mobilisiert, nicht eine Anhäufung von vielem, sondern eine Ausstrahlung, die von wenigem ausgeht. Sein allgemeinster Gegenstand ist das Fortleben der Antike durch das lateinische Mittelalter hindurch und die Wirkung derselben in ihren mittelalterlichen Formen auf die neuere europäische Literatur. Mit einer so allgemeinen Absicht ist zunächst gar nichts anzufangen; der Bearbeiter, der noch nichts beabsichtigt als die Darstellung eines so weit gefaßten Gegenstandes, steht vor einer unübersehbaren Menge verschiedenartigen und kaum zu ordnenden Materials, dessen Sammlung nach mechanischen Gesichtspunkten (etwa nach dem Fortleben der einzelnen Schriftsteller, oder nach dem Fortleben des Ganzen nach der Reihenfolge der mittelalterlichen Jahrhunderte) schon durch den bloßen Umfang des zu Sammelnden die Gestaltung der Absicht verhindern würde. Erst durch die Auffindung eines zugleich fest umgrenzten, übersehbaren und zentralen Phänomens als Ansatz (nämlich der rhetorischen Überlieferung, und insbesondere der Topoi) wurde die Durchführung des Plans möglich. Ob in diesem Falle die Wahl des Ansatzes durchaus befriedigt, ob sie die beste ist, die man sich für eine solche Absicht vorstellen kann, steht hier nicht zur Erörterung; ja gerade derjenige, der etwa den Ansatz im Verhältnis zur Absicht unzureichend findet, muß umso mehr bewundern, welch eine Leistung trotzdem zustande gekommen ist. Sie ist dem methodischen Prinzip zu verdanken, welches lautet: für die Durchführung einer großen synthetischen Absicht ist zunächst ein Ansatz zu finden, eine Handhabe gleichsam, die es gestattet, den Gegenstand anzugreifen. Der Ansatz muß einen fest umschriebenen, gut überschaubaren Kreis von Phänomenen aussondern; und die Interpretation dieser Phänomene muß Strahlkraft besitzen, so daß sie einen weit größeren Bezirk als den des Ansatzes ordnet und mitinterpretiert.« (Auerbach, 1952, S.307-8)

15

Die an dieser wie an einigen anderen Stellen[2] geführte Auseinandersetzung mit Curtius' großem Werk ist für Erich Auerbach, wie wir noch sehen werden, aus verschiedenen Gründen sehr wichtig gewesen. Durch sie sind ihm »methodische(.)« wie »prinzip(ielle)« (Auerbach, ibid.) Schwierigkeiten der Literaturkritik klar geworden, von deren Vorhandensein er aufgrund seiner großen Erfahrung im Umgang mit künstlerischen Texten selbstverständlich schon lange wußte, die er jedoch bis dahin in ihrer ganzen Tragweite nicht wirklich genau erfaßt hatte. »Methodisch(..)« relevant sind die dortigen Überlegungen darum, weil Auerbach in Anlehnung an Curtius nun endlich seinen Begriff des literaturkritischen »Ansatzes« (Auerbach, ibid.) entfalten kann. »Prinzip(iell)« (Auerbach, ibid.) bedeutsam sind seine Unterscheidungen für ihn deshalb, weil sich daraus Stück für Stück sein eigener rhetorischer Ansatz zum Verständnis der abendländischen Literaturgeschichte entwickelt. Sowohl dem einem wie dem anderen der im Begriff des »methodischen Prinzips« (Auerbach, ibid.) zusammenkommenden und somit nicht voneinander zu trennenden Problembereiche wollen wir uns im Verlauf unserer weiteren Untersuchungen zuwenden.

Dabei müssen wir zuerst die von der Forschung weitgehend offen gelassene Frage erörtern, welche Vorstellungen von literaturwissenschaftlicher Arbeit seinem Ansatzkonzept zugrunde liegen. Vor allem wäre in diesem Zusammenhang zu klären, in welchem Verhältnis bei Auerbach die 'hermeneutische Absicht' und der 'rhetorische Ansatz' stehen. Erst nachdem wir diese wichtige Frage für uns hinreichend beantwortet haben, ist es überhaupt möglich, im einzelnen herauszuarbeiten, worin sich sein insbesondere die christlich-antike Tradition aufarbeitender rhetorischer Ansatz von den seinerzeit entstandenen Ansätzen anderer Autoren unterscheidet. Am Ende unserer die Verflechtung zentraler Ansatzphänomene verfolgenden Lektüre können wir dann unter Umständen genauer begründen, warum wir es für lohnenswert halten, sich vierzig Jahre nach seinem Tod noch so eingehend mit Erich Auerbachs rhetorischem Ansatz zu einem metakritischen Verständnis der abendländischen Literaturgeschichte zu beschäftigen.

1.2 Hermeneutische Absicht und rhetorischer Ansatz

Schon die genauere Klärung unserer ersten Frage nach den methodischen Eigenheiten seines Ansatzkonzeptes ist nun zweifellos insbesondere für die »jüngeren Forscher«, die doch noch über ein »vergleichsweise bescheidenes Überblickswissen« (Auerbach, a.a.O., S.308) verfügen, spannend genug. Vor allem sie erhielten nämlich laut Auerbach durch einen guten Ansatz erstmals die Möglichkeit, die zunächst mehr »intuiti(v)« als »bedeutend(.)« erkannten »Vorgänge der inneren Geschichte« der Literatur, mit denen sie im Rahmen ihres Studiums ja immer wieder konfrontiert werden, von ganz bestimmten Punkten aus »synthetisch« (Auerbach, ibid.) zu erfassen. Und sie fänden durch die danach mögliche »konkret(e) Erweiterung« ihres Ansatzes hinreichend Gelegenheit, ihre literaturkritischen Befunde auf einem »weiten« literaturgeschichtlichen »Hintergrund« als freilich von vornherein schon »suggestiv« ausgewählte und bestimmte »vorzustellen« (Auerbach, ibid.). Das so »Erworbene« und »Geleistete« erhielte dabei gerade durch seine individuelle Gestaltung die für eine wirklich gute Kritik notwendige »Einheit und Universalität« (Auerbach, ibid.) der gedanklichen Darstellung.

Um die wissenschaftliche Anerkennung all dieser im Ansatzkonzept Erich Auerbachs enthaltenen Möglichkeiten bemühen sich seit einiger Zeit mehrere seiner Interpreten. Zu interessanten Ergebnissen ist dabei insbesondere der Literaturkritiker W. Wolfgang Holdheim gekommen, der im Verlauf seiner literaturtheoretischen Studien damit begonnen hat,

> »sich auf einen zentralen Begriff in Erich Auerbachs literarkritischer Praxis und damit verbundenen theoretischen Selbstreflexion zu konzentrieren: auf das konkrete und präzise abgegrenzte Schlüsselproblem (...), das ihm als Ausgangspunkt für die literarhistorische Analyse dient. Er nennt es Ansatz, (...).« (Holdheim, 1985, S.627, Übers. v. Verf.)

Hauptsächlich durch diese an wirklich dem »Schlüsselproblem« (Holdheim, ibid.) Auerbachs festgemachte Fragestellung setzt sich Holdheim, wie wir sehr schnell sehen werden, von dem immer noch überwiegenden Teil der vornehmlich mit pragmatischen Problemen der Forschung beschäftigten, vor allem älteren Kritiken ab[3] und gibt uns mit seinen mehr »(literatur)theoretisch(..)« ausgerichteten »(Auerbach-)Reflexionen« (Holdheim, ibid.) eine ganz neue Sichtweise der Dinge. Zu Recht hebt Holdheim dabei die auffällige Tatsache hervor, daß die im Laufe der jahrzehntelangen Arbeit von Auerbach verwendeten Ansätze, die dem Leser zunächst wohl »sehr verschieden« vorkommen müssen und »vielleicht in einer Wortbedeutung (...), oder einer rhetorischen Form, oder einer syntaktischen Wendung, oder in der Interpretation eines Satzes, oder einer Reihe von Äußerungen, die irgendwo und irgendwann getan wurden« bestehen, doch darin ähnlich waren, daß sie anders als die ihm geläufigen Ansätze nicht von »abstrakten Ordnungskategorien und Merkmalsbegriffe(n)« ausgegangen sind, sondern stets die »Sache« selbst, nämlich den Text, in den Mittelpunkt einer Frage gerückt haben und eben dadurch wirklich »genau« (Auerbach, 1952, S.309) sein konnten. Holdheim erkennt auch, daß wir diese jeweils »charakteristische Partikularität« eines bestimmten »Ansatzes« keineswegs als Ausdruck einer »rein schematische(n) oder bloß arbiträre(n) Individuation« betrachten dürfen, sondern sie aus Auerbachs allerdings nicht leicht zu fassender Vorstellung einer »gegenwärtigen«, doch geschichtlich vermittelten »Konkretheit« des jeweiligen Gegenstands erklären müssen (Holdheim, 1985, S.627).

Problematisch werden die Einschätzungen Holdheims für uns allerdings dort, wo er nun ebenso wie fast alle mehr an konzeptionellen Fragen interessierten Auerbach-Rezensenten auf die »hermeneutische Signifikanz« (Holdheim, ibid.) des Ansatzkonzeptes zu sprechen kommt und versucht, Auerbachs spezifisch »hermeneutische Einsicht« (Holdheim, a.a.O., S.628) in die Literaturgeschichte zu erläutern. Die argumentative Grundlage dafür ist nämlich die in der orthodox-marxistischen Phase der Rezeption während der siebziger Jahre geäußerte, doch auch später noch weiterwirkende Unterstellung, Auerbach stehe sowohl mit seinen literaturtheoretischen Grundüberlegungen als auch mit seinen literaturkritischen »Ausführungen« fest auf »dem Boden der idealistischen Hermeneutik« und besitze eine leicht zu »bestätigen(de)«, da vielfach auffällige »Affinität zu Dilthey« (Knoke, 1975, S.81; vgl. noch: Bahti, 1981, S.241ff.). Dieses die tatsächlichen Traditionszusammen-hänge vollkommen verkennende Vorurteil hatte imgrunde selbst dann noch Bestand, als es positiv gewendet wurde und dazu diente, neben Auerbachs Kritik des »faulen Historismus« Diltheys vor allem die hermeneutische Bedeutung seines »radikalen Historismus« (Kuhn, 1963, S.225-6)[4] für die Literaturkritik zu betonen. Ja, es wirkt offensichtlich selbst heute noch nach, wenn W. Wolfgang Holdheim unter mittler-weile ganz anderen Voraussetzungen, genauer gesagt unter dem Einfluß der 'Postmoderne'-Debatte der achtziger Jahre, am Ende seiner Untersuchungen zu dem Ergebnis kommt, daß der Literaturkritiker Auerbach aufgrund der zumindest indirekten Beeinflussung durch »Heidegger« in die Nähe der »post-romantischen Hermeneutik« (Holdheim, a.a.O., S.629) gerückt werden muß.[5] Holdheim will diese Auffassung erhärten, indem er zunächst einmal festhält:

> »Ansatz schließt (...) "Arrangement" mit ein, ferner "Disposition" oder "Tendenz" und zuletzt beinahe "Angriff". Es geht (Auerbach) darum, durch sein Vorgehen "eine Handhabe zu finden, die es gestattet, den Gegenstand anzugreifen" (*Philologie*, S.308), so in ihn einzudringen, daß sich "das Ganze öffnet" (*Literatursprache*, S.10). Und eben dies ist die Art und Weise, in der Wahrnehmung (Zugriff) stets stattfindet. Ein jedes Verstehen steht unter der Aegide einer zielgerichteten, Vororientierungen enthaltenden Absicht. Der Ansatz ruft deshalb nichts Geringeres als einen normativen Akt der Erkenntnis hervor (mehr noch: drückt ihn aus und verkörpert ihn). (...) Ein Projekt, das Vorverständnis voraussetzt, dem Aktivität die Orientierung gibt, das Perspektiven braucht und auf Vorurteilen beruht. Diese Vorurteile bleiben selbstverständlich undogmatisch. Und eben das sind sie: Auerbachs Ansätze sind stets "ganz genau umschriebene und behandelbare Fragen" (*Literatursprache*, S.10). "Ich trete an den Text", schreibt er, (...) "nicht voraussetzungslos heran; ich richte eine Frage an ihn, und diese Frage, nicht der Text, ist der Hauptansatz" (*Literatursprache*, S.20). Hervorzuheben ist dabei die hermeneutische Einsicht in die Fragenatur des Verstehens zusammen mit dem Eingeständnis des perspektivischen Charakters des Wissens. Dies kann nur dann zu Subjektivismus oder Relativismus führen, wenn wir die Relativität nicht weit genug vorwärtstreiben, (stets bemüht), diejenige des zu Verstehenden mit derjenigen des Verstehenden ins Gleichgewicht zu bringen (*Literatursprache*, S.14-15). Das Wissen ist dabei weder illusorisch noch absolut, es ist annähernd, dem Risiko permanenter Unsicherheit ausgesetzt: ansetzen meint denn auch "veranschlagen" oder "versuchen".« (Holdheim, 1985 S.627-8, Übers. v. Verf.)

Obwohl Holdheim mit der Frage nach dem Ansatz-Konzept den richtigen Zugang zu den Arbeiten Erich Auerbachs wählt, sind seine hier vorgetragenen interpretatorischen Befunde dennoch für uns nicht überzeugend. Dabei wäre es sicherlich zu leicht, den vorhandenen Bedenken mit dem Hinweis zu begegnen, daß er, wie wir sehen konnten, bei seinen Überlegungen größtenteils von einem anderen Auerbach-Text ausgeht, nämlich der Einleitung *Über Absicht und Methode* in die Aufsatzsammlung *Literatursprache und Publikum in der lateinischen Spätantike und im Mittelalter* aus dem Jahr 1958. Bei den später niedergeschriebenen Äußerungen handelt es sich zum größten Teil nur um Zusammenfassungen und direkte, zumindest indirekte Übernahmen aus dem sechs Jahre älteren Aufsatz *Philologie der Weltliteratur*. Nein, so einfach sind die Differenzen leider nicht auszuräumen.

Die sehr unterschiedliche Einordnung ergibt sich vielmehr aus dem ganz anderen Gesamteindruck, der sich uns nach der nochmaligen Lektüre der vorliegenden Textquellen aufdrängt. Anders als Holdheim kommen wir dabei zu dem Ergebnis, daß die »theoretischen Mittel der Auslegungskunst«, um deren historischen Nachweis und praktische Anwendung es dem Hermeneutiker Auerbach in seinen literarischen Studien vornehmlich geht, »weitgehend der Rhetorik entlehnt« (Gadamer, 1967, S.117)[6] sind. Und tatsächlich deutet ja bereits sein anfangs erwähnter Plan, ähnlich wie Curtius für die konkrete Textinterpretation »eine Handhabe« zu finden, »die es (ihm) gestattet, den Gegenstand« seines Interesses »anzugreifen« (Auerbach, 1952, S.308), auf etwas hin, was von Holdheim leider nicht eigens überdacht worden ist: Den literaturkritischen Arbeiten Auerbachs liegt durchaus eine hermeneutische Absicht, jedoch ein rhetorischer »Hauptansatz« (Holdheim, 1985, ibid.; vgl.: Auerbach, 1958, S.20) zugrunde, dessen allererste »(m)ethod(ische)« Forderung eben darin besteht, zu Beginn der Anfertigung der jeweiligen literarischen Kritik eine oder mehrere möglichst »genau umschriebene und behandelbare Einzelfragen so auszuwählen, zu entfalten und zu kombinieren, daß sie als Schlüsselprobleme wirken« und damit »das Ganze eröffnen« (Auerbach, 1958, S.10).

Gut nachvollziehen läßt sich dabei, warum der Hermeneutiker Auerbach bei seinen Untersuchungen von eben diesen sehr zugespitzten, doch gerade darum so eindringlichen Fragen an den »überlieferte(n) Text« und nicht von dem literarischen Kunstwerk in seiner mittels der Kunstgeschichte »gegeben(en)« und dadurch scheinbar immer schon »verstanden(en) (...) Allgemein(heit)« (Gadamer, [5]1986, S.329) ausgegangen ist. Er glaubte, diese »Geschichte« mit Hilfe seiner eigenwilligen »Frage(n)« vollkommen »(um)schreiben« (Auerbach, a.a.O., S.20) zu müssen. Ja, er hoffte tatsächlich, nicht nur die Besonderheit »eines jeden Werkes«, sondern darüber hinaus »die Eigentümlichkeit einer jeden Epoche (...) sowie die Art ihrer Beziehungen untereinander« fragend neu »erobern« (Auerbach, a.a.O., S.14) zu können. Über die Tatsache, daß diese 'Eroberung' der Welt der Literatur durch die nie enden wollenden Fragen eine ebenso »unendliche Aufgabe« ist und bleibt, »die jeder für sich«, nur »von seinem Standorte« und auf seine stets unzureichende Weise »zu lösen versuchen muß« (Auerbach, ibid.), war Auerbach sich allerdings durchaus im klaren. Seine ausschließlich punktuellen, dafür aber ausgesprochen »suggestiv(en)« (Auerbach, 1952, S.308) Versuche der Annäherung an die verschiedensten literarischen Texte der vergangenen drei Jahrtausende konnten trotz ihrer Eindringlichkeit keinen wirklich sicheren Zugang zu jenen Texten und ihrer Zeit herstellen oder gar ein objektives »hermeneutisches Verständnis« (Holdheim, 1985, S.631) des Ganzen der Geschichte nach sich ziehen. Auerbachs überall erkennbare perspektivische Ausrichtung des geschichtlichen Blicks, der auch von Holdheim angesprochene »radikale(.) Relativismus« (Auerbach, 1958, S.15) seiner kritischen Darstellungen, machte es unmöglich, die Denk- und Ausdrucksweise eines bereits zeitlich zurückliegenden »zu Verstehenden« noch irgendwie mit der eigenen »des Verstehenden« ins »Gleichgewicht zu bringen« (Holdheim, 1985, S.628). Doch geht genau genommen durch diese Entwicklung seines Denkens hin zum geschichtlichen Perspektivismus nichts verloren, sondern es wird viel eher etwas gewonnen. »Beginn(en)« wir dadurch ja »zu lernen« und auch offenzulegen, »was die verschiedenen Erscheinungen« des literarischen Lebens »für mich und uns, hier und jetzt bedeuten« (Auerbach, 1958, S.15). Das zumindest mittelbar Politische der literarischen Studien Auerbachs besteht darin, daß er uns Lesern eine nachvollziehbare und damit auch widerlegbare Begründung des an jeder Stelle seiner Arbeiten deutlich hervortretenden »persönlichen Interesses« (Auerbach, 1952, S.307) an der Literatur ganz bestimmer Epochen der abendländischen Literaturgeschichte gibt.

Aus dem Blickwinkel dieses »Interesses« (Auerbach, ibid.) an der Geschichte erscheinen dann auch die von den Auerbach-Interpreten oft mißverstandenen und nun tatsächlich mißverständlichen Begriffe der »Intuition«, die für die »Auffindung des Ansatzpunktes« dringend erforderlich ist und des »Instinkt(s)«, der zur Bildung eines »weite(n) Horizont(s)« (Auerbach, 1952, S.306-7) unbedingt nötig ist, in einem ganz anderen Licht. Es wäre verfehlt, zu glauben, daß Auerbach mit diesen beiden Grundbegriffen seines Ansatzkonzeptes auf das 'emphatische Vermögen' eines potentiellen Lesers anspielt, sich spontan in die geschichtliche Situation des jeweils besprochenen Autors und seines Werkes versetzen zu können. Nein, der Versuch einer solchen 'Seelenwanderung' durch die Literaturgeschichte wäre Auerbach mit Recht verdächtig gewesen. Was ihn in diesem Zusammenhang interessiert, ist sozusagen der 'sympathische Zug'[7] einer gelungenen Textdeutung. Er redet von der notwendigen Bereitschaft des jeweiligen Autors, sich immer wieder gleichsam naiv auf einen Verfasser und seinen Text einzulassen. Es geht Auerbach um die desillusionierende Erfahrung, daß die durch das erste Lesen hergestellte, anscheinend ganz unmittelbare Einsicht in das jeweilige Werk sich spätestens beim Schreiben als das Gegenteil dessen erweist, wofür der Interpret sie in seiner anfänglichen Begeisterung gehalten hat und auch halten mußte. Schon diese intuitive Einsicht ist nämlich alles andere als voraussetzungslos. Sie ist bereits das vorläufige Ergebnis eines vorherigen literaturwissenschaftlichen Versuchs der künstlerisch-produktiven Aneignung der ihm überlieferten Literaturgeschichte. Was Auerbach anspricht, ist das sich bei jeder Textdeutung zeigende Spannungsverhältnis zwischen *literarischer Hermeneutik* und *literarischer Rhetorik*.

In einem ganz und gar nicht naiven Sinn erklärt Auerbach diese nahezu unerschütterliche Bereitschaft zur intuitiven Annäherung an ein literarisches Werk aus der nach der ersten »Trennung(serfahrung)« als unverzichtbar erkannten 'Liebe zum Text' und »Liebe zur Welt« (Auerbach, 1952, S.310), die der guten Textinterpretation immer schon zugrunde liegen muß. Auch Holdheim weiß um die Unentbehrlichkeit dieser intensiven Beziehung zum literarischen Gegenstand, verfehlt aber ihren komplizierten individual-geschichtlichen Bildungscharakter, wenn er sie folgendermaßen beschreibt:

»Aus eben diesen Verhältnissen heraus müssen wir Auerbachs nachdrückliche Betonung des Elements der persönlichen Intuition (vgl. *Philologie*, S.306) verstehen, die auf keinen Fall als ein Ausflug in den Mystizismus fehlgedeutet werden darf. Intuition ist einfach die Fähigkeit, die Gelegenheiten, die sich uns bieten, zu ergreifen. "Lern es durch das Herz", wies mich Auerbach einst an, als ich mich beklagte, ein bestimmtes Gedicht Mallarme's nicht verstanden zu haben. In anderen Worten: laß es an dich herankommen, laß es auf dich wirken; Einsicht wird schon an irgendeinem Punkt erfolgen. (...) Auerbach kommt (damit) den Sichtweisen der post-romantischen Hermeneutik (recht nahe). "Die Dinge selbst sollen zur Sprache kommen": das Verstehen entsteht aus dem Willen, dem Text selbst zuzuhören. Seine "Intuition" meint hermeneutische Aufnahmefähigkeit, Taktgefühl, Sinn für das Besondere (...). "Schon die Auffindung des Ansatz(punktes) (...) ist (dabei) Intuition" (*Philologie*, S.306). Sie dient der Ausbildung eines weiten Horizonts, der, "daran ist kein Zweifel, die Vorbedingung ist und früh, absichtslos, nur gelenkt durch den Instinkt des persönlichen Interesses erworben werden sollte (*Philologie*, S.307).« (Holdheim, 1985, S.628-29, Übers. v. Verf.)

Zunächst ist hier noch einmal anzumerken, daß Holdheim mit wünschenswerter Genauigkeit eine der Gelenkstellen im vorliegenden Ansatzkonzept ausmacht. Zudem ist anzuerkennen, daß er den spezifischen Wert der literaturwissenschftlichen Schlüsselbegriffe der »Intuition« und des »Instinkt(s)« vor allem deshalb erläutern will, um möglichen Fehldeutungen, etwa dem naheliegenden Verweis auf den »Mystizismus« (Holdheim, ibid.)[8], vorzubeugen. Ist jedoch seine Ansicht zutreffend, daß »Intuition« für Auerbach »einfach die Fähigkeit« ausmacht, »die Gelegenheiten, die sich uns bieten, zu ergreifen«, daß sie also, wie bereits angesprochen, »hermeneutische Aufnahmefähigkeit meint« (Holdheim, ibid.)? Ging es ihm tatsächlich um diese »Fähigkeit«, den Text soweit »an (uns) herankommen zu lassen« und derart »auf (uns) wirken zu lassen« (Holdheim, ibid.), daß wir ihn zuletzt ganz und gar erfassen können? Hängt dabei das beabsichtigte »Verstehen« wirklich allein von dem »Willen« ab, dem sich »öffnenden« (Holdheim, ibid.) »Text selber« und seinem Verfasser einfach »zuzuhören« (Holdheim, ibid.)? Da Auerbach selbst, wie wir bereits gesehen haben, das Verfahren der »Interpretation von Textstellen« als »fast ideale(n) Ansatz« (Auerbach, 1958, S.20) hervorhebt und in der Tat betont, daß »die Dinge selbst« bei einer solchen Deutung »zur Sprache kommen (sollen)« (Auerbach, 1952, S.309), neigt man zunächst dazu, einer derartigen Analyse zuzustimmen. Ja, Holdheim scheint mit seiner grundsätzlichen Einschätzung recht zu haben, daß Auerbachs die »(A)utonom(ie)« des Textes weitgehend bewahrende und dessen Bedeutung nicht einfach historisch »ab(..)leite(nde) Erkenntnisweise« auf die nahe Verwandtschaft zu den »Sichtweisen der post-romantischen Hermeneutik« (Holdheim, a.a.O., S.629) schließen läßt. Doch langsam. Wir sollten mit solchen sehr leichtfertigen Zuordnungen vorsichtig sein. So richtig es nämlich auch sein mag, herauszustellen, daß sich laut Auerbach in der guten Interpretation der literarische Gegenstand mit der Zeit wie von selbst mitteilt, so wichtig ist es jedenfalls, dabei vor allem das zu betonen, was auch Holdheim anfangs ausdrücklich hervorgehoben hat; daß sich uns nämlich bei jener Deutung dieser Gegenstand des Interesses nur dann mitteilen wird, wenn wir als Interpreten ihn mit Hilfe bestimmter Fragen vorweg angesprochen haben. Der in diesen Fragen zum Ausdruck kommende Wunsch und das Verlangen, uns auf ein literarisches Kunstwerk und seinen Autor ganz gezielt einzulassen, und nicht der erklärte Wille, dem Verfasser und seinem Text geduldig abwartend zuzuhören, bringt diesen Text sozusagen zum Sprechen. Es ist die Auerbachs Ansicht nach stets vorrangige »Aktivität« des Interpreten, die den Auslegungsvorgang zunächst einmal einleitet und auch dort noch bestimmend wirkt, wo dieser Interpret durch seine geschickte

Selbstzurücknahme beim Lesen eine für die fruchtbare Deutung notwendige Eigenbewegung des »sich öffnenden Text(es)« (Holdheim, ibid.) auslöst.

Bei der konkreten Ausarbeitung seiner Textkritik dann allerdings muß für den Interpreten nicht bloß zweifelhaft werden, ob ihm denn mittels all seiner »Aktivität(en)« (Holdheim, ibid.) die beabsichtigte Durchdringung des jeweiligen literarischen Werkes tatsächlich gelingen wird. Es muß für ihn ebenso fraglich werden, ob er das hochgesteckte hermeneutische Ziel des »(g)anze(n)« und dadurch »wahren Verständnisses« (Holdheim, a.a.O., S.630) der gesamten abendländischen Literaturgeschichte überhaupt erreichen soll. Holdheim scheint diesbezüglich anderer Auffassung zu sein, wenn er über den »normativen Charakter« der literaturkritischen »Methode« (Holdheim, ibid.) Auerbachs schreibt:

»Ansetzen ist nicht eine beliebige Methode unter vielen, sondern richtiggehend ein Erlaß über den Prozeß des Verstehens. Auerbach ist sich des normativen Charakters dieses Vorgangs vollends bewußt: "In der Ausarbeitung erweitert sich der Gesichtskreis auf zureichende und natürliche Weise, da die Auswahl des Heranzuziehenden durch den Ansatz gegeben ist; die Erweiterung ist so konkret, und ihre Bestandteile hängen so miteinander zusammen, daß das Erworbene nicht leicht wieder verloren gehen kann" (*Philologie*, S.308). Hervorzuheben ist dabei unter anderem die hermeneutische Anschauung über das Lernen als eines Anerkennung verschaffenden Prozesses der Aneignung (der Wirklichkeit). Und es gibt tiefergehende Gründe dafür, warum sich das Wissen in dieser Form entwickeln sollte - Gründe, die mit der Historizität des Einzelnen zusammenhängen. Obwohl nämlich jener Einzelne ein endliches Wesen ist, das niemals in einem ganzheitlichen Horizont lebt; ist er sich stets einer Totalität bewußt (tatsächlich gesehen: ist er durch eine Totalität gelenkt), die er indessen allein in ihren historischen Erscheinungen begreift. Solange er ein Teil der Geschichte der Welt ist, kann er diese nicht in einem universalen System erfassen (...), (er) sollte aber dannach streben mit Hilfe einer philologisch abgelenktcn Philosophie (...) Die Entfaltung von Ansätzen ist nichts anderes als der Ausdruck dieser allgemein menschlichen Grundsituation, die typische Handlungsweise einer Kreatur, die in einem unaufhörlichen hermeneutischen Zirkel von Teil und Ganzem lebt.« (Holdheim, 1985, S.630, Übers. v. Verf.)

Es gibt zahlreiche Gründe, daran zu zweifeln, daß es Erich Auerbach tatsächlich um die von Holdheim entwickelte, so optimistisch klingende »hermeneutische Anschauung über das Lernen« (Holdheim, ibid.) durch Fragen gegangen ist. Die dieser Anschauung zugrunde liegende traditionelle Bildungsidee der mit jeder »Aneignung« eines Textes größer werdenden Beherrschung der uns umgebenden literarischen Welt hätte Auerbach wohl als überholt angesehen. Die sich durch die ständige »Entwick(lung) des Wissens« am Ende denn doch noch bestätigende Möglichkeit des »total(en)« (Holdheim, ibid.) Überblicks über die Geschichte der Literatur hätte er sicherlich als abwegig betrachtet. Jede Spekulation über eine zumindest posthume »Anerkennung« durch die mit der Rekonstruktion dieser Geschichte beschäftigte 'Institution Wissenschaft' mußte ihm nicht ohne Grund verdächtig sein. Einer wie er, der als verfolgter und emigrierter Jude so nachhaltig von dem persönlichen Erlebnis der »Erschütterung Europas« (Auerbach, 1958, S.9) und der eigenen Erfahrung der existentiellen Unsicherheit geprägt worden war, konnte und wollte seine spezifisch »menschliche Grundsituation« nicht als »typische Handlungsweise« einer »Kreatur« begreifen, die, wie Holdheim es formuliert, »in

einem unaufhörlichen Zirkel von Ganzem und Teil lebt« (Holdheim, ibid.). Sich
außerhalb dieses Zirkels des gewohnten Arbeitens und Existierens zu bewegen, ist
ja die (Über-)Lebensweise gewesen, die ihm gesellschaftlich aufgezwungen wurde,
ein soziales Außenseitertum, das er, wie sich anhand literarischer Zeitdokumente
(Briefe) nachvollziehen läßt, schon bald derart verinnerlicht hatte, daß es ihm zu der
eigenständigen Lebensform wurde, die seine bis zuletzt immer wieder verteidigte
Freiheit der wissenschaftlichen Anschauung gerade auch über den künstlerisch-
produktiven Prozeß des Lernens durch eigene Fragen begründen konnte.

W. Wolfgang Holdheim nun versteht es zum einen nicht, den wohl als solchen
erkannten 'hermeneutischen Skeptizismus' der Weltdeutung Auerbachs von eben
diesen zeitgeschichtlichen Voraussetzungen her zu begreifen. Sein durchaus lobens-
wertes Vorhaben, uns über »die hermeneutische Signifikanz von Erich Auerbachs
Ansatz« (Holdheim, 1985, S.627) aufzuklären, bleibt für uns schon deswegen
unbefriedigend, weil er die tiefgreifende Erschütterung und Desillusionierung im
Denken dieses sehr gesellschaftsbewußten Romanisten Auerbach nicht genau genug
wahrnimmt oder zumindest im Hinblick auf das 'Problem des Verstehens' nicht ernst
genug nimmt. Darüber hinaus besteht sein Fehler darin, daß er die angesprochene
Brüchigkeit der Lebenserfahrung Auerbachs nicht bis in die fragmentarische
Struktur der einzelnen Arbeiten hinein weiterverfolgt. Wohl vor allem deshalb ist für
Holdheim nicht nachvollziehbar, daß selbst das »(Be)streben«, mit Hilfe einer »philologisch (ab)gelenkten Philosophie« zu einem »universalen System« (Holdheim,
1985, S.630) zumindest der Literaturgeschichte zu gelangen, vollkommen verwerflich für einen Autor sein muß, der wie Auerbach die Geschichte zeitlebens als be-
drohlichen Gewaltzusammenhang erlebt und zumeist auch so dargestellt bekommen
hat. Gerade dies nicht zu berücksichtigen, ist nun allerdings alles andere als unproblematisch. Der mit einigem Recht von der 'philosophischen Hermeneutik' »(H.-G.)
Gadamer(s)« (Holdheim, a.a.O., S.629; vgl. ders., 1984, S.153ff.) ausgehende
Versuch der Begründung einer 'metakritischen Literaturwissenschaft' kann nur dann
erfolgreich sein, wenn die nicht zuletzt von E. Auerbach aufgezeigten Schwierigkeiten schon bei der Entwicklung eines 'rhetorischen Ansatzes' zum individuell-
allgemeinen 'Verständnis unserer abendländischen Literaturgeschichte' erkannt und
überwunden werden.

1.3 Der dritte Weg: Curtius, Dockhorn und Auerbachs rhetorischer Ansatz

Leider nun hören die Schwierigkeiten, denen wir bei unserem Versuch einer
Annäherung an das Werk des großen Romanisten begegnen, damit noch nicht auf.
Denn war die Hoffnung, auf bereits vorliegenden Ergebnissen der Auerbach-
Forschung aufbauen zu können, von Anfang an eher gering, so hatten wir von einer
anderen Seite hilfreiche Unterstützung durchaus erwartet. Unsere Bemühungen, uns
mit der rhetorik-geschichtlichen Fundierung des auerbachschen Ansatzes zu beschäftigen, schienen vor allem deshalb aussichtsreich zu sein, weil es, wie wir schon
länger wissen, bereits seit Mitte der dreißiger Jahre und noch verstärkt seit Anfang

der sechziger Jahre bei uns recht zahlreiche Anstrengungen um eine Rehabilitierung der 'literarischen Rhetorik' gegeben hat. In den dazu vorgenommenen Untersuchungen konnten doch die zumindest den Experten bekannten Schriften Erich Auerbachs nicht übergangen worden sein. Umso bedauerlicher ist es natürlich, wenn man bei der Durchsicht der heute vorliegenden Sekundärliteratur feststellen muß, daß sein Name in den vielen Auseinandersetzungen der zurückliegenden Jahrzehnte eine nur sehr untergeordnete Rolle gespielt hat. Er kommt in den mittlerweile recht zahlreichen und teilweise ziemlich umfangreichen Studien, Aufsätzen und Forschungsberichten zum Thema 'Rhetorik und Literaturwissenschaft in Deutschland' leider so gut wie gar nicht vor.

Was vielmehr Gegenstand des allgemeinen Interesses war und ist, brachte Reinhard Breymayer bereits im Jahre 1972 in seinem Artikel *Zur Bedeutung Klaus Dockhorns für die Rhetorikforschung* in eine noch heute gültige Form.[9] Auch er registrierte damals, wie schon einige andere vor ihm (vgl. insbes. Dyck, 1966, [3]1991, S.16), daß die »in Deutschland nie abgerissen(e)«, zumindest unterschwellig wirksame »Tradition der theoretischen und praktischen Beschäftigung mit der Rhetorik« unzweifelhaft »seit 1965 (...) einen spürbaren Aufschwung genommen« hat, zu dessen »Wegbereitern« neben dem von uns bereits erwähnten »Ernst Robert Curtius«, dessen Schüler »Heinrich Lausberg« und dem Germanisten »Walter Jens« vor allem auch »der (...) Anglist (...) Klaus Dockhorn« (Breymayer, 1972, S.76) gehört hat. Vor diesem zeitgeschichtlichen Hintergrund nun beleuchtet Breymayer die wichtige Tatsache, daß von diesen Autoren zwei voneinander abweichende Hauptwege der Wiederaneigung der rhetorischen Tradition eingeschlagen worden sind. Er stellt fest:

> »In der deutschen Rhetorikforschung sind heute zwei Hauptströmungen zu finden: die primär regelbezogene Rhetorikanalyse nach dem als Standardwerk geltenden *Handbuch der literarischen Rhetorik* von Heinrich Lausberg und die primär wirkungsbezogene Rhetorikforschung, wie sie in Klaus Dockhorns glanzvollem Aufsatzband *Macht und Wirkung der Rhetorik. Vier Aufsätze zur Ideengeschichte der Vormoderne* zum Ausdruck kommt. Dockhorn nimmt hier (...) bedeutsame Korrekturen an den von Curtius und dessen Schüler Lausberg entwickelten Rhetorikauffassungen vor.« (Breymayer, 1972, S.76)

Das Wegweisende dieser Arbeitsthese Reinhard Breymayers liegt zweifellos in dem Versuch, durch die grundsätzliche Unterscheidung zweier »primär regelbezogene(r)« oder »primär wirkungsbezogene(r) (...) Hauptströmungen« (Breymayer, ibid.) zumindest für den Forschungsbereich 'literarische Rhetorik' erstmals einen Überblick zu gewinnen über die schon damals sehr verschiedenartigen Bemühungen um eine Rehabilitierung der Rhetorik. Eine unabdingbare Voraussetzung zur Aufarbeitung der mittlerweile dringend notwendigen »Geschichte der Wiederentdeckung der Rhetorik« (Schanze, 1985, S.16) in Deutschland seit circa 1935 mußte es danach sein, den Lauf dieser beiden Ströme der Rhetorikforschung in allen ihren Abschnitten zu verfolgen, um so mit größtmöglicher Genauigkeit die zwei Quellen des »literaturwissenschaftlichen Interesses an der Rhetorik« (Coenen, 1988, S.45) freizulegen. Die bis heute immer noch sehr vorläufigen Resultate dieser Arbeit allerdings sind, das läßt sich bereits mit einiger Sicherheit sagen, ziemlich ernüchternd. Die durch Ernst Robert Curtius und Klaus Dockhorn eingeschlagenen beiden Hauptwege der literaturwissenschaftlich orientierten Rhetorikforschung erweisen sich nämlich immer deutlicher als *Sackgassen*.

Die umfassende, wohl lohnenswerte Überprüfung dieser Vermutung lieferte, wie jedem von uns sofort klar sein wird, genügend Stoff für eine eigene Untersuchung und kann deshalb hier nicht befriedigend geleistet werden. Dennoch ist es für unseren weiteren Argumentationsgang wichtig, den oft in seiner Bedeutung heruntergespielten Tatbestand zu betonen, daß auch Klaus Dockhorns, für die spätere Forschung wegweisendes Curtius-Bild wegen seiner zahlreichen Überzeichnungen aus heutiger Sicht nicht unproblematisch ist und selber überdacht werden muß. So wichtig also die von Reinhard Breymayer angesprochenen »bedeutsamen Korrekturen« Klaus Dockhorns an den zunächst von Ernst Robert Curtius entwickelten »Rhetorikauffassungen« (Breymayer, ibid.) waren, so richtig ist es demnach gewesen, daß Klaus Dockhorns an Curtius anschließende Überlegungen später selbst einer eingehenden Kritik unterzogen wurden. Dies haben bekanntlich Autoren wie Walter Jens, Wilfried Barner, Joachim Dyck, Gert Ueding, Heinrich Plett, Ludwig Fischer, Helmut Schanze, Josef Kopperschmidt und einige andere längst geleistet. Dabei sollte uns allerdings nachdenklich stimmen, daß diese zweifellos kompetenten Forscher zum allergrößten Teil aus den vorliegenden Befunden und der daraus entstandenen Lage keine wirklichen Konsequenzen gezogen haben. Sie halten, wie wir noch sehen werden, bis heute trotz ihrer zahlreichen konzeptionellen Modifikationen offenbar notgedrungen am Forschungsansatz Klaus Dockhorns fest.

Dies alles wiederum heißt nicht, daß Reinhard Breymayer mit seiner Bemerkung über die »bedeutsamen Korrekturen« (Breymayer, ibid.) Klaus Dockhorns gänzlich übertrieben hat. Es ist zweifellos richtig, mit Nachdruck darauf aufmerksam zu machen, daß der große Anglist trotz der unbestreitbaren »Fruchtbarkeit« der Fragestellung bei Curtius (Dockhorn, 1944, S.11, A.13), durch die »einer Welt von Romanisten, Germanisten, Komparatisten usw. die Augen über die vergessene und mißachtete Rhetorik (ge)öffne(t)« wurde (Dockhorn, 1962, S.177), auf die anfechtbaren Punkte in dessen »Programm einer historischen Topik« (Dockhorn a.a.O., S.178) hinweist. Demgemäß heißt es bei Klaus Dockhorn über das Werk von Ernst Robert Curtius in seiner interessanterweise an Erich Auerbach erinnernden Kritik:

»Wenn es zutrifft - und wer möchte heute hieran zweifeln? -, daß die deutsche germanistische Literaturgeschichtsschreibung ihren Gegenstand, die Geschichte der deutschen Literatur, nur im Kontext der Weltliteratur betrachten kann, so wie echte Wissenschaft bleiben oder wieder werden will, dann beginnt in Deutschland die echt wissenschaftliche Beschäftigung mit der Weltliteratur mit jener Reihe von Aufsätzen, die Ernst Robert Curtius im Jahre 1938 unter dem Titel 'Zur Literaraesthetik des Mittelalters' in der *Zeitschrift für romanische Philologie*, Band 58, veröffentlichte. Dabei bleibt zunächst dahingestellt, ob die Darstellung, die Curtius von der Rhetorik gibt, den Sachverhalt Rhetorik richtig wiedergibt. Wir werden darauf zurückkommen.« (Dockhorn, 1971, S.168)

Dort dann, wo Klaus Dockhorn sich mit den Arbeiten von Curtius auseinandersetzt, geht er mit seinem einstigen großen Vorbild bekanntlich recht hart ins Gericht. Nicht sosehr die insbesondere von der Toposforschung (Mertner, Veit, Pöggeler, Obermayer, Bäumer, Jehn, Bornscheuer) herausgestellten einzelnen Defizite, etwa die mehrfach nachgewiesenen, aus heutiger Sicht betrachtet freilich nicht mehr so »furchtbare(n)« »Verwechselung(en) von tropos und topos« (Dockhorn, a.a.O., S.170, A.4) sind es dabei, die seinen Argwohn zuallererst hervorgerufen haben. Nein, jener Ernst Robert Curtius muß seiner Ansicht nach überhaupt »verantwortlich (...) (ge)mach(t)« werden für die bis dahin »falsche Weichenstellung in dem Verschiebebahnhof der Dispositionsschemata der Rhetorik« (Dockhorn, a.a.O., S.169-70). Offensichtlich ist es die bei Curtius insgesamt ungenügende »Definition der Rhetorik von ihrer Aufgabe her« (Dockhorn, ibid.), die Klaus Dockhorns vehement vorgetragene Kritik provoziert.[10]

So berechtigt nun diese Kritik auch war, so unübersehbar wurde im Lauf der Zeit, daß das sich vom Ansatz her wohl zunächst stark unterscheidende, im Grunde aber allein an der Hervorhebung von Gegensätzen interessierte Modell Klaus Dockhorns insgesamt nicht weniger einseitig und unvollständig blieb, als es die von ihm mißbilligte Vorlage zur 'historischen Topik' von Ernst Robert Curtius gewesen war und ist. Immer dringlicher stellte sich angesichts dieses Tatbestandes die Frage, ob jene für die Rhetorikforschung sicherlich einen großen Zeitraum lang sinnvolle, jedoch recht simple Zweigleisigkeit des Forschungsansatzes Klaus Dockhorns sich auf Dauer bewähren und einer genauso kritischen Nachprüfung standhalten konnte. Wie wir seit langem wissen, ist dies nur in einem sehr begrenzten Umfang der Fall.

Als besonders problematisch hat sich dabei für die Forschung schon der »"antihistoristische" Ausgangspunkt« der dockhornschen Hauptthese von der »"Ubiquität" der Rhetorik« (Schanze, 1981, S.14) erwiesen. Denn obwohl Dockhorn bei seinen Studien stets vom geschichtlichen Einzelbefund (sei es ein bestimmtes Werk Luthers, Wordsworths, Herders oder Gadamers) ausgegangen ist, war seine »Absicht« ebenso wie die von Curtius immer »systematisch(..)«, ging es ihm ja vornehmlich darum, »auf einer kontinuierlichen rhetorischen Tradition« zu beharren und »die Konstanz der antiken Begrifflichkeit« (Schanze, ibid.) nachzuweisen. Daß dieses Beharren auf der Vorstellung geschichtlicher Kontinuität deshalb »immer bedenklich« ist, weil dadurch »die Erkenntnis von Kontinuitäten mit dem Preis bezahlt wird, daß die geschichtliche Bewegtheit und die Impulse der Autoren erlöschen unter dem farblosen nil novi sub sole« (Friedrich, 1954, S.175, vgl. auch: Dyck, 1966 (1991), S.23), ist schon früh vermerkt worden. Auch ist seit langem bekannt, daß solch ein Nachweis »der Fortdauer antiker Begriffe« nur gelingen kann durch die Verkürzung komplexer »geschichtliche(r) Vorgänge« auf bloße »Akzentverlagerungen« und unwesentliche »Verschiebungen in der Bewertung herkömmlicher Begriffsinhalte«; er beruht außerdem auf einer »(Selbst)täuschung« über Möglichkeiten der Aneignung von Geschichte, die »ihren Grund hat in der Schwäche« des Ansatzes, durch den »das was gleich lautet, auch als gleichbedeutend hin(genommen)« wird (Friedrich, 1954, ibid.).

Eindringlich genug wurde zudem darauf hingewiesen, daß nicht nur Ernst Robert Curtius', sondern ebenso Klaus Dockhorns Festlegung auf den »consensus omnium« der »rhetorische(n) Tradition« nur durch »Abweichungen« in der Lesart zustande kommen konnte, die bestimmt »nicht darauf zurückzuführen sind«, daß »der Verfasser« bei seiner Auswertung der antiken Quellentexte des Aristoteles, Ciceros und Quintilians »nach anderen Ausgaben zitiert« hat (Stackmann, 1952, S.233; vgl. auch: Fischer, 1968, S.111 u. 190). Diese »Abweichungen« (Stackmann, ibid.) erklären sich vielmehr aus einem auch bei Dockhorn sehr abstrakten Verwertungsinteresse. Die Überzeugung aber, daß sich aus den antiken Quellentexten insbesondere des Aristoteles, Ciceros und Quintilians ein allemal festes und ohne weiteres aktualisierbares 'System der Rhetorik' ableiten läßt, konnte weder durch Curtius' noch durch Dockhorns Argumente bestätigt werden (vgl.: Schanze 1985, S.12); sie ist, wenn man die bisherigen Forschungsergebnisse zugrunde legt, wohl schon immer eine nicht belegbare Fiktion gewesen. (vgl.: Barner, 1970, S.VIII).

Zudem bestand bei Klaus Dockhorn nach Ansicht fast aller Kritiker immer die große »Gefahr« einer alleinigen »Konzentration auf die emotionalen Überzeugungsgründe und die rhetorische Affektenlehre« (Ueding/Steinbrink, 1986, S.159). Seine Interpetationen besaßen allen seinen Entgegnungen zum Trotz stets den Mangel, die zunächst von Curtius betonte »rationale Komponente der Beredsamkeit und ihre Verpflichtung auf die Beweisfunktion« nun nicht mehr »wichtig genug zu nehmen« (Ueding/Steinbrink, ibid.). »Rhetorik« aber »hat es auch mit 'objektivem Sprechen' zu tun« (Fischer, 1968, S.34, A.13) und besitzt, darüber ist man sich heute weitgehend einig, eine »"Sach- und Wirkungsbezogenheit"« (Fischer, a.a.O., S.111, A.25). Wenngleich also unbestritten ist, daß »die seit der Antike tradierte Rhetorik von der Absicht zu wirken her konzipiert« wurde (Fischer, a.a.O., S.34), ist ebenso unwiderlegbar, daß sie sich von alters her um »Wahrheitsvermittlung mit dem Ziel des Überzeugens« bemüht (Fischer, a.a.O., S.190, A.13). Klaus Dockhorn »geht« demnach »zu weit«, wenn er »den ganzen Entwurf (sein)es rhetorischen Systems« im Gegensatz zu Curtius nun fast allein aus dem »Ansatz« der emotionalen Wirkungsbezogenheit »ableiten will« (Fischer, a.a.O., S.34, A.13).

Verdächtig ist ein solcher eher systematischer als historischer Rhetorik-Begriff vor allem dann, wenn er auf einem »Verständnis« von »Rhetorik« als einem »Agglomerat von literarischen Theoremen, das über Jahrtausende hin tradiert und modifiziert« worden ist, basiert (vgl. schon Stackmann, 1952, S.236, hier: Barner, 1970, S.VIII). »Rhetorik als Diziplin jedoch beruht seit der Antike (...) auf der Dreiheit von *doctrina* (bzw. *praecepta*), *exempla* und *imitatio*« (Barner, a.a.O., S.59). Nur wenn man sich dies bewußt macht und »die 'rhetorische Tradition' nicht (einseitig) auf die Theorie reduziert und begrenzt«, kann man dem von Curtius wie Dockhorn übergangenen »Problem« des Gegensatzes von »klassizistisch-traditioneller Rhetoriktheorie und (literarischer) Praxis« in der Interpretation wirklich »beikommen« (Barner, ibid.).

Ebenso problematisch aber wie die Beschränkung auf 'theoretische Texte' ist nicht zuletzt die Art und Weise, wie sich schon Curtius und danach Dockhorn bei der jeweiligen Interpretation auf das einzelne literarische Werk und seine

Explikation konzentrieren. So sinnvoll es ja zweifellos ist, die fruchtbar zu
machenden Begriffe aus den im Text enthaltenen Elementen zu entwickeln, so
notwendig und unausweichlich ist es doch wohl, sich dazu »aller zweckdienlichen
Hilfswissenschaften (zu) bedienen« (Stackmann, 1952, S.236). Literarische Kritik
muß weit mehr sein als die schon von Curtius praktizierte und nochmals von
Dockhorn geforderte »Interpretationsübung(..) an rhetorischen Texten« (Friedrich,
1954, S.175, vgl.: Dockhorn, 1949, S.94). Die bloße Beschränkung auf text-
immanente Zusammenhänge ohne die Berücksichtigung der erst den literarischen
Stil in seiner Gesamtheit erschließenden »gesellschaftliche(n), philosophische(n) und
auch theologische(n) Verhältnisse« (Friedrich, ibid.) bleibt da stets unzulänglich.
Jede Einengung auf diesen Begriff der 'literarischen Rhetorik' erschwert die Absicht,
ebenso das »soziale« und »kulturelle (...) Umfeld« berücksichtigende, die sinnlich-
konkrete »Geistesgeschichte« (Plett, 1978, S.383) erschließende Fragestellungen zu
entwickeln. Sie macht es nahezu unmöglich, gesamtgesellschaftliche Wirkungs-
zusammenhänge im Spannungsfeld einer zuletzt »allgemeinen Rhetorik« (Kopperschmidt, 1973, S.25) darzustellen.

Und dennoch. Sollten wir nicht überlegen, ob wir mit Hilfe dieser Zusammenstellung einer sehr wahrscheinlich an jedem einzelnen Punkt stichhaltigen Kritik
der jeweiligen Schwächen des Ansatzes tatsächlich die unbestreitbare Bedeutung
der Arbeit dieser beiden großen Philologen der bundesdeutschen Nachkriegsära
erfassen? Sind wir nicht unter Umständen allzu besserwisserisch, wenn wir ihnen
Versäumnisse und Ungenauigkeiten vorwerfen, die doch erst im Nachhinein richtig
auffällig werden können? Läßt sich nicht vielleicht auch über Klaus Dockhorn
zunächst das sagen, was einst Erich Auerbach anläßlich der Besprechung von
Europäische Literatur und Lateinisches Mittelalter durchaus kritisch, doch mit sehr
viel Einfühlungsvermögen über das Werk von Ernst Robert Curtius geäußert hat?
Auerbach schrieb nach der Lektüre von Curtius' großem Werk:

> »Dies ist eines der nahrhaftesten geisteswissenschaftlichen Bücher, die mir zu Gesicht ge-
> kommen sind: überreich an Gelehrsamkeit, an Gedanken, Entdeckungen und Anregungen;
> vollgepackt mit Material, das aber doch augenscheinlich nur eine Auswahl ist aus den
> Schätzen, über die der Verfasser verfügt; zugleich Repertorium, in dem man nachschlagen
> kann, und Darstellung, deren Ideen, scharf hervortretend, zu Mitarbeit und Weiterspinnen
> auffordern; (...). Man darf sich wohl nicht wundern, daß ein so reich begabter Schriftsteller
> nicht immer viel Geduld hat mit denen, die es weniger sind, und daß er seine Urteile, oder
> auch seine Vorurteile, energisch zum Ausdruck bringt. In der pädagogischen und pessi-
> mistischen Schärfe solcher Stellen ist häufig ein Element jugendlicher Kraft enthalten; vor der
> Entscheidung, ob man sich bei diesen Gelegenheiten ärgern oder freuen soll, habe ich mich
> schnell zu letzterem entschlossen.« (Auerbach, 1950, S.330-1)

Wenngleich dem großen Anglisten Klaus Dockhorn ein *opus magnum* vom Range
wie *Europäische Literatur und lateinisches Mittelalter* nicht gegönnt gewesen ist,
bleibt wohl unbestritten, daß seine zahlreichen Aufsätze ebenso wie die seines
einstigen Vorbildes Curtius auch nach mehrmaligem Lesen noch voller »Gelehrsamkeit«, weitführender »Gedanken«, neuer »Entdeckungen« und sinnvoller »Anregungen« (Auerbach, ibid.) sind. Die »Entscheidung«, sich angesichts »der

pädagogischen und pessimistischen Schärfe« der »Urteile« und »Vorurteile« Klaus Dockhorns zu »ärgern« oder zu »freuen« (Auerbach, 1950, S.331), fällt einem deswegen nicht sehr schwer. Man kann sich auch bei ihm »schnell zu letzterem« entschließen, wenngleich sich insbesondere aus seinen späteren Rezensions-Aufsätzen »leicht« eine durch ihre Grobheit an Ernst Robert Curtius erinnernde »Blütenlese von Sätzen« (Auerbach, ibid.) wie: »"(Dieses Buch) ist indiskutabel."«(über eine Arbeit R. Hildebrandt-Günthers, in: Dockhorn, 1971, S.172) zusammenstellen läßt, die, obwohl sie von der Sache her zumeist gerechtfertigt ist, für den jüngeren Leser recht abschreckend wirkt.

Selbst dann aber, wenn wir zugestehen, daß ebenso wie im Falle Ernst Robert Curtius' »ohne die eigentümlich-persönliche Einseitigkeit« der Interpretation eine »Leistung« wie die Klaus Dockhorns »nicht zustande kommen« konnte (Auerbach, 1950, S.338), ist es auf Dauer unvermeidlich, uns mit dieser »Einseitigkeit« (Auerbach, ibid.) des Autors, die doch die eigentliche Stärke seines Ansatzes ausmacht, kritisch auseinanderzusetzen. Wir müssen uns bemühen, sie, wenngleich um den Preis erneuter Einseitigkeit, vom *Ansatz* her zu überwinden. Gerade das aber ist, wie wir zumindest andeuten wollten, bis heute nicht geschehen und konnte nach dem derzeitigen Stand der Forschung wohl auch nicht geleistet werden. In der Tat! Wir befinden uns heute mit Ernst Robert Curtius' und Klaus Dockhorns Ansätzen am Ende zweier scheinbar auswegloser Wege der neuzeitlichen Rehabilitierung der 'literarischen Rhetorik'. Doch gibt es vielleicht noch einen dritten Weg. Er läßt sich erkunden durch das Werk Erich Auerbachs.

Daß dieser Weg besteht, ist unter den namhaften bundesdeutschen Forschern der Nachkriegszeit selbstverständlich längst kein Geheimnis mehr. Schließlich hat bereits Curtius in seiner Studie über *Gustav Gröber und die romanische Philologie* (1951) und insbesondere in seinem Aufsatz *Die Lehre von den drei Stilen in Altertum und Mittelalter* (1952) auf die außerordentliche Bedeutung der Arbeiten Auerbachs hingewiesen. Andererseits ist gerade Curtius durch seine trotz dieses Lobes sehr negative Besprechung der eben nicht vornehmlich aus der antiken »Theorie« (Curtius, 1951, S.277, A.2) hergeleiteten »Stillehre« (Curtius, 1952, S.58) Auerbachs dafür verantwortlich zu machen, daß dessen Forschungsarbeiten bis heute in den einschlägigen Publikationen eher beiläufig behandelt werden. Das hat sich selbst dadurch nicht verändert, daß es Auerbach gelungen ist, die von Curtius geäußerte Kritik an den vor allem literaturpraktischen Intentionen seines *Figura*-Aufsatzes und seines Hauptwerkes *Mimesis* zu entkräften. Die in Auerbachs Replik mit dem Titel *Epilegomena zu Mimesis* gegebenen Richtigstellungen zum »Anschauungs(charakter)« seiner »Versuch(e) zur Geschichte der Sache selbst« (Auerbach, 1954, S.5) nämlich sind Curtius und seinen Anhängern anscheinend vollends 'entgangen'. Ja, nicht einmal die Tatsache, daß dessen eigene Ansichten im Verlauf der Zeit von verschiedenen Seiten kritisch überprüft worden sind., hat Erich Auerbach helfen können. Der Einfluß einer autoritären Leitfigur wie Ernst Robert Curtius ist auch nach ihrer vermeintlichen Demontage größer als man denkt, und in ihrer grundsätzlichen Bedeutung nicht erkannte Vorurteile halten sich bekanntlich hartnäckig.

Daran konnte auch der Hinweis des Curtius-Schülers Hugo Friedrich nichts ändern, der schon in seiner oben angesprochenen Klaus Dockhorn-Rezension aus dem Jahre 1954 wenn auch sehr global darauf verwies, daß die erste Umrisse annehmende Geschichte der Rehabilitierung der Rhetorik eben auch mit dem »wichtig(en)« Beitrag Erich Auerbachs beginnt (Friedrich, 1954, S.174). Ohne Konsequenzen geblieben sind ebenso die von Otto Pöggeler zu dieser Frage vorgenommenen Richtigstellungen. Daß Pöggeler in seinen Aufsätzen über *Dichtungstheorie und Toposforschung* (1960) bzw. über *Toposforschung und aktualisierte Topik* (1970) dem Ansatz zur 'historischen Topologie' folgt, doch Erich Auerbach gegen die Polemik von Curtius verteidigt und seine eigenen Überlegungen durch zahlreiche Motive Auerbachs anreichert, hat die Vorbehalte nicht nur der Toposforschung gegenüber Auerbachs Werk nicht beseitigen können[11].

Ähnliche Einschränkungen scheinen uns auch im Hinblick auf die neueren, eher von Dockhorn ausgehenden germanistischen Arbeiten vor allem Joachim Dycks, Ludwig Fischers und Birgit Stolts berechtigt. Freilich sind insbesondere Auerbachs Überlegungen zum Charakter und zum Fortleben der antiken 'Dreistillehre' und zur Ausbildung des christlichen *sermo humilis* von diesen anerkannten Forschern differenziert dargestellt und vielfältig fruchtbar gemacht worden[12]. Zudem ließe sich das so entstandene Bild noch vervollständigen durch den vielleicht weniger bekannten Aufsatz von Raphaela Gasser, in dem nun in der Tat an zentraler Stelle die Bedeutung der »bahnbrechenden Untersuchungen Erich Auerbachs zum sermo humilis« gewürdigt wird[13]. Das Problem bei der jeweiligen Auseinandersetzung mit dem Werk Erich Auerbachs besteht jedoch immer wieder darin, daß diese Autoren wohl bereit sind, die empirischen Befunde seiner zahlreichen Untersuchungen positiv aufzunehmen, daß sie aber seinem sehr eigenen Forschungsansatz zum Thema 'literarische Rhetorik' mit dem alten Argument der prinzipiell nicht hinreichend berücksichtigten Kontinuität der antiken Tradition (vgl. schon: Curtius, 1952, S.64ff.) ablehnend gegenüberstehen. Geht Auerbach doch nach Meinung der Kritiker mit seinen »Folgerung(en) (...) zu weit«, wenn er »im christlichen sermo humilis die Grundlage der antiken Stillehre schlechthin aufgehoben« sieht (Fischer, 1968, S.115, A.38), weil etwa »Augustin« trotz aller nachweisbaren Umbewertungen dennoch »keinen Bruch mit der rhetorischen Tradition« (Dyck, 1965, S.232, A.3) vollzieht. Ja, es scheint aus heutiger Sicht unbestreitbar zu sein: Erich Auerbachs »spezifisch christliche« und damit von allen vorherigen Versuchen abweichende »Begründung der Stilmischung« ist es nicht wert, »weiter behandelt (zu) werden« (Kopperschmidt, 1971, S.281, A.43).

Wenngleich es für den zwar interessierten, aber nicht über die philologischen Details der Debatte informierten Leser sicherlich nicht einfach ist, allein aufgrund dieser Zitatmontage dem Argumentationsgang hier der Autoren Ludwig Fischer, Joachim Dyck oder Josef Kopperschmidt genau zu folgen, wird die grundsätzliche Richtung ihrer Argumentation und werden die daraus resultierenden Probleme hoffentlich deutlich. Da jene Forscher sich wie die meisten anderen ihrer Zunft dem systematisch-historischen Denken von Curtius und Dockhorns trotz zahlreicher Modifikationen offenbar nach wie vor verpflichtet fühlen, muß es ihnen bei ihren

Untersuchungen trotz aller Zugeständnisse und Einschränkungen letztendlich immer wieder darum gehen, die gängige These von der geschichtlichen Kontinuität und begrifflichen Konstanz der literatur-rhetorischen Tradition aus ihrer Sicht zu belegen. Da ist es nur konsequent, den spezifisch christlich geprägten Rhetorik-Begriff zum Beispiel des Augustinus nicht auf seine geschichtliche Eigenwertigkeit hin zu untersuchen, sondern vielmehr herauszuarbeiten, in welcher Form die heidnisch-antiken Vorbilder eines Cicero oder Quintilian etwa in Augustinus Schrift *De ordine* oder *De doctrina christiana* weiterleben.[14]

Nun wäre es sicherlich vermessen, nicht anzuerkennen, daß mit Hilfe dieser Problemstellung in der Vergangenheit sehr wichtige Arbeitsergebnisse auf den verschiedensten germanistischen Forschungsgebieten formuliert werden konnten. Doch ergibt sich eben der nicht zuletzt von den genannten Autoren selber vorgebrachte, schwerwiegende Verdacht, daß durch einen derartigen Forschungs-ansatz die Eigengeschichtlichkeit literarischer Werke nicht ausreichend erfaßt werden kann.[15] Im Gegensatz zu diesen bekannten Auffassungen werden wir deshalb im folgenden die Frage zu beantworten versuchen, ob Erich Auerbach mit seinen Überlegungen über die Eigenständigkeit der christlich-spätantiken Rhetorik wirklich zu weit gegangen ist oder ob sich nicht tatsächlich durch den Neuansatz des Paulus, Hieronymus und Augustinus ein die Geschichte der Rhetorik ver-ändernder und mindestens bis ins 18. Jahrhundert nachwirkender Bruch mit der Tradition ergibt, den zu beschreiben und zu begründen sehr wohl der Mühe wert ist. Das zu verfolgen könnte vor allem deshalb für uns interessant sein, weil Auerbach in seinen Untersuchungen nicht nur antiker und frühmittelalterlicher Quellen immer wieder auf das Vorhandensein jener christlichen Rede-und Schreibkunst hinweist, die die heidnische Rhetorik durch ihre spezifischen *Inhalte* neu beleben konnte, damit aber auch deren ursprüngliche *Form* ganz und gar verändern mußte. Wie wir sehen werden, entstand mit der Zeit ein eigener niedrig-erhabener Stil, ein spezifisch christlicher *sermo humilis*, der das Alltägliche durchaus nicht verschmähte, ja das sinnlich Realistische, das körperlich Häßliche und sozial Unwürdige des irdischen Lebens in sich aufnahm und es figural gestaltete, so daß es sich auf das ewig Göttliche der christlichen Lehre (heils)geschichtlich bezog.

1.4 Die rhetorischen Ansatzpunkte im Werk Auerbachs

Diesem angedeuteten Weg Erich Auerbachs ein großes Stück weit zu folgen, ist für uns nun gar nicht so beschwerlich, wie wir aufgrund seiner von der Forschung seit Anfang an hervorgehobenen und meistens bemängelten »Unbestimmtheit der Methode« (Dickmann, 1948, S.331) zunächst annehmen mußten. Erleichtert wird uns der Zugang zu seinem Werk natürlich deshalb, weil wir uns von vornherein darüber Klarheit verschafft haben, daß sich Erich Auerbach bei seinen Unter-suchungen weit stärker als bisher von seinen Kritikern erkannt wurde, von einigen wenigen »leitende(n) Gedanken« (Auerbach, 1946, S.494; vgl. auch: ders., 1954, S.14) hat führen lassen, die seinen Ausführungen bei aller Offenheit gegenüber dem literarischen Gegenstand dennoch den notwendigen Halt geben konnten. Ja, es scheint in der Tat so zu sein, daß sich aus der auf den ersten Blick rein beliebigen Abfolge seiner thematisch recht unterschiedlich angelegten Studien und Aufsätze ein »umfassende(r) Plan(..)« (Schalk, 1967, S.13) vielseitig miteinander verbundener Problemfelder ergibt.

Anders als H. Dickmann (1948) und noch C. Landauer (1988), die stark hervorheben, daß »die Auswahl der Texte« etwa im *Mimesis*-Buch »mehr das Resultat von Zufall (...) ist als das einer sorgfältig geplanten Suche« und der Ansicht sind, daß es Erich Auerbachs »Stil« ebenso an »rationaler Kontrolle wie an Kürze und Präzision fehlt« (Dickmann, 1948, S.332; vgl.: Landauer, 1988, S.83), spricht ja schon O. Regenbogen von der »gewissermaßen aggregative(n) Zufälligkeit des ausgewählten Materials« (Regenbogen, 1949, S.603) in der *Mimesis*-Untersuchung. Einige Jahre später kommt H. Kuhn der Sache noch näher, wenn er angesichts der von Dickmann und Landauer kritisierten Neigung des großen Philologen, sich laut eigener Aussage bei der Interpretation »auf einige wenige Stellen« und nicht auf die »Systemati(k) und Chronologi(e)« eines »Leben(s)« und »Werke(s)« (Auerbach, 1946, S.488; vgl.: Dickmann, 1948, ibid.) zu beziehen, bemerkt, daß diese Selbsteinschätzung »nicht frei von Übertreibung« sei, da es »in der Mimesis (...) nicht an, wenn auch unauffälliger, Sichtbarmachung der "Gelenke" (fehlt)«, wodurch »etwas wie ein mit zarten aber kräftigen Strichen umrissener dramatischer Aufbau erkennbar (wird)« (Kuhn, 1963, S.225). Überhaupt wurde mit der Zeit für die Rezensenten immer klarer, wie »früh« sich ein »fester Wille« und »ein stetiger Plan« bei Erich Auerbach »gebildet« hat, der die »Verkettung seiner Hauptmotive« zuließ und die »ganze Richtung« der »philologischen und schriftstellerischen Kraft« dieses »faszinierenden« (Schalk, 1967, S.7, vgl. auch: Evans, 1971-2, S.194-5 sowie Knoke, 1975, S.76) Autors bestimmen sollte.

Die drei wichtigsten von diesen »Hauptmotive(n)« (Schalk, 1967, ibid.) wollen wir nunmehr herausarbeiten zur Verdeutlichung dessen, was wir bisher immer schon als Erich Auerbachs rhetorischen Ansatz bezeichnet haben, ohne es jedoch seinem Inhalt nach wirklich genau beschrieben zu haben. Es handelt sich dabei um das in seiner Habilitationsschrift über *Dante als Dichter der irdischen Welt* von 1929 anklingende, dann insbesondere in einem Aufsatz aus dem Jahr 1939 unter diesem Titel ausgebreitete *»Figura«*-Motiv, das ebenfalls in Auerbachs Dante-Schrift auftauchende, später bekannterweise für die *Mimesis*-Untersuchung des Jahres 1946 sehr wichtige *»Stilbruch«*-Motiv und zuletzt das auch relativ früh, nämlich in der Schrift *Sacrae sriptuae sermo humilis* aus dem Jahr 1941, angedeutete, in *Mimesis* weitergeführte und schließlich in zwei Aufsätzen des Jahres 1952 und 1955 unter der gleichlautenden Überschrift durchgearbeitete *»Sermo humilis«*-Motiv.

1.4.1 Das »Figura«-Motiv

Ausgangspunkt nicht nur der Untersuchung über *figura* war dabei etwas zunächst
ebenso Einfaches wie Genaues. Laut eigenem Bekunden bestand E. Auerbachs
»Absicht« hierbei eigentlich nur darin,

> »zu zeigen, wie ein Wort aus seiner Bedeutungsentwicklung heraus in eine weltgeschichtliche
> Lage hineinwachsen kann und wie sich alsdann daraus Strukturen entwickeln, die für viele
> Jahrhunderte wirksam sind.« (Auerbach, 1939, S.92)

Das Wort, um das es Auerbach ging, war *figura*, dessen weitreichende Herkunftsgeschichte mit seiner ursprünglichen Bedeutung als »plastisches Gebilde« er seit
»der Graezisierung der römischen Bildung im letzten vorchristlichen Jahrhundert«
zuallererst bei »Varro, Lucrez und Cicero« (Auerbach, a.a.O., S.55) verfolgt. Dabei
beschäftigt sich Auerbach zunächst damit, wie die verschiedenen Autoren dem Wort
immer größere »Selbständigkeit« geben und sich mehr und mehr von seiner anfänglichen Begrenzung auf die »äußere Erscheinung« und den »Umriß« von »Lebewesen und Gegenständen« (Auerbach, a.a.O., S.56) loslösen. Schon bei Varro
nämlich »finden wir *figura* als grammatische Bildung, Ableitung, Flexionsform«
(Auerbach, ibid.). Dies eben kam durch die bereits angesprochene »Graezisierung
der römischen Bildung« zustande: »Das Griechische, dessen wissenschaftlich-rheto-
rischer Sprachschatz unvergleichlich reicher war, besaß eine große Anzahl Worte
für den Gestaltbegriff« und die »philosophische und rhetorische Ausbildung des
platonisch-aristotelischen Sprachgebrauchs« wies »jedem dieser Worte seinen Bezirk zu« (Auerbach, ibid.). So bildete sich dann vor allem durch Lucrez' Gebrauch
von *figura* »neben und vor der ursprünglichen Bedeutung des Plastischen ein weit
allgemeinerer Begriff der sinnlichen Erscheinung und der grammatischen, rhetorischen, logischen, mathematischen Form, ja später auch der musikalischen und
choreographischen« (Auerbach, a.a.O., S.57). Alle diese »Abwandlungen des
Gestaltbegriffs« sind nun für Auerbach auch »in Ciceros häufiger und geschmeidiger
Verwendung des Wortes« vorhanden, doch ist bei diesem eine Bevorzugung für die
»politische, die publizistisch-rhetorische, die juristische und die philosophische
Tätigkeit« herauszuheben, die sich durch sein »Streben nach rednerischer Fülle«
(Auerbach, a.a.O., S.59) leicht erklären läßt. Andererseits aber fehlt Ciceros Bestimmung des 'Figura'-Begriffs laut Auerbach aufgrund seines ungenügenden »Ta-
lents« und der daraus resultierenden »eklektische(n) Haltung« die für eine »Gesamt-
auffassung« notwendige »energische Begründung« (Auerbach, a.a.O., S.60) des
Begriffs. Eine solche »Begründung nachzuliefern vor allem im Hinblick auf die
schon bei Cicero vorgenommene Festlegung von *figura* als technischer Ausdruck
der Rhetorik« (Auerbach, ibid.), blieb demzufolge einem anderen vorbehalten: »Das
Bedeutendste« also und »das Folgenreichste«, was »für die Entwicklung des Wortes
im 1. Jahrhundert geschah, war die Ausbildung des rhetorischen Figura-Begriffs,
deren Niederschlag wir im 9. Buch Quintilians besitzen« (Auerbach, a.a.O., S.62).
In dessen »Darstellung der Tropen und Figuren«, aus der Auerbach sehr zum
eigenen Bedauern »nur das Allerwesentlichste« (Auerbach, a.a.O., S.64) anführen

kann, werden bekanntlich nach einer »zusammenfassende(n) Auseinandersetzung mit früheren Meinungen und Arbeiten« zahlreiche »für spätere(.) Bemühungen um den Gegenstand grundlegende« (Auerbach, a.a.O., S.63) Festlegungen getroffen. Trennt Quintilian doch zum erstenmal grundsätzlich »die Tropen von den Figuren«, indem er erklärt, daß »Tropus der (...) engere Begriff (ist)«, der »sich nur auf die uneigentliche Bedeutung von Worten und Redewendungen« bezieht, während unter »Figur« eine »jede Formung der Rede, die vom gewöhnlichen und nächstliegenden Gebrauch abweicht« (Auerbach, ibid.), zu verstehen ist. Dadurch nun wäre nach Quintilian »im Grunde (...) jede Rede eine Formung, eine Figur, (allein) man brauch(t) das Wort (...) nur für poetisch oder rhetorisch besonders ausgebildete Formungen« (Auerbach, ibid.). Das aber bedeutet, daß man eher aus formalen Gründen eine »einfache« von einer »figürlichen Redeweise(.)« (Auerbach, ibid.) unterscheidet.

So wichtig nun zweifellos diese zahlreichen Beobachtungen zur Bedeutungs-geschichte des Wortes *figura* sind, so richtig zudem seine generelle Einschätzung ist, daß »Quintilian unter den Rhetoren eine vergleichsweise freie Stellung« (Auerbach, a.a.O., S.64) mit weitreichender Wirkung einnimmt, so wenig erklärt sich allein dadurch, was uns dazu bewegen sollte, gerade Auerbachs Darstellung des zu seiner Zeit von nicht wenigen Autoren behandelten Problems der Entwicklung oder des Weiterwirkens der antiken Rhetorik und ihrer Begriffe gegenüber anderen Darstellungen den Vorzug zu geben. Dies wird erst dort deutlich, wo er seine Beschreibung »der Bedeutungsgeschichte von *figura* in der heidnischen Antike ab(schließt)« (Auerbach, ibid.) und nun im gänzlichen Gegensatz zu fast allen anderen Forschern damit beginnt, den von den heidnisch-antiken Grundlagen weitgehend verschiedenen, »geschichtlich bedeutend(en) (...) Sinn« zu erhellen, »den die Kirchenväter dem Wort auf Grund seiner auf den vorherigen Seiten beschriebenen Entwicklung zu geben vermochten« (Auerbach, a.a.O., S.65). Die Radikalität dieses Gedankens können wir uns vergegenwärtigen, wenn wir uns daran erinnern, daß es auch heute in den maßgeblichen Forschungsansätzen zur Geschichte der Rhetorik immer noch darum geht, die Kontinuität ihrer von der griechischen Antike herkommenden Tradition zu betonen und alle ihre weiteren Ausformungen von daher abzuleiten. Wenn also Auerbach im Gegensatz dazu die Eigenständigkeit der christlich-antiken Auffassung nicht nur bezüglich des 'Figura'-Begriffs betont, bedarf dies nun selbst einer starken Begründung, durch die zuletzt der Unterschied zwischen der heidnisch-antiken und der christlich-spätantiken Rhetorikauffassung in *inhaltlicher* wie *formaler* Hinsicht deutlich werden müßte. Auerbach führt dazu zunächst an, daß sich aufgrund seiner Studien für ihn zu-sehends »die Vermutung« verstärkte,

»daß *figura* unmittelbar aus seiner allgemeinen Bedeutung "Bildung", "Formung", "Gestalt" zu (.)einem neuen Inhalt kam, und in der Tat legt der Sprachgebrauch gerade bei den ältesten lateinischen Kirchenschriftstellern dies nahe: wenn etwa häufig von Personen oder Ereignissen des AT gesagt wird, daß sie *figuram Christi (ecclesiae, baptismi* etc.) *gerunt* oder *gestant*, daß das jüdische Volk in allem *figuram nostram portat*, daß die Heilige Schrift *figuram delineat futurorum*, so läßt sich *figura* in diesem Sätzen ohne weiteres mit "Gestalt" übersetzen. Doch sogleich mischt sich auch die (Schema-)Vorstellung der bildlich-rhetorischen Umschreibung, der Verhüllung und Verwandlung hinein, ja sogar der Täuschung, wie dies alles die vorchristliche Dichtung und Beredsamkeit ausgebildet hatte. Der Gegensatz *figura* und *veritas*, (...), das Gleichsetzen von *figura* und *umbra*, (...) - das alles zeigt in dem neuen Gestaltbegriff *figura*, der eine *praefiguratio* ist, das Weiterleben des rhetorisch-bildlichen Gebrauchs, nur daß er aus der (...) Welt der Rednerschulen und aus dem halb spielenden Mythos (...) ins Wirkliche und zugleich Geistige, also ins Eigentliche, Bedeutende und Existentielle gelangt ist.« (Auerbach, 1939, S.72-3)

Wichtige Stichworte, die für seine weitere literaturkritische Arbeit von zentraler Bedeutung sein werden, sind imgrunde hier schon genannt. Ja, anhand dieser Äußerungen aus den späten dreißiger Jahren läßt sich vielleicht zum erstenmal eindeutig die zunehmende Eigenständigkeit des rhetorischen Ansatzes Erich Auerbachs erkennen. Gibt er doch der schon damals gängigen Forschungsthese vom »Weiterleben des rhetorisch-bildlichen Gebrauchs« (Auerbach, ibid.) eine ersteinmal inhaltlich begründete Wendung, durch die es uns später möglich wird, die so facettenreiche »Geschichte des abendländischen Realismus« auch als individuell-allgemeinen »Ausdruck« nicht der Beständigkeit, sondern »der Wandlungen in der Selbstanschauung des Menschen« (so lautet bekanntlich der Untertitel seines späteren *Mimesis*-Buches) zu betrachten. Schon durch die Wiederaufnahme der heidnisch-antiken Rhetorik durch das Christentum entsteht dabei offensichtlich ein nicht zu leugnender Bruch in der Geschichte der 'literarischen Rhetorik', den zu erwähnen Erich Auerbach wohl der Rede wert findet.

Was er mit der angesprochenen Verwandlung hier des 'Figura'-Begriffs zur »*praefiguratio*«, dessen Hinwendung ins »Wirkliche« und »Geistige« (Auerbach, ibid.) genau meint, erläutert er danach anhand des Gebrauchs, den insbesondere die »Kirchenväter(.)« (Auerbach, a.a.O., S.65) Tertullian und Augustinus unter Berufung auf »einige Stellen der urchristlichen Überlieferung, die meist aus den Apostelbriefen stammen« (Auerbach, a.a.O., S.75), von ihm gemacht haben. Im Gegensatz nämlich zu den heidnisch-antiken Vorbildern Cicero und Quintilian zielte etwa Tertullians »Interpretation« der heilig erklärten Texte darauf ab,

»die im Alten Testament auftretenden Personen und Ereignisse als Figuren oder Realprophetien der Heilsgeschichte des Neuen zu deuten. Dabei ist zu beachten, daß Tertullian ausdrücklich es ablehnt, die wörtliche und geschichtliche Geltung des Alten Testaments durch die Figuraldeutung zu entkräften. Es besteht vielmehr bei ihm eine entschiedene Abneigung gegen etwaige Übergriffe des Spiritualismus; er will keineswegs das AT als bloße Allegorie verstehen; überall habe es wörtlichen Wirklichkeitssinn, und auch da, wo es sich um figurale Prophetie handle, sei die Figur ebenso geschichtliche Wirklichkeit wie das durch sie Prophezeite. Die prophetische Figur ist sinnlich-geschichtliche Tatsache, und sie wird durch sinnlich-geschichtliche Tatsachen erfüllt: Tertullian gebraucht hierfür den Ausdruck *figuram implere* (adv. Marc. 4,40 *figuram sanguinis sui salutaris implere*) oder *confirmare* (de fuga in Pers. 11 *Christo confirmante figuras suas*): wir wollen die beiden Ereignisse von nun an als Figur und Erfüllung bezeichnen.« (Auerbach, 1939, S.66)

Mit diesen Überlegungen haben wir ohne Zweifel eines der Zentren des auerbachschen Denkens erreicht. Was er im folgenden an zahlreichen Beispielen zu Tertullian und insbesondere zu Augustinus belegt, ist die Tatsache, daß »das ganze AT, zumindest (aber) die entscheidenden Gestalten und Ereignisse (...) einheitlich figural interpretiert« werden müssen, und daß selbst »da, wo Worte und Wortprophezeiungen in ihrem verborgenen Sinn erläutert werden«, die »Deutung meist nicht nur allegorisch, sondern figural« (Auerbach, a.a.O., S.69) ist. Die dabei hervorgehobenen Unterscheidungen nunmehr nicht nur zwischen 'Figur und Erfüllung', sondern ebenso zwischen 'wörtlich-geschichtlichem und abstraktem Sinn' sowie zwischen 'figuraler und allegorischer Deutung' machten freilich, wie Auerbach selbst wußte, eine grundsätzliche Erörterung dieser Fragen notwendig, die sich nicht mit der Aufzählung von Beispielen begnügen konnte. Auch dies zu leisten sah Erich Auerbach als seine »Aufgabe(.)« (Auerbach, a.a.O., S.77) an. So schreibt er zunächst zur genaueren Bestimmung des Verhältnisses von 'Figur und Erfüllung' und zur Klärung des Unterschiedes zwischen dem 'wörtlich-geschichtlichen' und dem 'abstrakten Sinn' seiner figuralen Deutung:

> »Die Figuraldeutung stellt einen Zusammenhang zwischen zwei Geschehnissen oder Personen her, in dem eines von beiden nicht nur sich selbst, sondern auch das andere bedeutet, das andere hingegen das eine einschließt oder erfüllt. Beide Pole der Figur sind zeitlich getrennt, liegen aber beide, als wirkliche Vorgänge oder Gestalten, innerhalb der Zeit; sie sind beide, (...), in dem fließenden Strom enthalten, welcher das geschichtliche Leben ist, und nur das Verständnis, der *intellectus spiritualis*, ist ein geistiger Akt; ein geistiger Akt, der sich bei jedem der beiden Pole mit dem gegebenen oder erhofften Material des vergangenen, gegenwärtigen oder zukünftigen Geschehens zu befassen hat, nicht mit Begriffen oder Abstraktionen; diese sind durchaus sekundär, da ja auch Verheißung und Erfüllung als wirkliche und innergeschichtliche Ereignisse teils in der Fleischwerdung des Wortes geschehen sind, teils in seiner Wiederkunft geschehen werden.« (Auerbach, 1939, S.77)

Durch eben diese »Innergeschichtlichkeit sowohl des bedeutenden wie des bedeuteten Dinges« ist also laut Auerbach die »figurale« von der »allegorischen« (Auerbach, ibid.) Wirklichkeitsauffassung grundsätzlich verschieden. Stellt doch »die große Mehrzahl« der »in der Literatur oder der bildenden Kunst« anzutreffenden Allegorien der »Tugend« (z.B. der »Weisheit«), der »Leidenschaft« (z.B. der »Eifersucht«) oder einer »Institution« (z.B. des »Recht(s)«) allenfalls die »allgemeinste Synthese einer geschichlichen Erscheinung (den Frieden, das Vaterland) dar«, ohne jemals »die volle Innergeschichtlichkeit« des jeweiligen »Vorgangs« (Auerbach, a.a.O., S.77-78) zu beleuchten. Dermaßen »sinnlich entkräftet« hat jene Synthese »stets etwas Gelehrtes und Mittelbares, ja Abstruses« und bleibt, solange nicht »ein einzelner bedeutender Mystiker sie mit Kraft erfüllt«, in ihrer »Wirkung« auf einen »verhältnismäßig kleinen Kreis geistiger und eingeweihter Personen beschränkt« (Auerbach, a.a.O., S.79).

Dieses Schicksal teilt sie notgedrungen mit einer dritten von Auerbach eingebrachten »Form der Darstellung eines Dinges«: der »vielfach als charakteristisch für primitive Kulturen« angesehenen »symbolischen« (Auerbach, ibid.) Deutung der Welt. Wenngleich nun die symbolischen Formen für ihn »manche Berührungspunkte mit der Figuraldeutung« besitzen, da »beide den Anspruch auf Deutung und Ordnung des Lebens im ganzen« erheben und »beide nur in religiösen oder verwandten Bezirken denkbar« sind, fallen auch hier »die Unterschiede sogleich ins Auge« (Auerbach, a.a.O., S.80). Es »wohnt« nämlich »dem Symbol (...) notwendig magische Kraft inne, der *figura* nicht, diese hingegen muß stets geschichtlich sein, das Symbol aber nicht« (Auerbach, ibid.). So geht es bei der »Realprophetie« eher um die »Textinterpretation« einer beschriebenen Wirklichkeit, während sich »das Symbol« weitgehend »auf unmittelbare Lebens- und ursprünglich wohl meist Naturdeutung« (Auerbach, ibid.) bezieht. Daraus schließt Auerbach, daß »die Figuraldeutung« nur dort zustande kommen kann, wo sich »eine Hochkultur« bereits »vollende(t)« hat und »schon Züge der Überalterung« (Auerbach, ibid.) zeigt. Anders als die »symbolische« Deutung ist sie ihrem Begriff nach »ein Erzeugnis von Spätkulturen« (Auerbach, ibid.).[16]

Erst vor dem Hintergrund »dieser beiden Abgrenzungen« nun »gegen die Allegorie einerseits und gegen die symbolischen (...) Formen andererseits« (Auerbach, ibid.) läßt sich der besondere Charakter jenes Verfahrens der realprophetischen Deutung genauer erfassen. Es geht Erich Auerbach dabei genau genommen um *zwei* Dinge. Obwohl es nämlich richtig ist, daß durch »die Figuralprophetie« die abgeschlossene »Deutung eines innergeschichtlichen Vorgangs durch einen anderen« entsteht, so »enthalten« doch diese »beide(n)« Ereignisse immer auch »etwas Vorläufiges und Unvollständiges; sie weisen aufeinander, und beide weisen auf etwas Zukünftiges, welches erst noch bevorsteht und welches erst das Eigentliche, voll und wirklich und endgültig Geschehene sein wird« (Auerbach, a.a.O., S.80).

Diese uns Leser vielleicht zuallererst an »platonisierende Gedanken« erinnernde Auffassung Erich Auerbachs über ein »in der Zukunft liegende(s) Urbild, das in den Figuren nachgeahmt wird« (Auerbach, a.a.O., S.81), ist jedoch nicht griechisch-antiken Ursprungs, sondern muß speziell aus der christlichen Überlieferung heraus verstanden werden. Dabei wird deutlich, daß »jenes zukünftige Urbild«, obgleich es »als Geschehen« für den menschlichen Interpreten stets »unvollendet« bleibt, »in Gott« schon »vollständig erfüllt« ist und »es in seiner Vorsehung von Ewigkeit her (war)« (Auerbach, ibid.). Die »Figuren«, in denen Gott die alltäglichen Ereignisse »verhüllt(.)«, und die »Inkarnation«, in der er ihren eigentlichen »Sinn enthüllt(.)«, sind demzufolge »Prophetien eines jederzeit Bestehenden, welches nur die Menschen noch verhüllt sehen, bis der Tag kommt, an dem sie den Erlöser *relevata facie* geistig und sinnlich schauen werden« (Auerbach, ibid.). Diese »Figuren« sind demnach für ihren Betrachter »nicht nur vorläufig«, sondern sie sind »zugleich auch die vorläufige Gestalt« eines stets präsenten »Ewigen und Jederzeitlichen« (Auerbach, ibid.). Sie »deuten« durch ihre Handlungen »nicht nur auf die praktische Zukunft« der Menschen, sondern »weisen auf etwas« sprachlich »zu Deutendes« in der Welt hin, das wohl »in der praktischen Zukunft erfüllt« werden soll, »aber in der Vorsehung Gottes, in der kein Unterschied der Zeiten ist, stets schon erfüllt vorliegt« (Auerbach, ibid.). Sie versinnbildlichen für jeden Kommentator der 'Heiligen Schrift' die »sowohl vorläufig-fragmentarische als auch verhüllt jederzeitliche Wirklichkeit« (Auerbach, ibid.) eines Textes, die er in ihrer stets vorhandenen, doch gleichzeitig bereits aufgelösten Widersprüchlichkeit zu erfassen suchen muß.

So weit in Gedanken vorgedrungen, scheint es zumindest aus heutiger Sicht betrachtet nur noch ein kleiner Schritt hin zu der Frage zu sein, ob sich diese für die theologische Interpretation wegweisende Methode, die biblische Schrift zu entziffern, nicht auch allgemein auf die Deutung zumindest mittelalterlicher literarischer Texte übertragen läßt. Ist es doch allzu offensichtlich, daß sich in interessanten »Einzelinterpretationen (...) die Bedeutung der Figuralauffassung nicht erschöpft« (Auerbach, a.a.O., S.83): »Wie sie der Geschichtsdeutung des Mittelalters die allgemeine Grundlage gibt, (..) wie sie vielfach auch in die Erfassung der einfachen Alltagswirklichkeit hineinspielt«, konnte nach Erich Auerbachs Auffassung »keinem, der mittelalterliche Studien treibt, verborgen bleiben« (Auerbach, ibid.). Ja, seiner Ansicht nach hat »die figurale Deutung oder, um es vollständiger zu sagen, die figurale Auffassung des Geschehens« nicht nur von den frühchristlichen Anfängen »bis ins Mittelalter«, sondern sogar »bis ins 18. Jahrhundert« hinein eine derart »weite Verbreitung und tiefe Wirkung gehabt« (Auerbach, a.a.O., S.82-3), daß es ihm eigentlich unumgänglich erschien, den dabei zutage tretenden sprachgeschichtlichen Zusammenhängen nachzugehen. Seine Hoffnung allerdings, andere Wissenschaftler von der Tragweite seines rhetorischen Ansatzes zu überzeugen, erwies sich zumindest für den Zeitpunkt des Erscheinens seines 'Figura'-Aufsatzes als viel zu optimistisch. Seine damaligen Forschungsergebnisse waren, das räumte er selbst ein, noch zu vorläufig und unvollständig, um die zahlreichen Zweifler zufriedenstellen zu können. E. Auerbach erkannte nur zu genau, daß das bis jetzt »alles nur Andeutungen« (Auerbach, a.a.O., S84) waren. »Eine Untersuchung, die das Verhältnis neuplatonischer und figuraler Motive in der mittelalterlichen Ästhetik zu klären versucht(.)«, mußte vor allem »auf breiterer Materialgrundlage aufbauen« (Auerbach, ibid.). Gut acht Jahre später gelang es ihm, trotz widriger Zeitumstände eben diese »breitere(.) Materialgrundlage« (Auerbach, ibid.) in seinem großen *Mimesis*-Buch herzustellen. Das meiste von dem, was wir bisher herausgestellt haben, können wir darin in noch durchdachterer Form wiederfinden.

1.4.2 Das »Stilbruch«-Motiv

Bei diesem Unternehmen ging es Auerbach bekanntlich um nichts weniger als die »Interpretation des Wirklichen durch literarische Darstellung« (Auerbach, 1946, S.494) von der Frühantike bis in die Neuzeit mit dem erklärten Ziel eines durch seine praktischen Beispiele lebendigen Aufrisses der »Geschichte des abendländischen Realismus« (so der Untertitel des Buches). Zur Verdeutlichung der »Problemstellung« (Auerbach, 1954, S.2) diente ihm dabei das erste Kapitel, in dem er seinem späteren Bekunden nach versucht hat, die für die Interpretation zentralen »Motive stark hervorzuheben, auf die es im Zusammenhang des Buches ankommt« (Auerbach, ibid.). Daß Erich Auerbach davon überzeugt war, derartige Motive in der kritischen Auseinandersetzung mit der antiken rhetorischen Tradition gewinnen zu können, war schon seinem kleinen 'Figura'-Aufsatz zu entnehmen. Nun aber sollte sich dieses Verfahren auch bei der Darstellung umfangreicheren Quellenmaterials bewähren. Die zahlreich angeführten Unterschiede nämlich, durch die im ersten Kapitel wie in fast allen folgenden die beiden Textauszüge hier aus Homers *Odyssee* und der biblischen Erzählung über das Opfer Isaacs charakterisiert werden, sind zunächst stilistischer Art und deuten allesamt auf einen trotz aller Gemeinsamkeiten und »Über(gänge)« (Auerbach, a.a.O., S.5) zwischen beiden Kulturen grundsätzlich verschiedenen rhetorischen Ursprung der beiden Schriftstücke hin. Auerbach schreibt dazu in seiner Zusammenfassung des Kapitels:

> »Wir haben die beiden Texte, und im Anschluß daran die beiden Stilarten, die sie verkörpern, miteinander verglichen, um einen Ausgangspunkt für Versuche über die literarische Darstellung des Wirklichen in der europäischen Kultur zu gewinnen. Die beiden Stile stellen in ihrer Gegensätzlichkeit Grundtypen dar: auf der einen Seite ausformende Beschreibung, gleichmäßige Beleuchtung, lückenlose Verbindung, freie Aussprache, Vordergründigkeit, Eindeutigkeit, Beschränkung im Geschichtlich-Entwickelnden und im Menschlich-Problematischen; auf der anderen Hervorarbeitung einiger, Verdunkelung anderer Teile, Abgerissenheit, suggestive Wirkung des Unausgesprochenen, Hintergründigkeit, Vieldeutigkeit und Deutungsbedürftigkeit, weltgeschichtlicher Anspruch, Ausbildung der Vorstellung vom geschichtlich Werdenden und Vertiefung des Problematischen.« (Auerbach, 1946, S.29)

So grob die hier getroffene Unterscheidung zwischen einem griechisch-antiken und einem hebräisch-antiken Stil der literarischen Darstellung auch sein mag, so unvollständig dadurch die uns bekannten griechischen Textdokumente insgesamt erfaßt werden können, genauso faszinierend einfach ist der Gedanke, gegenüber der Vorstellung einer einheitlich-prägenden griechisch-antiken Kulturtradition die Eigenständigkeit der jüdisch-christlichen Denk-, Sprech- und Lebensweise zu betonen. Denn daß Erich Auerbach den Stilbegriff nicht im streng literaturwissenschaftlichen Sinn faßt, sondern durch seine Interpretationen die gesellschaftliche Wirklichkeit in ihrer ganzen Komplexität zu erfassen sucht; daß sich also bei ihm die Stilanalyse immer mit literatur-soziologischen, teils ökonomisch-politischen, oft genuin philosophischen und theologischen Überlegungen verbindet, wird wohl jedem klar geworden sein, der sich in einigen Stunden der Muße in sein großartiges *Mimesis*-Buch vertieft hat. Hier schreibt ein Kritiker, der sich in seinen literarischen Studien nicht allein um die Erörterung irgendwelcher fachspezifischer philologischer Probleme bemüht. Wir haben es vielmehr mit einem Autor zu tun, der bei seiner Zusammenstellung interpretatorischer Befunde nie den Blick auf das vielfältig gestaltete geschichtliche Ganze verliert und dadurch stets zurückfindet zu seiner eigentlichen Ausgangsfrage nach der spezifisch christlichen Art der Darstellung literarischer Wirklichkeit. Im Verlauf seiner Arbeit wird ihm dabei immer mehr bewußt, in welch unterschiedlicher Weise eben diese Wirklichkeit in den verschiedensten literarischen Werken der abendländischen Geschichte beschrieben worden ist. Schon im bereits angesprochenen Vergleich zwischen einigen Bibel-Stellen und mehreren Homer-Passagen fallen ihm denn auch Abweichungen auf, die seiner Ansicht nach auf ganz grundsätzliche Differenzen hindeuten. So beschreibt er seinen Gesamteindruck folgendermaßen:

> »Der Wahrheitsanspruch der Bibel ist nicht nur weit dringender als der Homers, er ist auch tyrannisch; er schließt alle anderen Ansprüche aus. (...) Die Geschichten der Heiligen Schrift werben nicht, wie die Homers, um unsere Gunst, sie schmeicheln uns nicht, um uns zu gefallen und uns zu bezaubern - sie wollen uns unterwerfen, und wenn wir es verweigern, so sind wir Rebellen. (...); denn die Geschichten sind eben nicht, wie die Homers, bloß erzählte

"Wirklichkeit". In ihnen inkarniert sich Lehre und Verheißung, unscheidbar sind diese letzteren in sie hineingeschmolzen; (...). Die Lehre und das Streben nach Erleuchtung sind unlösbar mit der Sinnlichkeit der Erzählung verbunden - diese ist mehr als bloße "Wirklichkeit" - freilich auch ständig in Gefahr, die eigene Wirklichkeit zu verlieren, wie es alsbald geschah, als die Deutung so überwucherte, daß sich das Wirkliche zersetzte.« (Auerbach, 1946, S.19-20)

Noch recht ungenau, im Hinblick auf das später Folgende sogar falsch[17] wird hier dennoch richtungweisend der immer rhetorische Untergrund sowohl Homers als auch der Bibel geschildert, wenn Erich Auerbach auf der einen Seite das geschickte »Werben«, das einfühlsame »Schmeicheln« der *Illias* und der *Odyssee* mit dem erhofften Ziel, dem Leser »zu gefallen«, betont, andererseits den »tyrannische(n)« Versuch der »Unterwerf(ung)« (Auerbach, ibid.) vor allem in den alttestamentarischen Schriften beschreibt und deren Absicht hervorhebt, uns Gedanken aufzudrängen, die uns auf den ersten Blick vollkommen fremd zu sein scheinen. Was sich aber aus der Tatsache einer nicht nur »erzählten«, sondern darüber hinaus »sinnlich(...)«« erlebten und »inkarnier(en)« Wirklichkeit tatsächlich an Konsequenzen für die jeweilige Weltsicht Homers und der Bibel ergibt und welche »Gefahr(en) (Auerbach, ibid.) dann insbesondere bei der Deutung der 'Heiligen Schrift' bestehen, bedarf zweifellos noch einer eingehenderen Betrachtung.

Dazu greift Erich Auerbach zunächst noch einmal auf die Ergebnisse seiner früheren Arbeit über das 'Figura'-Motiv zurück. Dies ist auch durchaus verständlich, denn »das Eigentümliche der älteren christlichen Anschauungsweise so zu formulieren, daß das Wesentliche herauskommt«, war für ihn seinem eigenen Bekunden nach immer noch »sehr schwierig« (Auerbach, a.a.O., S.495). Zudem lag ja durch seine »Untersuchung der Bedeutungsgeschichte des Wortes *figura*« eine »Lösung« für dieses Problem vor, die ihn auch später noch »im ganzen befriedigte« (Auerbach, ibid.). Hatte er doch seiner Ansicht nach umfangreich belegt, daß »die spätantik- und mittelalterlich-christliche Wirklichkeitsauffassung« in allen ihren Erscheinungsformen »figural« genannt werden mußte. Von dieser »Anschauung« ausgehend bedeutete dann »ein auf Erden geschehener Vorgang« noch weithin »unbeschadet« der »konkreten Wirklichkeitskraft«, wie sie »hier und jetzt« durch ihn zu spüren war, »nicht nur sich selbst«, sondern verwies »zugleich auf einen anderen«, den jener irdische Vorgang sowohl »vorankündig(en)« als auch »bestätigend wiederhol(en)« (Auerbach, ibid.) konnte. Eben deshalb aber sollten wir ja nach Auerbachs Meinung »de(n) Zusammenhang« zwischen zwei derartigen »Vorgängen« nicht »vorwiegend als zeitliche oder kausale Entwicklung an(..)sehen«, sondern ihn vielmehr »als Einheit innerhalb des göttlichen Planes« begreifen, dessen »Glieder und Spiegelungen« die irdischen »Vorgänge« in der figuralen Interpretation auf eine besondere Weise »sind« (Auerbach, a.a.O., S.495-6). Nur waren dies alles noch recht schwer nachvollziehbare Andeutungen gewesen. Erst durch die Beispiele des *Mimesis*-Buches wird etwas deutlicher, wie jene Äußerungen aus dem früheren *Figura*-Aufsatz sich allmählich zu einem Gesamtbild zusammensetzen und dadurch zuletzt einen brauchbaren Interpretationsansatz zum genaueren Verständnis des eigentümlichen Nachahmungscharakters nicht nur der früh-mittelalterlichen Literatur des Abendlandes ergeben.

Schon durch den Vergleich zwischen dem *Ilias-* oder dem *Odyssee*-Gedicht auf der einen Seite und den Texten des 'Alten Testaments' werden dabei grundsätzliche Unterschiede sichtbar, die wir nach Auerbachs Ansicht nicht übersehen dürfen. »Die homerischen Gedichte« nämlich beleuchten immer nur »einen bestimmten, örtlich und zeitlich begrenzten Ereigniszusammenhang«, und zwar so, daß »vor, neben und nach demselben (...) andere, von ihm unabhängige Ereigniszusammenhänge ohne Konflikt und Schwierigkeit denkbar« (Auerbach, a.a.O., S.21) erscheinen. Im Gegensatz dazu wird im »Alten Testament« stets »Weltgeschichte« (Auerbach, ibid.) geschrieben. Diese »beginnt mit dem Beginn der Zeit, mit der Weltschöpfung« und kann erst »mit der Endzeit, der Erfüllung der Verheißung, (...) ihr Ende finden« (Auerbach, ibid.). Deshalb eben muß »alles andere« unweigerlich »vorgestellt werden als Glied dieses Zusammenhangs« und »als Bestandteil« eines »göttlichen Planes« (Auerbach, ibid.). Bereits in den ersten Jahrhunderten des Christentums wurde demzufolge »die gesamte jüdische Überlieferung« rhetorisch ausgerichtet in einer »Reihe von vorbedeutenden Figuren des Erscheinens Christi« und auch die Protagonisten nachfolgender Ereignisse bekamen ihren festen Platz »innerhalb (jen)es göttlichen Heilsplanes« (Auerbach, ibid.) zugewiesen. Dies freilich konnte nicht ohne eine sehr weitgehende Veränderung der christlichen Lehre gelingen. Denn wenn auch »einerseits die Wirklichkeit des Alten Testaments als volle Wahrheit mit dem Anspruch auf Alleinherrschaft auftritt«, so »zwingt sie eben dieser Anspruch zu einer ständigen deutenden Veränderung« ihres gesamten »Inhalts«, der sich dadurch nun schon »Jahrtausende lang in unausgesetzter, bewegter Entwicklung mit dem Leben der Menschen in Europa« (Auerbach, a.a.O., S.22) befindet.

Um jedoch den Gegensatz zwischen den beiden Textarten in seiner ganzen Bedeutung und Tragweite zu begreifen, mußte Auerbach diese christliche Vorstellung von Geschichte sozusagen von ihrer formalen Seite aus erfassen. Und tatsächlich ergab sich ja aus »der tiefen Geschichtlichkeit und der tieferen sozialen Bewegtheit der alttestamentarischen Texte« auch ein sprachlicher »Unterschied«, da sich »aus ihnen ein anderer Begriff vom hohen Stil und vom Erhabenen gewinnen läßt als bei Homer« (Auerbach, a.a.O., S.28). Auffällig war dabei vor allem, daß dieser neue 'erhabene Stil' schon der frühchristlichen Schriften nicht mehr auf dem griechisch-antiken Prinzip der »Stiltrennung«, sondern dem der Stilmischung der »beiden Bezirke des Erhabenen und Alltäglichen« (Auerbach, a.a.O., S.29) beruhte. Dadurch aber kam es zuletzt zu jenem vollkommenen Bruch mit der bisherigen rhetorischen Tradition, den Erich Auerbach, wie wir schon öfter angedeutet haben, als konzeptionellen »Ausgangspunkt« für seine »Versuche über die literarische Darstellung des Wirklichen in der europäischen Kultur« (Auerbach, ibid.) nahm. Dazu mußte er selbstverständlich noch genauer erläutern, wie dieser Begriff des 'erhabenen Stils' im einzelnen aussah und in welcher Weise sich dadurch das »Figura«-Motiv erweitert und als »Stilbruch«-Motiv im *Mimesis*-Buch zu einer selbständigen Bedeutung gelangt.

Dies durchgängig nachzuweisen, erwies sich allerdings zunächst als recht schwierig. Denn wenn Erich Auerbach auch ganz und gar davon überzeugt war, durch seinen Ansatz beim Phänomen des 'Stilbruchs' den richtigen Zugang zu der wechselhaften Geschichte des abendländischen Realismus gefunden zu haben, war er sich ebenso bewußt, daß die Texte Homers noch »weit entfernt« waren von einer »Stiltrennungsregel«, die festlegte, daß die »realistische Ausmalung des Alltäglichen unvereinbar (ist) mit dem Erhabenen und nur im Komischen Platz (hat), allenfalls, sorgfältig stilisiert, im Idyllischen« (Auerbach, 1946, S.28) vorkommt. Etwa an der Episode von der Narbe des Odysseus ließ sich nämlich auch für ihn ablesen, »wie die friedlich ausgemalte häusliche Szene der Fußwaschung in die große, bedeutende, erhabene Handlung der Heimkehr eingewoben ist« (Auerbach, ibid.). So wurde ihm immer wieder deutlich, daß »Homer« sich durchaus nicht »scheut«, »das Realistische in das Erhaben-Tragische hineinspielen zu lassen« (Auerbach, ibid.). Und dennoch hatte er recht, als er im Gegenzug betonte, daß schon Homer jener Stiltrennungsregel weit »näher als das Alte Testament« (Auerbach, ibid.) steht. Dies ergibt sich daraus, daß die geschilderten Ereignisse des trojanischen Krieges sich zum größten Teil »zwischen den Angehörigen einer Herrenschicht« abspielen, die als solche allen Wirrnissen und Versuchungen zum Trotz moralisch weitgehend »intakt(..)« bleibt, was dann schon im Gegensatz zu »alttestamentarischen Gestalten« wie etwa »Adam, (..) Noah, (..) David (oder) Hiob« steht, die bekanntlich in den biblischen Erzählungen »in ihrer Würde weit tiefer fallen« (Auerbach, ibid.). Zudem stellt sich tatsächlich die Frage, ob die Beschreibungen des »häusliche(n) Realismus« Homers nicht allzusehr im »Idyllisch-Friedlichen« verbleiben, während »von Anfang an in den Erzählungen des Alten Testaments das Erhabene, Tragische und Problematische (...) gerade im Häuslichen und Alltäglichen« in mannigfaltiger Form »gestaltet« wird, indem »Eifersucht und die Verknüpfung des Wirtschaftlichen mit dem Geistlichen, des Vatersegens mit dem Gottesegen zu einer Durchtränkung des alltäglichen Lebens mit Konfliktstoff und häufig zu einer Vergiftung desselben« (Auerbach, a.a.O., S.28-29) führen. - Sicherlich, es lassen sich einige solche Beobachtungen machen, doch selbst wenn alles dies zutrifft, wäre es, wie wohl jedem einleuchtet, trotzdem falsch, den »homerischen Realismus« grundsätzlich »mit dem klassisch-antiken (...) gleichzusetzen« (Auerbach, a.a.O., S.29). Um genau zu erfassen, was es Auerbachs Auffassung nach mit der 'Lehre von den drei Stilen' und ihren späteren Veränderungen, mit den verschiedenen Vorstellungen von 'Stiltrennung', 'Stilmischung' und Stilbruch' auf sich hat, war es offensichtlich nötig, über Homer hinaus »auf die späteren Veränderungen der antiken Wirklichkeitsdarstellung ein(zu)gehen« (Auerbach, ibid.). Zeitlich fortgeschritten, in seinem Kapitel über das Verhältnis zwischen Cicero und Augustinus, entwickelt er dann ein genaueres Bild über das bisher Angesprochene. Noch später dann, im Abschnitt über die *Göttliche Komödie* Dantes, wird eigentlich erst richtig deutlich, worum es Erich Auerbach bei seinen zahlreichen Interpretationen wirklich geht. Dort bestätigt sich sein eigener Eindruck, daß »der erste« der ihn »leitende(n) Gedanken« in seinem *Mimesis*-Buch sich auf die zahlreichen Versuche einer »Loslösung« von der »antike(n) und später von jeder klassizistischen Strömung wiederaufgenommene(n)

Lehre von den Höhenlagen der literarischen Darstellung« (Auerbach, a.a.O., S.494; vgl. auch ders., 1954, S.14) bezieht.

Schon am Beispiel der Cicero-Rezeption des für Erich Auerbach sehr wichtigen christlichen Autors Augustinus zeigt sich dabei, wie sich trotz der zahlreichen Anknüpfungspunkte, die diesen mit der griechisch-römischen Rhetoriktradition verbinden, der Kirchenvater von seinen einstigen stilistischen Vorbildern entscheidend absetzt. Die Abweichung besteht eben darin, daß bei Augustinus, wie in allen »neutestamentarischen Schriften«, der griechisch-römische »Geist der Rhetorik, der die Gegenstände nach Arten, *genera*, einteilte und jedem Gegenstand seine Stilform gleichsam als das ihm seinem Wesen nach zukommende Gewand überwarf«, nicht mehr alles »beherrschen(d)« (Auerbach, a.a.O., S.51) ist. Obgleich nämlich »die rhetorischen Stilmittel«, die er ja »durchaus nicht verschmäht«, insbesondere der »ciceronischen Art« sehr nahe stehen, können wir »doch auch deutlich und auf den ersten Blick (..) erkennen«, daß es sich bei einem Werk des Augustinus auch formal »nicht um einen klassischen Text handelt« (Auerbach, a.a.O., S.74). So »verwendet (er) wohl den klassischen Periodenstil und seine Redefiguren« aufgrund seiner klassisch-antiken Ausbildung »ganz bewußt«, aber »er läßt sich nicht von ihm beherrschen« (Auerbach, a.a.O., S.75). »(D)as Treibende, Eindringliche seines Wesens schließt ein Sicheinfügen in das vergleichsweise kühle, vernünftige, die Dinge von oben anordnende Vorgehen des klassischen und speziell des römischen Stils aus« (Auerbach, ibid.). In seinem »Ton« ist stets etwas »Menschlich Dramatisches«, das dem geschulten Auge »ganz unklassisch erscheint« (Auerbach, a.a.O., S.74). Seine literarischen Versuche der äußerlichen »Vergegenwärtigung eines inneren Vorgangs, eines inneren Umschlags« sind »ganz ausgesprochen christlich« und »speziell augustinisch«, denn keiner vor ihm hat »das Phänomen des Widerstreits und des Zusammen der inneren Kräfte« des Menschen, den ständigen »Wechsel ihrer antithetischen und synthetischen Beziehung« und »Wirkung« mit derart großer »Leidenschaft(..)« und Hingabe »verfolgt« (Auerbach, ibid.). Dabei sind die »inneren, tragischen und problematischen Vor(gänge)« des Lebens vor allem in Augustins späteren Schriften sosehr »in die konkrete zeitgenössische Wirklichkeit eingebaut«, daß es dadurch auch in formaler Hinsicht »zu Ende« ist mit der gewohnten »Trennung der Stilbezirke« (Auerbach, a.a.O., S.76).

Was Erich Auerbach mit dieser gehaltvollen und folgenreichen Feststellung in bezug auf Augustinus und die späteren meint, erweist nun sich fraglos als das Spannendste, das wir seinem großen *Mimesis*-Buch entnehmen können. Umso bedauerlicher ist es für uns Leser, daß er sich in den jetzt folgenden Textabschnitten seines Buches leider nur auf wenige Andeutungen und zahlreiche literarische Verweise beschränkt. Dabei wird jedoch immerhin ersichtlich, daß die Kritik am literarischen Verfahren »der Trennung der Stilbezirke« (Auerbach, ibid.) zur Zeit des Augustinus bereits eine beachtliche christliche Tradition besitzt. Ja, »die christliche Lehre, Inkarnation und Passion« ist eigentlich von Anfang an »mit dem Stiltrennungsprinzip ganz unvereinbar« (Auerbach, ibid.) gewesen. Denn »Christus war nicht als ein Held und König, sondern als ein Mensch niedrigster sozialer Stufe erschienen« (Auerbach, ibid). Er »bewegte sich zwischen der alltäglichen Umwelt des kleinen Volkes in Palästina, sprach mit Zöllnern und Dirnen, mit Armen und Kranken und Kindern« (Auerbach, ibid.). Trotzdem aber machte »jede seiner Handlungen und Worte« den Eindruck »höchster und tiefster Würde« (Auerbach, ibid.). Doch nicht nur das. Auch »der Stil«, in dem die Geschichten Christi erzählt wurden, zeugte von »gar keine(r) oder (...) nur eine(r) sehr geringe(n) Redekultur im antiken Sinne«, er erwies sich aber dennoch als »überaus ergreifend«, so »wirksam(..)«, daß am Ende die den klassisch-antiken Texten zugrunde liegende »Ästhetik der Stiltrennung« (Auerbach, ibid.) durch diese besondere Art der christlichen Erzählung gänzlich vernichtet wurde. Schon sehr früh entstand also jener »neue(.) hohe(.) Stil, der das Alltägliche keineswegs verschmäht und das Sinnliche, oft geradezu Häßliche, Unwürdige, körperlich Niedrige in sich aufnimmt« (Auerbach, ibid.). Bereits zu jener Zeit wurde »ein neuer "sermo humilis"« erzeugt, »ein niederer Stil, wie er eigentlich nur für Komödie und Satire anwendbar wäre, der aber (...) weit über seinen ursprünglichen Bereich ins Tiefste und Höchste, ins Erhabene und Ewige übergreift« (Auerbach, ibid.).[18]

Wenn nun Augustinus an diese christliche literarische Tradition anknüpft, so ist dies demnach zum einen nicht eben originell. Andererseits jedoch sollte die Tatsache unbedingt hervorgehoben werden, daß er sich »in der klassisch-antiken wie in der jüdisch-christlichen Welt« nicht nur zu Recht fand, sondern »das Problem des Stilgegensatzes beider Welten« wie vielleicht kein anderer Denker seiner Zeit »bewußt« (Auerbach, ibid.) gemacht und gestaltet hat. Es ist zweifellos wichtig, »auf die besondere Rolle Augustins« nicht nur bei der Fortsetzung, sondern vielmehr noch bei der Ausbildung der christlichen Tradition der 'Stilmischung' hinzuweisen. Daß jene »christliche Stilmischung« in »dieser frühen Epoche« eingestandenermaßen »nicht so sehr in Erscheinung« tritt und »für das Mittelalter« zweifellos »sehr viel deutlicher zu beobachten« ist, weil doch »die Kirchenväter« ihrem Auftrag als Theologen und Apologeten gemäß »nur selten Gelegenheit nehmen«, sich als »Dichter«, »Romanschreiber« oder gar »Gegenwartshistoriker« mehr oder weniger »praktisch nachahmend« mit »der gegenwärtigen Wirklichkeit« zu »beschäftigen« (Auerbach, a.a.O., S.77), ist dabei nicht grundsätzlich von Belang, aber dem Interpreten Erich Auerbach durchaus bewußt. »Es hat«, wie er ausdrücklich hervorhebt, noch »lange gedauert«, bis die »im Christentum enthaltenen Keime«, die vor allem im Begriff der »Stilmischung« nachzuweisen sind, nunmehr »unterstützt von der Sinnlichkeit noch unzermürbter Völker«, ihre volle »Kraft entfalten konnten« (Auerbach, a.a.O., S.80). Es brauchte seine Zeit, bis das Verfahren der »Stilmischung« (Auerbach, ibid.) sich in der abendländischen Literatur durchgesetzt hatte. Am einige Seiten später folgenden Beispiel der *Göttlichen Komödie* Dantes können wir genau erkennen, wie dies geschehen ist.

Dabei kann es uns kaum überraschen, daß Erich Auerbach zur Stützung seiner Thesen bei Dante weit »mehr zusammengedrängt« findet »als an irgendeiner der Stellen«, die er »bisher« oder später in seinem »Buche behandelt« (Auerbach, a.a.O., S.172) hat. Zweifellos entsteht ja bei der Lektüre insbesondere der *Göttlichen Komödie* sehr schnell der Eindruck, daß der sprachliche »Ausdruck« im Vergleich mit dem früherer Denker, »unter denen doch große Dichter waren«, eigentlich »unvergleichlich« mehr »Gegenwart, Kraft und Biegsamkeit« (Auerbach, a.a.O., S.177) besitzt. Fast unweigerlich »gelangt« man »zu der Überzeugung, dieser Mensch habe die Welt durch seine Sprache neu entdeckt« (Auerbach, ibid.). Auch ohne es im einzelnen nachprüfen zu können, glaubt man Erich Auerbach, wenn er festhält, daß »Dante (...) über Stilmittel von einem Reichtum (verfügt), wie sie keine europäische Vulgärsprache vor ihm kannte«, und wenn er dabei betont, daß dieser weit mehr noch als etwa Augustinus in der Lage ist, jene stilistischen Mittel »nicht bloß einzeln«, sondern im »ununterbrochene(n) Verhältnis miteinander« (Auerbach, a.a.O., S.176) zu verwenden. Wir können zweifellos auch heute noch nur Hochachtung vor dem großen »Werk« desjenigen empfinden, der »die antiken Dichter (wieder) um ihrer Kunst willen las« und ihren rhetorischen »Ton« ganz in sich »aufnahm«; und der zugleich den neuen »Gedanken des Volgare illustre«, einer »großen Dichtung« in der eigenen »Muttersprache« faßte und verwirklichte« (Auerbach, a.a.O., S.180).

Deshalb schmälert es die außerordentliche Leistung Dantes überhaupt nicht, wenn uns Erich Auerbach erklärt, daß sich andererseits wohl »nachweisen« oder zumindest »vermuten« läßt, aus welchen Quellen »diese oder jene Ausdrucksform geschöpft« (Auerbach, a.a.O., S.177) worden ist. Zudem sind wir nach allem bisher Gesagten nicht sonderlich erstaunt, zu erfahren, daß es auch hier wiederum »die antiken Dichter« gewesen sind, die als »Vorbild (des) hohen Stils« (Auerbach, a.a.O., S.179) in seiner *Göttlichen Komödie* gedient haben. Entscheidend ist nun aber für die Interpretation, daß »die Gegenstände«, die uns »die Komödie vorführt«, im Gegensatz zu allen vorherigen Beispielen Auerbachs in einer »nach antikischem Maß« geradezu »ungeheuerlichen Weise aus Erhabenem und Niedrigem gemischt« (Auerbach, ibid.) sind. Befinden sich doch etwa neben historisch bekannten Persönlichkeiten in seinem Gedicht ebenso »Personen der kaum vergangenen«, manchmal »noch der zeitgenössischen Geschichte«, die »sehr häufig in ihrer vollen, niedrig-realistischen Lebenssphäre rückhaltlos dargestellt« werden und durch ihre alltagssprachlichen Äußerungen eine auch »sprachliche(.) Mischung (des) Stils« hervorrufen, die die Grenzen der Toleranz des damaligen Durchschnittslesers zweifellos weit überschritten hat und einem »klassizistisch(..)« gebildeten »Geschmack(.)« (Auerbach, ibid.) beinahe unerträglich sein mußte. Ja, es ist in der Tat nicht zu übersehen, daß »das Widereinander der beiden Traditionen«, der »antik stiltrennenden und der christlich stilmischenden«, nirgends »so deutlich« wird wie in dem »mächtigen Temperament« Dantes, dem beide Überlieferungen, auch »die antike, der er zustrebt, ohne die andere aufgeben zu können«, auf diese Weise »bewußt werden« (Auerbach, a.a.O., S.179-80). »(N)irgends« aber kam dadurch bei einem Künstler »die Stilmischung« so gefährlich »nahe an den Stilbruch«, als den nach Auerbachs Auffassung nicht nur die meisten Zeitgenossen, sondern auch viele »spätere(.)« (Auerbach, a.a.O., S.180) Leser die *Göttliche Komödie* aufgrund ihrer unübersehbaren Ernsthaftigkeit empfunden haben müssen.

Gerade dies aber macht die herausragende Stellung Dantes für Erich Auerbachs literaturgeschichtlichen Entwurf aus. Denn war es von einem klassizistischen Geschichtsverständnis her leicht möglich, etwa die Beispiele »stilmischende(r)

Dichtungen im Mittelalter« vor allem im frühen »christlichen Theater« wegen ihrer inhaltlichen »Naivität«, ihrer formalen Unzulänglichkeit und sprachlichen Ungeschicklichkeit als minderwertig und unbedeutend abzutun, war es tatsächlich nicht sehr schwer, nachzuweisen, daß diese den »Anspruch auf hohe dichterische Würde« schmerzhaft vermissen ließen und demzufolge »gar nicht in den Bereich dessen (traten), was zu beachten und ernsthaft zu beurteilen war«, so konnte bei Dantes großem Werk »von Naivität oder mangelndem Anspruch« nun wirklich nicht mehr »die Rede sein« (Auerbach, ibid.). Auch dem unempfänglichen Leser wurde bald deutlich, daß jenes große Werk Dantes nicht als das schon recht späte Produkt einer längst vergangenen Epoche betrachtet werden konnte, in dem die einstmals anerkannten stilistischen Regeln der Zuordnung von literarischer Gattung und künstlerischer Darstellungsform durch zunehmenden geistig-kulturellen Verfall nunmehr ihre frühere Bedeutung verloren hatten. Selbst dem borniertern Betrachter fiel zuletzt auf, daß bei Dante die Vermischung der thematischen Inhalte eine bewußte Entwicklung einleitete, deren formales Ergebnis ein zwar durchaus traditionsverbundener, doch durch seinen radikalen Bruch mit der heidnisch-antiken Überlieferung in ganz christlicher Weise erhabener literarischer Stil sein mußte.

Hierbei besteht das Außerordentliche dieses neuen erhabenen Stils vor allem in der spezifischen Weise der »Einordnung des charakteristisch Individuellen, zuweilen Grausigen, Häßlichen, Grotesken und Alltäglichen« der literarischen Figuren »in die jede irdische Erhabenheit übersteigende Würde des göttlichen Urteils« (Auerbach, a.a.O., S.188). Dort nämlich, wo Dante das menschliche »Geschehen« nicht allein in seiner »irdischen Entwicklung« beschreibt, sondern zugleich in der »jederzeitlichen, von aller fortschreitenden Bewegung unabhängigen Verbindung eines jeden irdischen Ereignisses« mit »dem göttlichen Plan« (Auerbach, a.a.O., S.188-89), geht es ihm weit weniger als etwa Augustinus um das »Ziel« der »Heilsgeschichte«, das »von jeher in Gott vollendet« und »für die Menschen vorfiguriert« (Auerbach, a.a.O., S.189) ist. Das Besondere des »figurale(n) Realismus« (Auerbach, a.a.O., S.190) Dantes besteht darin, daß durch seine »große Kunst« die rhetorische »Wirkung« mehr noch als bei den christlich-spätantiken Vorbildern »ins Irdische umschlägt« und an vielen Stellen »in der Erfüllung die Figur den Hörenden allzusehr ergreift« (Auerbach, a.a.O., S.195). So läßt Dante die dargestellten Menschen »in dem figuralen Rahmen lebendig werden« (Auerbach, ibid.). Die »Fülle des in die Deutung eingebauten Lebens« ist bei ihm »so reich und stark«, daß dessen »Erscheinungen« sich immer »unabhängig(er)« von aller christlichen Interpretation »ihren Platz in der Seele des Hörers erobern« (Auerbach, ibid.). Ja, die »unmittelbare und bewundernde(.) Teilnahme am Menschen wendet sich (...) gegen die göttliche Ordnung; sie macht sie sich im Laufe der Zeit immer »dienstbar(er)«, so daß zuletzt »das Bild des Menschen (...) vor das Bild Gottes« (Auerbach, a.a.O., S.196) tritt. Die »menschliche Gestalt« setzt sich »noch stärker, konkreter und eigentümlicher durch« (Auerbach, ibid.) als je zuvor und wird in der »Erfüllung« allmählich »selbständig« (Auerbach, ibid.). Zu ihrer »Selbsterfüllung« gehört bereits eine »individualgeschichtliche Entwicklung«, eine ihr »jeweils eigene Werdensgeschichte«, die »im zeitlosen Sein das innergeschichtliche Werden«

(Auerbach, ibid.) hervorhebt. Wie können erkennen, daß der seiner *Göttlichen Komödie* vorgegebene »gewaltige Rahmen« durch die »Übermacht« der ernsthaft-realistischen menschlichen »Bilder, die er umspannte« (Auerbach, ibid.), zerbricht. Wir müssen feststellen, daß »Dantes Werk (...) das christlich-figurale Wesen des Menschen« zwar zunächst »verwirklicht(.)« hat, es dann jedoch »in der Verwirklichung selbst« in Frage gestellt und zuletzt »zerstört(.)« (Auerbach, ibid.) hat.

In den folgenden literaturgeschichtlichen Betrachtungen ging es Erich Auerbach darum, eben dieses Moment nicht nur »des Übergangs«, sondern vielmehr noch des »Umschwungs« (Auerbach, 1954, S.5) in der Entwicklung des abendländischen Realismus noch genauer herauszuarbeiten. Dabei bestätigte sich, daß wohl einerseits die vornehmlich französische »Revolution gegen die klassische Lehre von den Höhenlagen zu Beginn des 19. Jahrhunderts« in den Werken etwa Balzacs, Flauberts oder Zolas »nicht die erste ihrer Art gewesen sein« konnte, da es ja in der Tat schon »während des Mittelalters« in »Dichtung« und »Literatur« einen »ernsten Realismus« wie im Werk Dantes »gegeben« hatte; es zeigte sich jedoch ebenso, daß diese »beiden Einbrüche« in die rhetorische »Lehre von den Höhenlagen« sich genau genommen »unter ganz verschiedenen Bedingungen vollzogen« hatten und demzufolge zu »ganz verschiedenen Ergebnisse(n)« (Auerbach, 1946, S.494-5) führten. Es war Auerbach offensichtlich sehr wichtig, innerhalb seiner nun folgenden Beschreibungen des Prozesses der »Loslösung« des 'modernen Realismus' von der im französischen »Klassizismus« des 17. Jahrhunderts »wiederaufgenommenen Lehre von den Höhenlagen der literarischen Darstellung« (Auerbach, ibid.) immer wieder auf solche trotz aller Kontinuität dennoch vorhandenen Unterschiede nun auch zwischen dem früh-mittelalterlichen 'figuralen Realismus' und dem 'modernen Realismus' des frühen 19. Jahrhunderts hinzuweisen.

Gerade diese Unterschiede aufzuzeigen, war allerdings zunächst nicht ganz einfach. Ging doch der »tragische Realismus«, der sich in Dantes *Göttlicher Komödie* durch dessen »Verwirklich(ung)« und »Zerstör(ung)« der »christliche(n) Figuraldeutung« eher beiläufig gebildet hatte, »sogleich wieder verloren«, da »die Weltlichkeit« ihm nachfolgender Schriftsteller wie Boccaccio »noch viel zu unsicher und haltlos« war, um »die Welt im ganzen als wirkliche zu ordnen, zu interpretieren und darzustellen« (Auerbach, a.a.O., S.223). Eigentlich erst »mit der Renaissance« (Auerbach, a.a.O., S.263), bei Rabelais und dann noch deutlicher bei Montaigne, beginnt denn auch nach Auerbachs Ansicht die durch Dantes Arbeiten ausgestreute Saat aufzugehen. Wenngleich nämlich Montaigne immer noch gefühlt haben muß, wie intensiv er mit der »christlichen Auffassung vom Menschen verwandt« war, hat sein »Realismus« den »christlichen Rahmen, in dem er einst stand«, schon endgültig »verlassen« (Auerbach, a.a.O., S.295). Dies hängt vor allem damit zusammen, daß für den großen französischen Essayisten »das irdische Leben« noch weitaus weniger »Figur des jenseitigen« (Auerbach, ibid.) sein konnte als etwa für Dante. »Hier« und jetzt zu leben ist das »Ziel«(Auerbach, ibid.), das er in seinen Werken erfassen will. Dennoch »versetzte« ihn die »Loslösung von den christlichen Rahmenvorstellungen« trotz aller »genauen und dauernd gepflegten Kenntnis der antiken Kultur« eben nicht in die »Anschauungen und Verhältnisse zurück«, in denen

»seinesgleichen zur Zeit Ciceros oder Plutarchs gelebt hatte« (Auerbach, a.a.O., S.296). Die neu »errungene Freiheit« ist bei ihm viel eher und »weit erregender, aktueller, mit dem Gefühl der Unsicherheit verbunden«, ja, der »verwirrende« Eindruck des »Überflusses der Erscheinungen«, dem er sich aussetzt und den er beschreibt, scheint fast »überwältigend«, läßt ihn »von allen Zeitgenossen am reinsten das Problem der Selbstorientierung des Menschen« (Auerbach, ibid.), der dauernden Brüchigkeit und der ständigen Umbrüche in seiner Existenz sehen. Zweifellos, »bei ihm (wird) zum ersten Male (...) das Leben des Menschen (...) im modernen Sinne problematisch« (Auerbach, ibid.). Der Schritt freilich »über das Problematische hinaus und bis zum Tragischen« (Auerbach, ibid.) im literarischen Stil ist auch bei ihm noch nicht vollzogen. Die unwiderrufliche Loslösung von der »christlich-figuralen Betrachtungsweise«, die ja streng genommen »einer Ausbildung« des individuell-menschlich »Tragischen« aufgrund ihrer zuletzt immer »jenseitige(n)« Orientierung »entgegenstand« (Auerbach, a.a.O., S.303), will ihm nicht gänzlich gelingen.

Daß diese Entwicklung hin zum tragisch-realistischen Stil auch in der nachfolgenden Zeit nur sehr zögerlich voran ging, hängt nun nach Auerbachs Ansicht vor allem mit dem ungewöhnlich großen Einfluß der französichen Literatur des 17. und 18. Jahrhunderts in Europa zusammen, die ja wie davor keine andere wieder auf griechisch- bzw. römisch-antike Muster zurückgriff. Dabei sollte etwa die sich »abschließende(.) und isolierende(.) Erhabenheit« des klassizistisch »erhabenen Stils« (Auerbach, a.a. O., S.337) Racines trotz »der überall tobenden Liebesleidenschaft« (Auerbach, a.a.O., S.339) »jedes Zeichen der körperlich-kreatürlichen Hinfälligkeit« (Auerbach, a.a.O., S.339) bei seinen tragischen Helden auslöschen. Ja, es manifestierte sich in seinen Dialogen offenbar eine Vorstellung vom abstrakt »Vernünftig(en)« (Auerbach, a.a.O., S.342), durch die laut Auerbachs Auffassung die Trennung des durchaus vorhandenen »Natürlich-Menschliche(n)« (Auerbach, a.a.O., S.333) und »Wirklich-Alltäglichen« vom »Tragischen« innerhalb der »europäischen Literatur« (Auerbach, a.a.O., S.341) aufs äußerste getrieben wurde.[19]

Schon kurze Zeit später jedoch stand der 'moderne Realismus' durch zahlreiche, diesem klassizistischen Denken entgegengesetzte literarische Strömungen endlich vor seinem Durchbruch. Erich Auerbach zeigt denn auch, wie freilich noch recht zaghaft seit dem Beginn des 18. Jahrhunderts bei Schriftstellern wie Prévost und Voltaire »im Gegensatz zur (französischen) Klassik« wieder »eine Mischung der Stile« vorgenommen wird, die jedoch »weder im Alltäglichen noch im Ernsthaften sehr weit oder sehr tief« ging, wodurch zunächst noch jede »Verstrickung im Geschichtlichen« sorgsam »vermieden« (Auerbach, a.a.O., S.363) wurde. Einige Seiten später dann führt er aus, wie etwa Saint-Simon mit seiner außerordentlichen »Stärke«, aus dem »beliebig Einzelnen, Unausgewählten, oft bis zum Absurden Persönlichen und Parteiischen unversehens auf das allgemein Menschliche und Existentielle zu schließen«, seine Leser zu begeistern vermochte. Er erhellt, wie dieser französische Autor mit seiner besonderen »Stillage«, die »die Menschen mitten in ihrer alltäglichen Umwelt, mit ihrer Herkunft, ihren vielfältigen Beziehungen, ihrem Besitz, jedem Stück ihres Körpers, ihren Gesten, jeder

Abtönung ihrer Worte (...), ihren Hoffnungen und ihren Ängsten« erfaßt, zum eigentlichen »Vorläufer moderner und modernster Formen der Lebensauffassung und Lebenswiedergabe« (Auerbach, a.a.O., S.379) werden mußte.

Was aber die Lebenserfahrung der Schriftsteller der nachfolgenden Epoche in ganz besonderer Weise prägte und nun tatsächlich zur Ausbildung des »modernen, zeitgeschichtlich unterbauten Realismus« (Auerbach, a.a.O., S.404) führte, war ein weltgeschichtliches Ereignis, auf dessen außerordentliche Bedeutung selbstverständlich auch im Rahmen der 'Mimesis'-Untersuchung hingewiesen wird. »Es war die erste der großen Bewegungen der modernen Zeit, an der große Menschenmassen bewußt teilnahmen, die französische Revolution mit all den über ganz Europa sich verbreitenden Erschütterungen« (Auerbach, ibid.), die bekanntermaßen die nachfolgende Generation von Schriftstellern in ihren literarischen Ansichten und Vorstellungen in durchaus verschiedener Weise, doch immer sehr nachhaltig beeinflußte.

Die Frage allerdings, »wie es kam, daß sich das moderne Wirklichkeitsbewußtsein literarisch zum ersten Male gerade bei Henri Beyle aus Grenoble zu gestalten begann« (Auerbach, a.a.O., S.405), ist trotz der zahlreichen Hinweise, die Erich Auerbach dazu gibt, zweifellos auch für ihn selbst nicht so einfach zu beantworten. Denn obwohl »die Charaktere, Haltungen und Verhältnisse der handelnden Personen« in dessen Romanen nun schon »aufs engste mit den zeitgeschichtlichen Umständen verknüpft« sind und etwa »die tragisch gefaßte Existenz eines Menschen niederen sozialen Ranges« wie Julien Sorel ganz und gar aus dem Wirklichen heraus »entwickelt« (Auerbach, a.a.O., S.403) wird, schafft jener Stendhal nach Ansicht seines Interpreten »doch nicht eigentlich eine große Figur« (Auerbach, a.a.O., S.405). Dazu nämlich sind deren »Gedanken« zu »sprunghaft« und »willkürlich vorgebracht« (Auerbach, ibid.). Ihrer künstlerischen »Kühnheit« fehlt die notwendige »innere Sicherheit und Fügung« (Auerbach, ibid.). Ja, deren »ganzes Wesen hat etwa Brüchiges« (Auerbach, ibid.), das sich nicht zu einer neuen Einheit verbinden kann. Und auch der »Sprachstil« Stendhals erweist sich zugleich als »sehr eindrucksvoll« und ausgesprochen »kurzatmig« (Auerbach, ibid.). Es zeigt sich, daß »die Umstände« ihn »ergriffen«, »umherwarfen« und »formten«, ohne daß sich bei ihm ein wirkliches »Verständnis für Entwicklungen« (Auerbach, ibid.) herausbilden konnte. Stendhal ist für Auerbach ungeachtet seiner kleinbürgerlichen Herkunft »ein aristokratischer Großbürgersohn aus dem ancien régime«, der »kein bourgeois des 19. Jahrhunderts« (Auerbach, a.a.O., S.410) werden will und kann. Sein Realitätsverständnis bleibt allen Zeiteinflüssen zum Trotz vorrevolutionär. Die »Stillage« seiner Romane erinnert »weit mehr« als »die der meisten späteren Realisten« an den »alten großen und heroischen Begriff des Tragischen«, sie läßt seine »Gestalten«, zunächst mehr geschaffen nach dem Ebenbilde »Romeo(s)« oder »Don Juan(s)«, durch die »Mischung von Ernst und alltäglicher Wirklichkeit« (Auerbach, a.a.O., S.427) in immer noch sehr beschränkter Weise lebendig werden.

Entsteht demnach die »Realistik« Stendhals ganz »aus dem Widerstand gegen eine ihm verächtliche Gegenwart«, und hat er »in seiner Einstellung noch vieles von den Instinkten des 18. Jahrhunderts bewahrt« (Auerbach, ibid.), liegt der Fall beim fast gleichzeitig literarisch hervortretenden Balzac offensichtlich schon ganz anders. Vor allem durch seine Bereitschaft, die »erfindende, künstlerisch formende Tätigkeit« als eine »geschichtsinterpretierende«, in gewisser Weise sogar »geschichtsphilosophische« Arbeit zu verstehen, dann aber auch durch seine Neigung, alles »Gegenwärtige« als ein »aus« und in »der Geschichte Geschenenes« darzustellen, übertrifft Balzac »den ersteren bei weitem« (Auerbach, a.a.O., S.426). Die »Verbindung zwischen Mensch und Geschichte« ist bei ihm anders als bei Stendhal unzertrennbar. Vor allem aber geben seine zahlreichen, sehr »suggestive(n)« Beschreibungen des »Milieus« (Auerbach, a.a.O., S.417) »trostloser Ärmlichkeit«, geistiger »Abgenutztheit« und sittlich-moralischer »Abgestandenheit« (Auerbach, a.a.O., S.415) wichtige Belege dafür, in welcher grundlegenden, ja radikalen Weise man das »von Geschichte durchtränkte(.)«, mit »Alltägliche(m), Praktische(m), Häßliche(m) und Gemeine(m)« gesättigte »Leben« in seiner ganzen »wirklich-alltäglichen, innergeschichtlichen Gestalt ernst«, wenn nicht »sogar tragisch« (Auerbach, a.a.O., S.426) nehmen kann. Bei Balzac endlich sind die »Grundlagen des modernen Realismus«, - »die ernsthafte Behandlung der alltäglichen Wirklichkeit, das Aufsteigen breiterer und sozial tieferstehender Menschengruppen zu Gegenständen problematisch-existentieller Darstellung einerseits und die Einbettung der beliebig alltäglichen Personen und Ereignisse in den Gesamtverlauf der zeitgenössischen Geschichte, der geschichtlich bewegte Hintergrund andererseits« (Auerbach, a.a.O., S.437) -, in aller Deutlichkeit erkennbar. Ja, auch im Hinblick auf die Entwicklungen, die uns im weiteren Verlauf der 'Mimesis'-Untersuchung noch geschildert werden, ist festhalten, daß durch das Werk Balzacs der entscheidende Schritt zur vorläufigen Vollendung der wechselhaften und in sich widerspruchsvollen abendländischen »Geschichte der literarischen Eroberung der modernen Wirklichkeit« (Auerbach, a.a.O., S.318) bereits getan ist, wenngleich natürlich sowohl im 19. Jahrhundert, etwa bei Flaubert und Zola, als auch im 20. Jahrhundert, insbesondere bei Proust, Joyce und Woolf, weitere wichtige Entwicklungsschritte gefolgt sind.

Aus alledem ist trotz der hier notwendigen Verkürzungen der geschichtlichen Lage wohl deutlich geworden, welche Abgründe sich zwischen dem später von jeder klassizistischen Strömung wiederaufgenommenen »moralistischen« (Auerbach, 1954, S.4), auf der 'Stiltrennung' bestehenden Realismus der griechisch-römischen Antike und dem »ernst(en), problematisch(en) oder tragisch(en)« (Auerbach, ibid.), auf eine 'Stilmischung' ausgehenden Realismus des christlichen Mittelalters auftun. Es konnte hoffentlich darüber hinaus erläutert werden, welche nahe Verwandschaft und welcher tiefgehende Unterschied, wenn nicht 'Stilbruch' zwischen den beiden geschichtlichen Erscheinungsformen des ernsten Realismus, der noch 'figuralen' und der bereits 'modernen' Wirklichkeitsauffassung vorhanden ist.

Das Problem allerdings besteht darin, daß vor dem Hintergrund der zahlreichen Ausführungen zum Stilbegriff in der 'Mimesis'-Arbeit die Anknüpfungspunkte an die rhetorische Tradition, denen wir nachgehen wollten, wohl überall spürbar und auch nachweisbar sind, daß sich aber Erich Auerbach nur an sehr wenigen Stellen wirklich eingehend auf den Forschungsgegenstand 'literarische Rhetorik' einläßt.

Dies ist, wie wir schon kurz angedeutet hatten, durchaus erklärlich, denn einmal abgesehen von den freilich sehr wichtigen Andeutungen in seinem Aufsatz *Sacrae scriptuae sermo humilis* aus dem Jahre 1941 scheint sich unser Autor bis zum Zeitpunkt der Veröffentlichung seines Hauptwerkes noch nicht grundsätzlich mit der Möglichkeit eines auf seinen zahlreichen kritischen Befunden aufbauenden, eigenständigen rhetorischen Ansatzes beschäftigt zu haben. Erst einige Zeit später, in zwei Aufsätzen aus dem Jahr 1952 und 1955 unter dem Titel *Sermo humilis I* und *II*, hat er dies, nun nicht mehr belastet durch die enorme Materialfülle des *Mimesis*-Buches, glücklicherweise nachgeholt. Was nämlich die Eigenart von Erich Auerbachs Ansatz zur Rehabilitierung der 'literarischen Rhetorik' ausmacht, können wir imgrunde erst von diesen Arbeiten aus wirklich genau bestimmen. Welchen Stellenwert dieser Ansatz unter Umständen in zukünftigen literaturtheoretischen Debatten besitzen kann, läßt sich eigentlich nur von diesem Punkt aus ermessen.

1.4.3 Das »Sermo-humilis«-Motiv

Daß die wenn auch nur sehr vorläufigen Arbeitsergebnisse aus dem Jahr 1941 tatsächlich die Grundlage für die späteren Untersuchungen der fünfziger Jahren bilden, ist dabei schon auf den ersten Blick zu erkennen. Die bereits in dem Aufsatz *Sacrae scriptuae sermo humilis* aufgeworfene Frage, ob sich anders als die antike Philosophie schon die früh-mittelalterliche »Theologie« nicht genau genommen »einer Sprache bedien(t), die man von alters her nur für gemein realistische Themen duldete« (Auerbach, 1941, S.21), ließ Erich Auerbach auch nach der Beendigung seines *Mimesis*-Buches nicht mehr los. Dies nun ist durchaus nachvollziehbar, denn die für seinen gesamten Forschungsansatz offenbar so wichtige Einsicht, daß nach der christlichen Übernahme der ursprünglich heidnisch-antike »sermo humilis«, der dem Leser in der historischen Gestalt Christi »den lebenden und sterbenden Gott zeigt«, mit den wesentlichen Elementen der »christlichen Lehre« ganz »eng verbunden« (Auerbach, a.a.O., S.26) sein muß, war von ihm tatsächlich immer noch nicht in ihrer ganzen Konsequenz durchdacht worden.

Anders als in den oben besprochenen Passagen des *Mimesis*-Buches ging es Erich Auerbach denn auch in den auf dem Aufsatz von 1941 aufbauenden 'Sermo humilis'-Studien der Jahre 1952 und 1954 um etwas wirklich Allgemeines. Die Zusammenstellung der zahlreichen Beispiele des christlichen *sermo humilis* von den Kirchenvätern über Augustinus bis zu Dante mußte im Verlauf der Zeit immer deutlicher machen, daß es sich in den jeweils geschilderten Fällen eben nicht nur um wohl ihrem *Inhalt* nach neue Auffassungen, doch *formal* getreue Übernahmen der griechisch- bzw. römisch-antiken rhetorischen Tradition handelte. Vielmehr zeigte sich an zahlreichen Stellen, daß durch die christliche Wiederbelebung des überlieferten Ideengutes allmählich etwas zuletzt unübersehbar Neues entstanden war, das gerade auch durch seinen eigenwilligen sprachlichen Charakter die weithin geläufige Vorstellung einer sich kontinuierlich entwickelnden, gleichsam bruchlos überlieferten Geschichte der 'literarischen Rhetorik' radikal in Frage stellen mußte.

Diesen Gedanken zuende zu denken, ist die Aufgabe der beiden Aufsätze aus den fünfziger Jahren. Daraus Schlüsse zu ziehen im Hinblick auch auf die eigene Arbeit, ist das eigentliche Ziel aller diesbezüglichen Überlegungen. Es geht also um sehr viel, wenn Auerbach uns die Aufgabenstellung seiner 'Sermo humilis'-Studien folgendermaßen erklärt-:

»Wir fragen, wie schon viele vor uns, welche Veränderungen die überlieferten Redeformen unter dem Gewicht (neuer) Inhalte erlitten; ob sie sich auch noch in ihrer christlichen Gestalt in das System der antiken Rhetorik einordnen lassen. Dies System ist eine Stufenfolge von Höhenlagen des Stils; wir fragen also, wie die in unserem Text vorliegende Höhenlage in die antiken Stilstufen einzuordnen wäre.« (Auerbach, 1952a, S.309)

Wiederum über den »Ansatz« bei einer Augustinus-Stelle geht es Auerbach nun vor allem darum, in enger »Verbindung mit einer Bedeutungsuntersuchung des Wortes *humilis*« das »schon vorher angeschlagene Thema des *sermo humilis*, der christlichen Form des Erhabenen, genauer zu untersuchen« (Auerbach, 1957, S.22). Daß die Darstellung »der Fesselung des Menschen an die Sünde« in der dort behandelten Predigt des Augustinus, »wie man sogleich sieht(,) rhetorisch bis zum szenischen ist« (Auerbach, 1952a, S.306), ja, daß »die Figuren« jenes »Textes« und genau betrachtet die »rhetorische Art des Ausdrucks im ganzen und alle ihre einzelnen Formen« unzweifelhaft »aus der rhetorischen Schultradition« eines Cicero oder Quintilian »stammen« (Auerbach, a.a.O., S.308), ist ihm dabei natürlich schon seit langem klar. In welch grundsätzlicher Weise sich aber durch die christliche Übernahme der Charakter des Rhetorischen verändert, so daß zuletzt das gesamte »System der antiken Rhetorik« (Auerbach, a.a.O., S.309) in sich zusammenbricht und welche weitgehenden Konsequenzen sich aus alledem ergeben, wird ihm anscheinend erst jetzt richtig deutlich.

Dabei führte ihn vor allem die geläufige Ansicht, Augustinus folge »in der Auffassung der überlieferten drei Höhenlagen des Stils (des erhabenen, des mittleren und des niederen)« der Vorlage »Cicero(s)« (Auerbach, a.a.O., S.309; vgl. Cicero, *Orator*, 69, 100-4 mit Augustinus, *De doctrina christiana*, IV, 17, 34ff.), zu der weitreichenden Einsicht und wegweisenden Überzeugung, daß streng genommen in *inhaltlicher* wie *formaler* Hinsicht »die Voraussetzungen beider (...) ganz verschieden (sind)« (Auerbach, a.a.O., S.311). Unbestritten bleibt dabei selbstverständlich, daß »der christliche Redner« von seinen heidnischen Vorbild vordergründig eine formale Einteilung übernommen hat gemäß der »jeweilig(..)« verfolgten »Absicht«, das Publikum durch seine Äußerungen zu »(be)lehren«, zu »(er)mahnen« oder »leidenschaftlich an(zu)rufen« (Auerbach, ibid.). Klar ersichtlich war jedoch, daß sich daraus keine »absolute(n) Abstufungen der Gegenstände« (Auerbach, a.a.O., S.311) mehr ergeben, denn »jene Dreiteilung«, durch die nicht nur bei Cicero etwa in »Rechtsfällen« die »Gegenstände klein« erscheinen, »wo es sich um Geldgeschäfte handelt«, hingegen »groß« sind, »wo es um das Heil und Leben von Menschen geht«, während »das mittlere (dazwischen)liegt (...)«, ist bekanntlich für einen »Christen« gänzlich »unbrauchbar« (Auerbach, a.a.O., S.312). Offenbaren sich ja in der *Bibel* »alle Gegenstände« als wahrhaft »groß« (Auerbach, ibid.), denn,

»ob es sich um viel Geld handelt oder um wenig«, es geht dabei immer um das sowohl »zeitliche« als auch »ewige« »Heil und Leben von Menschen« (Auerbach, ibid.). Und ist es doch so, daß nicht nur »die Gegenstände« der christlichen Rede, sondern darüber hinaus auch diejenigen »der christlichen Literatur (...) sämtlich groß und erhaben« sind, womit »das Niedrige, was sie Gelegenheit hat zu berühren«, »eben dadurch bedeutend« (Auerbach, a.a.O., S.315) wird. Entscheidend aber mußte für Erich Auerbach insgesamt werden, daß dieser von Augustinus zunächst *inhaltlich* erneuerte, nunmehr christliche Grundgedanke der *humilitas* zuletzt »eine so bedeutende« auch *formale* »Abweichung von der rhetorischen und überhaupt literarischen Tradition« hervorruft, daß er »nahezu die Zerstörung ihrer Grundlage« (Auerbach, a.a.O., S.313) herbeiführt. Denn was geschieht, wenn all das einstmals »Niedrig(e)«, seiner »sozialen« und »politischen« Herkunft sowie seiner »Bildung« nach »Gering(e)«, seinem »moralischen« Wert nach »Unwürdige(.)«, das »im lateinische(n) Wort (.) humilis« (Auerbach, a.a.O., S.315) zusammentrifft, nunmehr einen ganz anderen gesellschaftlichen Stellenwert bekommt? Muß dadurch mit der Zeit nicht auch der literarische Stil der christlichen Darstellung jenes »Nied(rigen)«, der *»sermo humilis«*, seine »in der heidnischen Literatur« rein »pejorative« (Auerbach, a.a.O., S.316-7) Bedeutung verlieren und einen ganz eigenständigen Charakter ausbilden? Vollzieht sich damit nicht ein einschneidender Wandel in der Art und Weise der literarischen Beschreibung der damals existierenden gesellschaftlichen Realität? Läßt sich daran nicht erkennen, mit welcher alles erfassenden Radikalität sich die Welt des Abendlandes schon an der Schwelle zwischen Antike und Mittelalter verändert hat? Erich Auerbach scheinen solche und ähnliche Vorstellungen von der Bedeutung dieses das Leben der Menschen so tiefgreifend erschütternden Vorgangs vorzuschweben haben, als er schrieb:

»(...) *humilis* (wurde) zum wichtigsten Eigenschaftswort für die Bezeichung der Inkarnation; es wurde, (...), dermaßen herrschend, daß es in der gesamten christlichen Literatur lateinischer Sprache gleichsam die Atmosphäre und Höhenlage des Lebens und Leidens Christi ausdrückt. Das Wort "Höhenlage" ist in diesem Zusammenhang ungewohnt, aber ich weiß kein anderes, welches das Ethische, das Soziale, das Geistige und das Ästhetisch-Stilistische zugleich umfaßt; und von all dem ist hier die Rede, wie man bald sehen wird.« (Auerbach, 1952a, S.317).

Tatsächlich wird dann sehr schnell klar, inwiefern sich zunächst die »erste und grundlegende Gedankengruppe« des »christlichen *humilis*-Motivs« ganz »unmittelbar auf Christus selbst« (Auerbach, a.a.O., S.318) bezieht. Dabei erklärt Auerbach, wie bereits an anderer Stelle, »die Inkarnation im ganzen« als »freiwillige Erniedrigung« zum »niedrigste(n) Stand(.)« mit dem ethischen Ziel, ein »Leben auf Erden zwischen den materiell und geistig Armen« zu führen, dessen »Krönung« die »schimpfliche und grausame Art der Passion« (Auerbach, ibid.) bedeutet. Hervorgehoben wird auch hier die »innergeschichtlich konkret(e)« und dadurch gänzlich »(anti)platoni(sche)« Erfahrung von »Christi Körperlichkeit« und »Auferstehung«, dem Sinnbild der »paradoxale(n) Grundantithese der christlichen Lehre«: »Mensch und Gott, niedrig und erhaben, *humilis et sublimis*; beides in unausdenklicher, unermeßlicher Tiefe und Höhe: *peraltissima humilitas*« (Auerbach, ibid.). Dazu ordnet sich bald eine »zweite Gedankengruppe«, die die »soziale und geistige *humilitas*« derjenigen »betrifft«, »an die sich die Lehre wendet und sich »polemisch« gegen die philosophische »Weisheit dieser Welt« richtet, die »die Botschaft Christi und seiner Jünger als ungebildet und niedrig verachtet« (Auerbach, a.a.O., S.319) hat. Vor allem aber geht es Erich Auerbach um die »dritte«, für seine Studien »wichtigste Gedankengruppe«, die sich »auf die *humilitas* des Stils der heiligen Schrift« direkt »bezieht« (Auerbach, a.a.O., S.320) und auf »die eigentliche und dauernde Verteidigungsposition der christlich-spätantiken Schriftsteller« (Auerbach, a.a.O., S.322) hinweist, denn jene Autoren »erkannten die "Niedrigkeit" des Bibelstils« durchaus »an«, ja, sie »zeigten in ihr« sogar »eine neue und tiefe Erhabenheit« des rhetorischen Ausdrucks, die sich nach Auerbachs Meinung »durch das ganze Mittelalter bis in die neuere Zeit lebendig erhalten« konnte und so zu einem »bedeutende(n) Motiv in der Bildung des späteren Stil- und Höhenlagen-begriffs in Europa« (Auerbach, a.a.O., S.323) wurde.

Wenngleich es also stimmt, daß sich auch bei »christlichen Schriftstellern« mehr oder weniger »alle Figuren und Ornamente der heidnischen Eloquenz nachweisen« (Auerbach, ibid.) lassen, so sind die auch formalen und sprach-stilistischen Unterschiede zu den antiken Schriftstellern doch beträchtlich. Es ist demnach verständlich, wenn Erich Auerbach an den frühchristlichen Autoren weniger das »entzückt«, »was sie mit den heidnischen Rednern und Dichtern gemeinsam« haben, sondern vielmehr »die Art« interessiert, wie sie die gewöhnliche Beredsamkeit benutzen für eine andere, ihnen eigentümliche« (Auerbach, a.a.O., S.325). Er erläutert dazu:

> »Der "niedrige" Stil der heiligen Schrift wird anerkannt, meist mit dem Wort *humilis*, welches auch Demut ausdrückt. Absicht und Charakter dieser Demut oder Niedrigkeit des Stils ist Allgemeinverständlichkeit, (...). Doch ist der Inhalt der Schrift nicht durchweg einfach; sie enthält Mysterien, tieferer Sinn ist in ihr verborgen, und vieles in ihr erscheint dunkel. Allein auch dies wird nicht in einem gelehrten und "hochmütigen" Stil vorgetragen, so daß es den einfachen Hörer einschüchtert und abschreckt. Sondern jeder, der nicht leichten Herzens (...) ist, mag auch in den tieferen Sinn eindringen; die Schrift "wächst mit den Kindern", die Kinder also wachsen in ihr Verständnis hinein. (...); nicht allein Gelehrsamkeit wird dafür verlangt, sondern echte Demut (...), die der Demut ihres Stils entspricht; (...)«. (Auerbach, 1952a, S.325)

Das »Mysteri(sche)« in der »heiligen Schrift« ist nach der Lesart Auerbachs nicht gänzlich unerkennbar und vollkommen unbeschreibar, sondern kann durch eine »eindring(liche)« Exegese »allgemeinverständlich(...)« (Auerbach, ibid.) dargestellt und jedem, »der nicht leichten Herzens ist« (Auerbach, ibid.), zugänglich gemacht werden. Interessanterweise weist dabei das »Tiefe und Verborgene«, auf das der Leser unweigerlich stößt, grundsätzlich auf »nichts anderes« und außerhalb der Sprache liegendes hin, sondern vielmehr auf das, »was auch offen, einfach und deutlich gesagt wird«, aber erst durch den Zugang zu »tiefere(n) Schichten des Verständnisses« (Auerbach, a.a.O., S.325-6) erschlossen werden kann. Dieses »echt(..)« sprachliche »Verständnis« für den biblischen Text und dessen weitreichende Entstehungsgeschichte aber entwickelt sich nicht allein mit Hilfe der durchaus »nützliche(n) Gelehrsamkeit« gebildeter Heiden, sondern es kommt erklärtermaßen »durch einen augenblicklichen Kontakt« zum (Göttlichen) Autor zustande, durch eine in »Demut« empfangene »Erleuchtung«, die »der damit begnadete« Exeget freilich jedesmal »nur einen kurzen Augenblick zu erhalten vermag«, denn, gleich einem »Kind(..)« auf den richtigen Weg geschickt, »fällt er« bald danach innerhalb seiner Deutung wieder »ins Irdische und Gewohnte zurück« (Auerbach, ibid.).

Wie wir nun den bisherigen Ausführungen entnehmen konnten, ist die in solch einer Interpretation spürbare religiöse »Tiefe und Dunkelheit des Ausdrucks dem Inhalt der Schrift« immer schon mehr oder weniger genau »angemessen« (Auerbach, ibid.). Die Tatsache, daß »das Verborgene (*secreta, recondita*)« in den Arbeiten der christlichen Autoren auch »auf "niedrige" Art vorgetragen« wird und uns eigentlich »der gesamte Stil der heiligen Schrift« durchweg »*humilis*, niedrig oder demütig« vorkommt, erklärt sich daraus, daß jenes »Niedrige oder Demütige des Vortrags« streng genommen »die einzig mögliche, die einzig angemessene Form« darstellte, in der das Erkennbare wie das »Mysteri(um)« dem »Menschen« inhaltlich »zugänglich gemacht werden« (Auerbach, ibid.) konnte. »Die Inkarnation« in »ihrem irdischen Verlauf (.) ließ sich«, wir haben dies aus Erich Auerbachs Arbeiten insgesamt deutlich herauslesen können, in »ihrem irdischen Verlauf« gar »nicht anders berichten als in einem niedrigen und demütigen Stil« (Auerbach, a.a.O., S.327). »Die Geburt im Stalle zu Bethlehem« ebenso wie »das Leben zwischen Fischern und Zöllnern und anderen beliebigen Personen des alltäglichen Getriebes«, nicht zuletzt »die Passion mit all ihren realistischen und würdelosen Vorgängen«, fügte sich weder »dem Stil der erhabenen Beredsamkeit« noch »dem der Tragödie oder des großen Epos«, sondern »paßte« wenn überhaupt »in eine der niederen Literaturgattungen« (Auerbach, ibid.).

Daß »der niedrige Stil der heiligen Schrift« trotzdem eine allerdings neue Vorstellung vom »Erhabene(n) ein(schließt)«, da doch der christliche »Gegenstand« sich immer als »erhaben(er)« erweist, ist dabei hoffentlich deutlich geworden, denn einzig dadurch wird verständlich, weshalb »die Bibel« als »geschriebene Geschichte«, die bekanntlich »seit der Ausbreitung des Christentums von sehr vielen, ja von allen, gelesen oder gehört« wurde, das »Geschichtsbild« und die »moralisch-ästhetischen Vorstellungen« (Auerbach, ibid.) der Menschen so nachhaltig geprägt hat. Nur so läßt sich begründen, warum die 'Heilige Schrift' im Laufe der Entwicklung sei es »bewußt« oder auch »unbewußt« als »Stilmuster« nicht allein für die »christlichen Schriftsteller« wirken konnte, indem sie sich wohl zuerst »der klassischen Rhetorik und ihren Formen an(paßte)«, sich aber durch die »Stärk(e)« ihrer »biblisch-christlichen Substanz« bald die heidnische »Rhetorik unterwarf« (Auerbach, ibid.), dadurch mit der Zeit auch eine ihrem Inhalt entsprechende, ganz und gar eigene Gestalt bekam.

»Wir haben in unserem Augustintext gesehen«, heißt es zum Abschluß noch einmal, »wie trotz der Isokola, der Anaphern, Antithesen und Apostrophen der Charakter des Ganzen ein eigentümlich christlicher ist«, wir konnten erkennen, wie in dessen Schriften »eine Mischung von Erhabenheit und volkstümlicher Rhetorik und sich neigender *caritas*« entsteht, deren spezifische Eigenart darin besteht,

»eindringlich lehrend und szenisch belebt« zugleich sowie »für eine beliebige und unausgewählte Hörerschaft bestimmt« (Auerbach, a.a.O., S.327-8) zu sein. Dabei kam die Angepaßtheit des »Geschmack(s) der Massen« an ganz bestimmte »Formen der Rhetorik« der »Bildung« einer eigenständig »christlichen Redekunst«, einer »niedrigen Rhetorik im Sinne des *sermo humilis*« (Auerbach, ibid.), nicht nur bei Augustinus sehr entgegen, doch wäre es sicherlich falsch, allein aus dem wohl nie gänzlich verlorengegangenen Bezug der Menschen zur klassisch-rhetorischen Tradition das Entstehen der spezifisch christlichen Rede- und Schreibkunst zu erklären. Vielmehr sollte festgehalten werden, resümiert Erich Auerbach, »daß der christliche Geist und die christlichen Inhalte eine (...) lebendige Rhetorik erst wieder möglich machten« (Auerbach, a.a.O., S.328). Denn »die heidnische Rhetorik hatte, durch die politische Entwicklung, ihre gültigen und wirksamen Inhalte längst verloren«; sie »erstarrte im Formalismus« und »war am Verdorren« (Auerbach, ibid.). Die »christlichen Inhalte« gaben ihr jedoch »neues Leben«, indem sie ihren »Charakter veränderten« (Auerbach, ibid.). Der »neue Charakter der *humilitas* herrschte; (...); das Unmittelbare, die Höhenlagen Verschmelzende, jede Seele einzeln Greifende (schlug) durch und (blieb) als überwiegender Eindruck erhalten« (Auerbach, ibid.). Das aber brachte es, wie wir gesehen haben, »mit sich«, daß *formal* betrachtet »sehr viel mehr Emotion in die Lehre ein(floß) als dies im philosophischen Vortrag oder gar in der forensischen Erklärung des Tatbestandes möglich (gewesen war) - daß also das Ergreifende, Mitreißende und Aufwühlende, welches nach der rhetorischen Theorie das Erhabene ausmacht«, sich in der literarischen Darstellung »notwendig mit dem Lehrenden vermischt(e)« (Auerbach, ibid.) und so einen neuen Erkenntnisstil begründete.[20]

Die Entwicklung dieses »leitenden Gedankens« (Auerbach, 1946, S.494) einer spezifisch christlichen Rhetorik im Gesamtwerk Erich Auerbachs von seiner ersten Fassung im *Figura*-Aufsatz von 1939 über seine materiale Entfaltung im großen *Mimesis*-Buch von 1946 bis hin zu seiner genauen begrifflichen Ausprägung in den *Sermo humilis*-Studien von 1952 und 1954 zu verfolgen, war die Aufgabe unserer kleinen Untersuchung. Die Radikalität dieses »Ansatzes« (Auerbach, 1952a, S.307) zu erfassen, durch den die überkommene Idee einer sich kontinuierlich entwickelnden 'Geschichte der Rhetorik' ganz grundsätzlich in Frage gestellt werden muß, war unser großes Ziel. Wie weit freilich diese Überlegungen führen und inwiefern sie generell als kritischer Ausgangspunkt für Studien zur abendländischen Literaturgeschichte dienen können, ist Erich Auerbach selber zumindest im Zusammenhang der Frage nach dem 'Sermo-humilis'-Motiv wohl nicht endgültig klar geworden. Ein Rückbezug auf seine *Mimesis*-Arbeit könnte deutlicher machen als dies in den zuletzt behandelten *Sermo humilis*-Aufsätzen geschieht, daß seine für unsere eigenen Studien so wichtige Vermutung, daß »der Bereich des *sermo humilis*« mit der Zeit nicht nur alle Formen der spät-antik christlichen Literatur« erfaßte, sondern sehr bald auch »theoretisch-philosophische Darstellungen ebenso wie praktische Berichte« (Auerbach, 1952a, S.328) durchdrang, in der Tat richtig ist. Für den rhetorischen Begriff des *sermo humilis* und seine spezifisch christliche Tradition gilt hier das, was von Erich Auerbach einst (vgl.: Auerbach, 1938, S.82-3) in Bezug auf den christlich-figuralen Realismus formuliert worden ist. Er hat zweifellos nicht nur von den früh-christlichen Anfängen bis ins Mittelalter hinein, sondern darüber hinaus in einer allerdings immer mehr modifizierten Gestalt sogar bis ins 18. Jahrhundert hinein eine weite Verbreitung gehabt und eine tiefe Wirkung im abendländischen Denken hinterlassen, die wir selbst heute noch spüren können.

1.5 Der rhetorische Ansatz metakritischer Literaturbetrachtungen

Nun am Ende unserer Lektüre der Schriften Erich Auerbachs sind wir der Lösung des Problems einer »historisch-synthetische(n) Literaturbetrachtung« (Auerbach, 1952, S.307), die sein eingangs zitierter Aufsatz über die Möglichkeiten einer *Philologie der Weltliteratur* versprach, vielleicht ein wenig näher gekommen. Wir haben feststellen können, daß sich für ihn diese Lösung nicht einfach im Hinblick auf die traditionelle hermeneutische »Frage« ergeben hat, ob die jeweils besprochenen Autoren ein durch die eigene Interpretation zu erhellendes »Bewußtsein« von der ursprünglichen Absicht und »Bedeutung« (Auerbach, 1933, S.145-6; vgl. ders., 1958, S.20-1) ihres Werkes besaßen. Vielmehr hat er als 'skeptischer Hermeneutiker' es für allemal »notwendig« erachtet, den »großen Maßstab der überlieferten Stillehre« mit ihrer gesamten rhetorikgeschichtlichen »Problematik« für die tatsächliche »Beurteilung« eines literarischen Beispieltextes »zu verwenden« (Auerbach, 1933, ibid.). Ausschließlich mit Hilfe eben dieses »Maßstab(es)« konnte er seinen Lesern nämlich eine zuallererst am Text selbst nachvollziehbare »Begründung und Legitimierung« seines »Interesses« für die traditionellen »Besonderheiten« einer »Gestalt« wie der Dantes und einer paradoxen »Kunst« (Auerbach, ibid.) wie der des 'figuralen Realismus' geben. Nur durch einen solchen »Maßstab« war es ihm möglich, die »Festlegung des historischen Ortes« zu betreiben, an dem »der Gegenstand« seines »vorzugsweise(n) Interesses« (Auerbach, ibid.) stand. Allein durch ihn war er in der Lage, den Nachweis zu erbringen, daß »gerade« an dieser oder jener besonderen Textstelle sich eine scheinbar hinlänglich bekannte »Wendung der geistigen Geschichte« des Abendlandes sprachstilistisch neu »offenbarte« als »eine der historischen Erscheinungen Gottes« (Auerbach, ibid.). Das Ergebnis seiner überall spürbaren Bemühungen um eine »Ordnung (...) des Wirklichen« und die Grundlage seiner »Anschauung Gottes« war dabei eine »neue Genauigkeit der Erfahrung«, die angesichts der so schmerzhaft erlebten »Veränder(ungen)« der »Weltwirklichkeit« des 20. Jahrhunderts allerdings nicht mehr direkt heilsgeschichtlich abzuleiten und unmittelbar religiös zu fundieren war, sondern letztendlich allein »aus dem erfahrenden Subjekt selbst« (Auerbach, 1933, S.153) kommen mußte: Seine hermeneutischen Versuche, die Geschichte auch der abendländischen Literatur als ein sinnvolles Fortschreiten auf eine innerweltliche Erfüllung hin zu begreifen, werden zweifellos durch eine christliche Geschichtsdeutung begründet, die das Interesse auf die Zukunft als den zeitlichen Horizont einer konkreten gedanklichen Utopie und einer rhetorisch konfigurierten Erfüllung richtet[21], doch ist sein politisches Vertrauen darauf, durch die Formulierung eben dieses Interesses im jeweiligen Werk allgemein Verbindliches sagen und tatsächlich Entscheidendes bewirken zu können, mit der Zeit zusehends geringer geworden. Der einstmals feste Glaube mußte der recht vagen Hoffnung weichen, mit dem, was er durch seine Interpretationen auszudrücken versucht hat, am Ende vielleicht doch noch irgendwen und irgendetwas erreichen zu können. Erich Auerbach hat wohl gespürt, daß einer wie er, der seine sehr »eigene«, quasi-religiöse Leidenserfahrung und weniger irgendeine »wissenschaftlich(.)« vertretene Lehrmeinung für die »Absicht«, den Plan und die »Ansatzpunkte (...) (s)einer Schriften verantwortlich« (Auerbach, 1958, S.22) machen wollte, beinahe zwangsläufig zu einem Außenseiter des wissenschaftlichen Betriebs werden mußte, der danach auf keine andere »Billigung« mehr »(..)rechne(n)« durfte als »auf die ihrem Wesen nach schwankende und niemals vollständige Zustimmung von solchen, die auf anderen Wegen zu ähnlichen (Lebens-)Erfahrungen gelangt sind, so daß die (s)einen sie erklären, ergänzen und vielleicht befruchten« (Auerbach, ibid.) konnten.[22]

Daß diese nachhaltig prägende »Erfahrung« (Auerbach, ibid.) eine radikale »Gewichtsverschiebung« in der Bewertung, eine zunehmende »Verlagerung des Vertrauens« aufs geschichtliche Vereinzelte hervorgerufen hat, ist in Auerbachs Fall gut nachzuvollziehen. Doch erhellen seine stets vom philologischen Detail ausgehenden, essayistischen Studien erstaunlicherweise »mehr und Entscheidenderes« über die jeweiligen Autoren und »ihre Epochen«, als durch eine »systematische« Darstellung von »Leben« und »Werk« (Auerbach, 1946, S.488) zu ermitteln gewesen wäre.

Der Philosoph und Literaturwissenschafter H. Kuhn scheint von allen bisherigen Rezensenten am intensivsten empfunden zu haben, wie stark eben dieser Essayismus Auerbachs der Tradition der Rhetorik verpflichtet ist. So erklärt Kuhn vor dem Hintergrund auch seiner Beobachtung, daß »die literarische Form der Literaturkritik« Auerbachs »durchweg der Essay« ist, zunächst einmal die Tatsache, daß dieser »Essay« sozusagen die »Zelle« darstellt, die »zusammen mit anderen Zellen« das »fragmentarische Ganze« des »(Gesamt)werkes ausmacht« (Kuhn, 1963, S.224). Dazu erläutert er sehr schön, daß die »durchschnittliche Struktur dieser Zellen« durch »einen glücklichen und wirkungsvollen Kunstgriff mitbestimmt« wird, nämlich durch den »fast ideale(n) Ansatz« bei der »Interpretation von Textstellen«, der im spannungsgeladenen Zusammenspiel mit »weiteren Ansätzen und Schlüsselproblemen« eine essayistische Textdeutung möglich macht, die »gleichsam eine ganze historische Landschaft« schlaglichtartig »beleuchtet« (Kuhn, ibid.). Die auf den ersten Blick »chronologische Anordnung der Essays« gehört dabei nach Kuhns Ansicht zur »inneren Form« einer »historischen Topologie«, die die gewohnte »Schilde(rung)« eines »fortlaufenden Geschehensstroms« als dem Gegenstand unangemessen betrachtet, sich aber darum bemüht, jenen Strom »indirekt sichtbar« zu machen durch eine »Serie« von dramatischen »Momentaufnahmen« (Kuhn, a.a.O., S.224-5). Dieses sehr realistische »Drama« nun hat den Namen »Europa« und »der Ort aller Örter«, den Kuhn in der »historischen Topologie« Auerbachs beschrieben findet, ist die wechselvolle »Geschichte der europäischen Kultur« (Kuhn, a.a.O., S.226).

Zur Eigenart der essayistischen Studien Auerbachs gehört es allerdings, daß sie den vermeintlich »großen Wendepunkten und Schicksalsschlägen« in jenem Drama mit der Zeit immer »weniger Bedeutung zum(aß)« und schon bald gar kein Vertrauen mehr zu einer »chronologisch geordneten Gesamtbehandlung« der (Literatur-)Geschichte besaß, »die den Gegenstand von Anfang bis Ende verfolgt« (Auerbach, ibid.). Im Mittelpunkt seiner Interpretationen stand vielmehr das auf den ersten Blick »beliebig Herausgegriffene des Lebenslaufes« (Auerbach, ibid.) etwa einer Romanfigur Stendhals oder Balzacs. Es ging Auerbach um literaturgeschichtliche »Synthesen«, die »durch Ausschöpfung« eines scheinbar banalen und »alltäglichen Vorgangs« (Auerbach, ibid.) zustande kamen. Erst diese hermeneutische »Absicht«, größtmögliche »Genauigkeit« im »Einzelne(n) und Konkrete(n)« herzustellen, »das Allgemeine hingegen, welches die Phänomene vergleicht, zusammenstellt oder gegeneinander abgrenzt«, so »elastisch« und »locker« zu handhaben, daß zwischen dem »Einzelne(n)« und jenem »Allgemeine(n)« eine bei der Lektüre stets spürbare, manchmal nahezu unerträgliche Spannung entsteht, gibt seinen im »Zusammenhang« der Textdeutung verwendeten »allgemeinen Ausdrücken« ihren wirklich geschichtlichen »Sinn« (Auerbach, 1952, S.15-6). »Der Wert von Begriffen« lag für Erich Auerbach ja überhaupt nur darin, »daß sie im Leser oder Hörer« eine »Reihe« von suggestiven »Vorstellungen hervorrufen« sollten, »die es ihm erleichtern« konnten, annähernd »zu verstehen, was im jeweiligen Zusammenhang gemeint ist« (Auerbach, a.a.O., S.16). »Exakt« im traditionell wissenschaftlichen Verständnis waren diese »Begriffe« und die mit ihnen verbundenen sprachlichen »Vorstellungen« sicherlich »nicht« (Auerbach, ibid.). Dennoch wurde durch sie eine »perspektivische Urteilsbildung« ermöglicht, die »den verschiedenen Epochen und Kulturen« stets »ihre eigenen Voraussetzungen und Anschauungsweisen (..)zugesteh(t)« und jede »absolute«, allein von »außen« an den literarischen Gegenstand »herangetragene Beurteilung der Phänomene« als »unhistorisch und dilletantisch zurück(weist)« (Auerbach, a.a.O., S.17). Das Resultat dieser hermeneutischen Bemühungen um den rhetorischen Begriff ist ein »historischer Perspektivismus«, der, wenngleich er die ihn betreffenden Dinge nie »von anderswoher sehen« kann »als von heute, und zwar von dem Heute, welches durch seine, des Sehenden, persönliche Herkunft, Geschichte und Bildung bestimmt ist« und demzufolge »bewußt zeitgebunden« bleibt, dennoch »am Ende« den Blick aufs Ganze der Literaturgeschichte wendet und mit der gebotenen Vorsicht danach fragt, wie »die Dinge im europäischen Zusammenhang« oder gar im Weltmaßstab »aus(sehen)« (Auerbach, a.a.O., S.17-8) könnten.

Es war uns wichtig, eben dies herauszuarbeiten, daß die von Erich Auerbach in der Interpretation erworbenen philologischen »Kenntnisse« trotz der heute so enorm großen Schwierigkeiten einer alles umfassenden Textdeutung »über das ursprüngliche Ziel, das Verständnis der Werke, hinaus(führen)« (Auerbach, 1951, S.7-8) sollen. Anders als die meisten Philologen seiner Zeit »vermittel(t)« er uns in seinen hermeneutischen Studien tiefgehende »Einsichten« in »die geschichtlichen Beziehungen« rhetorischer »Formen« des »Denkens«, des »Empfindens« und des »Ausdrucks«, die die jeweiligen »Verfasser der Werke nicht oder nicht genügend besaßen, und auch nicht besitzen konnten« (Auerbach, ibid.). Dennoch zielen seine Textdeutungen nicht darauf ab, »die Eigentümlichkeit der Erscheinungen überhaupt zu erläutern« (Auerbach, ibid.) Vielmehr ging es ihm bei seinen Bemühungen, sich auf gerade die »(t)ypologische(n) Motive« (Auerbach, 1953, Titel) des jeweiligen Kunstwerkes zu konzentrieren, die für seine Interpretation wichtig waren, stets darum, »die Bedingungen« des »Entstehens« und »die Richtung« der »Wirksamkeit« solcher Motive im großen Zusammenhang einer »historischen Topologie« (Auerbach, 1951, S.7) der Literatur des Abendlandes zu bestimmen.

Zu berücksichtigen ist freilich, daß sich aus dem »Allgemeine(n)«, das Erich Auerbach in seinen 'metahistorischen Reflexionen'[23] über Literaturgeschichte vorschwebte, zunächst einmal nur eine »paradigmatische Anschauung« von einem »Geschichtsverlauf« gewinnen läßt, die auch »im besten Falle« nur »eine« ganz persönliche hermeneutische »Einsicht« in die »vielfältigen Beziehungen« des »Geschehens« vermitteln kann, aus »dem wir stammen und an dem wir teilhaben« (Auerbach, 1958, S.22). Wohl läßt diese rhetorische »Anschauung« »eine Feststellung« auch »des Ortes« zu, an »den wir« durch die Lektüre seiner Arbeiten »gelangt sind«, doch ergibt sich aus den bisher vorliegenden Ergebnissen nicht nur unserer Nachforschungen bislang »allenfalls« eine »Ahnung« hinsichtlich der »Möglichkeiten« (Auerbach, 1958, S.22), die durch weitere Untersuchungen zukünftig noch ausgeschöpft werden könnten.

Dazu nun »bietet« uns »unsere eigene geschichtliche Lage« laut Auerbach »eine bisher nie dagewesene und vielleicht kaum wiederkehrende Gelegenheit« (Auerbach, 1951, S.8). Die derzeitige Situation ist ja eben deshalb so kompliziert, weil zum einen »unsere Kenntnis der Dokumente aus den letzten, literarisch von sich selbst zeugenden Jahrtausenden« mittlerweile »sehr gewachsen« ist und »den meisten von uns das historische Denken, welches nicht absolute Wertmaßstäbe anlegt, sondern sich bemüht, die verschiedenen geschichtlichen Erscheinungen jeweils aus ihren eigenen Voraussetzungen zu erklären, zur Selbstverständlichkeit geworden« (Auerbach, 1951, S.8) ist, und weil zum anderen »aus tausend Gründen« das »Leben der Menschen« sich in einer Weise »vereinheitlicht« hat, daß spezifische »Sondertraditionen« (Auerbach, 1952, S.301) immer mehr vernichtet werden. Durch diese beiden gegenläufigen Entwicklungen nun wird der uns seit Goethe beschäftigende »Gedanke« einer Philologie der »Weltliteratur« in absehbarer Zeit »zugleich« verwirklicht und zerstört« (Auerbach, ibid.) werden. Noch aber »besitzen« einige von uns »das mitfühlende Verständnis für die Mannigfaltigkeit« (Auerbach, 1951, S.8) des wirklich Vorhandenen, das nunmehr, am vermuteten Ende der imaginären »Geschichte« der zum literarischen »Selbstausdruck« gelangten Menschheit« (Auerbach, 1952, S.303), die allererste Voraussetzung für eine *metakritische* Betrachtung eben dieser Geschichte darstellt. Eine solche von der *Überlieferung*, der *Tradition* und dem *Glauben* ausgehende, doch auf eigener *Erfahrung* aufbauende, am *sprachlichen Widerspruch* interessierte Betrachtung müßte allerdings ihre Verwurzelung im »(früh)romantischen Historismus« (Auerbach, 1932, S.223)[24], dem Erich Auerbach als romanischer Philologe sich Zeit seines Lebens verbunden gefühlt hat, deutlicher machen, als er selbst dies bis zuletzt vermocht hat. Sie müßte, genauer gesagt, zurückgehen zu den Anfängen des in der Auseinandersetzung mit dem Kritizismus Immanuel Kants entstandenen metakritischen Denkens, das sich laut Auerbach »seit den 1760er Jahren« zunächst bei »Johann Georg Hamann« entwickelt hat, vor allem »methodisch« von Johann Gottfried »Herder« weiter durchdacht worden ist und zuletzt »im Werke« Georg Wilhelm Friedrich »Hegels« zum »vollkommenen philosophischen Ausdruck« (Auerbach, 1932, S.223) gekommen ist. Zu untersuchen wäre dabei, wie diese drei klugen Köpfe »sich« in natürlich recht unterschiedlicher Weise »gegen die Verstandesdürre der (Spät-)Aufklärung (ge)richtet« haben durch ihre »Vorstellung von der Geschichte als einer Verwirklichung der Gedanken Gottes« (Auerbach, a.a.O., S.224). Zu erforschen wäre dann, wie schon bei ihnen »an die Stelle des abstrakten (...) Raisonnements« über die Geschichte« ein hermeneutisches »Sicheinfügen und Einfühlenwollen in den Geist der Epochen, in ihre Sprache und ihre Dichtung« (Auerbach, ibid.) getreten ist. Zu zeigen wäre damit, wie es bereits jenen Metakritikern gelang, das sinnliche »Wesen« der poetischen und prosaischen »Sprache« von der rhetorischen Einbildungskraft her neu zu bestimmen, einer Einbildungkraft, die sich anders als bei Kant als ein »Vermögen des Menschen insgesamt«, als ein geschlechtliches »Erzeugnis« seiner »gesamten geistigen Einrichtung« (Auerbach, ibid.) erweisen müßte.

Freilich lassen sich solche und ähnliche Annahmen über die Ursprünge und die Eigenarten des metakritischen Denkens mit Hilfe allein der recht vagen Andeutungen und oft auch allzu stark verkürzenden Mutmaßungen Erich Auerbachs für uns nicht wirklich befriedigend beantworten.[25] Er selbst bekennt denn auch am Ende, daß die Offenlegung seiner eigenen literarischen Bezugsquellen wie das geplante Projekt einer 'Philologie der Weltliteratur' überhaupt über vorläufige »Ansätze dieser Art innerhalb des abendländischen Kulturkreises« (Auerbach, 1952, S.310) nicht hinausgekommen ist. Und tatsächlich sind seine uns heute vorliegenden Bücher und Aufsätze »trotz der einheitlichen« hermeneutischen »Absicht« nichts anderes als »eine Reihe von Fragmenten« (Auerbach, 1958, S.28). Sie wurden »nicht abgeschlossen, sondern abgebrochen«: »(Z)ur rechten Integration« der unterschiedlichen Teileinsichten sollte es aufgrund der zeitlichen Begleitumstände ihrer Entstehung »nicht kommen« (Auerbach, ibid.). Interessant ist allerdings, daß trotz dieser zahlreichen (Ab-)Brüche im Werk Erich Auerbachs bei der Lektüre dennoch der Eindruck entsteht, daß »das fragmentarische Ganze«, die »innere« und verinnerlichte »Form« (Kuhn, 1963, S.224) des Schreib-, Denk- und Lebensstils, bei ihm eine ganz eigentümliche, in sich schlüssige Gestalt angenommen hat. Anders also als sein Vorgänger auf dem Lehrstuhl an der Universität Istanbul, Leo Spitzer, der, wie wir wissen, in der ungewohnten Umgebung nahezu »unfähig zu arbeiten (war)« (Green, 1982, S.161), ist Auerbach durch die gewaltsame Exilierung aus dem faschistischen Deutschland anscheinend nicht gänzlich gebrochen worden. Er war offenbar bereit, aus seiner persönlichen Lage und den damit verbundenen, schwierigen Arbeitsbedingungen das Beste zu machen. Auerbach hat jedenfalls betont, daß gerade das »Fehlen« einer »für europäische Studien gut ausgestattete(n) Bibliothek« sowie der »Mangel« an »internationalen Verbindungen« zum letztlichen

»Zustandekommen« (Auerbach, 1946, S.497) insbesondere seines *Mimesis*-Buches geführt hat. Und mehr noch. Er konnte im türkischen Exil einen ganz individuellen, nicht nur wegen des weitgehenden »Fehlen(s) von Fußnoten« (Hart, 1982, S.257) und Bibliographie gegen den wissenschaftlichen Schulbetrieb gerichteten Schreibstil entwickeln, den er auch später noch beibehielt, als sich seine Arbeitsbedingungen durch die Übersiedlung in die USA stark verbessert hatten (vgl. Auerbachs Studien über *Literatursprache und Publikum in der lateinischen Spätantike und im Mittelalter* (1958)). Wenngleich es vielleicht ein wenig zynisch klingen mag, kann man also J.B. Trapp zustimmen, der einmal bemerkt hat, daß es gerade die »Exilsituation« gewesen ist, die die außerordentliche Leistung Erich Auerbachs ermöglichte und die »Nobilität« insbesondere seiner späten Werke hervorgerufen hat (Trapp, 1966, S.79). Existentiell geprägt von der alles Humane in Frage stellenden Erfahrung des 'Holocaust', ist es offensichtlich »sein Ziel« gewesen, seine Zugehörigkeit »zu einer breiten europäischen Kultur zu unterstreichen - ohne dabei sein eigene Existenz als Jude in den Vordergrund zu stellen« (Landauer, 1988, S.88, A.23 (S.95)).

Fast vierzig Jahre nach seinem Tod spricht vieles dafür, daß seine Hoffnung, daß die meisten Wissenschaftler eben diese Zugehörigkeit akzeptieren und »manche Leser« die ein Leben lang angestrebte »Einheit« seiner Schriften »empfinden« (Auerbach, ibid.) können, nicht ganz vergebens geblieben ist. Auch unsere Anmerkungen zur Lektüre seiner Schriften verstehen sich, wie die einiger anderer, als natürlich nicht ganz uneigennütziges Unterfangen, dem Autor Erich Auerbach »auf der Suche nach (s)einem Gegenstand« zu »helfen« (Auerbach, ibid.). Inwieweit dies letztendlich gelingen kann, bleibt abzuwarten. Zumindest aber läßt sich sagen, daß der von Erich Auerbach erarbeitete rhetorische Ansatz zur Offenlegung der »methodischen Prinzip(ien)« (Auerbach, 1952, S.308) einer literarischen Metakritik, die sich der spezifisch christlich-humanistischen Rede- und Schreibtradition verpflichtet fühlt[26], sehr vielversprechend ist. Er verdient es unserer Ansicht nach, weiter verfolgt zu werden.

2 Ein Weg wird erkundet: Der Kantische Kritizismus und das Projekt seiner rhetorischen Metakritik

So wertvoll nun aber die bis jetzt gewonnenen Einsichten für uns sein mögen und so vielversprechend die daraus entwickelten Perspektiven auch erscheinen, so schwierig wird es aufgrund der derzeitigen Forschungslage sein, den von Erich Auerbach aus entwickelten rhetorischen Ansatz zu einem metakritischen Verständnis der überlieferten abendländischen Literaturgeschichte so zu »erweiter(n)«, daß wir ihn für unsere zunächst beabsichtigte Deutung ausgesuchter Kant- und Hamann-Texte »konkret« (Auerbach, 1952, S.308) nutzen können. Hierbei müssen wir nämlich berücksichtigen, daß die Forschung größtenteils die uns interessierende Zäsur in der Geschichte der Rhetorik um das Jahr 1800 nicht nur als einen Bruch, sondern immer noch als einen vollständigen *Ab*bruch der rhetorischen Tradition in Deutschland deutet.

In der Tat »bringt« die »Epoche«, die »von den Historikern das bürgerliche Zeitalter genannt« wird, den für G. Ueding »entscheidenden (...) Einschnitt in der Geschichte der Rhetorik« (Ueding/Steinbrink, S.134)[27] Diese »verliert« zur damaligen Zeit nicht nur »ihren wissenschaftlichen Einfluß in Hochschule und Schule« (Ueding/Steinbrink, ibid.). Auch die »Literatur« selbst »im weitesten Verständnis (von der Poesie bis zur wissenschaftlichen Abhandlung, von der Parlamentsrede bis zu Drama und Roman)« beginnt allmählich, sich von ihrem herkömmlichen »rhetorischen Begriff« zu »lös(en)« (Ueding/Steinbrink, ibid.). So unbestreitbar nun dieser »Bruch in der Wissenschaftsgeschichte der Rhetorik« als solcher ist, genauso überdenkenswert sind laut Ueding seine »schon mehrfach« von der Forschung »zusammengetragen(en) (Ursachen)« (Ueding/Steinbrink, ibid.) und Auswirkungen. »(F)ehlende demokratische Überlieferung, Kultur der Innerlichkeit und Zerstörung der Vernunft« nämlich taugen wohl als »Schlagworte«, die vorläufige »Teilerklärungen geben« (Ueding/Steinbrink, ibid.). Diese oft genannten Stichworte sind aber zu allgemein, um das geschichtliche Phänomen genau zu beschreiben. »Hier öffnet sich« offensichtlich »noch ein weites Feld für detaillierte« stilkritische und »kulturvergleichende Untersuchungen« (Ueding/Steinbrink, ibid.), die belegen helfen können, daß der vielbeklagte Bruch in der Geschichte der Rhetorik um das Jahr 1800 kein Abbruch, sondern offenkundig ein für sie (und uns) lebensnotwendiger Umbruch und Neuanfang gewesen ist.[28]

Wenn wir gerade diesen Sachverhalt zugrunde legen, der sich zumindest für den verstärkt seit Anfang der achtziger Jahre mit den allgemeinen »Probleme(n) einer "Geschichte der Rhetorik"« (Schanze, 1981, S.13)[29] befaßten Teil der bundesdeutschen Rhetorikforscher so darstellt, ist es allerdings nicht ganz abwegig, zu vermuten, daß sich für »das ästhetische(.) Zeitalter«, zu dem ja die uns interessierenden Autoren Kant und Hamann bereits dazugehören[30], unter Umständen »eine Art rhetorischer Gegengeschichte (...) aufzeigen« (Schanze, 1981, a.a.O., S.21) läßt. »(S)teht« doch wohl zumindest »fest«, »daß die Phämomene, für welche die Rhetorik die zuständige Theorie darstellt«, im ausgehenden 18. und »19. Jahrhundert« an praktischer »Bedeutung sogar noch gewonnen haben« (Ueding/Steinbrink, 1986, S.134). Dabei ist es offenbar nicht bloß so, daß die »Rhetorik (...) im Werk ihrer« erklärten Feinde und scheinbaren »Verächter fort(lebt)«, sondern die »rhetorische Kunstfertigkeit« entwickelt sich in der »Praxis rhetorischer Kunstübung« vereinzelter Befürworter, wenn auch zunächst »ohne« expliziten »rhetorischen Begriff« (Ueding/Steinbrink, a.a.O., S.2), sogar weiter. »Daß« also »die klassische Ästhetik und die (früh)romantische Literaturtheorie ohne den Hintergrund rhetorischer Begrifflichkeit« praktisch »nicht zu denken« ist, »kann« als eine recht gut »gesicherte Erkenntnis« der mit allgemeinen Problemen der *ars bene scribendi* beschäftigten »Forschung gelten« (Schanze, 1989, S.10)[31]. »Daß aber«, wie dadurch indirekt unterstellt wird, im Gegensatz zur rhetorischen Praxis »die (Rhetorik)theorie im Konflikt mit den philosophischen Systematisierungen« spätestens »des 19. Jahrhunderts nicht mehr für sich selber sprach«, sondern sich seitdem »allenfalls durch die Maske der Ästhetik« (Schanze, 1989, ibid.) äußerte und äußern kann, ist unserer Ansicht nach nicht ganz so sicher. Die Feststellung nämlich, daß die an den »(klassisch-)antiken« Denkern Aristoteles, Cicero und Quintilian ausgerichtete »Systemgeschichte der Rhetorik« seinerzeit »einen Abbruch erlitten (hat)«, der bis in jedes einzelne Werk der neuzeitlichen Philosophen seit Kant zu verfolgen ist und insofern tatsächlich weitreichende gedankliche Konsequenzen hatte, die »nicht hinweggeleugnet werden« (Schanze, 1985, S.12)[32] können, ist als solche zu pauschal. Sie erklärt weder die Tatsache des verdeckten Weiterlebens der Rhetorik am Rande der philosophischen Systeme eben dieser neuzeitlichen Denker, noch sagt sie etwas aus über die genutzten und ungenutzten Möglichkeiten auch der theoretischen Weiterentwicklung einer nicht vorbehaltlos klassisch-antik orientierten rhetorischen Begrifflichkeit bei einigen an der Rhetorik interessierten Autoren des 18. und 19. Jahrhunderts.

Berücksichtigen müssen wir allerdings, daß solche und ähnliche Aussagen zum Stand der Forschung momentan noch weitgehend auf Mutmaßungen beruhen. Sie machen eine philologisch genaue Textlektüre notwendig, durch die zunächst einmal eine modellhafte Vorstellung darüber entstehen müßte, inwiefern sich gerade der Philosoph I. Kant trotz seiner vehementen Kritik an der »(hinterlistigen) Rednerkunst« (Kant, KdU, B218) seiner Älterväter und Zeitgenossen bei der Entwicklung und Darstellung des 'puristischen Stils' seiner Erkenntnistheorie an der klassisch-antiken rhetorischen Tradition (Pseudo-)Ciceros orientiert hat. Eine Textlektüre vor allem aber, durch die dargelegt werden könnte, inwieweit sich auch Kants großer Widersacher J.G. Hamann bei seiner *Metakritik* des Kritizismus trotz der in seinem Werk zahlreich vorhandenen Stilbrüche auf die spezifisch christliche rhetorische Tradition eines Augustinus und Luther bezieht. Unsere auf dem rhetorischen Ansatzes Erich Auerbachs aufbauende Lektüre ausgesuchter Texte zunächst der beiden großen Königsberger Denker des ausgehenden 18. Jahrhunderts will genau das zuallererst leisten, wenngleich sie diese anspruchsvolle und komplexe Aufgabe aller Voraussicht nach nicht wirklich befriedigend lösen wird. Sie kann zum heutigen Zeitpunkt wohl auch nicht mehr als vorläufige, sicherlich an vielen einzelnen Stellen verbesserungswürdige Entwürfe liefern und wird am Ende unter Umständen mehr Fragen aufwerfen, als sie Antworten gegeben hat. Doch sind es vielleicht gerade diese Fragen, die uns in der Auffassung bestärken, daß nicht allein für den Philosophen und Theologen, sondern ebenso für den Literaturwissenschaftler nunmehr allein der *metakritische Weg* noch offen ist.

G. Wohlfart ist derjenige, der diesen »metakritischen Weg« (Wohlfart, 1986, S.24) seit über zwanzig Jahren konsequent eingeschlagen hat. Von dem kantischen Diktum ausgehend, daß »unser Zeitalter (...) das eigentliche Zeitalter der Kritik (ist), der sich alles unterwerfen muß« (Kant, KdrV, AXI; vgl. Wohlfart, a.a.O., S.23-4), ist er dabei nach und nach zu der Einsicht gekommen, daß diese Tatsache »auch die Kritik selbst« direkt betrifft (Wohlfart, a.a.O., S.24). »Die unabwendbare Konsequenz daraus« ist für Wohlfart zuletzt »eine 'Umkehrung des Bewußtseins'« (Wohlfart, ibid.) gewesen: »Der ganze« durch Kant beschrittene »kritische Weg« muß »noch einmal in umgekehrter Richtung zurückgelegt werden«, so daß wir »von neuem dorthin gelangen« können, »wo wir zuerst waren«(Wohlfart, ibid.). Durch eben diesen Schritt zurück hat er einen insbesondere von dem »Denken (Hamanns)« geprägten Begriff der »Metakritik« gewonnen, die als »Kritik der Kritik« für ihn nicht »eine verstiegene Hyperkritik«, sondern eine »grundlegende Selbstkritik« der »Aufklärung« (Wohlfart, 1987, II, S.117) darstellt. Dabei wird durch eben diese Selbstkritik »keineswegs dem Leichtnehmen der kritischen Anstrengungen das Wort geredet«, denn »nach Kant« geht »kein Weg« mehr »am Purgatorium der reinen Vernunft vorbei zurück ins Paradies unkritischer Erkenntnistheorie« (Wohlfart, ibid.). Der metakritische »Denkweg führt« vielmehr »durch die Kritik hindurch« (Wohlfart, ibid.) zu dem, was ihr immer schon zugrunde liegt und sie ganz bestimmt, nämlich zur Sprache.

Eben diesen »sprachmetakritisch(en)« Gedanken G. Wohlfarts hat neuerdings P. L. Oesterreich wieder aufgenommen bei seinem für uns sehr interessanten, mehr literaturwissenschaftlich ausgerichteten Versuch »eine(r) methodisch und systematisch konsequente(n) Einführung« des »rhetorischen Momentes« in die abendländische »Philosophie selbst« unter dem bedeutungsvollen »Titel« einer »Rhetorische(n) Metakritik der Philosophie« (Oesterreich, 1989, S.298 (zu Wohlfart vgl.: a.a.O., S.315)). Dabei soll »im Rahmen« dieser »rhetorische(n) Metakritik (...) insbesondere die 'klassische Rhetorik' eine neue analytische Anwendungsmöglichkeit bekommen und die philosophische Rationalität rhetorisch erweitert und sprachmetakritisch reformiert werden« (Oesterreich, a.a.O., S.315). Nun tun sich freilich bei der Durchführung dieses metakritischen Programms für uns einige Probleme sowohl bei der theoretischen wie bei der praktischen Inanspruchnahme der »rhetorische(n) Metakritik als Interpretationsmethode« (Oesterreich, ibid.). auf. Diese hängen zum einen damit zusammen, daß Oesterreich sich, wie gesagt, bei der Textdeutung allein an den »analytischen Kategorien der klassischen Rhetorik« (Oesterreich, ibid.) orientiert und gehen zum anderen daraus hervor, daß er ebenso wie Wohlfart glaubt, als »Metakritiker« durch eine solche »Analyse des Redetextes« den jeweiligen »philosophischen Autor« am Ende »besser« zu »versteh(en)«, »als dieser sich selbst« (Oesterreich, a.a.O., S.304)[33] verstanden hat. Dennnoch muß betont werden, daß der von P.L. Oesterreich fortgesetzte *metakritische Weg* G. Wohlfarts zu »einer weiteren Selbstaufklärung philosophischer Rationalität« (Oesterreich, a.a.O., S.315; vgl. ders., 1990, S.4-5, A.19) sehr vielversprechend ist. Er verdient es, weiter verfolgt zu werden.

2.1 Die verborgene Kunst des rhetorischen Fragens: Ideal und Wirklichkeit des puristischen Erkenntnisstils der kantischen Philosophie

2.1.1 Die kritischen Grundsätze des rhetorischen Fragens

Welche enormen Probleme sich bereits bei dem Versuch einer Bestimmung des Verhältnisses Immanuel Kants zur Rhetorik auftun, ist mittlerweile eigentlich nicht mehr zu übersehen. Weder die lange Zeit unstrittige Annahme, der große Königsberger Philosoph »fäll(e)« in den berühmten und berüchtigten Paragraphen 51 und 53 seiner *Kritik der Urteilskraft* von 1790 ein eindeutig »negative(s)«, geradezu vernichtendes »Urteil« über die gesamte »Rhetorik«, noch die darüber hinausgehende Behauptung, eben diese abschätzigen »Bemerkungen über die Überredungskunst« seien »nicht unabhängig von seiner übrigen Philosophie«, sondern fügten sich »nahtlos« ein in den »Rahmen« seines kritischen »Denkens« (Ijsseling, 1988, S.126-7) und Schreibens, hält nämlich einer eingehenden Überprüfung stand.

Freilich ist nicht zu bestreiten, daß das recht beharrliche Festhalten der Rhetorik-Forschung an eben diesem Vorurteil eine gewisse Zeit lang für die Entwicklung eines eigenen rhetorikgeschichtlichen Ansatzes durchaus von positivem Nutzen gewesen ist. Diente es doch bereits E.R. Curtius als Ausgangspunkt für seine dann vor allem an F. Nietzsche orientierten Versuche einer Rehabilitierung insbesondere der 'literarischen Rhetorik'[34]. Schon in den Curtius' Position zugrunde legenden germanistischen Arbeiten um das Jahr 1970[35] zeigt sich dann jedoch, was bald danach nicht mehr übersehen werden kann. Die direkte Erwähnung, zumindest aber der indirekte Bezug auf den scheinbar eindeutigen »*locus classicus* der zugleich ethisch und ästhetisch begründeten Abwertung von Rhetorik (...): Kants Darstellung der Beredsamkeit in der *Kritik der Urteilskraft*«[36], ist für eine jede der seit Mitte der siebziger Jahre vorliegenden Teil- und Gesamtdarstellungen zur Geschichte nicht nur der 'literarischen Rhetorik' unumgänglich[37], obgleich bei den neueren Autoren eben auch Zweifel hinsichtlich der Berechtigung eines solchen Vorurteils geäußert worden sind.[38] Erst die neusten, uns noch näher beschäftigenden Einzelstudien aus dem Themenbereich 'Kant und die Rhetorik'[39] sind allerdings in ihrem Bestreben konsequent, am Beispiel gerade des Autors Immanuel »Kant« das »rhetorisch(e) Verhältnis« der neuzeitlichen »Vernunft zu sich selbst«[40] genauer zu bestimmen.

Bei diesem Versuch einer Neubestimmung nun bestätigt sich zunächst, daß bereits die gleich zu Beginn der 'kritischen Untersuchungen' von Kant wieder aufgenommenen »Fragen« der menschlichen »Vernunft« (Kant, KdrV, AVII), die er gemäß seinem erklärten »Ideal« der kunstlosen »Wohlredenheit« (Kant, KdU, B218) erst einmal zu stellen, danach »vollständig« zu spezifizier(en)« und zuletzt gänzlich »auf(zu)lös(en)« (Kant, KdrV, AXII-XIII) hoffte, tatsächlich eminent rhetorisch sind. Es zeigt sich dabei aber auch, daß diese für sein Vorgehen so wichtigen »Fragen« (Kant, ibid.) keineswegs dem angeblich klassisch-antiken »Ideal« einer quasi rein natürlichen »Wohlredenheit« (Kant, KdU, B218) entsprechen. Sie erweisen sich nämlich bei genauerer Betrachtung als nicht gänzlich reine, sondern alles vorweg bereinigende Fragen im Kontext der »(g)ewalt(sam) (...) (ger)einig(ten) (...) Sprache« (Kant, KdU, ibid.) der *Kritik*.

Zur Eigenart unserer folgenden Literaturbetrachtungen gehört es demnach, daß wir uns auf etwas suggestiv beziehen, was streng philologisch außerhalb unseres Blickfeldes liegt. Dies ist die von der neueren Forschung[41] verstärkt in den Mittelpunkt gerückte Idealvorstellung der für Kants eigene literarische Tätigkeit maßgeblichen und bestimmenden »Beredtheit und Wohlredenheit« (Kant, KdU, B218), die er in Anlehung an die klassisch-antike Rhetoriktradition insbesondere Ciceros entwickelt hat oder zumindest entwickelt haben will (vgl. Bezzola, 1993, S.32-4). Im Gegensatz zu seinen häufig angeführten Äußerungen der »Mißbilligung« über die »Rednerkunst«, die als »hinterlistige Kunst« für ihn »gar keiner *Achtung* würdig« (Kant, ibid.) war, hat er über diese zweifellos interessante Vorstellung einer vollkommen anderen, scheinbar ganz kunstlosen Rhetorik die aufschlußreichen Sätze geschrieben: »Wer, bei klarer Einsicht in Sachen, die Sprache nach ihrem Reichtum und (ihrer) Reinigkeit in seiner Gewalt hat, und, bei einer fruchtbaren zur Darstellung seiner Ideen tüchtigen Einbildungskraft, lebhaften Anteil am wahren Guten nimmt, ist der vir bonus dicendi peritus, der Redner ohne Kunst, aber voll Nachdruck, wie ihn *Cicero* haben will, ohne doch diesem Ideal selbst immer treu gewesen zu sein.« (Kant, ibid.) So wichtig nun zweifellos die Miteinbeziehung eben dieser Äußerung für Kants generelle Bewertung nicht allein der klassisch-antiken Rhetorik ist, so richtig ist es unserer Ansicht nach, deren bloß relative Bedeutung für die eigene literarische Praxis des Autors Kant hervorzuheben. Eben deshalb gehen wir im folgenden nicht von der doch wohl zu einfachen Annahme aus, daß »die Sprache« aufgrund dieser Überlegungen »für Kant« tatsächlich ein »neutrales Mittel« gewesen »ist«, »das sich ohne weiteres verwenden läßt, um klare und deutliche Ideen« auf natürliche Weise zum »Ausdruck zu bringen« (Ijsseling, 1988, S.126). Vielmehr wollen wir versuchen, den bereits in den Fragen Kants zum Ausdruck kommenden sprachlichen Widerspruch zwischen diesem klassisch-antiken rhetorischen *Ideal* und der rhetorischen *Wirklichkeit* seines geschriebenen Textes zu erfassen.

Das erklärte Ziel ist es dabei, auf die strategische Kunst des Fragens aufmerksam zu machen, mit der der Autor Kant die Gedanken seiner Leser gleich anfangs gefangennimmt, mit der Zeit nach Belieben steuert und am Ende vollständig beeinflußt hat. Uns ebenfalls mit dieser freilich im Text nicht eindeutig kenntlich gemachten oder gar so benannten *Kunst des rhetorischen Fragens* zu beschäftigen, sie als die Kants puristischen Erkenntnisstil prägende Kunst darzustellen und zu hinterfragen, ist offensichtlich von nicht geringem Nutzen. Es hilft uns zum einen, die ungeheuere Wirkung, die von seiner Methode des kritischen Denkens auf uns alle bis heute ausgeht, nicht mehr bloß von seinem rhetorischen Vorsatz, sondern vor allem von seinem rhetorischen Ansatz her zu erklären, durch den er die Trennung der »zwei Stämme der menschlichen Erkenntnis«, also »Sinnlichkeit und Verstand« (Kant, KdrV, A15), bis in die Sprache hinein fortsetzen will. Es trägt vielleicht aber auch dazu bei, daß wir lernen, das zu tun, was heute, am vermutlichen Ende des von ihm begründeten 'kritischen Zeitalters', unumgänglich ist, nämlich uns dem künstlich erzeugten Zustimmungszwang seiner Transzendentalphilosophie mit aller Macht zu widersetzen.

Überprüfen möchten wir diese Möglichkeit mit Hilfe einer vor allem am Rhetorischen interessierten Untersuchung des kantischen Hauptwerkes, die sich jedoch ungewohnterweise zunächst allein auf die jeweiligen Vorreden der drei *Kritiken* konzentriert. Dies erscheint uns sinnvoll, weil dem Leser von Kant schon in jenen wohl noch ganz vorläufigen »Betrachtungen« (Kant, KdrV, AXV) wenn auch unfreiwillig der alles weitere öffnende »Schlüssel« des Fragens zur vollständigen »Auflösung« der schwierigen »metaphysische(n) Aufgabe(n) (...) dargereicht« wird, die danach in aller »Ausführlichkeit« (Kant, KdrV, AXIII) behandelt werden.

Interessant ist in diesem Zusammenhang der Vergleich mit W. Goetschels Arbeit *Kant als Schriftsteller*, der als erster den »Versuch gemacht« hat, »das spezifisch Literarische« nun auch der kantischen *Kritik* »herauszustellen« (Goetschel, 1990, S.14; vgl. dazu Bezzola, 1993, S.54, 62), es jedoch gerade ablehnt, sich dabei etwa »auf die *Kritik der reinen Vernunft* und die sogenannte "kritische" Phase zu beschränken« (Goetschel, ibid.). Eine »Betrachtungsweise« gar, die allein auf die Vorreden der drei kritischen Schriften eingeht, muß da für ihn natürlich erst recht »alle Isolierungslaster« besitzen, »denen ein nur zyklopisches *close reading* sich aussetzt(.)« (Goetschel, ibid.). Demgegenüber werden wir uns bemühen, von Erich Auerbachs Ansatz ausgehend zu belegen, daß die von diesem vorgeschlagene Form des »*close reading*« gerade nicht »zyklopisch« (Goetschel, ibid.) bleibt. Dies ist uns nicht zuletzt deswegen wichtig, weil man unserer Ansicht nach auf dem von Goetschel eingeschlagenen konventionellen »Weg«, »Kants schriftstellerische Entwicklung« in den »entstehungsgeschichtlichen Zusammenhängen« des philosophischen Gesamtwerkes zu »reflektieren«, das angestrebte »(Z)iel(...)«, nicht nur »die Tiefendimension des geschichtlich-empirischen Kontextes« der einzelnen Werke darzustellen«, sondern »sich« darüber hinaus »im Schreiben« eine eigene, »erkenntnistheoretisch abgesicherte Plattform zu schaffen« (Goetschel, ibid.), nur mit großen Verlusten erreichen kann. Die dabei wohl kaum zu überwindende »Steinbruchmentalität« nämlich, sich der nicht einheitlich konzipierten philosophischen Texte Kants »en gros oder en détail (zu bedienen)«, muß beinahe zwangsläufig dazu führen, »unter (den) Verzerrungserscheinungen einer retrospektiven Optik« die uns hinlänglich bekannte philosophiegeschichtliche Vorstellung vom »18. Jahrhundert zu repitieren« (Goetschel, a.a.O, S.13). Eben deswegen wollen wir mit unserer Kant-Lektüre bereits dort beginnen und eine ganze Weile verbleiben, wo in recht »anschau(licher)« (Kant, KdrV, AXVIII) Weise die »kritische(n) Grundsätze« (Kant, KdrV, BXXIX) des rhetorischen Fragens dargelegt sind, nach denen der hoch geachtete, doch mitunter recht skrupellose Philosoph Kant sein bis heute so erfolgreiches »kritisches Geschäft« (Kant, KdU, BX) geführt hat. Wir wollen uns bei der Interpretation zunächst auf die Vorreden zu seinen drei *Kritiken* konzentrieren, weil auch der Autor Kant es nicht versäumt, gerade in ihnen das eigentliche Ziel seiner gesamten kritischen Untersuchungen beredsam darzustellen.

2.1.2 Die Macht des neuen Gerichtshofes

Für dieses Unterfangen ist es freilich unumgänglich, sich zunächst noch einmal die Ausgangslage Kants zu verdeutlichen, die, wie er selbst allzu gut wußte, für sein Vorhaben einer neuerlichen Bestimmung der Aufgaben der »menschliche(n) Vernunft« (Kant, KdrV, AVII) nicht eben günstig war. Deshalb heißt es denn auch gleich zu Beginn der berühmten Vorrede zur ersten Auflage der *Kritik der reinen Vernunft* von 1781:

>»Die menschliche Vernunft hat das besondere Schicksal in einer Gattung ihrer Erkenntnisse: daß sie durch Fragen belästigt wird, die sie nicht abweisen kann, denn sie sind ihr durch die Natur der Vernunft selbst aufgegeben, die sie aber auch nicht beantworten kann, denn sie übersteigen alles Vermögen der menschlichen Vernunft. In diese Verlegenheit gerät sie ohne ihre Schuld. Sie fängt von Grundsätzen an, deren Gebrauch im Laufe der Erfahrung unvermeidlich und zugleich durch diese hinreichend bewährt ist. Mit diesen steigt sie (wie es auch ihre Natur mit sich bringt) immer höher, zu entfern(.)teren Bedingungen. Da sie aber gewahr wird, daß auf diese Art ihr(e) Geschäfte jederzeit unvollendet bleiben müsse(n), weil die Fragen niemals aufhören, so sieht sie sich genötigt, zu Grundsätzen ihre Zuflucht zu nehmen, die allen möglichen Erfahrungsgebrauch überschreiten und gleichwohl so unverdächtig scheinen, daß auch die gemeine Menschenvernunft damit im Einverständnisse steh(.)t. Dadurch aber stürzt sie sich in Dunkelheit und Widersprüche, aus welchen sie zwar abnehmen kann, daß irgendwo verborgene Irrtümer zum Grunde liegen müssen, die sie aber nicht entdecken kann, weil die Grundsätze, deren sie sich bedient, da sie über die Grenze aller Erfahrung hinausgehen, keinen Probierstein der Erfahrung mehr anerkennen. Der Kampfplatz dieser endlosen Streitigkeiten heißt nun *Metaphysik*« (Kant, KdrV, AVII-AVIII)

Schon auf den ersten Blick ist für uns Leser in diesen zwei vorangestellten Abschnitten der Ersten Vorrede die schwierige Ausgangssituation des kantischen Philosophierens zu erkennen. Trotz aller Bemühungen hat die »menschliche Vernunft« ihrem »besondere(n) Schicksal« nicht entrinnen können, ständig von »Fragen belästigt« (Kant, KdrV, AVII) zu werden, die sie zum einen »nicht abweisen« (ibid.) konnte, da diese Fragen ihr ja anscheinend »nicht« durch »ein(en) beliebige(n) Vorsatz« (Kant, KdrV, AXIV), sondern durch ihre »Natur (...) selbst aufgegeben (waren)«, die sie zum anderen aber »auch nicht beantworten« konnte, weil jene Fragen ganz offensichtlich »alles Vermögen der menschlichen Vernunft (überstiegen)« (Kant, KdrV, AVII). Ihre andauernde »Verlegenheit« entstand laut Kant eben dadurch, daß sie wohl zunächst von empirischen »Grundsätzen« des Fragens »an(fing)«, deren »Gebrauch« im »Laufe« unserer alltäglichen »Erfahrung« offenbar »unvermeidlich und zugleich durch diese hinreichend bewährt« (Kant, ibid.) schien, mit der Zeit aber »gewahr« wurde, daß »auf diese Art« ihr

»Geschäft(.)« stets »unvollendet bleiben« mußte, »weil die Fragen« angesichts der sich beständig wandelnden Erfahrung »niemals aufhör(t)en« (Kant, KdrV, AVIII). Sie »s(a)h(.)« sich deshalb bald »genötigt«, zu unveränderlichen »Grundsätzen« des Fragens »ihre Zuflucht zu nehmen«, die als solche »allen möglichen Erfahrungsgebrauch überschr(it)ten« und doch »so unverdächtig sch(ie)nen«, daß auch »die gemeine Menschenvernunft« mit ihnen »im Einverständnis (..) st(and)« (Kant, ibid.). Durch eine derartige Strategie des Fragens aber »stürzt(e)« sie sich unweigerlich in tiefe »Dunkelheit« und brachte nicht auflösbare »Widersprüche« hervor, aus deren dauernden Vorhandensein in der Sprache sie wohl immer noch »abnehmen k(o)nn(te)«, »daß irgendwo verborgene Irrtümer zum Grunde liegen« mußten, »die sie aber« als solche »nicht entdecken k(o)nn(te)«, weil die unerschütterlichen »Grundsätze«, deren sie sich nunmehr »bedient(e)«, »keinen Probierstein der Erfahrung mehr anerk(a)nn(t)en« (Kant, ibid.). Die »Metaphysik« wurde dadurch zwangsläufig zu einem »Kampfplatz« (Kant, ibid.) der Schulen, auf dem sich von da an »Dogmatiker« und »Skeptiker« (Kant, KdrV, AIX) in »endlosen Streitigkeiten« (Kant, KdrV, AVIII) ohne irgendeine Aussicht auf Erfolg gegenüberstanden, so daß »vorgebliche Indifferentisten« (Kant, KdrV, AX) am Ende glaubten, voller »Verachtung« über die einstige »Königin aller Wissenschaften« (Kant, KdrV, AIX) reden zu können. Es war denn auch deren dekadenter »Modeton« (Kant, KdrV, AVIII), durch den sich nach Ansicht Kants schon zu seiner Zeit gänzlicher »Überdruß« (Kant, KdrV, AX) bei der Suche nach sicherer Erkenntnis breitmachte.

Nun war allerdings das von jenen »Indifferentisten« (Kant, ibid.) gezeigte Desinteresse für einen eigensinnigen Denker wie Kant eben nicht nur die »Mutter« des alle Ordnung zerstörenden »Chaos« und der nie mehr enden wollenden »Nacht«, sondern »zugleich« auch der »Ursprung«, »wenigstens« das »Vorspiel« einer »nahen Umschaffung« und beginnenden »Aufklärung« (Kant, ibid.) des modernen Menschen über sich selbst und seine zukünftigen Aufgaben. Im Gegensatz also zu den meisten seiner Zeitgenossen sah er »die Gleichgültigkeit«, die sich nach und nach »in (...) alle(n) Wissenschaften« und im alltäglichen Leben einstellte, als »ein Phänomen« an, »das Aufmerksamkeit und Nachsinnen verdient(e)« (Kant, KdrV, AX-AXI). Er begriff sie als »Wirkung« weniger des viel beklagten gedanklichen »Leichtsinns«, sondern »der gereiften Urteilskraft« eines herannahenden »Zeitalters« der »strenge(n) Kritik«, »welches sich nicht länger durch Scheinwissen hinhalten läßt«, ja, er deutete sie als unmißverständliche »Auffo(r)derung an die Vernunft«, das »beschwerlichste aller ihrer Geschäfte«, nämlich das der alles hinterfragenden »Selbsterkenntnis«, »aufs neue zu übernehmen« (Kant, KdrV, AXI). Jene »Gleichgültigkeit« und die auf sie folgenden »Zweifel« (Kant, ibid.) waren ihm Anlaß genug, endlich »einen Gerichtshof einzusetzen«, der »alle« die »grundlose(n)« sprachlichen »Anmaßungen« des populären philosophischen Denkens nicht mehr durch gewaltige »Machtsprüche«, »sondern« nach den »ewigen und unwandelbaren Gesetzen« der Vernunft »abfertigen könne(n)« (Kant, KdrV, AXII) sollte. Dieser hohe »Gerichtshof« war bekanntlich »kein anderer als die Kritik der reinen Vernunft selbst« (Kant, ibid.).

Doch sosehr Kant sich bei seinen Ausführungen auch »schmeich(elte)«, auf dem von ihm »eingeschlagen(en) (Weg)« einer »Kritik« zunächst des »Vernunftvermögens überhaupt« die endgültige »Abstellung« all jener gedanklichen »Irrungen angetroffen zu haben, die bisher die Vernunft im erfahrungsfreien Gebrauche mit sich selbst entzwei(.)t hatten« (Kant, ibid.), und sooft er sich auch lobte, damit ein für allemal das sprachliche »Blendwerk« beseitigt zu haben, das bislang aus der »Mißdeutung« der Möglichkeiten der menschlichen Vernunft »entsprang« (Kant, KdrV, AXVIII): Dem aufmerksamen Prozeßbeobachter wird der nicht minder rhetorische Charakter der an diesem »Gerichtshof« (Kant, KdrV, AXI) im Namen »der Vernunft« gestellten, »spezifiziert(en)« und »aufgelöst(en) (Fragen)« (Kant, KdrV, AXII) mit der Zeit nicht entgehen. Er muß schon bald zu dem Schluß kommen, daß die mit Hilfe dieser 'vernünftigen Fragen' vorgenommene sprachliche »Bestimmung aller reinen Erkenntnisse a priori«, die dann nicht nur das stilistische »Richtmaß«, sondern »mithin selbst« das entsprechende »Beispiel aller apodiktischen (philosophischen) Gewißheit(sfindung) sein soll«, wohl für »schlechthin notwendig« gehalten werden will« (Kant, KdrV, AXV; vgl. B265), aber gerade das weder ist noch sein kann.

2.1.3 Die ausgegrenzte Vorfrage nach der rhetorischen Einbildungskraft

Bereits anhand der Hinweise zu der »Untersuchung(..)«, die Kant zur »Ergründung des Vermögens«, das »wir Verstand nennen«, »angestellt« hat, wird genau dies deutlich, wenngleich er sich beeilt, ausdrücklich »anzumerken«, daß jene unter »dem Titel der *Deduktion der reinen Verstandesbegriffe(.)*« mit angestellte »Betrachtung« des Erkenntnisstils seiner *Kritik* unnötigerweise »etwas tief angelegt« (Kant, KdrV, AXVI) ist. Vor allem dadurch aber erweckt sie unsere besondere Aufmerksamkeit und lenkt so den Blick auf die »zwei« stets von einander getrennten »Seiten« (Kant, ibid.) seiner *Kritik*, die wir bei unserer Lektüre nie aus dem Auge verlieren dürfen. »Die eine« davon beschäftigt sich mit der alle weiteren erschließenden »Hauptfrage« Kants: »(W)as und wie viel kann Verstand und Vernunft, frei von aller Erfahrung, erkennen«? (Kant, KdrV, AXVII). Sie »bezieht sich« dabei zunächst »auf die Gegenstände des reinen Verstandes« und »soll« mit »diskursive(r) Deutlichkeit« (Kant, ibid.) die »objektive Gültigkeit« eines derartigen eben nicht aus der alltäglichen Erfahrung gewonnenen »Begriff(s) a priori (...) begreiflich machen« (Kant, KdrV, AXVI). Genau »darum« ist sie »auch wesentlich« zu Kants »Zwecken gehörig« (Kant, ibid.). »Die andere« aber führt zu der Vorfrage Kants: »(W)ie ist *das Vermögen zu denken* selbst möglich ?« (Kant, KdrV, AXVII). Durch sie nun wäre er in der Lage, den angesprochenen »Begriff(.)« des »reinen Verstandes« nach »den Erkenntniskräften«, auf »denen er selbst beruht« (Kant, KdrV, AXVI), zu untersuchen. Sie könnte mit »intuitive(r) Deutlichkeit« (Kant, KdrV, AXVIII) die wenn auch bloß rein »subjektive Beziehung« (Kant, KdrV, AXVI-XVII) des Autors Kant auch zu jenem »Begriff(.)« des »reinen Verstandes« (Kant, KdrV, AXVI) selbst darlegen. Gerade sie aber wird von ihm schon anfangs für »nicht wesentlich« und im Hinblick auf »(s)eine(.)« weiteren »Zwecke(.)« (Kant, ibid.) sogar als ungehörig erklärt. Dies geschieht natürlich nicht ohne Grund. Weiß er selbst doch allzu gut, daß eine solche Suche nach den bei der Begriffsbildung wirkenden »Erkenntniskräften« (Kant, ibid.), also »der Einbildungskraft« und »dem Witze« (Kant, KdrV, BVIII), den von allem weiteren gewaltsam abgetrennten »subjektive(n)« Anteil bei der »objektive(n) (...) Deduktion« (Kant, KdrV, AXVII) der insofern nicht bloß »reinen«, sondern gereinigten »Verstandesbegriffe« (Kant, KdrV, AXVI) sichtbar machen würde. Er ist sich durchaus darüber im klaren, daß im Verlauf dieser Suche nach der »Einbildungskraft« (Kant, KdrV, BVIII) das bis zuletzt »einer« fragwürdigen »Hypothese Ähnliche(.)« (Kant, KdrV, AXVII) seiner unwiderlegbare »Beweise« verlangenden »Kritik« (Kant, KdrV, AXI) ans Tageslicht gebracht werden könnte. Er erkennt zweifellos, daß damit am Ende nicht bloß der »beliebige« rhetorische »Vorsatz« (Kant, KdrV, AXIV) seines Denkens, sondern ebenfalls der rhetorische Ansatz seines Schreibens offengelegt wäre, der es ihm als Autor zweifellos gestattet, »zu *meinen*«, aber seinen selbständigen »Leser(n)« letztendlich »frei« läßt, »anders zu *meinen*« (Kant, KdrV, AXVII).

»Es ist bemerkenswert«, schreibt Goetschel in diesem Zusammenhang, »daß gerade da, wo Kants Diskurs am besten gewappnet scheint und dem Leser Tafeln präsentiert werden«, jener »Diskurs zugleich unter Legitimationsdruck gerät, den auszugleichen er des Guten beinahe zu viel tut« (Goetschel, 1990, S.115). So »läßt« etwa Kants ausdrückliche »Versicherung«, daß »die Kategorientafel nicht "aus einer auf gut Glück unternommenen Aufsuchung reiner Begriffe entstanden" (Kant, KdrV, B106) sei, (...) *ex negatione* doch mehr von dem ursprünglich experimentierenden Charakter von Kants eigener Vorgehensweise erahnen« (Goetschel, a.a.O., S.115-116), als ihm selbst recht gewesen sein konnte. Sollte doch »die (t)ranszendentale Deduktion« den »(...)Anspruch begründen«, wie »subjektive Bedingungen des Denkens (...) objektive Gültigkeit haben« (Kant, KdrV, A89), was zweifellos nicht ohne »Schwierigkeit« (Kant, KdrV, A88) bewiesen werden kann. Eben diese »Schwierigkeit der Deduktion« (Goetschel, 1990, S.116) besteht nun zumindest in der Ersten Fassung der *Kritik der reinen Vernunft* von 1781 darin, daß »ihre Gedankengänge« noch »sosehr ineinander geschoben« sind, daß »daraus« eine geradezu »verwirrende Dichte entsteht«(Goetschel, ibid.). Jene »Deduktion bildet« am Ende »ein Labyrinth des Ich-Begriffs«, aus dem nur noch der vom Autor Kant »selbstgesponnene Faden der synthetischen Einheit der Apperzeption herauszuführen vermag« (Goetschel, ibid.). Diese »synthetische Einheit« aber ist das »Produkt« der rhetorischen »Einbildungskraft«, die durch die diesbezügliche Vorfrage Kants in der Ersten Vorrede der *Kritik der reinen Vernunft*, wenn auch nur andeutungsweise, als das »Grundvermögen der menschlichen Seele« bestimmt werden könnte, das »aller Erkenntnis a priori« wie a aposteriori »zum Grunde liegt« (Kant, KdrV, A124).

Um nun genau dies zu verhindern, mußte jede seiner beabsichtigten »Untersuchungen« nicht nur des menschlichen »Verstan(des)vermögens« (Kant, KdrV, AXII) gelenkt werden durch allgemein verbindlich erscheinende »Grundsätze«

(Kant, KdrV, BXXIX; vgl. B691 u. 814) des Fragens, deren Befolgung die für seine gesamte *Kritik* so gefährliche Vermischung der in der Vorrede zur ersten Auflage von 1781 zumindest noch angesprochenen zwei Seiten der beiden Untersuchungen verhindern sollte. Erst durch die genauere Ausarbeitung dieser »Grundsätze« (Kant, ibid.) des Fragens in der Vorrede zur zweiten Auflage von 1787 konnte ihm die beabsichtigte Trennung der subjektiven von der objektiven Seite seiner Untersuchungen allem Anschein nach gelingen.

Schon anhand dieser kurzen Hinweise wird wohl deutlich, daß das Verhältnis zwischen der Vorrede zur ersten und zweiten Auflage der *Kritik der reinen Vernunft* recht spannungsgeladen ist. Dies hängt eben damit zusammen, daß, wie bereits erwähnt, in der ersten Vorrede die Frage nach »den Erkenntniskräften (der Einbildungskraft, dem Witze)« (Kant, KdrV, AXVII, BVIII) zumindest noch als solche gestellt wird und auch im weiteren Verlauf der ersten Auflage der KdrV von nicht nur zwei, sondern drei »Quellen (Fähigkeiten oder Vermögen der Seele), die die Bedingungen der Möglichkeit aller Erfahrungen enthalten« (Kant, KdrV, A95), die Rede ist. Diese sind »Sinn, Einbildungskraft und Apperzeption« (Kant, ibid., vgl. A115). In der zweiten Vorrede allerdings wird jene Frage nach »den Erkenntniskräften« (Kant, KdrV, AXVII) bekanntlich nicht mehr aufgenommen und die »Einbildungskraft« (Kant, KdrV, BVIII) ist offensichtlich »nur noch dem Namen nach da«[42]. Tatsächlich verliert sie ihre eigentliche Stellung und wird dem Vermögen des Verstandes zugeordnet. Insofern hat die in der Vorrede zu ersten Auflage von Kant betonte Trennung der »zwei Seiten« (Kant, KdrV, AXVI) seiner *Kritik* durch das noch Verbindende der rhetorischen Einbildungskraft etwas Vorläufiges an sich, während in der Vorrede zur zweiten Auflage alle diesbezüglichen Zweifel durch die systematische Ausschaltung der Einbildungskraft ausgeräumt zu sein scheinen. Warum jene »Einbildungskraft« aber auch danach bei der »Wirkung des Verstandes auf die Sinnlichkeit« (Kant, KdrV, B151) eine ganz entscheidende Rolle spielt, werden wir im weiteren Verlauf unserer Lektüre noch näher erläutern.

2.1.4 Der erste kritische Grundsatz: Die Natur muß genötigt werden, der Vernunft zu antworten

Zu den angesprochenen Grundsätzen des Fragens kommt Kant im folgenden durch die ja bereits in seiner ersten Vorrede (vgl.: Kant, KdrV, AXI) in ihrem Stellenwert herausgehobenen »Beispiele« der Forschung in »der Mathematik und Naturwissenschaft«, die seiner nun nochmals dargelegten und jetzt sehr viel genauer gefaßten »Mein(ung)« nach »merkwürdig genug« waren, um zu »dem wesentlichen Stücke« der von ihm beabsichtigten »Revolution« der »Denkart« auch in der »Metaphysik« (Kant, KdrV, BXV-XVI) zu gelangen. Dabei beurteilt er das seiner Ansicht nach so einschneidende Ereignis, wie irgendwann sowohl »den Mathematikern« (Kant, KdrV, BXI) als auch den »Naturforschern« beim Nachdenken ein »Licht auf(ging)« (Kant, KdrV, BXII), in für uns sehr aufschlußreicher Weise. Er erläutert:

»(Die Naturforscher) begriffen, daß die Vernunft nur das einsieht, was sie selbst nach ihrem Entwurfe hervorbringt, daß sie mit Prinzipien ihrer Urteile nach beständigen Gesetzen vorangehen und die Natur nötigen müsse, auf ihre Fragen zu antworten, nicht aber sich von ihr allein gleichsam am Leitbande gängeln lassen müsse; denn sonst hängen zufällige, nach keinem vorher entworfenen Plane gemachte Beobachtungen gar nicht in einem notwendigen Gesetze zusammen, welches doch die Vernunft sucht und bedarf.« (Kant, KdrV, BVIII)

Wenngleich wir durch die vorherige Lektüre schon darauf vorbereitet worden sind, ist es wohl erklärlich, angesichts einer solcher Forderung zunächst einmal sprachlos zu sein. Allmählich dann beginnen wir zu begreifen, welche radikale »Umänderung der Denkart« (Kant, KdrV, BXVI) Kant offenbar schon im Jahr 1781 vorschwebt hat, als er schrieb, die menschliche »Vernunft« sei nunmehr aufgefordert, mit der »Kritik der reinen Vernunft« einen »Gerichtshof einzusetzen«, der bereits durch seine Fragen »alle grundlose(n) Anmaßungen« ein für allemal »abfertigen könne(n)« (Kant, KdrV, AXI-AXII) sollte. Die Aufgabe jener alles reinigenden »Vernunft« muß laut Kant zunächst darin bestehen, mit »ihren« jeweiligen »Prinzipien« in der »eine(n) Hand« und dem »Experiment«, das sie nach jenen »Prinzipien« selbst »ausdachte«, in der »anderen« Hand »an die (eigene) Natur gehen«, »zwar um von ihr belehrt zu werden«, aber »nicht« mehr »in der Qualität eines Schülers«, der sich »alles vorsagen läßt«, was »der Lehrer will«, sondern in der »eines bestallten Richters, der die Zeugen nötigt«, allein »auf die Fragen zu antworten, die er ihnen vorlegt« (Kant, KdrV, BXIII). Andere als die vom »Richter« formulierten »Fragen« sind dabei offensichtlich vor diesem »Gerichtshof« (Kant, ibid.) überhaupt nicht zugelassen. Sie werden gleich anfangs konsequent ausgegrenzt. Sie müssen uns ungehörig vorkommen. Sie sollen uns mit der Zeit so abwegig erscheinen, daß wir es gar nicht mehr wagen würden, sie von uns aus zu stellen. Es ist genau dieser alles vorweg bereinigende Erkenntnisstil des Denkens, der die kritischen Schriften Kants von der ersten bis zur letzten Seite geprägt hat.

Dabei kommt der Metapher des 'Gerichtshofes' nicht nur an dieser Stelle eine zentrale Bedeutung zu, denn »kunstvoll geknüpft durchzieht sie als Assoziationsgewebe die ganze Kritik« mit deren sehr häufig »ans Juristische erinnernden Sprache« (Goetschel, 1990, S.112). So »(wird) das einschlägige Vokabular« mit der Zeit »vollständig durchlaufen« (Goetschel, ibid.): Vom »Richter«, dem »Gerichtshof«, den »Rechtsamen«, der »Gerichtsbarkeit«, dem »Richtmaß«, dem »Gesetz« bis zu dem »Prozeß« sind in der Tat »die Requisiten vollständig vorhanden« (Goetschel, ibid.). Und auch das »Beweisverfahren« an sich »wird entsprechend dem Modell des Rechtsverfahrens konzipiert« als »ein geregeltes Prozedere, das zuvor die eigene Rechtfertigung liefern muß« (Goetschel, ibid.). Wenn dem wirklich so ist, liegt natürlich die Überlegung nahe, ob durch eine *Metakritik* der kantischen Methode der *Kritik* nicht auch das ihr zugrunde liegende 'forensische Erkenntnismodell' in Frage gestellt wird und werden muß. Ist doch die Beschreibung der menschlichen »Erkenntnissituation« als »Verhör(.)« (Böhme/Böhme, S.290) eigentlich untragbar. »Als Wahrheit gilt« dabei nämlich allein das, »was das Objekt unter Zwang äußert« (Böhme/Böhme, a.a.O., S.291). Eben »diese« sprachliche »Nötigung des Objekts«, der inneren und äußeren »Natur«, »geschieht durch« die für das jeweilige »Experiment« unabdingbaren Grundsätze des Fragens, mit deren Hilfe der »Naturgegenstand« in eine »Situation« gebracht wird, »in der er sich nur noch nach vorher bestimmten Alternativen zeigen kann« (Böhme/Böhme, ibid.). Es ist allzu deutlich, daß sich »(d)arin« ein »tiefes Mißtrauen gegenüber der Natur« (Böhme/Böhme, ibid.) offenbart: »Wie vor Gericht man den Zeugen nicht traut«, weil sie aller Vermutung nach vornehmlich »ihren eigenen Interessen (...) folgen«, unter Umständen ja tatsächlich die Wahrheit »zu verschleiern« oder zu »beschönigen (suchen)«, »so mißtraut der Wissenschaftler der Natur« (Böhme/Böhme, ibid.). »Verwertbar sind« deshalb für ihn »nur die Antworten«, »die sie, genötigt, auf vorher ausgedachte Fragen gibt« (Böhme/Böhme, ibid.), deren ausgesprochen rhetorischer Charakter eigentlich nicht zu übersehen ist.

2.1.5 Die unfreiwillige Selbstironie des »bestallten Richters«

Freilich ist, wenn wir dies feststellen, zu bedenken, daß nach Kants Ansicht wohl »Mathematik und Naturwissenschaft« (Kant, KdrV, BXV) durch eine solche Art des rhetorischen Fragens »in den sicheren Gang einer Wissenschaft gebracht« werden konnten, »der Metaphysik« aber »das Schicksal bisher noch so günstig nicht gewesen« ist, da diese als »ganz isolierte(.) spekulative(.) Vernunfterkenntnis« sich »nicht wie die Mathematik« durch die »Anwendung« von »Begriffe(n)« auf die »Anschauung«, sondern allein »durch bloße Begriffe« und darauf aufbauende Grundsätze »über Erfahrungsbelehrung« (Kant, KdrV, BXIV) erheben soll. Eben deshalb ist »Metaphysik« ja jener bereits zu Anfang geschilderte »Kampfplatz« persönlicher Neigungen, der »ganz eigentlich dazu bestimmt zu sein scheint«, die sich bildenden »Kräfte« aller philosophischen Denker »im Spielgefechte zu üben«, doch »noch niemals« einen solchen »Fechter« in die Lage versetzt hat, »auf seinen Sieg einen dauerhaften Besitz gründen (zu) können« (Kant, KdrV, BXV). Es ist diese immer noch schwierige Ausgangslage, die Kant veranlaßt, erneut zu fragen:

> »Woran liegt es nun, daß (in der Metaphysik) noch kein sicherer Weg der Wissenschaft hat gefunden werden können? Ist er etwa unmöglich? Woher hat denn die Natur unsere Vernunft mit der rastlosen Bestrebung heimgesucht, ihm als einer ihrer wichtigsten Angelegenheiten nachzuspüren? Noch mehr, wie wenig haben wir Ursache, Vertrauen in unsere Vernunft zu setzen, wenn sie uns in einem der wichtigsten Stücke unserer Wißbegierde nicht bloß verläßt, sondern durch Vorspiegelungen hinhält, und am Ende betrügt! Oder ist er bisher nur verfehlt: welche Anzeige können wir benutzen, um bei neuerem Nachsuchen zu hoffen, daß wir glücklicher sein werden, als andere vor uns gewesen sind?« (Kant, KdrV, BXV)

Keinerlei Zweifel sollten angesichts dieser ausgesprochen suggestiven Fragen bei uns aufkommen, daß Kant der Metaphysik den immer wieder geforderten »sicheren Weg« (Kant, ibid.) unmißverständlich weisen wird. Nicht die geringsten Bedenken sollten wir haben, daß ein solcher »Weg« überhaupt »möglich« (Kant, ibid.) ist. Unbestritten sollte es sein, daß die »Natur« selbst »unsere Vernunft« mit »der rastlosen Betrebung heimgesucht« hat, »ihm« solange »nachzuspüren« (ibid.), bis sie ihn endlich »entdeck(t)« (Kant, KdrV, BXI) hat. Die erzielte Wirkung jedoch solcher Fragen ist letztendlich eine andere. Jene Fragen richten sich nämlich, ersteinmal als rhetorische erkannt, gegen den Autor selbst. Wir Leser beginnen nun von uns aus ernsthaft darüber nachzudenken, wieviel »Vertrauen« wir denn in eine »Kritik« nicht nur »der reinen Vernunft« (Kant, KdrV, AXVII) haben können, die »in einem der wichtigsten Stücke unserer Wißbegierde« unter Umständen genauso »(un)verläß(lich)« ist wie alle ihre Vorgänger (Kant, KdrV, BXV). Eine alles erfassende »Kritik« erklärtermaßen, die uns jedoch bei der Beschreibung des »Weg(es)« (Kant, KdrV, BXV) einer zukünftigen »Metaphysik« (Kant, KdrV, BXIV) vielleicht nicht minder durch »Vorspiegelungen hin(halten)« muß und sich dadurch gleichermaßen dem Verdacht aussetzt, uns »am Ende betrüg(en)« (Kant, KdrV, BXV) zu wollen.

Aufgrund eines solchen Eindrucks ist es durchaus naheliegend, zu überlegen, inwieweit die beschriebene Wirkung von Kant beabsichtigt ist. Kann doch dem Leser die in seinen rhetorischen Fragen zum Ausdruck kommende Maßlosigkeit der aufgestellten Forderungen eigentlich gar nicht entgehen. Muß dem Betrachter die praktische Unerfüllbarkeit selbst jenes Wunsches nach zumindest relativ sicherer, quasi-objektiver Erkenntnis allzu deutlich werden. Eben deshalb scheint die neuerdings vertretene Auffassung, daß »die Ironie« bei Kant eine stilbildende »Grundfigur« darstellt, die den gesamten »Gestus« seiner »kritische(n) Philosophie« (Goetschel, 1990, S.14) in vielfältiger Weise bestimmt, nicht ganz abwegig. Der genauere Hinweis aber auf den eigentlichen Charakter jener Ironie, die »sich« laut Goetschel durch ihre ständige »Reflexion« stets »offen« (Goetschel, ibid.) gegenüber dem Leser zeigen soll, ist dann eher irreführend. Die Trennung zwischen dem Autor Kant und jenem Leser nämlich wird in der *Kritik* prinzipiell aufrechterhalten. Ihre »Ironie« führt keineswegs dazu, daß der Verfasser sich von vornherein »in einem ständigen Dialog« mit dem Leser »befindet« (Goetschel, a.a.O., S.88). Diese Ironie ist vielmehr unfreiwillig, denn Kant teilt sich seinem Leser trotz der oft spürbaren und andeutungsweise auch geäußerten Selbstzweifel nicht wirklich mit. Es ist deshalb die Aufgabe der nachträglichen Textinterpretation, Kants bis zuletzt verdeckte »Unentschiedenheit« (Goetschel, ibid.) in den menschlichen Erkenntnisfragen eigens herauszuarbeiten. Dazu scheint es sinnvoll, ganz genau zu überprüfen, welche »Anzeige« ihn denn zu der »Hoff(nung)« berechtigt hat, bei seinem »erneuten Nachsuchen« insgesamt »glücklicher« zu werden, »als andere« vor ihm es »gewesen sind« (Kant, ibid.).

2.1.6 Die kritische Methode des rhetorischen Fragens

Als eine solche »Anzeige (...) benutzt(e)« Kant dann jene bereits erwähnten »Beispiele der Mathematik und Naturwissenschaft« (Kant, ibid.), die ihm immer noch »merkwürdig genug« erschienen, sie zum »Versuche nachzuahmen«, so »viel ihre Analogie« mit »der Metaphysik« (Kant, KdrV, BXVI) es erlaubte. Eben dieser »Versuch« einer »Analogie(bildung)« (Kant, ibid.) jedoch ist nach dem, was wir im obrigen Zusammenhang über den ersten kritischen Grundsatz des rhetorischen

Fragens in jenen Wissenschaften gesagt haben, alles andere als unproblematisch. Nun auch in den »Aufgaben« der »Metaphysik« dadurch »besser fortkommen« zu wollen, daß wir bereits durch unsere selektive Art zu fragen »annehmen« können, alle uns begegnenden »Gegenstände müssen sich nach unsere(r) Erkenntnis richten«, kann sicherlich nicht ohne eine gewaltsame Zurichtung dieser »Gegenstände« (Kant, ibid.) gelingen. Eine derart vorgestellte »Metaphysik« (Kant, ibid.) wird nicht umhinkommen, die »Natur« mit ihrer Aufforderung, allein »auf die Fragen zu antworten«, die sie ihr vernünftigerweise »vorlegt«, in unerträglicher Weise zu »nötigen« (KdrV, BXIII), sich stets nur so zu verhalten, wie sie es sich vorstellt. Sie wird jene »Natur« (Kant, ibid.) zwingen, sich ihr mit der Zeit ganz zu unterwerfen.

Der mögliche Nutzen freilich einer derartigen Herangehensweise ist deshalb für sich betrachtet nicht zu leugnen. Denn auch »was Gegenstände betrifft, so fern sie bloß durch Vernunft (...) gedacht«, »aber (...) nicht in der Erfahrung gegeben werden können«, läßt sich nunmehr mit Recht von einer »veränderte(n) Methode der Denkungsart« (Kant, KdrV, BXIII) reden, einer »(k)opernik(anischen)« (Kant, KdrV, BXVI) Wende, die vereinfacht gesagt darin besteht, »daß wir (...) von den Dingen nur das a priori erkennen«, »was wir selbst« bereits durch unsere kritischen Hauptfragen »in sie« hinein »legen« (Kant, KdrV, BXVIII). Diesen allerersten »Gedanken« einer »Veränderung der Denkart« auch in der »Metaphysik« (Kant, KdrV, BXIX) berührt Kant noch einmal in einer darauf bezogenen Anmerkung. Dort führt er dann weiter aus:

> »Die(..) dem Naturforscher nachgeahmte Methode besteht also darin: die Elemente der reinen Vernunft in dem zu suchen, was sich *durch ein Experiment bestätigen oder widerlegen läßt.* Nun läßt sich zur Prüfung der Sätze der reinen Vernunft, vornehmlich wenn sie über alle Grenze(n) möglicher Erfahrung hinaus gewagt werden, kein Experiment mit ihren *Objekten* machen (wie in der Naturwissenschaft): also wird es nur mit *Begriffen* und *Grundsätzen,* die wir a priori annehmen, tunlich sein, indem man sie nämlich so einrichtet, daß dieselben Gegenstände *einerseits* als Gegenstände der Sinne und des Verstandes für die Erfahrung, *andererseits* aber doch als Gegenstände, die man bloß denkt, allenfalls für die isolierte und über (die) Erfahrungsgrenze hinausstrebende Vernunft, mithin von zwei verschiedenen Seiten betrachtet werden können. Findet es sich nun, daß, wenn man die Dinge aus jenem doppelten Gesichtspunkt betrachtet, Einstimmung mit dem Prinzip der reinen Vernunft stattfinde, bei einerlei Gesichtspunkte aber ein unvermeidlicher Widerspruch der Vernunft mit sich selbst entspringe, so entscheidet das Experiment für die Richtigkeit jener Unterscheidung.« (Kant, BXVIII-BXIX)

Erst an diesem Punkt der Lektüre ist durch den Text selbst zu erhärten, was wir eigentlich bereits zu Beginn unserer Deutung vermutet haben. Der radikale »Versuch« Kants, »das bisherige Verfahren der Metaphysik umzuändern« und »nach dem Beispiele der Geometer und Naturforscher eine gänzliche Revolution mit derselben vorzunehmen«, diente nicht unmittelbar dazu, ein fertiges »System« der zukünftigen »Wissenschaft« (Kant, KdrV, BXXIII) vorzustellen. Die uns vorliegende »Kritik der reinen spekulativen Vernunft« ist vielmehr »ein Traktat von der Methode« (Kant, ibid.) zunächst des rhetorischen Fragens in dieser neuen Wissenschaft. Dabei »besteht« eben »diese dem Naturforscher nachgeahmte Methode« genau genommen »darin«, das »zur Prüfung der Sätze der reinen

Vernunft« für notwendig befundene »Experiment« mit einzelnen »Begriffen« und daraus hervorgehenden »Grundsätzen« (Kant, KdrV, BXIX; vgl. B357) durchzuführen, »die wir a priori annehmen« können, »indem (wir) sie« bereits durch unsere Fragen »so einrichte(n)«, daß eine »Einstimmung« mit dem ersten »Prinzip der reinen Vernunft« sogleich »stattfinde(t)«, so daß von daher jeder »Widerstreit der Vernunft mit sich selbst« (Kant, KdrV, BXIX) vermieden wird. Wie wir bereits gesehen haben, wird diese notwendige »Einstimmung« auf ihr oberstes »Prinzip« (Kant, ibid.) zuerst dadurch erreicht, daß die »Vernunft« die eigene »Natur« (Kant, KdrV, BXIII) im mit ihr vorgenommenen »Experiment« (Kant, KdrV, BXIX) gewaltsam »nötigt«, von vornherein allein »auf die Fragen zu antworten«, die sie ihr »vorlegt« (Kant, KdrV, BXIII). Wie es dieser »Vernunft« nun aber gelingen kann, den im weiteren Verlauf dieses »Experiments« doch unweigerlich auftretenden sprachlichen »Widerstreit (...) mit sich selbst« (Kant, ibid.) zu vermeiden, bedarf noch der weiteren Erklärung.

2.1.7 Der zweite kritische Grundsatz:
Jeder Widerstreit muß vermieden werden

Ein solcher Konflikt müßte ja eigentlich deshalb entstehen, weil man nach der von Kant vorgenommenen »Veränderung der Denkart« die »Möglichkeit einer Erkenntnis a priori ganz wohl erklären« kann, »dem Anscheine nach« bei dem diesbezüglichen »Experiment« aber »nie über die Grenze möglicher Erfahrung hinaus(...)« (Kant, KdrV, BXIX) gelangt. Doch soll der drohende »Widerstreit« (Kant, ibid.) eben dadurch wegfallen, daß »die Vernunfterkenntnis a priori« mit ihren Fragen stets »nur auf Erscheinungen geh(t)« und die »Sache (...) selbst« als »zwar (...) für sich wirklich« und auch wirksam, aber »von uns unerkannt, liegen (läßt)« (Kant, KdrV, BXX). Dabei ist für Kant das, »was uns notwendig über die Grenze der Erfahrung und aller Erscheinungen hinaus zu gehen treibt«, das *»Unbedingte«*, welches »die Vernunft in den Dingen an sich selbst« als »notwendig« mitzudenken und »mit allem Recht« sprachlich festzuhalten »verlangt« (Kant, ibid.), wenngleich es durch sie als solches nicht ausdrücklich kenntlich gemacht wird.

Insofern aber »erweist sich«, wie D. Markis sehr schön schreibt, die jeweils gebildete »"Vorstellung"« nur noch »als "Ersatz" für ein Ding an sich«, das »in dem Repräsentationssystem« der neuzeitlichen »Philosophie« nicht einmal »mehr als "Abbild" sich meldet«, sondern nur noch als suggestiver »"Eindruck" seine "Spuren"« im Text »hinterläßt« (Markis, 1982, S.132). Und in der Tat »betreiben« wir ja »seit Kant« beim Denken »einen reinen Indizienprozeß gegen die Realität« (Markis, ibid.). Dabei »möchte« er uns bei seiner »gleichsamen Rhetorisierung des Erkenntnisprozesses« offensichtlich »nur davon überzeugen«, daß »wir uns mit diesem "Ersatz" des Dinges an sich«, der »Präsenz des Eindrucks« eines »Subjekts«, »zufrieden zu geben haben« (Markis, ibid.). Der wohltuende »Trost« für die immer weiter voranschreitende »Entfernung« des sich herausbildenden »Systems der

Repräsentation von dem "Grund" der Urbilder (der Dinge an sich)« liegt dann »darin«, »daß dieses Repräsentationssystem« allem Anschein nach allein »an die Souveränität des Ichs« (Markis, ibid.) gebunden bleibt. Ist es doch offensichtlich »dieses Ich« des Denkers Kant, das jenen »"Eindruck"« schon durch seine ausgesuchten Fragen in den Text »einschreibt« und ihn danach entsprechend »interpretiert« (Markis, ibid.).

Dieses natürlich alles andere als unproblematische »Experiment der reinen Vernunft« (Kant, KdrV, BXXI) mit sich selbst hat, wie Kant erklärend hinzufügt, »viel Ähnliches« mit »dem der Cymiker«, »welches« jene »im allgemeinen« das »synthetische Verfahren nennen« (Kant, ibid.). Die »Analysis des Metaphysikers« scheidet dabei nach dem Vorbild der *Logik* (vgl.: Kant, KdrV, BVIII-IX) bereits durch ihre Fragen »die reine Erkenntnis a priori in zwei sehr ungleichartige Elemente, nämlich die der Dinge als Erscheinungen (.) und (...) der Dinge an sich selbst« (Kant, ibid.). »Die *Dialektik* verbindet beide wiederum zur Einhelligkeit« und behauptet nun mit der ihr eigenen *Rhetorik*, daß »diese Einhelligkeit« des Denkens »niemals anders« als durch »jene« zunächst hergestellte »Unterscheidung herauskomm(t)«, die also erst durch sie eine »wahre ist« (Kant, ibid.).

Es »zeig(.)t sich« damit auch hier, daß das, was Kant in den beiden Vorreden zur *Kritik der reinen Vernunft* »anfangs nur zum Versuche annahm(..)«, durch Fragen »gegründet« (Kant, KdrV, BXX-XXI) ist, die eminent rhetorisch sind, und zwar nicht nur deswegen, weil nach ihnen alle anderen Fragen als unvernünftig betrachtet werden müssen und demzufolge von vornherein auszuschließen sind, sondern auch deshalb, weil selbst die für vernünftig erklärten Fragen nicht tatsächlich beantwortet werden. Der angesichts auch solcher Fragen unausweichliche »Widerstreit der Vernunft mit sich selbst« (Kant, KdrV, BXIX) wird nämlich dadurch unterbunden, daß eine »Einhelligkeit« (Kant, KdrV, BXXI) der gegebenen Antworten in Bezug auf ihre eigenen Fragen als zumindest »möglich(..)« zu »denken« (Kant, KdrV, BXXVI) unterstellt wird: »(...) *Denken* kann ich« demnach, schreibt Kant in seiner diesbezüglichen Anmerkung, »was ich will, wenn ich mir nur nicht selbst widerspreche, d.i. wenn mein Begriff nur ein möglicher Gedanke ist, ob ich zwar dafür nicht stehen kann, ob im Inbegriffe aller Möglichkeiten diesem auch ein Objekt korrespondiere oder nicht« (Kant, KdrV, BXXVI). Um einem solchen stets rhetorischen »Begriffe« aber »reale Möglichkeit« und objektive Gültigkeit« zu geben, bedurfte es, wie er selbst nur allzu gut wußte, »etwas mehr« (Kant, ibid.). »Dieses Mehrere« nun »braucht« und kann seinem Ansatz nach »nicht in theoretischen Erkenntnisquellen gesucht zu werden« (Kant, ibid.). Es sollte, wie sich im folgenden zeigen wird, »in praktischen liegen« (Kant, ibid.).

2.1.8 Der dritte kritische Grundsatz: Andere als die zugelassenen Fragen sind für überflüssig zu erklären

Angesichts dieser neuartigen Bestimmung der menschlichen Erkenntnismöglichkeiten liegt es natürlich nahe, darüber nachzudenken, »was (...) denn das«

letztendlich »für eine Schatz (ist)«, den Kant uns »mit einer solchen« durch »Kritik« in »einen beharrlichen Zustand gebrachten Metaphysik« zu »hinterlassen« (Kant, KdrV, BXXIV) gedachte. »Bei einer flüchtigen Übersicht« nämlich wird man trotz der von Kant hinzugefügten Erläuterungen »wahrzunehmen glauben«, daß »der Nutzen davon« eigentlich »nur *negativ*« ist, denn er will sich ja erklärtermaßen »mit der spekulativen Vernunft niemals über die Erfahrungsgrenze hinaus (...) wagen« (Kant, ibid.). Doch kann dieser Nutzen eben dadurch »positiv« erscheinen, daß die »Grundsätze« des Fragens, »mit denen sich« die »spekulative Vernunft« weitgehend unbemerkt »über ihre Grenze hinauswagt«, »in der Tat nicht *Erweiterung*«, sondern »*Verengung* unseres Vernunftgebrauchs« zum beinahe »unausbleiblichen Erfolg haben«, »indem sie« beständig »die Grenzen der Sinnlichkeit«, zu der sie selbst ja »eigentlich gehören«, »über alles zu erweitern« und so den denkbaren »reinen (praktischen) Vernunftgebrauch gar zu verdrängen drohen« (Kant, KdrV, AXXIV-XXV). Insofern aber ist die von Kant vorgestellte Methode der »Kritik« nur dann »von *positivem* und sehr wichtigen Nutzen«, wenn man sich von ihm »über-zeug(en)« läßt, »daß es einen schlechterdings notwendigen praktischen Gebrauch« der so gedachten »reinen Vernunft«, nämlich »den moralischen«, auch »wirklich« (Kant, ibid.) gibt. Demzufolge blieb Kant eigentlich nichts weiter »übrig«, als »zu versuchen«, ob sich nicht in der »praktischen Erkenntnis« der »spekulativen Vernunft« allemal verläßliche »Data finden«, »jenen transzendenten Vernunftbegriff des Unbedingten zu bestimmen«, um »auf solche Weise« dem »Wunsche« seiner »Metaphysik« gemäß, »über die Grenzen aller möglichen Erfahrung hinaus mit unsere(r), aber nur in praktischer Absicht möglichen Erkenntnis(..) a priori zu gelangen« (Kant, KdrV, AXXI). »Zu solcher Erweiterung« nun hat die »spekulative Vernunft«, wir wir gesehen haben, durch ihre gewaltsame Methode des Fragens »doch wenigstens Platz verschafft«, »wenn(gleich) sie (diesen)« aufgrund ihrer äußerst rigorosen Ausgrenzung selbst-kritischer Fragen zunächst ganz »leer lassen mußte«, so daß Kant sich »dazu (...) aufgefo(r)dert« fühlte, »ihn jetzt, wo er sorgsam gereinigt war, endlich »durch praktische Data (neu) auszufüllen« (Kant, KdrV, BXXII-XXIII).

Dazu dann geben die in der *Kritik der praktischen Vernunft* von 1788 angestellten Betrachtungen hinreichend Gelegenheit. Diese nehmen bekanntlich die vorherigen Überlegungen Kants wieder auf und beginnen mit der für ihn nun zu ihrer »völligen Befriedigung auf(..)lös(baren) (Frage)« (Kant, KdrV, AXII-XIII), »warum« jene »Kritik nicht eine Kritik der *reinen* praktischen, sondern schlechthin der praktischen überhaupt betitelt wird, obgleich der Parallelism(us) derselben mit der spekulativen das erstere zu erfo(r)dern scheint« (Kant, KdpV, A3). Die Beantwortung dieser für Kants Ansatz natürlich nicht ganz folgerichtigen Frage ergibt sich für ihn daraus, daß eine derartige *Kritik* »bloß dartun (soll*), daß es reine praktische Vernunft gebe*« (Kant, ibid.), ohne zu erläutern, warum eben dies der Fall ist. »Wenn sie« nämlich, »als reine Vernunft, wirklich praktisch ist«, so »beweiset sie ihre und ihrer Begriffe Realität« seiner Ansicht nach immer schon »durch die Tat«, und »alles« durch weitere Fragen ausgelöste »Vernünfteln wider die Möglichkeit, es zu sein«, wird dadurch allemal »vergeblich« (Kant, ibid.).

Die Bedeutung eben dieses dritten Argumentationsschrittes für die kantische »Methode« (Kant, KdrV, BXXII) des rhetorischen Fragens ist alles andere als gering. War es ja bis dahin so gewesen, daß der ihr zugrunde liegende »Begriff« der »transzendentale(n) *Freiheit*« (Kant, KdpV, A4) eigentlich »nur problematisch«, als »nicht unmöglich zu denken«, »auf(ge)stell(t)« werden »konnte«, »ohne« daß seine »objektive« sprachliche »Realität« wirklich »(ge)sicher(t)« (Kant, ibid.) war. Jetzt aber soll jener »Begriff der Freiheit« in seiner »absoluten Bedeutung genommen« (Kant, ibid.) werden können, »so fern dessen Realität« eben »durch ein apodiktisches Gesetz der praktischen Vernunft bewiesen ist«, und auch »alle andere(n) Begriffe« sollen »mit ihm und durch ihn Bestand und objektive Realität (bekommen)« (ibid.). Die »Möglichkeit« nämlich seines eigenen Begriffs sowie aller auf ihm aufbauenden Begriffe und Grundsätze »wird« für Kant »dadurch *bewiesen*, daß Freiheit wirklich ist« (Kant, KdpV, A5).

Wenn wir von diesem Punkt der Überlegungen aus das von dort an absehbare Ergebnis betrachten, müssen wir freimütig einräumen, daß die von Kant entwickelte *Kunst des Fragens* auf den ersten Blick ihre beabsichtigte Wirkung, »einmal für allemal« die sprachliche »Quelle der Irrtümer« zu »verstopf(en)« (Kant, ibid.), erreicht hat. Ja, es ist zweifellos faszinierend, wie zunächst gemäß dem *ersten* Grundsatz des rhetorischen Fragens nur bestimmte Fragen der Vernunft zugelassen werden, selbst solche Fragen dann dem *zweiten* Grundsatz nach nicht wirklich beantwortet werden und nun durch den *dritten* Grundsatz alle weiteren Fragen nach der Vernunft für praktisch überflüssig erklärt werden, so daß zuletzt allem Fragen ein Ende gesetzt ist.

2.1.9 Die bloß behauptete Freiheit des rhetorischen Fragens

Niemals vergessen sollten wir jedoch bei unserer weiteren Lektüre, daß es die von Kant in Anspruch genommene »Freiheit« (Kant, ibid.) des Fragens ist, die jene gewaltige Wirkung hervorruft. Diesen Einzelbefund bestätigt H. Gipper, der schreibt, daß »Kant« wohl eindeutig »gezeigt« hat, »daß die transzendentale Reflexion (...) möglich ist«, jedoch nicht überzeugend darlegen konnte, ob sie auch wirklich »notwendig und zwingend« (Gipper, 1987, S.94) ist. Das nämlich »hängt« insgesamt »davon ab, wie man ihre Prämissen einschätzt« (Gipper, ibid.). Wenn man nun bei dieser Einschätzung »die von Kant vorgenommenen Setzungen widerspruchslos akzeptiert« und »seine Begriffsbestimmungen (...) hinnimmt«, »kann man sich seinen scharfsinnigen Argumentationsketten kaum noch entziehen« (Gipper, ibid.). Wenn man also anerkennt, »daß es einen reinen Verstand, reine Begriffe a priori unabhängig von allen Erfahrungen gibt und geben muß, damit empirische Erfahrung von Gegenständen überhaupt möglich wird«, dann muß man zwangsläufig auch die zahlreichen »Folgerungen«, die »streng logisch daraus abgeleitet werden« (Gipper, ibid.), in Kauf nehmen. Ein solcher »Zustimmungszwang« wird dabei, wie Gipper sehr treffend beobachtet hat, von Kant ganz konsequent »erzeugt« (Gipper, ibid.). Wer sich also auf seine »Argumentation« erst

»einmal einläßt und nicht schon gleich zu Beginn sein Veto einlegt«, »der wird vom einzigartigen Scharfsinn dieses großen Denkers unweigerlich in seinen Bann gezogen« (Gipper, ibid.). Derjenige allerdings, der das sprachlich »Künstliche und Konstruierte des ganzen Gedankengebäudes« schon vom »Ansatz« der Fragen »her erkennt«, wird bald »zu immer größerer Distanz gedrängt« (Gipper, ibid.). Dadurch aber fängt er zwangsläufig an, nach der Berechtigung all dieser Fragen zu fragen.

Dabei dann erweist sich die von Kant unterstellte »Freiheit« (Kant, ibid.) des Fragens als eine nur »an(genommene)« (Kant, KdpV, A6), denn imgrunde »verschafft« die »praktische Vernunft« durch ihre »konsequente« Methode, alle an sie herangetragenen Fragen mit der Zeit vollständig aufzulösen, ihrem allerersten Begriff, nämlich dem der »*Freiheit*«, erst die sprachliche »Realität«, die zunächst durch die theoretische Vernunft »bloß *gedacht* werden konnte«, dann jedoch durch das behauptete »Faktum« ihrer Existenz sicher »bestätigt« (Kant, KdpV, A9) scheint. So aber wird sie für Kant selbst wie für jeden »*kritische(n)* Moralisten« zum alle Türen öffnenden »Schlüssel« der Erkenntnis, durch dessen »*rationalen*« Gebrauch er zu jenen »erhabensten praktischen Grundsätzen« (Kant, KdpV, A13) kommen kann, die zur »besondere(n) Bestimmung« der »Menschenpflichten« im Rahmen der in Aussicht gestellten neuen »*Metaphysik*« (KdpV, A14-15) notwendig sein sollen.

Wie stark eben dieser 'moralistische Realismus' Kants trotz aller Unterschiede der klassisch-antiken Tradition verpflichtet ist, macht W. Goetschel ein Stück weit deutlich, der betont, daß »der Philosoph« bei Kant »wieder« der über alles Menschliche erhabene »Moralist« ist, der er »schon bei den Alten war« (Goetschel, 1990, S.122; vgl: Kant, KdrV, B868). Sein eigener moralischer »Anspruch« an sich selbst und an die Nachwelt allerdings ist, wie wir gesehen haben, mittels der »Kritik gegen alle (...) möglichen Angriffe abgesichert«, da seine immer wieder behauptete »Kompetenz« in den menschlichen Erkenntnisfragen allem Anschein nach von der »praktische(n) Vernunft« her umfassend dargelegt und hinreichend »begründet« (Goetschel, ibid.) wird.

2.1.10 Die Illusion einer wirklichen Befriedigung unserer »Gefühle der Lust und Unlust«

Auf eine solche »Weise« also ließen sich bereits in den entsprechenden Vorreden zur *Kritik der reinen* und *praktischen Vernunft* die »Prinzipien a priori zweier Vermögen des Gemüts, des Erkenntnis- und Begehrungsvermögens« nach »den Bedingungen, dem Umfange und den Grenzen« ihres möglichen »Gebrauchs« entwickeln, so daß danach »zu einer systematischen, theoretischen sowohl als praktischen Philosophie, als Wissenschaft (.), sicherer Grund gelegt« (Kant, KdpV, A21-23) schien. Dabei war es zuerst »der *Verstand*«, dem mittels der vorangestellten Hauptfrage »sein eigenes Gebiet« im dargestellten »*Erkenntnisvermögen*« zugewiesen worden ist, »(in)sofern er« nach Kant »konstitutive (...) Prinzipien a priori enthält«, die dann im weiteren Verlauf der »Kritik der reinen

Vernunft« (Kant, KdU, BV) genauer herausgearbeitet worden sind. »Eben so« ist danach »der *Vernunft*«, welche (...) lediglich in Ansehung des *Begehrungsvermögens*« gleichartige »konstitutive Prinzipien a priori enthält«, in der »Kritik der praktischen Vernunft« ihre Bedeutung »(zu)gewiesen worden« (Kant, ibid.). Offen bleiben mußte jedoch im einen wie im anderen Fall die zuletzt von Kant in Angriff genommene Frage, »ob nun die *Urteilskraft*«, die in seiner »Ordnung (der) Erkenntnisvermögen zwischen dem Verstande und der Vernunft« das notwendige »Mittelglied ausmacht«, auch solchen »Prinzipien a priori« folgt, ob diese in gleicher Weise »konstitutiv« sind und dem dabei entstehenden »Gefühle der Lust und Unlust (...) a priori die Regel gebe(n)« (Kant, KdU, BV-VI). Genau das ist es aber, »womit sich« (ibid.) die das »ganze(.) kritische(.) Geschäft« (Kant, KdU, BX) ab-schließende »Kritik der Urteilskraft« insgesamt »beschäftigt« (Kant, KdU, BVI).

Nun wird allerdings bereits in der diesbezüglichen Vorrede recht deutlich[43], daß Kant selbst die »aus der Natur der Urteilskraft (...) leicht abnehm(bare)« Einsicht besaß, es »müsse« trotz angestrengter Bemühungen »mit großen Schwierigkeiten begleitet« sein, ein dem Bisherigen entsprechendes »Prinzip derselben auszufinden« (Kant, KdU, BVII). Jenes »Prinzip« war nämlich nicht »aus Begriffen a priori ab(zu)leite(n)«, die dem reinen »Verstande (angehörten)«, denn die »Urteilskraft« ging als dem »gesunden Verstand(..)« zugehöriges »Vermögen« ganz offensichtlich »nur« auf die zudem »nicht« als »objektiv(.)« zu bezeichnende »Anwendung derselben« (Kant, ibid.).

Schon in der Vorrede zur *Kritik der Urteilskraft* »greift« Kant also das klassisch-antike »sensus bzw. opinio communis-Motiv der römischen Rhetoriktheorie auf«, wenn er sich, wie P.L. Oesterreich herausgearbeitet hat, auf »den Gemeinsinn« als »ein Reservoir prädiskursiv-kommuner Vorstellungen von "Wahrheit, Schicklichkeit, Schönheit oder Gerechtigkeit"« (Oesterreich, 1992, S.333; vgl.: Kant, KdU, B156ff.) bezieht. »Kants« eigene »transzendentalphilosophische Leistung besteht« dann aber darin, daß er den »sensus communis«, der »in anderen Theorien (...) als intuitiv zugängliches«, »lebensweltlich(..)« gegebenes »Sinnfundament vorausgesetzt(..)« wird, »als Resultat der Reflexion der Urteilskraft erklärt« (Oesterreich, ibid.). Er »präzisiert« damit, wie Oesterreich richtig festhält, nicht nur das traditionelle Motiv des *sensus communis*, sondern erläutert zugleich den ihm »eigentümlichen Reflexionsstil« (Oesterreich, ibid.). Dabei »besteht« die kantische »Operation« laut Oesterreich in einer »mentalen Transposition des Urteilenden« (Oesterreich, ibid.), der versucht, sich »in die Stelle jedes andern« zu »versetz(en)«, »indem (er) von den Beschränkungen, die unserer eigenen Beurteilung zufälliger Weise anhängen«, ganz »abstrahiert« (Kant, KdU, B157). Dies »wiederum (wird) dadurch bewirkt, daß (er) das, was in unserem Vorstellungszustande« die »Materie, d.i. Empfindung ist«, »möglich(st) wegläßt« und »lediglich auf die formalen Eigentümlichkeiten« seines »Vorstellungszustandes« (Kant, ibid.) acht gibt. Daß eine solche »mentale Transposition« in »den Standpunkt anderer« (Oesterreich, a.a.O., S.334) dem Denker Kant auch faktisch gelingt, ist unserer Ansicht nach jedoch äußerst fraglich. Wir können Oesterreichs generelle Einschätzung, daß durch die suggerierte »Selbstdistanzierung von den privaten Sinninteressen, die imaginative

Identifikation mit den Weltansichten anderer und die topische Ideation« das »private Selbst« bei Kant tatsächlich »zum öffentlich-gesellschaftlichen transformiert« (Oesterreich, ibid.) wird, leider nicht teilen. Wie Kant selber angedeutet hat, »(er)scheint« die dabei vorgenommene »Operation der Reflexion« doch »allzu künstlich«, »um sie dem Vermögen, welches wir den *gemeinen* Sinn nennen, beizulegen« (Kant, KdU, B157-158).

Die an diesem Punkt eingeräumte »Verlegenheit« auch der kantischen Philosophie hinsichtlich eines »subjektive(n) oder objektive(n) Prinzips« der Urteilskraft »findet sich« nun »hauptsächlich in denjenigen Beurteilungen, die man ästhetisch nennt« und »das Schöne und Erhabene, der Natur oder der Kunst, betreffen« (Kant, KdU, BVII-VIII). Sie wiegt deswegen so schwer, weil für Kant selber »die kritische Untersuchung« gerade in solchen »Beurteilungen« das »wichtigste Stück« (Kant, ibid.) seiner alles verbindenen »Kritik der Urteilskraft« (Kant, KdU, BVI) darstellte. Obwohl nämlich die Betrachtungen des »Schönen(n) und Erhabene(n)« (Kant, KdU, BVIII) ihrer vorgegebenen Stellung in seinem »System der reinen Philosophie« (Kant, KdU, BVI) nach »für sich allein« zur »Erkenntnis der Dinge gar nichts beitragen« (Kant, KdU, BVIII) konnten, so schienen sie ihm doch dem »Erkenntnisvermögen« in gewisser Weise »an(zu)gehören« und mußten eine »unmittelbare Beziehung« jenes »Vermögens« auf das des »Gefühl(s) der Lust oder Unlust« nach »irgend einem Prinzip a priori (beweisen)« (Kant, ibid.).

Wiederum ist es P.L. Oesterreich, der den wichtigen Hinweise gibt, daß der hier angesprochene »Aspekt der Sinnallgemeinheit des Kunstschönen« von »Kant« später »eingehend« unter dem »Gesichtspunkt des Geschmacksurteils (...) analysiert (wird)« (Oesterreich, 1992, a.a.O., S.328). Jenes »Geschmacksurteil« hat dabei bekanntlich bei ihm »weder den Charakter zwingender objektiver Notwendigkeit noch (ganz) subjektiver Willkür oder (reiner) Beliebigkeit« (Oesterreich, ibid.). »Es besitzt« eine sozusagen »subjektive Notwendigkeit« und soll »dort intersubjektive Verbindlichkeit (ermöglichen), wo es keine objektiv notwendige Begründung geben kann« (Oesterreich, ibid.). Der dadurch gebildete »gemeinsame Grund (...) allerdings (ist)«, wie Oesterreich richtig erkennt, auch bei Kant »kein logischer«, sondern ein pathetischer« (Oesterreich, ibid.): »Das Sinnallgemeine des Geschmacksurteils besteht nicht in einer begrifflich vermittelten Homologie«, sondern in der scheinbaren »Unmittelbarkeit einer intersubjektiven Sympathie« (Oesterreich, a.a.O., S.328-9). »In ihm artikuliert sich das 'Lebensgefühl' der Subjekte« als ein »Gefühl der Lust oder Unlust«, das zu einem »allgemeine(n) und von Privatinteressen freie(n) Wohlgefallen« (Oesterreich, a.a.O, S.329) führen soll. »Der Geschmack eröffnet« demnach eine wenn auch nur »auf ästhetische Objekte bezogene Sphäre lebensweltlicher Öffentlichkeit von prärationaler sympathetischer Sinnhaftigkeit«, die freilich laut Oesterreich »als Zugangsbedingung« nicht nur die »Bereitschaft«, sondern auch die Fähigkeit des »Subjekts« zur »Selbstdistanzierung (...) von seiner Privatheit voraussetzt« (Oesterreich, ibid.). Von daher stellt sich allerdings die Frage, ob das »ästhetische Gefühl« bei Kant tatsächlich »ein integrales Pathos (ist)« (Oesterreich, ibid.), oder dem jeweiligen Betrachter nur so erscheint. Die unterstellte, rein geistige »"Lust"« nämlich »"an der Harmonie der

Erkenntnisvermögen"« (Oesterreich, ibid.; vgl.: Kant, KdU, B29), die es zweifellos freisetzt, kann selbst in dem Augenblick, in dem sie »die Subjekte« derart erfüllt, daß sie sich »als selbst und untereinander vereinigt vergegenwärtigen« (Oesterreich, ibid.), nicht wirklich gestillt werden. Die tatsächliche Befriedigung ist und bleibt aufgrund der vorweg eingenommenen Distanz zu sich selbst und zum anderen für den Kunstbetrachter eine bloße Illusion.

2.1.11 Die sprachliche Dunkelheit der kantischen Kritik

Nicht zuletzt wegen dieser Schwierigkeiten bei der Erklärung der eigenen »Gefühle der Lust oder Unlust« blieb das Zustandekommen nicht nur der »ästhetisch(en)« Beurteilungen, sondern ebenso der »(teleo)logische(n) Beurteilung(en)« (Kant, KdU, BVIII) für Kant »das Rätselhafte in dem Prinzip der Urteilskraft«, »welches die« innere und äußere »Natur« des Menschen »so verwickelt hat«, daß es sich selbst durch seine bislang so erfolgreiche Methode des rhetorischen Fragens nicht ohne weiteres »auf(..)lösen« (Kant, KdU, BIX) ließ. Es ist diese »Dunkelheit« schon bei der »Auflösung« der eigenen »Problem(e)« der literarischen Aneignung der ihn umgebenden Textwelt, die Kant in seiner das »ganze(.) kritische(.)« Geschäft« abschließenden »Kritik« der »Urteilskraft« nie »ganz (..) vermeiden(..)« (Kant, KdU, BIX-X) konnte, auch wenn er betont, daß das »Prinzip« derselben seiner Vermutung nach mit dem der »Zweckmäßigkeit« am Ende »richtig an- gegeben« (Kant, KdU, BXXXVI) sei.

    W. Goetschel hebt in diesem Zusammenhang zu Recht hervor, daß »die viel- beklagte Schwierigkeit« der kantischen »Kritik« eben dadurch entsteht, daß »die Vernunft sich« durch die »literarisch(e) (...) Darstellung« ihrer Ideen unweigerlich einer »Selbstkritik aussetzt«, die »*eo ipso* Unverständliches impliziert« (Goetschel, 1990, S.105). Und auch nach Ansicht von D. Hendrich läßt sich das geradezu erdrückende »Gewicht eines innovatorischen Textes« wie der *Kritik* am deutlichsten an der »Dunkelheit hinsichtlich der Verfügung der verschiedenen Intentionen« der von Kant bei der »Niederschrift« seines »Textes« berücksichtigten und gerade nicht berücksichtigten Autoren der abendländischen Philosophiegeschichte erkennen. Einer zitativen Verfügung, die jedoch als solche nicht kenntlich gemacht ist, so daß deren Ergebnis fast zwangsläufig ein »wesentlich dunkle(r) Text(.)« (Hendrich, 1984, S.59)[44] ist. Deshalb aber muß es die Aufgabe einer metakritischen Betrach- tung der kritischen Schriften sein, jene literarische »Dunkelheit«, die sozusagen die Schattenseite der vom Autor Kant vorgestellten Idee von »Aufklärung« darstellt, so weit »aufzuhellen«, daß es möglich wird, das eben nicht absolute, sondern stets historisch »relative (Eigen-)Gewicht« seiner sprachlich »gebündelten Intentionen anzugeben« (Hendrich, ibid.). Hierzu nun wäre es zunächst einmal notwendig, nachzuvollziehen, wie sich Kants ursprüngliche Ansätze im Laufe seiner jahrzehnte- langen Arbeit an den verschiedenen Fassungen seiner drei kritischen Schriften verändert haben. Allein im Zusammenhang seiner durchaus unterschiedlichen Fragestellungen läßt sich nämlich in einem zweiten Schritt wirklich genau bestimmen, auf wen oder was sich der Philosoph Kant an einer bestimmten Textstelle seiner *Kritik* in welcher Weise bezieht.

2.1.12 Die Notwendigkeit einer Metakritik der kantischen Philosophie

Dabei wäre es, wie hoffentlich deutlich geworden ist, gänzlich ungenügend, wenn eine von diesen methodischen Vorüberlegungen ausgehende *Metakritik* des Kritizismus ihre alleinige Aufgabe darin sähe, der dort weitgehend verdrängten Sprache endlich den ihr gebührenden Platz im Zentrum des kantischen (Vorrisses zum) System der Transzendentalphilosophie geben zu wollen. Daß nämlich das philosophiegeschichtliche 'Problem der Sprache' auch in den kritischen Schriften Kants immer präsent ist und sowohl in der *Kritik der reinen Vernunft* als auch in der *Kritik der Urteilskraft* unter verschiedenen systematischen Gesichtspunkten theoretisch erörtert wird, ist mittlerweile wohl unbestreitbar (vgl. dazu Bezzola, 1993, S.6ff.). Offen ist freilich noch, wie erfolgreich die von Kant weitergeführte Suche nach dem »allgemeinen Charakter« einer rein »philosophischen Sprache« (Hamann, NIII, S.289, Z.9-10) letztlich gewesen ist. Deshalb aber lag es eigentlich nahe, die bei Kant von Anfang an mit anklingende, vom klassisch-antiken Vorbild Ciceros beeinflußte Idealvorstellung kunstloser »Wohlredenheit« (Kant, KdU, B218), die dem puristischen Erkenntnisstil seiner *Kritiken* zugrunde liegen sollte, mit der durchaus beabsichtigten und auch erzielten sprachlichen Wirkung jener *Kritiken* zu konfrontieren. Daß nämlich eine solche Idealvorstellung spätestens in dem Moment zerstört werden mußte, in dem ihr stolzer Verfasser damit begann, sie niederzuschreiben, ist allzu offensichtlich. Auch Kant, der neue »Homer der reinen Vernunft« (Hamann, NIII, S.289, a.a.O., Z.27), war und blieb als Autor bei seinem literarischen Schöpfungsakt, also immer dann, wenn er sich dazu herabließ, sich seinen Lesern mitzuteilen, auf die durch Überlieferung, Tradition und Glauben lebendige und eben deshalb nicht kontrollierbare Wortsprache angewiesen. Der von ihm geforderte 'sprachliche Purismus' ließ sich insofern wohl theoretisch behaupten, doch praktisch nicht aufrechterhalten. Sein Versuch einer kritischen Wiederaufnahme der klassisch-antiken Rhetorik hat denn auch von Anfang an etwas ausgesprochen Künstliches und bloß Konstruiertes.

Daß die »Sprache im System Kants nicht die gebührende Berücksichtigung gefunden hat« (Gipper, 1987, S.10), ist vor einigen Jahren nochmals von H. Gipper hervorgehoben worden. Dabei orientiert er sich bei seinem Versuch, »die zentrale Rolle der Sprache als Bedingung der Möglichkeit aller Wissenschaft und aller Philosophie« (Gipper, a.a.O., S.11) zu klären, wie viele vor ihm an »Philosophen wie K.-O. Apel, H.-G. Gadamer, M. Heidegger, E. Heintel und B. Liebrucks«, deren Gemeinsamkeit bekanntlich darin liegt, aus hermeneutischer Sicht wieder »auf die Bedeutung der Sprache für das philosophische Denken hingewiesen« (Gipper, a.a.O., S.10-11) zu haben. Das Hauptproblem einer solchen hermeneutischen *Metakritik* des Kritizismus besteht dann eben darin, daß »Kant« uns zumindest in seinen drei *Kritiken* trotz aller diesbezüglichen Hinweise leider »keine explizite«, sondern nur eine implizite »Sprachphilosophie hinterlassen (hat)« (Markis, 1982, S.111; vgl.: Gipper, 1988, S.107-115; versus Bezzola, 1993, S.20). Sein vornehmlich »philosophischer Diskurs« beruht offensichtlich »auf einer mißglückten Verdrängung der Sprache«, die dadurch »rückgängig (ge)mach(t)« werden soll, daß wir »bewußte Motive und unbewußte Gründe« jener »Unterdrückung der Sprache« im Denken Kants »aufspüren« (Markis, ibid.). Eben diese »(...)hermeneutische Zuwendung« zum »sprachlichen Bewußten (und) Unbewußten« mit dem Ziel, den Philosophen »Kant "besser zu verstehen, als er sich selbst verstand"« (Markis, a.a.O., S.111-12; vgl.: Kant, KdrV, A314), ist tatsächlich »nichts anderes als die "Idee" der Metakritik«, nach der bereits »Hamann, Herder« und zuletzt »Liebrucks« und andere »verfahren« (Markis, ibid.) sind. Bei der rhetorischen Anwendung dieser Idee der Metakritik allerdings mußten jene Autoren ebenso wie wir darauf stoßen, daß es imgrunde nicht mehr darum gehen konnte, der Sprache den ihr gebührenden Platz im historischen Zentrum des Systems der kantischen Philosophie zu geben. Sie mußten erkennen, daß es letztlich darauf ankam, den Rahmen dieses offensichtlich ganz künstlichen Systems mit aller Kraft zu sprengen. Die große Leistung der Metakritiker Hamann und Herder besteht denn auch genau darin, schon zu einem sehr frühen Zeitpunkt den sich bereits in der Methode des Fragens zeigenden 'sprachlichen Purismus' der Transzendentalphilosophie als solchen wahrgenommen und dessen bis heute spürbaren Konsequenzen vorhergesehen zu haben. Eben deshalb aber kam es ihnen bei ihrer Auseinandersetzung mit dem Kritizismus wesentlich darauf an, jenen Purismus der Vernunft vom *Ansatz der Fragen* her zu überwinden. Damit aber haben sie zweifellos eine zweite *sprachliche* Revolution der Denkart eingeleitet, durch die jene großartige kantische Idee einer Transzendentalphilosophie zugleich verwirklicht und zerstört werden mußte.

Auf den in der Tat revolutionären Charakter jener zweiten 'Veränderung der Denkart' hat wohl zum ersten Mal Heinrich Heine hingewiesen, der in seiner Schrift *Zur Geschichte der Religion und Philosophie in Deutschland* (1834) betont, daß »Kant« seiner kritischen »Wissenschaft« ganz bewußt die »steife, abstrakte (Frage)-Form« einer juristisch »abgekältete(n) Kanzleisprache« gegeben hat, um »sich von den damaligen Popularphilosophen, die nach bürgerlichster Deutlichkeit strebten, vornehm ab(zu)sondern« (Heine, 1834, S.125; vgl. Ijsseling, 1988, S.132 u. Bezzola, 1993, S.62). Das von ihm propagierte Verfahren der literarischen Stiltrennung, das »alle Vertraulichkeit« mit den »niederen Geistesklassen« (Heine, ibid.) im Ansatz zerstören sollte, war insofern alles andere als unschuldig. Es diente dazu, die seit der klassischen Antike behauptete Machtposition des Philosophen gegenüber den Menschen und der Alltagswelt zu sichern. Wenn es nun im Gegensatz dazu den *Metakritikern* Kants um eine Aufhebung des Prinzips der (Stil)trennung gegangen ist, kann dieser Vorgang mit einigem Recht als radikal bezeichnet werden. Er sagt etwas aus über das sich wandelnde Selbstbild des Philosophen gegen Ende des 18. Jahrhunderts und hat von daher eine nicht zu unterschätzende realgeschichtliche Bedeutung.

2.2 Im Geiste der »rhetorica sacra«: J.G. Hamanns theologischer Ansatz zu einer Metakritik des Kantischen Kritizismus

2.2.1 Ein metakritischer Kreuzzug

Welche wichtige Rolle innerhalb der mittlerweile gut zweihundertjährigen Geschichte unserer Auseinandersetzung mit dem Kantischen Kritizismus bereits ihrem allerersten Protagonisten Johann Georg Hamann zukommt, mag für den größten Teil der heutigen Kant-Forscher recht fragwürdig sein, kann aber eigentlich nicht genug hervorgehoben werden. Dabei ist zunächst daran zu »erinner(n)«, daß wir nicht nur nach dem Vorbild Hegels, sondern beinahe aller großen Denker des 19. und 20. Jahrhunderts »auf die kantische Philosophie (...) darum (...) Rücksicht nehme(n)«, weil sie zweifellos »die Grundlage und den Ausgangspunkt« nicht allein »der neueren deutschen«, sondern imgrunde der ganzen neueren westeuropäischen »Philosophie ausmacht und dies ihr Verdienst durch das, was an ihr ausgesetzt werden möge, (...) ungeschmälert bleibt« (Hegel, 1812, S.59)[45]. Es »tritt« denn auch bis heute unser nachkantisches »Philosophieren« vornehmlich durch das Interesse am sprachlichen Zustandekommen der »kantischen Resultate(.), daß die Vernunft keinen wahren Gehalt erkennen könne und in Ansehung der absoluten Wahrheit auf das Glauben zu verweisen sei«, aus diesen »heraus« (Hegel, ibid.). Damit »angefangen« nun aber wird eben das, »was (...) bei Kant Resultat ist«, schon bald vom »(i)nhalt(lichen) Begriff« (Hegel, a.a.O., S.58-9) her fragwürdig. »(G)erade diese« beim Hinterfragen der kritischen Fragen sich zeigende, sprachliche »Ambivalenz« der kantischen »Philosophie« ist es, die uns derzeit mehr denn je »anzieht« (Markis, 1982, S.110). Eine Doppeldeutigkeit allerdings, »die uns heute, auf der Suche nach einer meta-philosophischen Heimat«, nicht allein »an Marx, Nietzsche und Heidegger«, sondern etwa auch an Hegel »vorbei« zunächst »zu Kant« und dann zu seinem zeitgenössischen Widersacher Hamann »zurückkehren läßt« (Markis, ibid.). Neu erfahren können wir dadurch, was der Forschung eigentlich bekannt ist, daß nämlich die sprachliche Metakritik Hamanns »unstreitig der erschütterndste« (Rosenkranz, 1840, S.373) und »konzentrierteste Angriff« (Metzke, 1951, S.282)[46] auf die kantische Philosophie gewesen ist, der bislang stattgefunden hat.

Wenngleich eine solche, zugegeben sehr wagemutige Behauptung auf den mit der neueren deutschen Philosophiegeschichte vertrauten Leser im ersten Moment ziemlich irritierend wirken muß, erscheint sie dann, wenn man sich näher mit ihr auseinandersetzt, nicht mehr ganz abwegig. Zumindest ist es heute anders als noch

vor zwanzig Jahren wohl erlaubt, vor dem angedeuteten Hintergrund unserer derzeitigen »Suche nach einer meta-philosophischen Heimat« (Markis, ibid.) eben auch
darüber nachdenken, worin sich denn der »metakritische(.) Angriff (Hamanns)«
gegen »Kant« (Knudsen, 1983, S.96) trotz der zahlreichen Ähnlichkeiten von dem
uns bekannten metakritischen *Begriff* Kants gerade durch Hegel unterscheidet. Bei
einem solchen Vergleich nun erhärtet sich tatsächlich der Eindruck, daß Hamann
vielleicht der bislang »radikal(ste) (Spät-)Aufklärer« (Bayer, 1988, II, Untertitel)
von allen gewesen ist, weil er anders als Hegel das gesamte von Kant wieder-
hergestellte »positive (Bild)« von der abendländischen »Philosophie« in »(meta)kri-
tischer Absicht (verwendet)« (Bayer, 1981, S.83) hat. An der von jener hegelschen
Philosophie vorgenommenen »Bestimmung« einer wiederum reinen »Vernunft«,
»die, ihre Zeit in Gedanken erfaßend, sich nur kontemplativ verhält«, war ihm
jedenfalls wenig gelegen, da eine derartige »Bestimmung« die »leidenschaftliche
Teilnahme« an der Lust und »am Leiden der "unmündigen Mitbrüder"« doch allzu
sehr »vermiss(en)« (Bayer, 1981, S.83) läßt. »Faul und feig« wäre für Hamann eine
solche »kontemplative Vernunft« gewesen, weil sie die uns »bedrückenden (gesellschaftlichen), politischen und wirtschaftlichen Verhältnisse nicht angreift, sondern
(bloß) begreift«, diese also dort, wo sie sich dazu herunterläßt, sich mit ihnen zu
befassen, letztlich nur »bestätigt« (Bayer, ibid.). Was wir demgegenüber von
Hamann zu erfahren hoffen, ist, wie es uns am Ende des 20. Jahrhunderts gelingen
kann, die aus dem geschichtlichen Zusammenwirken der Philosophie Kants und
Hegels entstandene, schlechte »Alternative eines Begreifens dessen, was ist, und
eines Verwirklichens dessen, was sein soll« (Bayer, 1986, II, S.283; vgl.: ders.,
1988, II, S.184), vom *Ansatz* her zu überwinden. Was wir von Hamann »(l)ernen
wollen«, »ist«, wie wir es schaffen können, uns dem von Kant neu entfachten Streit
über das Verhältnis von »Sprache(.) und Vern(u)nft(.) (...) weder begreifend noch
protestierend-postulierend (zu) entziehen«, sondern uns ganz auf ihn »ein(zu)-
lassen« (Bayer, 1986, II, ibid.). Eben das zu tun, nämlich die oft so »schmerzhafte
Aufnahme und Verarbeitung alltäglichster und widerständigster Erfahrungen nicht
zu fliehen«, sondern uns mit Lust darauf »einzulassen«, ermöglicht dann vielleicht
ein von Hamanns Denken positiv beeinflußtes »'Lernen'«, das in einem »Hören auf
die sprachlich-geschichtlich sich mitteilende Wahrheit (geschieht)« (Bayer, ibid.).
Ein Lesen nicht zuletzt auch seiner Metakritik des Kantischen Kritizismus, bei dem
»die übliche Entgegensetzung zwischen passio und actio« (Bayer, ibid.) von vornherein in Frage gestellt wäre.

Freilich müssen wir eingestehen, daß sich zumindest bei einer flüchtigen Lektüre
jener *Metakritik über den Purismum der Vernunft*[47] von 1784 sehr schnell der
immer schon geäußerte (und etwa auch von Hegel erneuerte) Verdacht ergibt, diese
bestehe wie alle die kleinen Schriften Hamanns imgrunde nur aus einer rein
willkürlichen Aneinanderreihung von meist zusammenhanglosen Zitaten und nahezu
unverständlichen Erläuterungen[48] nun eben zu Immanuel Kants drei Jahre zuvor
veröffentlichter *Kritik der reinen Vernunft*. Doch sollte uns ein solcher Eindruck
von der weiteren Beschäftigung mit diesem zugegeben selbst für den geübten
Interpreten schwierigen[49] und kaum ganz zu bewältigenden Text nicht abhalten

können. Im Gegenteil. Wir müssen uns dadurch eigentlich erst recht angespornt fühlen, der Frage nachzugehen, was sich hinter dem anspruchsvollen Titel einer 'Metakritik' des Kantischen Kritizismus wohl verbirgt. Dabei werden wir die anfangs als störend empfundene 'Dunkelheit' des zweifellos sehr geheimnisvoll wirkenden Stils Hamanns ganz gewiß schätzen lernen.

Vielleicht als erster hat sich C.H. Gildemeister bei seiner Aufarbeitung von *Hamanns (...) Leben und Schriften* (vgl.: Hamann, GVI, S.25ff.) über die seiner Ansicht nach biographischen Ursachen der 'geheimnisvollen Dunkelheit' Hamanns geäußert und damit zwangsläufig spätere Interpreten wie R. Unger oder J. Nadler in ihrem Urteil über die bei aller Bewunderung zu bemängelnde Unzugänglichkeit der Schriften des Magus beeinflußt. Eindeutig positiv gewendet und in ihrer erkenntnisleitenden Funktion gewürdigt worden ist eben diese geheimnisvolle »Dunkelheit des Ausdrucks« eigentlich erst von S.A. Jørgensen, der das »(H)ermetisch(e)« in »Hamanns Stil« nicht einfach aus dessen vermeintlich so verschrobener Persönlichkeit ableitet, sondern es aus dem stets ins Auge springenden Bezug zur »rhetorische(n) Tradition« (Jørgensen, 1966, S.378) erklärt. Und tatsächlich »setzt« der schon sehr moderne hermetische Stil Hamanns in starkem Maße eine literarische »Tradition voraus« (Jørgensen, a.a.O., S.377). »Er bezieht sich«, wie wir noch sehen werden, in ganz bestimmter Weise auf sie und »kann« wenn überhaupt »nur aus ihr verstanden werden« (Jørgensen, ibid.).

Eben diese grundlegende Einsicht, daß sich gerade über die Erörterung von »Stil, Stilkunst und Stiltheorie« (Unger, 1911, S.482) ein sinnvoller Ansatz für die Deutung hamannscher Texte ergibt, hat sich seit den 60er Jahren vor allem S.A. Jørgensen in seinen zahlreichen Studien *Zu Hamanns Stil* (Jørgensen, 1966, Titel) zunutze gemacht. Dabei weist er mit Recht darauf hin, wie unerläßlich es ist, dem anfangs erwähnten Verdacht zu begegnen, eben dieser »Stil« Hamanns sei nicht nur vollkommen »hermetisch« (Jørgensen, a.a.O., S.378), sondern sei zudem ausgesprochen »"ungeordnet und gedankenflüchtig"« (Jørgensen, a.a.O., S.374). Im Gegensatz dazu will Jørgensen uns durch seine »Stilanalyse(n)« (Jørgensen, a.a.O., S.375) zunächst zur hamannschen *Aesthetica in nuce* von 1762 darüber aufklären, daß »Hamanns Stil« dort ganz »im Gegenteil« als sehr »ausgeklügelt«, »gelehrt« und »ironisch« (Jørgensen, a.a.O., S.377) angesehen werden kann. Er erläutert angesichts seiner zahlreichen Rückbezüge auf die vom Werk »Erich Auerbach(s)« stark beeinflußte Arbeit von »(K.) Gründer« über »Figur und Geschichte« (Jørgensen, 1961, S.59)[50] aber auch, »wie traditionell rhetorisch durchgearbeitet« *alle* hamannschen Texte durch das in ihnen fruchtbar gemachte Verfahren der christlich-spätantiken »Stilmischung« (Jørgensen, 1966, S.379) und den sich daraus entwickelnden »Zusammenstoß von Genus humile und Genus sublime« (Jørgensen, 1968, S.176)[51] sind.

Unsere daran anschließenden Überlegungen bestehen nun darin, den von Jørgensen wieder ins Gespräch gebrachten rhetorischen Ansatz Erich Auerbachs[52] auf den eher mit philosophischen bzw. theologischen und nicht sosehr mit poetologischen Fragen beschäftigten Text der *Metakritik* von 1784 anzuwenden. Sie haben sich nicht zuletzt daraus ergeben, daß Jørgensen es trotz seines Wissens um

Hamanns Kenntnis und Inanspruchnahme der »rhetorische(n) Tradition« (Jørgensen, 1966, S.379) vor allem wegen des erklärtermaßen rein »hermeneutischen (Frage)horizont(s)« seiner »(Hamann-)Interpretation(en)« (Jørgensen, 1976, S.41, vgl.: ders., 1980, S.219-31), aber auch wegen seiner Orientierung an dem reduktionistischen Rhetorik-Begriff »(H.) Lausberg(s)« (Jørgensen, 1968, S.176; vgl.dazu: Dockhorn, 1962, S.177ff.) letztlich abgelehnt hätte, die zentrale Bedeutung der »Rhetorik« für Hamanns sprachlich-negative »'Wesens-Erkenntnis'« (Jørgensen, 1968, S.176)[53] gerade auch der kantischen *Kritik* anzuerkennen und es so abwegig erscheinen läßt, jene »Rhetorik« in den Mittelpunkt der eigenen Interpretation des hamannschen »Text(es)« (Jørgensen, 1968, ibid.) von 1784 zu stellen.

Allein mittels dieses historischen Maßstabes der Rhetorik nun aber können wir erkennen, daß bereits das anfangs erwähnte, provozierende Verfahren[54], uns Leser abzuschrecken und zu verwirren, der feste Bestandteil einer von Hamann sehr genau durchdachten Strategie der literarischen Gestaltung ist, durch die unsere gewohnte Erwartungshaltung an wissenschaftlich-philosophische Texte zerstört werden soll und wir zu selbständiger Gedankenarbeit bei der Deutung der metakritischen Streitschrift[55] ermutigt werden sollen.

Wenn Jørgensen in diesem Zusammenhang schreibt, daß »(d)ie Dunkelheit des Ausdrucks« bei Hamann eben »nicht orakelnd« ist, sondern dadurch entsteht, daß er »'sich'« als »Autor« einer Vielzahl »'intellektuell verfremdender, also paradoxer Mittel in Gedanken und Sprache bedient'«, die letztlich allesamt dazu dienen sollen, »den Leser zu eigener Gedankenarbeit anzuregen« und ihn zu seinem »'Gedanken-Komplizen' (...) zu machen« (Jørgensen, 1966, S.378; vgl. Lausberg, 1963, §166, 6)[56], so ist damit allerdings etwas »Widersprüch(liches)« (Wild, 1987, S.94) angesprochen, das wir anhand unserer Interpretation zur *Metakritik* von 1784 deutlicher herausarbeiten wollen. Dies ist die Tatsache, daß Hamann als »(c)hrist(licher)« (Jørgensen, 1988, I, S.154) Schriftsteller wohl einerseits sehr viel »schöpferische(.) Aktivität« von seinem »Leser (gefordert)« (Hoffmann, 1972, S.125)[57] hat, daß aber andererseits die dafür unerläßliche »'Anpassung' an das Verständnis« dieses »Leser(s)« (Büchsel, 1986, S.390) bei ihm im Text selber nur eine scheinbare ist. Denn offensichtlich wird jener »Lese(r)« bei seiner Lektüre von Hamann nicht bloß geführt oder »gelenkt(..)« (Büchsel, a.a.O., S.386; vgl. Jørgensen, 1980, S.229), sondern durch die Intensität der Beschreibungen zur »völlige(n) Hingabe« an den Wortlaut des Textes geradezu »gezw(ungen)« (Büchsel, 1988, I, S.25). Eben dieser tödlichen Gefahr nun einer ebenso unbemerkten wie unfreiwilligen »Identifikation« (Büchsel, a.a.O. S.242), sei es mit einer fremden oder sei es mit Hamanns eigener Position, sollten wir uns nur unter der Bedingung aussetzen, daß wir den von Hamann selber gegebenen und sozusagen gegen sich selbst gerichteten, metakritischen Rat ernst nehmen, »den Grundtext zu (s)einen Randglossen« immer dann, wenn es notwendig erscheint, »eigenhändig nachzuschlagen« (Hamann, NIII, S.371, Z.4-5; vgl.: Bayer, 1992, I, S.6-7). Einer solchen ständigen Bedrohung können wir nur dadurch angemessen begegnen, wenn wir lernen, bereits das Lesen seines metakritischen Textes als einen eigenständigen Akt der zugleich »rezeptiv(en)« und produktiven »Namengebung« (Jørgensen, 1988, S.159; vgl.: ders., 1980, S.222, 229) des dazugehörigen Autors Hamann zu verstehen.

Daß Hamann es uns Lesern mit diesem Lernen nicht gerade leicht macht, hat er keinesfalls bestritten. Die Schwere seiner Texte ließ sich seiner Ansicht nach allerdings aus »taktische(n) Gründe(n)« (Jørgensen, 1961, S.639) wohl rechtfertigen. »(W)ußte er« doch allzu gut, daß es aufgrund des noch bei jedem seiner Versuche einer »Bekehrung« aufgekommenen »Widerstreits« mit seinen Lesern unvermeidlich und auch klug sein würde, »indirekt (vorzugehen)«, also auch im Falle seiner *Metakritik* »keine gerade heraus formulierten Erklärungen abzugeben«, sondern die festgefahrenen »Überzeugungen« Kants und seiner Anhänger durch eine polemische »Streitschrift(..)« zu »verwirren«, die sich dadurch auszeichnen sollte, daß sie »in einer durchweg ironischen und möglichst bildreichen Sprache geschrieben« war, die zwar voller »Anspielungen und Winke« sein konnte, »doch den eigentlichen und tieferen Gegenstand seiner Autorschaft bis zuletzt verborgen« (Jørgensen, ibid.) halten mußte. »Seine« zweifellos alles andere als leichte »Aufgabe« bei der Ausformulierung seiner *Metakritik* war die »zweifache«, sowohl »die Unwissenheit« als auch »die Feindseligkeit« seiner scheinbar so aufgeklärten zeitgenössischen und nachgeborenen Leser gegenüber dem »Christlichen Glauben« durch die Überzeugungskraft seines »einzigartigen« metakritischen »Stils« zu »überwinden« (Jørgensen, ibid.). Und tatsächlich wird mittels jenes ungewohnten Kunstgriffs die geschärfte Aufmerksamkeit[58] beim Lesen hervorgerufen, die wir benötigen, um zu erkennen, wie genau Hamann durch seine geschickte Art, die kantischen Fragen zu hinterfragen, zunächst den »allgemeinen Charakter« (Hamann, NIII, S.289, Z.9) kritischer Rede- und Schlußfiguren herausgearbeitet und danach diese *Figuren* seinen weitergehenden Absichten gemäß mit eigenem *vermischt* hat. Ja, wir beginnen zu sehen, wie dadurch ein ganz neuer, *niedrig-erhabener Stil* der polemischen Auseinandersetzung entsteht, der es dem Autor Hamann ermöglicht, dem durch Kant selbst suggerierten Bild von der Transzendentalphilosophie die geschichtliche und religiöse Tiefenperspektive[59] zurückzugeben, die für eine topologische Gesamtschau ihres sprachlichen Grundvermögens unentbehrlich bleibt.

Es ist Elfriede Büchsel gewesen, die als erste den verschiedenen Strategien der »polemische(n) Auseinandersetzung« (Büchsel, 1988, I, S.14) Hamanns mit seinen Zeitgenossen im einzelnen nachgegangen ist mit dem weitgefaßten Ziel, dessen »"Polemik"« als religiöses »Zeugnis im konkreten (geschichtlichen) Bezug auf den "Nächsten"« (Büchsel, a.a.O., S.181), seinen Leser, zu bestimmen. Und tatsächlich »wählt Hamann« ja »seine Angriffspunkte«, indem er »(i)m zeitgenössischen Aktuellen« das »zeichenhaft "Wiederkehrende(.)"« (Büchsel, a.a.O., S.182) figürlich (vgl.: Hoffmann, 1972, S.137-8) zu erfassen sucht. Dabei ist das »geschichtliche-wirkliche(.) und überzeitliche(.) Zentrum« seiner »heilsgeschichtlichen« bzw. »typologischen Schau« zweifellos die »Offenbarung in Christo«, von der »her die Wirklichkeit im Konkreten Einzelnen« für den Leser sprach-stilistisch »transparent werden« soll und »kann« (Büchsel, a.a.O., S.182-3).

Gut »bekannt« ist der Hamann-Forschung »ja« seit langem, genauer gesagt seit der Veröffentlichung der Arbeiten von K. Gründer und E. Büchsel aus den fünfziger

Jahren, daß eben diese Form der »typologische(n) Geschichtsschau, wie sie in der Bibel geübt wird, von Hamann in London in seinen "Biblischen Betrachtungen" (1757-58) begierig aufgenommen« und danach vielfältig »fruchtbar gemacht« (Büchsel, 1988, II, S.280) wurde. »Typologische Denkmuster tauchen« denn auch wirklich »in seinem Werk immer wieder in grundlegenden Bezügen auf« (Gründer, 1958, mit zahlreichen Beispielen). Weniger 'gut bekannt' ist bis heute trotz der zahlreichen Einzeluntersuchungen zu diesem Themenbereich, mit welcher Konsequenz eine derartige »Erörterung seines (typologischen) Schriftverständnisses auf ein anderes notorisches Hamann-Problem, seinen Stil, und von dort zu seinem großen Thema«, »zur« rhetorischen »Sprache (drängt)« (Gründer, 1958, S.155; vgl.: Büchsel, 1988, I, S.75). Wenn es aber tatsächlich stimmt, daß »Dichtung«, ein »Stück originalen Textes« wie eben auch die *Metakritik* von 1784, von Hamann »paradoxerweise gerade dadurch erzeugt (wird), daß Zitate, sei es aus der Bibel, sei es aus der« überwältigenden Menge profaner »Literatur«, zusammengefügt werden »und sich in ihrer künstlerisch gestifteten Einheit gegenseitig erhellen und beleuchten«, so »gehört das Topos-Wesen« und die davon ausgehenden Bestimmungen des eigenwilligen sprachlichen Charakters der kantischen *Kritik* unmittelbar »in diesen Zusammenhang« (Gründer, a.a.O. S.155-6). »Die Kritik des dialektischen Scheins durch transzendentale Topologie, ein Hauptthema der kantischen *Kritik*« (Simon, 1979, S.156; vgl.: Bezzola, 1993, S.8ff), wird dabei von Hamann gewendet in eine *Metakritik* des rhetorischen Scheins nun dieser 'transzendentalen Topologie'. Jene *Metakritik* hat das vornehmliche Ziel, die dort »gewaltsam vorgenommene Disjunktion von Sinnlichkeit und Verstand« dadurch wieder rückgängig zu machen, daß der »Bildgehalt des Wortes "Topik" - seine "figürliche", "geistliche Bedeutung"« (Bayer, 1992, I, S.19) neu gestaltet wird. Wie dies im einzelnen geschieht, wie also Hamann seine 'typologische Geschichtsschau' konsequent erweitert zu einer 'topologischen Gesamtschau' des sprachlichen Grundvermögens der kantischen *Kritik*, wollen wir im weiteren Verlauf unserer Untersuchung zu klären versuchen.

Den dabei angestellten Überlegungen liegt die bereits in unserem Kant-Kapitel gemachte Beobachtung zugrunde, daß nicht nur in der entsprechenden Vorrede, sondern auch im weiteren Verlauf der ersten Auflage der *Kritik der reinen Vernunft* die Frage nach »den Erkenntniskräften (der Einbildungskraft, dem Witze)« (Kant, KdrV, AVII; vgl.: a.a.O., BXIII) zumindest noch als solche gestellt wird und insbesondere die »reine Einbildungskraft« näher bestimmt wird »als ein Grundvermögen der menschlichen Seele, das aller Erkenntnis a priori zum Grunde liegt« (Kant, KdrV, A124). Doch besteht das Problem nicht allein darin, daß, wie bereits Heidegger erkannt hat, die »tranzendentale(.) (...) Einbildungskraft« (Kant, ibid.) später, in der zweiten Auflage der *Kritik der reinen Vernunft*, »nur noch dem Namen nach da« (Heidegger, [2]1951, S.149)[60] ist, sondern der eigentliche Streitpunkt ist der, daß die »Einbildungskraft« selbst dort, wo sie scheinbar noch als »ursprüngliche Quelle(.) (...), die die Bedingungen der Möglichkeit aller Erfahrung enth(ä)lt(..)« (Kant, KdrV, A94), genutzt wird, »lediglich« als »Funktionsträger (der) Vermittlung« zwischen den zwei Stämmen der menschlichen Erkenntnis,

Sinnlichkeit und Verstand (vgl.: Kant, KdrV, A15), auftritt. Einer Vermittlung, »deren Zustandekommen« laut Kant »letztlich in den Tiefen der menschlichen Seele verborgen« bleibt und »deshalb nicht hinterfrag(t)« (Piske, 1989, S.191; vgl.: dies., a.a.O., S.145-54, 171, 192) werden kann. Im Gegensatz dazu geht es uns anfangs darum, nun genau dies zu tun, nämlich mit »Hamann(s)« Hilfe zu hinterfragen, ob nicht »jenes Vermittlungsvermögen der Einbildungskraft immer schon« in der präreflexiven »Einheit des gemeinschaftlichen Ursprungs von Sinnlichkeit und Verstand, d.h. in der Sprache begründet« (Piske, ibid.) ist. Allein die sprachliche Einbildungskraft, so können wir ausgehend vom derzeitigen Stand der Forschung zunächst behaupten, »vermag« als »schöpferische Fähigkeit« zur Ineinsbildung unsere »Begriffe und Anschauungen« von der Welt zweckmäßig miteinander »zu verbinden« (Piske, a.a.O. S.191-2)[61]. Darüber hinaus aber wird es uns darum gehen, das zu vertiefen, was in dem vorangestellten Kant-Kapitel ebenfalls schon angesprochen worden ist, daß nämlich jene »Einbildungskraft« auch noch in der zweiten Auflage der *Kritik der reinen Vernunft* bei ihren dauernden Vermittlungsversuchen derart »gewalttätig« (Bayer, 1979, S.45) vorgeht und so rechthaberisch wirkt (vgl.: Kant, KdrV, B152), daß sie nach der von Hamann wieder rückgängig gemachten Umkehrung des von Kant behaupteten Konstitutionsverhältnisses von 'Sinnlichkeit und Verstand' nicht bloß allgemein als *sprachliche*, sondern sehr viel genauer als *rhetorische* Einbildungskraft bestimmt werden kann. Die »Sprache« der *Kritik* soll also mittels der religiös motivierten »Rede des rhetorisch-poetischen Sprachkünstlers« Hamann »nicht nur als« reiner »Ausdruck des logischen Gedankens«, sondern vielmehr als *un*reiner Ausdruck des mühsam unterdrückten, ganz »subjektiven Affekts« bei der »figurativen Schematisierung des reinen Gedankens« durch den Philosophen Kant »thematisiert« werden, ohne daß dabei, wie Kant selbst es - vergeblich - gefordert hat, die »Rhetorik und Poetik (...) vom "logischen" Konstitutionsbereich der "Wahrheit" (wie schon bei Platon) abgeschnitten« (Markis, 1982, S.117) wird.

Es interessiert uns an Hamann demnach nicht sosehr der von der Forschung immer wieder hervorgehobene biographische Hintergrund des Zustandekommens seines christlichen Glaubensbekenntnisses als solcher, sondern mehr die Art und Weise, wie die auf diesem Bekenntnis aufbauende »individuelle Wahrheit« sich im Verlauf seiner eigentlichen Autorschaft (bis) zu ihrem »(sprachlich)-negative(n)« Höhepunkt, der »"Metakritik über den Purismum der Vernunft"« (Bayer, 1987, I, S.15), hin entwickelt hat; die sich beim Schreiben vollziehende Umwandlung also, durch die »(j)e(n)e individuelle Wahrheit« allmählich »zur Grundfläche eines Plans« (Hamann, NII, S.209, Z.4-5) gewachsen ist. Eines »historische(n) Plan(s)« (Hamann, ZHI, S.446, Z.33) zweifellos, der trotz seiner vielbesprochenen »"heilsgeschichtlich(en)"« (Bayer 1988, II, S.169) Ausrichtung in seinem Bezug auf seinen Argumentationsgegner Kant sachlich konkret ist und sprachlich bestimmt bleibt. Eines »"Feldzugplan(s)"« (Büchsel, 1988, I, S.125) aber auch, den wir eben wegen seiner Orientierung an »(Gottes) Plan (von der Natur)« (Simon, 1987, III, S.110), Geschichte und Schrift (vgl.: Bayer, 1986, I, S.193) als »strategisch(..)« (Bayer 1988, II, S.85) durchdachten »Offensiv-Plan« (Hamann, ZHIII, S.67, Z.3) darstellen werden, der gerade bei den »planmäßige(n)«, doch letztlich wenig erfolgreichen Versuchen der »Verstellung und Verfremdung« seines christlichen »Urmotivs« der »Sünde« (Bayer, 1988, II, S.85) einer heilsgeschichtlich orientierten (vgl.: Wohlfart, 1984, I, S.162, A.156) »Oekonomie des Planes« folgt, die sich weiterhin mit der seiner Durchführung verbindet und so die geheimnisumwitterte »"Oekonomie des (mimischen) Stiles"« (Büchsel, 1988, I, S.218) begründet, von dem sich zu Recht sagen läßt, daß in ihm »eine strengere Logic und eine geleimtere Verbindung (herrscht)« als in demjenigen der meisten anderen »lebhafte(n) Köpfe« (Hamann, ZHI, S.378, Z.24-25) seiner und unserer Zeit. Nicht nur anhand des heilsgeschichtlich fundierten Plans also, mit dem Hamann seinen metakritischen Kreuzzug[62] gegen die *Kritik* und ihre Methode des Denkens vorbereitet, sondern ebensosehr durch die von uns bereits angesprochene Angriffslust, die aggressive sprachliche Potenz[63], mit der er seine schon recht kühnen[64] und manchmal äußerst gewagten[65] Attacken gegen sie durchführt, wird für uns am Ende eines sehr deutlich: Anders als die vorweg formulierte *Absicht* Hamanns vermuten läßt, ist sein *Ansatz* zu einer theologischen Metakritik[66] des Kantischen Kritizismus nicht *hermeneutischer*, sondern vielmehr *rhetorischer* Natur.

E. Büchsel trifft in diesem Zusammenhang auf etwas, das für unsere weitere Arbeit von entscheidener Bedeutung ist, wenn sie in ihren *Untersuchungen zur Struktur von Hamanns Schriften* zunächst mit Hilfe von »Selbstaussagen« aus einigen frühen Briefen des Jahres 1759 deren »Sprache (...) nach ihrer (...) Absicht (...) als Zeugnis (...) bestimmt« und als »Werkzeug, Organ, Mittel des Dienstes (an Gott) charakterisiert«, dann aber beschreibt, wie »aus dem Briefwechsel (...) das, was Hamann (selbst) den Beginn seiner Autorschaft nannte, (wuchs)« (Büchsel 1988, I, S.105-6). So »beobachte(t)« sie nunmehr, »wie (...) in dem Dialog«, der schon seinerzeit »mündlich und brieflich über den Magister Kant ging«, sich »die meist (...) "monologische" Sprache der *Biblischen Betrachtungen* zu jener dramatischen Spannung und tiefpflügenden Leidenschaft, zu der zielenden Schärfe des Geistes und zusammenballenden Kraft wandelt, die seine eigentliche Autorschaft charakterisieren, vor allem aber, wie der "Stratege" den Plan entwerfen lernt und im bewußten Ringen mit der Problematik der Sprache des Zeugen bis zum Gefühl gemeisteter Formen der Wille zur Autorschaft entsteht« (Büchsel, ibid.). Hierin liegt sicherlich viel Wahres. So muß es erstaunen, wenn Büchsel trotz der vorherigen Einsicht, daß Hamann erst »aus der Spannung des tiefgefühlten Widerstandes«, also von »da« aus, »wo er sich« seiner in »Selbstausagen« vorformulierten Absicht nach religiös »gebunden wußte, (...) zum Autor geworden ist«, am Ende zu dem Ergebnis kommt, diese eigentliche »Autorschaft« sei in jenen »Selbstaussagen« bereits »keimhaft« (Büchsel, ibid.) angelegt. Sie besteht dort, wo sich eine auffallende »Diskrepanz« (Seils, 1957, S.71; vgl.: Bayer, 1981, S.72) zeigt, nämlich die zwischen den in Tagebuchaufzeichnungen und Briefen gemachten »Selbstaussagen« (Büchsel, 1988, I, ibid.) Hamanns und deren Verarbeitung zu einem im weiteren oder engeren Sinn literarischen Text, auf der Möglichkeit eines direkten Übergangs. Sie begreift letztendlich die mit den »*Sokratischen Denkwürdigkeiten*« beginnende und dann auch mit der *Metakritik* weitergeführte »Autorschaft« Hamanns wie die meisten Hamann-Interpreten als unmittelbare »Fortsetzung (des) Brieffeldzuges in größerem Stil« (Büchsel, ibid.)[67]. Demgegenüber wird es in unserer Arbeit nicht zuletzt darum gehen, den von E. Büchsel zu Recht in den Mittelpunkt gerückten, religiös motivierten Stilwandel zum *sermo humilis*, der durch briefliche und andere schriftliche Äußerungen im jeweiligen Fall wohl inhaltlich vorbereitet (vgl. etwa Hamann, NII, S.171, Z.30 - S.172, Z.2) oder auch nachbereitet worden ist (vgl. etwa Hamann, HV, S.267, Z.15-17), doch allein in dem entsprechenden literarischen Text formal vollzogen wird, als kennzeichnend für die literarische Arbeit des Autors Hamanns darzustellen. Wir wollen anhand unserer Untersuchung der *Metakritik* von 1784 versuchen, diesen für den kreativen Prozeß der literarischen Produktion unerläßlichen 'Wandel in der Selbstanschauung' (E. Auerbach) als einen zwischen der bloßen *hermeneutischen Absicht* einerseits und dem tatsächlichen *rhetorischen Ansatz* andererseits zu beschreiben.

Eben diese hermeneutische Absicht, Kant zu verstehen, wird von Haman nun selbst zu Beginn seiner eigentlichen Arbeit an der *Metakritik*, nämlich in der *Rezension zur Kritik der reinen Vernunft* von 1781, nochmals bekräftigt. Damit jedoch tut er zweifellos des Guten ein bißchen zu viel. Bereits in der dort gegebenen Erklärung, »wiewol die scharfsinnige Beobachtung über Platon S.314 auch an dem Gesetzgeber und Kunstrichter der reinen Vernunft selbst(.) bewährt werden dürfte« (Hamann, N III, S.279, Z.14-6; vgl: Kant, KdrV, A.314), deutet sich ein Stück weit an, was von den diese Textstelle zur Untermauerung ihrer 'hermeneutischen Grundposition' behandelnden Hamann-Interpreten[68] leider nicht genügend berücksichtigt worden ist: Die dem ersten Lesen zugrunde liegende hermeneutische Absicht Hamanns, den Verfasser der *Kritik der reinen Vernunft* durch seine *Metakritik* schon bald 'besser verstehen zu können, als dieser sich selbst verstand', ließ sich beim besten Willen nicht durchhalten. Der aufmerksame Leser wird denn auch schon hinter der anscheinend so selbstbewußten Behauptung, Kant so verstehen zu können, wie dieser selbst Platon verstanden hat, die bange Frage des immer wieder eines anderen belehrten, weitgehend desillusionierten Autors Hamann erkennen, der nach der ersten Lektüre der kantischen Schrift gewußt haben wird, was auf ihn zukam. Eines Interpreten, der sich wohl darüber im klaren war, daß der ihm nun bevorstehende »Kampf(...)« (Wild, 1994, S.258) mit einiger Wahrscheinlichkeit der schwerste sein würde, den er jemals geführt hatte. Eines Literaturkenners aber auch, der sofort gesehen haben muß, daß der Gewinn an Erkenntnis bei einer solchen Auseinandersetzung enorm sein würde.

Der Fehler, bei der eigenen Textinterpretation nicht deutlich zwischen der vorweg formulierten oder im Nachhinein unterstellten *hermeneutischen Absicht* und dem bei der konkreten Textarbeit entwickelten *rhetorischen Ansatz* Hamanns zu unterscheiden, verbindet unserer Ansicht nach trotz aller Differenzen (vgl. Büchsel, 1986, S.390, A.9) die von philosophischer (B. Liebrucks[69]) und von theologischer (E. Metzke[70], E. Büchsel[71], M. Seils[72], K. Gründer[73], R. Knoll[74] und G. Baudler[75]) Seite aus unternommenen Versuche, den »Stellenwert« Hamanns in der »Geschichte« der philosophischen oder »der theologischen Hermeneutik« (Suchy, 1965, S.88) zu bestimmen. Das erklärte Ziel dieser Autoren ist es dabei, die von J.G.

»Hamann« begonnene »"metakritische" Freilegung« der »Sprachphilosophie (I. Kants)« als eine »tiefenhermeneutisch(.)« gedachte und vollzogene »Zuwendung (...) zu dem sprachlichen Unbewußten« darzustellen, mit deren Hilfe es Hamann tatsächlich gelungen sein soll, den Philosophen »Kant« am Ende »"besser zu verstehen, als (dieser) sich selbst verstand"« (Markis, 1982, S.111-2)[76]. Dieses beiden Seiten gemeinsame Vorhaben, »hermeneutische(.) Denkansätze« (Hoffmann, 1972, S.154) bei Hamann auszumachen, ist dann natürlich durch die 'Hermeneutik-Debatte' der 70er Jahre[77] nochmals vorangetrieben worden. Vor allem die von dieser Debatte angeregte Arbeit von V. Hoffmann aus dem Jahr 1972 ist insbesondere durch ihren zweiten Teil ('Die hermeneutischen Implikationen von Hamanns Philologieauffassung') ein gutes Beispiel dafür, wie trotz der in Hamanns literarischen Texten überall anzutreffenden Schwierigkeiten hinsichtlich der »Möglichkeit« des Verstehens oder gar »Besserverstehens« (Hoffmann, 1972, S.205) und der darin zum Ausdruck kommenden 'Krise des Textverstehens' versucht wird, den von Hamann wohl geforderten »hermeneutische(n) Minimalismus« als Voraussetzung einer »religiöse(n) Maximalerfahrung« (Hoffmann, a.a.O., S.213) darzustellen, die für die eigentliche »Autorschaft« (Hoffmann, a.a.O. S.146) Hamanns bestimmend geblieben ist und seine und unsere »Verstehensleistung« (Hoffmann, a.a.O., S.213) erstaunlicherweise sogar noch gesteigert hat. Dies ist umso bedeutsamer, da Hoffmanns Untersuchung bis heute als Standardwerk der Hamann-Forschung zum Problemkreis 'Sprache und Verstehen' gilt[78].

Unter Berücksichtigung der Vorarbeiten vor allem von S.-A. Jørgensen (vgl.: Jørgensen, 1961 u. 1966) geht dabei interessanterweise gerade auch der angesprochene V. Hoffmann (vgl.: Hoffmann, 1972, S.137-45) von der in der Forschung mittlerweile wohl unbestrittenen Grundthese aus, daß »die sogenannten rhetorischen Figuren« in Hamanns literarischem Werk »sprachlich festumrissene Größen« sind, »deren Tradition« er »in erstaunlich hohem Maße aufnimmt und in seiner Autorschaft aktualisiert« (Hoffmann, a.a.O., S.138). Anders als Jørgensen und auch Kraft (vgl.: Kraft, 1963), die tatsächlich »gegenüber der Profanrhetorik die Tradition der biblischen Rhetorik *(rhetorica sacra)*« weitaus »weniger« und zu wenig »berücksichtig(t)« haben, hat sich Hoffmann deshalb als erster ausdrücklich darum bemüht, gerade deren »besondere(.) Wichtigkeit für die weitere Entfaltung« nicht allein »der Bedeutung von 'Figur'« (Hoffmann, a.a.O., S.139) bei Hamann hervorzuheben. Er zeigt denn auch sehr schön, wie S. Glassius und vor allem R. Lowth für Hamann zu Vermittlern einer *rhetorica sacra* werden, die dieser jedoch »nicht einfach als festumrissene Größe übernimmt«, sondern mit der er sich auseinandersetzt und sie für seine eigene Autorschaft abändert«, so daß es bei ihm zu einer »kraftvolle(n) Aneignung und Modifikation« der profanen wie der sakralen »Figurenüberlieferung« (Hoffmann, a.a.O., S.139-40) kommt. Problematisch ist jedoch bei alledem, daß Hoffmann die anfänglichen Hinweise auf die allgegenwärtige Tradition der *rhetorica sacra* in den Texten Hamanns allein im Hinblick auf seine eigentliche Absicht gibt, von Selbstzeugnissen Hamanns in Tagebuchaufzeichnungen und Briefen ausgehend »die hermeneutischen Implikationen« der hamannschen »Philologie-Konzeption« (Hoffmann, a.a.O., S.145) »schwerpunktmäßig (...) theoretisch(..)« (Hoffmann, a.a.O. S.144, A.107) zu »erörter(n)« (Hoffmann, a.a.O., S.145). Er nimmt demgemäß im weiteren Verlauf seiner Untersuchungen jetzt zur »(h)ermeneutica sacra« (Hoffmann, a.a.O., S.161; kursiv v. Verf.) von bestimmten, sich seiner Lektüre nach schon im Briefwechsel Hamanns mit Lindner, Michaelis und Kant zeigenden »Polemikkonstellationen« den »Ausgang«, um gerade »an ihnen die hermeneutische Perspektive von Hamanns Philologie« dem eigenen Selbstverständnis des Magus nach »zu entwickeln« (Hoffmann, a.a.O., S.145) So zutreffend es nun aber ist, daß sich mittels eines solchen Interpretationsverfahrens eine »Bewußtseinsklärung« (Hoffmann, a.a.O., S.142) zunächst der Absichten des Autors Hamann vornehmen läßt, so unbestritten ist es doch wohl, daß sich dadurch das, was Hamanns Autorschaft ausmacht, nicht eigentlich bestimmen läßt. Unserer dargelegten Auffassung nach zumindest ist es unzureichend, mittels einer »'Hermeneutik des Rückgangs'« auf ein vom besprochenen Autor Hamann sei es in Tagebuchaufzeichnungen oder in Briefen selbststilisiertes »Urerlebnis biographischer oder sonstiger Art zurückgehen« (Bayer, 1988, II, S.39)[79], um diesen selber und sein Werk eben dadurch 'besser zu verstehen'. Zudem ist es ohne eine derartige Horizontverschmelzung[80] möglich, einen Text wie die *Metakritik* wenn auch nur von unserem eigenen, gänzlich anderen Standpunkt aus »zu verstehen« (Bayer, 1988, II, ibid.). Das wiederum gelingt uns allem Anschein nach, gerade weil dieser wie jeder andere literarische Text des Hermeneutikers Hamann »durch und durch von der rhetorischen Tradition« der *rhetorica sacra* »bestimmt« (Bayer, ibid.) ist. Einer sakralen Rhetorik, die, wie sich zeigen läßt, bis ins 18. Jahrhundert hinein und sogar darüber hinaus die Denkmotive und den Schreibstil der christlich geprägten Autoren des Abendlandes stark beeinflußt[81] hat.

Wir gehen also bei unserer weiteren Untersuchung unter Berücksichtigung der bisherigen Ergebnisse der Forschung davon aus, daß es auch in Hamanns Schriften eine Reihe »ineinander verfl(o)chten(er) (Leit)motive« (Bayer, 1987, I, S.33) gibt, die ein »(enges) motivische(s) Netz« mit unendlich vielen »Verknüpfungen« (Wild, 1987, S.95) bilden. Zunutze machen wollen wir uns dabei, daß »(d)as Wort "Motiv"« dadurch, daß es »den Beweggrund einer Handlung und den Typus einer konkreten Situation« ausmacht, nicht allein »eine psychologische«, sondern gleichzeitig auch »eine literaturwissenschaftliche (...) Bedeutung (hat)«, die »insofern miteinander verbunden sind, als die »situationsverändernde« und »bewegende Kraft« des Psychologischen mittelbar in das »literarische Motiv« (Bayer, 1988, II, S.62) einfließt. Trotz dieser »doppelten Bedeutung des Wortes (...) gilt unsere Frage nach dem "Motiv" Hamanns« allerdings nicht, wie zumeist in der Hamann-Forschung, dem eigentlich psychologischen »Beweggrund seiner schriftlichen Rede« (Bayer, ibid.), nämlich der »"Letztbegründung"«, die Hamann sich selbst und seinem Tun in den Londoner »Gedanken über meinen Lebenslauf (...) in Form einer Beichte« und einem Bekenntnis zu seiner »Sünd(igkeit) (gegeben hat)« (Bayer, a.a.O. S.65), sondern sie gilt vornehmlich den für uns »literaturwissenschaftlich faßbaren Formen« eben dieser »schriftlichen Rede«, denn »(w)as die Textwelt Hamanns« am Ende wirklich »schafft«, »ist« allein »(auf)lösbar« in »den« das

Londoner »Urerlebnis« in »ganz verschiedener Weise« sprachlich verarbeitenden und »(ent)faltenden Autorhandlungen« (Bayer, a.a.O., S.62-3) des 'Magus im Norden'. »(S)teht« demnach »(d)as Wort "Motiv"« in unseren jeweiligen Betrachtungen »für die unauflösliche Verbindung des Ursprungs der Autorhandlung und des (literarischen) Mediums ihrer Darstellung«, so muß es, wie von uns des öfteren betont wurde, ergänzt werden durch das des »Styls«, dessen »(Eigen-)Leben« laut Hamann derart »von der Individualität unserer Begriffe und Leidenschaften ab-(hängt)« (Hamann, NIV, S.424, Z.43-44), daß wir durch ihn in die tiefsten Abgründe des Selbstseins geführt werden. Berücksichtigen sollten wir bei der nun bevorstehenden Reise in jene Abgründe, daß die sich dabei offenbarenden »practische(n) Vergehungen« des »Autors« Hamann »gegen seine eigenen« hermeneutischen »(Arbeits-)Grundsätze« gerade auch in der *Metakritik* von 1784 imgrunde »Menschlichkeiten, bisweilen Notwendigkeiten«, manchmal »vielleicht (so)gar Tugenden« gewesen »sind«, die für ihn selbst wie für uns Leser »nicht eben ganz verdammlich sein« (Hamann, NIII, S.131, Z.19-24) können, weil erst jene sexuell motivierten Textvergehungen es uns ermöglichen, die einzigartige »Figuralstruktur« (Büchsel, 1988, I, S.IV) hamannscher Schriften im Zusammenhang der sakral-rhetorischen Tradition des abendländischen Denkens zu erfassen.

2.2.2 Der negative Begriff der Metakritik

Daß die Bezüge zu jener sakral-rhetorischen Tradition bei Hamann äußerst vielfältig sind, wird gleich zu Beginn seiner metakritischen Schrift deutlich, wenn er uns scheinbar noch ganz am Rande erzählt:

> »Ein großer Philosoph hat behauptet, "daß allgemeine und abstracte Ideen nichts als besondere sind, aber an ein gewisses Wort gebunden, welches ihrer Bedeutung mehr Umfang oder Ausdehnung giebt, und zugleich uns jener bey einzelnen Dingen erinnert." Diese Behauptung des eleatischen, mystischen und schwärmenden Bischoffs von Cloyne, Georg Berkeley, erklärt Hume für eine der grösten und schätzbarsten Entdeckungen, welche zu unserer Zeit in der gelehrten Republic gemacht worden. Es scheint mir zuförderst, daß der neue Skeptizismus dem ältern Idealismo unendlich viel mehr zu verdanken habe als dieser zufällige und einzele Anlaß im Vorbeygehen zu verstehen giebt und daß ohne Berkeley schwerlich Hume der große Philosoph geworden wäre, wofür ihn die *Kritik* aus gleichartiger Dankbarkeit erklärt. Was aber die wichtige Entdeckung selbst betrifft: so liegt selbige wohl ohne sonderlichen Tiefsinn im bloßen Sprachgebrauch der gemeinsten Wahrnehmung und Beobachtung des Sensus communis offen und aufgedeckt.« (Hamann, NIII, S.283, Z.1-17)

Eigentlich mehr »zufällig(.)« und sozusagen »im Vorbeygehen« wird eine offenbar sehr bedeutsame »Behauptung« eines gewissen »Bischoffs (...) Georg Berkeley« zitiert, die der »große Philosoph« David »Hume für eine der grösten und schätzbarsten Entdeckungen« der damaligen »Zeit« (Hamann, ibid.) hält. Doch ist es gerade diese eher beiläufig erwähnte Einschätzung, die Gelegenheit zu der freilich auch nicht näher erläuterten Vermutung gibt, »daß ohne Berkeley schwerlich Hume« jener ach so »große Philosoph geworden wäre, wofür ihn die *Kritik* aus gleichartiger Dankbarkeit erklärt« (Hamann, ibid.). Das Letztere nun erinnert nicht minder »zufällig« daran, worum es in der vorliegenden Streitschrift überhaupt gehen soll, nämlich um eine *Metakritik* des Kritizismus, dessen Begründer Immanuel Kant mit dem Titel seines besprochenen Buches, der *Kritik der reinen Vernunft* von 1781, allerdings weder hier noch an einer späteren Stelle des hamannschen Textes genannt wird. Dies alles ist zweifellos für uns Leser recht irritierend. Vollkommen entgegen unserer Erwartungshaltung an eine ernsthafte wissenschaftliche Abhandlung werden uns irgendwelche Mutmaßungen präsentiert, deren Glaubhaftigkeit von uns so ohne weiteres gar nicht zu überpüfen ist. Und auch was die anscheinend so »wichtige Entdeckung selbst betrift« (Hamann, ibid.), sind wir zunächst einmal recht ratlos. Will Hamann uns durch seine lapidare Bemerkung, die »Behauptung« Berkeleys, »allgemeine und abstracte Ideen« seien »an ein gewisses Wort gebunden«, liege »ohne sonderlichen Tiefsinn im bloßen Sprachgebrauch der gemeinsten Wahrnehmung und Beobachtung des Sensus communis offen und aufgedeckt« (Hamann, ibid.), doch dem ersten Anschein nach zu verstehen geben, daß eine Untersuchung wie die von ihm vorgenommene eigentlich nichts Neues hervorbringen kann und imgrunde unnötig ist. Da eine solche Deutung nun aber ziemlich abwegig ist, muß noch eine andere Erklärung des bisher Erörterten möglich sein. Und tatsächlich drängt sich beim nochmaligen Lesen der Verdacht auf, daß Hamann uns an dieser exponierten Stelle vielleicht etwas ganz anderes sagen will. Er will uns unter Umständen indirekt darauf hinzuweisen, daß gerade auch seine eigene »Idee(.)« der Metakritik im folgenden keineswegs nur »allgemein(.) und abstract(.)« dargestellt werden soll[82], sondern in dem besprochenen Text der *Kritik* selbst enthalten und dabei in »besondere(r)« Weise an das jeweils von Kant verwendete »gewisse(.) Wort gebunden« (Hamann, ibid.) sein wird.

Eindrucksvoll hat ja bereits Chr. Knudsen in seinem Aufsatz *Das gewisse Wort. J.G. Hamanns Sprachtheorie zwischen Tradition und Vernunftkritik* (Knudsen, 1983, Titel)[83] die Art und Weise beschrieben, wie »Hamann (...) in seiner *Metakritik* die Grundvoraussetzungen der kantischen Transzendentalphilosophie durch eine Reflexion auf die Sprache oder genauer gesagt »durch eine Reflexion auf das Wort (konterkariert)« (Knudsen, a.a.O., S.86). Dies geschieht eben dadurch, daß im »Hamanntext« die »Unterscheidungen (Kants) zwischen Sinnlichkeit und Verstand, zwischen reinen und empirischen Anschauungen und Begriffen« (Knudsen, a.a.O., S.98) unterlaufen werden, indem »an die Stelle« der »gemeinschaftlichen, aber (...) unbekannten Wurzel« dieser »zwei« kantischen »Stämme der menschlichen Erkenntnis« (Kant, KdrV, A15) eine »(jedem bekannte) Größe« gesetzt wird: »das Wort und die Wörter« (Knudsen, ibid.). Schon »(i)n« den gemeinen Wörtern unserer Sprache nämlich existiert laut Knudsen »eine Koinzidenz jener Größen«, »die aufeinander zu beziehen (...) Kant so viel Mühe macht(e) und ihn zum Konzept einer transzendentalen Ästhetik drängt(e)« (Knudsen, ibid.). Dem begegnet »Hamann« bekanntlich mit dem (Gegen-)Konzept einer »"sakramentalen" Ästhetik der Sprache, die Ästhetisches und Logisches als immer schon ineinander verschränkt aufweist, (...) - verschränkt im "gewissen Wort"« (Knudsen, ibid.). So richtig es nun aber ist, darauf hinzuweisen, daß jenes »"gewisse Wort" (...) der eigentliche Ort«

einer »"Dialektik"« ist, die »nicht«, »wie bei Kant«, von vornherein »auf der Ebene des reinen Begriffs« angesiedelt wird (vgl.: Kant, KdrV, B140), »sondern im Spannungsfeld der Ästhetik und Logik des Worts« wirkt (Knudsen, ibid.)[84], so wichtig ist es unserer Ansicht nach, darauf zu bestehen, daß »(d)ie Suche nach der "unbekannten Wurzel" von Sinnlichkeit und Verstand« deswegen noch lange nicht »ein(ge)stell(t)« (Knudsen, ibid.) werden kann. Dies hängt nicht zuletzt mit dem von Knudsen selbst gegebenen Hinweis zusammen, daß mit dem "gewissen Wort" bei Hamann immer auch »(d)as gesprochene Wort« der beständig abgewandelten christlichen »Überlieferung gemeint (ist)«, »in deren Vollzug« die göttlichen »Zeichen« (Knudsen, ibid.) der Leere und »Stille« (Wohlfart, 1987, I, S.81) immer wieder abweichende menschliche »Bedeutungen bekommen« haben, die als solche jedesmal anders »erfüllt w(o)rden« sind, so daß divergierende »Raum- und Zeiterfahrungen« mit der Zeit vollständig »ausgetauscht« und neu »mitgeteilt« (Knudsen, ibid.)[85] wurden. Von daher nämlich stellt sich viel eher die Frage, ob jene von Knudsen angesprochene Suche nach der »gemeinschaftlichen (...) Wurzel« (Kant, KdrV, A15) nicht sogar eben erst begonnen hat. Deren weitgefaßtes Ziel muß es unserer Auffassung nach sein, den spezifisch rhetorischen Charakter des nun schon Jahrtausende alten »"sakramentalen Wechsel(spiel)s zwischen Zeichen (...) und Bedeutung« (Knudsen, ibid.) und damit die ganze »(geballte) Macht des (uns treffenden) Schöpferwortes« (Bayer, 1988, II, a.a.O. S.82 sowie ders.: 1988, I, S.311) aus metakritischer Sicht neu zu bestimmen.

Bei einer solchen Bestimmung müssen wir allerdings stets berücksichtigen, daß die unserer heutigen Sicht zugrunde liegende hamannsche »Idee(.)« der Metakritik von ihm eben nicht als solche losgelöst vom Gegenstand seiner Arbeit vorgestellt, sondern im »bloßen Sprachgebrauch« der in diesem Fall von Berkeley »behauptet(en)«, von Hume »erklärt(en)« und von Kant in Anspruch genommenen 'allgemeinen und gesunden Menschenvernunft' (des »Sensus communis«) »offen(gelegt) und aufgedeckt« (Hamann, ibid.) wird. Es ist der besondere »Sprachgebrauch« dieser und anderer kantischer Denkfiguren, durch den Hamann uns zugleich an die »Bedeutung« der »Idee« der Metakritik »erinner(n)« und dem »Wort« 'Metakritik' seinen spezifischen »Umfang« und seine ganze »Ausdehnung« (Hamann, ibid.) des sakral-rhetorischen Begriffs gibt.

Zu konkretisieren ist demnach das, was bereits von E. Büchsel ansatzweise herausgearbeitet worden ist, daß nämlich für Hamann »die allgemeine Menschenvernunft« als solche und die daraus sich ergebende »Begrifflichkeit des sensus communis«, die von Kant gemäß der aufklärerischen Tradition »absolut gesetzt und vergöttert« wird, »selbst etwas höchst Relatives, an Offenbarung und Überlieferung« sprachlich »Gebundenes« (Büchsel, 1966, S.98; vgl.: Piske, 1989, S.199) darstellt. Da er nun aber genau das in seiner »Anti- oder Metakritik« (Büchsel, ibid.) Kants nachweisen kann, ist für ihn am Ende nicht mehr zu übersehen, daß es »eine fatale Selbstüberschätzung« des Verfassers der *Kritik der reinen Vernunft* war, nicht bloß »zu meinen, die sogenannte allgemeine oder gesunde Vernunft als der sensus communis eines Zeitalters könne« den »richtigen Glauben« und die wahre Erkenntnis Gottes« aus sich »selbst hervorbringen«, sondern sogar anzunehmen, jene Vernunft könne »das« ein für allemal »richtige Sprechen oder Schreiben« darüber »in sich finden« (Büchsel, a.a.O., S.96-7). Ja »(e)ben dies, daß der sensus communis (s)eines Zeitalters« von Kant zur "allgemeinen" und »"gesunden Vernunft" erklärt« und als alleiniger »Maßstab der Wahrheit« genommen wird, ist für Hamann entgegen der redlichen Absicht Kants und seiner Zeitgenossen »die schrecklichste Quelle« einer bis heute anhaltenden politischen »Tyrannai« sowie einer dementsprechenden sprachlichen »Verblendung« (Büchsel, ibid.) gewesen. Solcher Gewaltherrschaft setzt Hamann sein durch die Idee der rhetorischen Metakritik beglaubigtes »Zeugnis von der Offenbarung, der Selbsterschließung des (uns) unbekannten und unbegreiflichen, aber lebendigen Gottes in Jesus Christus« (Büchsel, ibid.) entgegen. Dabei geht es ihm um die Bilder »eine(r)« sprachlichen »Offenbarung, die im Gefäß der Tradition und Schrift« nicht allein »aufbewahrt«, sondern von Generation zu Generation beständig verändert »worden ist«, wodurch sie uns schon bei Hamann so »menschlich«, sinnlich und leidenschaftlich erscheint, »wie das Wort in Christus Fleisch wurde« (Büchsel, ibid.).

Daß der überlieferte Sprach(en)gebrauch nicht nur des von Berkeley »behauptet(en), von Hume »erklärt(en)«, von Kant »(k)riti(sch)« (Hamann, NIII, S.283, Z.1 u. 13) gewendeten und von Hamanns nochmals »verwand(elten)« (Knudsen, 1983, S.95) sensus communis eminent rhetorisch ist, hängt also nicht allein mit dem »despotisch-dictatorischen« Charakter auch des kantischen »Redegebrauch(s)« (Hamann, NIII, S.75, Z.19-20) zusammen, den Hamann in seiner Metakritik unweigerlich herbeizitiert[86], sondern ergibt sich auch aus der eigenen Art und Weise, in der er sich seinerseits auf die ihm im Textzitat vorliegende literarische Tradition einläßt. So fungiert das (in)direkte 'Berkley-Hume-Kant-Zitat' Hamanns wie alle weiteren als formaler Inhalt, der die von Kant bestimmte rhetorische Form des Gedankens sprengt und im Medium der Metakritik seine eigene, freilich nicht minder rhetorische Form ausbildet, die sich zusammen mit anderen solchen Formen verdichtet zu einem eigenständigen topologischen Stil der literarischen Darstellung. Kennzeichnend für diesen Stil ist dabei nicht allein, daß er die zitativ gebrauchten »Begriffe« einzelner Sätze der kantischen Kritik und ihre geheimen Quellen »als Wörter (faßt), in denen sich die Umgebung des Textes, in dem sie stehen, und (...) der allgemeine Sprachgebrauch (...) außerhalb ihrer systematischen Verwendung (gebrochen) widerspiegel(t)«, sondern charakteristisch ist darüber hinaus, daß durch ihn »die kantischen Begriffe« als theologische »Topoi« (Simon, 1979, S.147) verwendet sind, die nicht bloß »exemplifiziert« und »etikettiert«, sondern immer kombiniert und aktualisiert werden, so wie das zitative «Sicheinlassen auf den geltenden Sprachgebrauch« und damit auf die »bestehende(n)« gesellschaftlichen »Verhältnisse« bei Hamann nie »bloße Anpassung« war, sondern »ein leidendes Lernen« (Büchsel, 1986, S.402) und ein metakritisches Verwandeln nach sich zog.

Besondere Aufmerksamkeit ist demnach beim weiteren Lesen geboten. Der zitative »Sprachgebrauch«, den Hamann im uns vorliegenden Text von seiner gänzlich aus der kantischen Kritik hervorgegangenen »Idee(.)« (Hamann, ibid.) der Metakritik macht, ist zweifellos methodisch ausgeklügelt und gelehrt. Wir werden bei unserer Deutung nicht umhinkommen, ihre verschiedenen abgelagerten literarischen

Schichten zu durchstoßen, um so zunächst das von Kant selbst als solches stets heruntergespielte *rekursive* sprachliche Moment auch seines philosophischen Diskurses freizulegen, das den schillernden geschichtlichen Hintergrund bildet, auf den sich Hamann dann in grundsätzlich verschiedener Weise bezieht.

In der Tat ist es ja so, wie I. Piske schreibt, daß Hamanns »Einwand gegen den Ausgang der Transzendentalphilosophie von einem a priori allgemeingültigen und ungeschichtlichen Prinzip der Vernunft« in letzter Instanz »auf die Sprache (rekurriert)« (Piske, 1989, S.5). »Ziel der "Metakritik"« muß es deshalb sein, »Kants Paradigmen der Apriorität und des transzendentalen Bewußtseins vom Phänomen der Sprache her nach ihren Voraussetzungen zu befragen« (Piske, ibid.). Dabei nun wird dieser »Rekurs auf die Sprache« am Ende »zum« ganz konkreten »Ausdruck des Zweifels an der Kraft tranzendentaler Subjektivität und der objektkonstituierenden Allgemeinheit ihrer (diskursiven) Begriffe«, denn er hilft, »einen Erfahrungsbegriff zu erschließen, der (...) von der Transzendentalphilosophie ausgeklammerte Gebiete (mit) einzubeziehen vermag« (Piske, a.a.O. S.5-6), indem er die »Bereiche der Phantasie, des Gefühls und des Religiösen« erneut »vergegenwärtig(t)« (Piske, a.a.O. S.8; vgl.: dies., 1990, S.294). Ungeklärt bleibt angesichts dieser Ausführungen Piskes allerdings, wie der angesprochene sprachliche »Rekurs« insbesondere »auf die Verstehensweise von Mythologie und Poesie« (Piske, 1990, ibid.) im einzelnen vor sich gehen soll. Offen bleibt, was wir weiterhin von Hamanns *Metakritik* her zu belegen versuchen werden, daß nämlich die beiden »innewohnende mimische Kraft« zur sinnlichen »Offenbarung transzendenter Zusammenhänge« (Piske, a.a.O., S.8-9) aufgrund ihres Göttlichen Ursprungs einen sakralrhetorischen Charakter hat.

Abzusehen ist dabei freilich von Anfang an, daß wir eben dadurch, daß Hamann in seiner kleinen Streitschrift von der Metakritik als Methode wohl ständigen Gebrauch macht, ihre dementsprechenden Prinzipien jedoch zu keinem Zeitpunkt eigens erläutert, ein nicht unerhebliches Problem haben: Wir wollen mit Hilfe unserer weiteren Interpretation die Herausbildung und Festlegung eines sakralrhetorischen Begriffs der Metakritik verfolgen, obwohl eben dieser Begriff im Text selber sozusagen nur *ex negativo* bestimmt wird. Daß dennnoch alle nun folgenden »Wahrnehmung(en) und Beobachtung(en)« zur kantischen *Kritik* ohne jenen Begriff undenkbar sind und stets auf ihn verweisen, wird allerdings schon in dem Moment deutlich, wo Hamann das »Geheimnis(..)« der für ihn ganz offensichtlichen logischen »Un-Möglichkeit« einer »sinnlichen Anschauung vor aller Empfindung eines Gegenstandes« sowie einer »menschliche(n) Erkenntnis von Gegenständen der Erfahrung ohne und vor aller Erfahrung« (Hamann, a.a.O., S.283, Z.18-23) aufzulösen beginnt. Allein »auf dieser doppelten Un-Möglichkeit« nämlich und dem daraus hervorgehenden, dann so »mächtigen Unterschiede analytischer und synthetischer Urtheile gründet sich« für ihn die kantische »Materie und Form« einer »transcendentalen Elementar- und Methodenlehre« (Hamann, a.a.O., Z.23-6), deren scheinbar unumstößliche und endgültige 'kritische Grundsätze' er radikal zu hinterfragen beginnt. Der in ihnen gestaltete »allgemeine(..) Unterschied« nämlich, die künstliche *stilistische Trennung*, nach der letztlich wohl menschliche »Vernunft allen Objekten, Quellen und Arten der Erkenntnis zum Grunde lieg(en)« soll, jedoch »keines von dreien selbst ist« und deshalb anscheinend »weder einen empirischen oder ästhetischen noch logischen oder discursiven Begrif nöthig hat«, sondern »bloß in subjectiven Bedingungen besteht, worunter Alles, Etwas und Nichts als Object, Quelle und Art der Erkenntnis« zuerst einmal »gedacht« und dann »zur unmittelbaren Anschauung gegeben« scheint, doch eigentlich mit aller Macht »genommen« wird, erschien ihm allzu »sch(a)rf(..) und rein(..)« (Hamann, a.a.O., S.283, Z.28-31 - S.384, Z.1-6). Es ist der rhetorische Purismus der kantischen Philosophie, der Hamanns freilich nicht minder rhetorische Metakritik des Kritizismus hervorgerufen hat.

R. Wild erläutert sehr schön, warum der von Hamann ins Auge gefaßte Titel für die letztlich nicht zustande gekommene Gesamtausgabe seiner Werke, »(M)etakritische Wannchen« (Hamann, HV, S.331, Z.28), gerade auch für seine eigentliche Arbeit an der *Metakritik* von 1784 sehr wichtig ist, denn »(i)m Bild der Badewanne zeigt sich ein (...) Aspekt von Metakritik, der in (seiner) Kantkritik, die er *Metakritik* nennt, zum zentralen methodischen Begriff wird: eine Badewanne dient« ja bekanntlich »der Reinigung« (Wild, 1975, S.109). »Hamanns Vorgehen (...) zeichnet sich« demnach »dadurch aus, daß er die Fragestellung Kants«, die dieser »in der Vorrede zur ersten Auflage der *Kritik der reinen Vernunft* formuliert«, durchaus »ernst nimmt« (Wild, ibid.). Er »versucht«, »mit Hilfe der Begrifflichkeit« Kants die von diesem beabsichtigten »'Reinigung(en)'« tatsächlich »durchzuführen« (Wild, a.a.O., S.110). Da ihm dies nun aber nicht gelingt und offensichtlich auch nicht gelingen kann, »fällt das durch die vorherigen »'Reinigung(sversuche)'« entstandene »(Denk-)Gebäude« der kantischen »Philosophie in sich zusammen« (Wild, ibid.). »(D)urch« das »radikale(.) Zuendedenken von Kants Prinzip(ien)« werden diese »ad absurdum« (Wild, ibid.; vgl.: Metzke, 1934, S.45) geführt. »Hamanns Metakritik der Sprachvergessenheit transzendentaler Vernunftkritik inszeniert« also »in "mimischem Styl"« (Hamann, ZHI, S.378, Z.24), daß es eine geschichtliche Handlung ist, mit der sich Kant auf Leibniz und Locke, auf Platon und Hume bezieht«. (Bayer, 1986, II, S.287). Dabei aber wird am Ende nicht bloß deutlich, daß auch »(d)ie *Kritik der reinen Vernunft* (...) durchaus nicht rein (ist), sondern ein "Geschlecht(s)register"« (Hamann, NIII, S.107, Z.6) »(hat)« (Bayer, ibid.). Zu erkennen ist ebenso klar, »daß Hamann bei aller Kritik und Distanz sich selbst aus dem gleisnerischen, hypokritischen Geschlecht nicht ausnimmt« noch ausnehmen kann, denn »er ist und bleibt« zweifellos »im Widerspruch« zu Kant dessen »Zeitgenosse« (Bayer, 1986, I, S.183). Ja, seine Metakritik des von Kant gefeierten »Zeitalters der Kritik, der sich alles unterwerfen muß« (Kant, KdrV, AXI), hat, wie wir sehen werden, »ihre Pointe gerade darin, die Annahme einer Reinheit und Unabhängigkeit der (menschlichen) Vernunft« nicht nur *theoretisch* »zu bestreiten«, sondern seine und unsere »Abhängigkeit von Geschichten«, die die »Unreinheit« jener »Vernunft« sinnlich offenbaren, vor allem auch *praktisch* »zu erweisen« (Bayer, 1986, I, ibid.; vgl.: Völkner, 1987, S.671).

2.2.3 Der rhetorische Purismus der kantischen Philosophie

Über den recht wagemutigen, doch letztlich vergeblichen »Versuch« (Hamann, NIII, S.284, Z.8) Kants, die unausweichlichen »Fragen« der menschlichen »Vernunft« (Kant, KdrV, AVII) durch eine vorherige »Reinigung« (Hamann, a.a.O., Z.7) von jeder sprachlichen Abhängigkeit ein für alle Mal zu befreien, schreibt Hamann denn auch voller Ironie:

> »Die erste Reinigung der Philosophie bestand nehmlich in dem theils misverstandenen, theils mislungenen Versuch, die Vernunft von aller Ueberlieferung, Tradition und Glauben daran unabhängig zu machen. Die zweite ist noch transcendenter und läuft auf nichts weniger als eine Unabhängigkeit von der Erfahrung und ihrer alltäglichen Induction hinaus - denn, nachdem die Vernunft über 2000 Jahre, man weiß nicht was? jenseits der Erfahrung gesucht, verzagt sie nicht nur auf einmahl an der progressiven Laufbahn ihrer Vorfahren, sondern verspricht auch mit eben so viel Trotz den ungeduldigen Zeitverwandten und zwar in kurzer Zeit, jenen allgemeinen und zum Katholicismo und Despotismo nothwendigen und unfehlbaren Stein der Weisen, dem die Religion ihre Heiligkeit und die Gesetzgebung ihre Majestät flugs unterworfen wird, besonders in der letzten Neige eines kritischen Jahrhunderts, wo beiderseitiger Empirismus mit Blindheit geschlagen, seine eigene Blösse von Tag zu Tag verdächtiger und lächerlicher macht. Der dritte höchste und gleichsam empirische Purismus betrift also noch die Sprache, das einzige erste und letzte Organon und Kriterion der Vernunft, ohne ein ander Creditiv als Ueberlieferung und Usum.« (Hamann, NIII, S.284, Z.7-32)

Der von Kant »eingeschlagene« kritische »Weg« (Kant, KdrV, AXII) hin zur vollkommenen »(U)nabhängig(keit)« der »Vernunft« ist für ihn notwendigerweise einer der »Reinigung« (Hamann, ibid.), denn ihre verschiedenen Abhängigkeiten erscheinen ihm offensichtlich als Verunreinigungen: als autoritäre »Bestimmungen, die nicht selbstgesetzt sind und deshalb (...) ausgeschieden« (Salmony, 1958, S.206) werden sollen. Doch sosehr Kant sich auch bemüht hat, auf eben diesem »Weg« einer »Kritik« zunächst des »Vernunftvermögens überhaupt« die endgültige »Abstellung« all jener gedanklichen »Irrungen« zu erreichen, die nun schon weit über zweitausend Jahre »die Vernunft« im Verhältnis »mit sich selbst entzwei(t)« haben, und sooft er sich lobt, damit endgültig das »Blendwerk« beseitigt zu haben, das bislang aus den zahlreichen »Mißdeutung(en)« der Möglichkeiten der menschlichen Vernunft »entsprang« (Kant, KdrV, AXVIII): Sein radikaler Versuch, die uns Menschen bewegenden Fragen nach der Vernunft zunächst einmal »unabhängig« von unserer sei es mündlich oder schriftlich »überliefer(ten)«, durch unendlich viele Generation »tradi(erten)« und von tiefem »Glauben« erfüllten Geschichte »zu machen«, mußte zwangsläufig »mißlingen« (Hamann, ibid.). Seine darüber hinaus gehenden Bemühungen, eben diese Vernunftfragen als »transcendente«[87] nun auch noch ganz losgelöst von der diese Geschichte einholenden »Erfahrung« zu betrachten, durch die allein wir uns ja am Ende ein vom einzelnen Menschen ausgehendes, sinnlich-konkretes Bild unserer »alltäglichen« (Hamann, ibid.) Welt machen können, war dann natürlich noch aussichtsloser. Der in beiden Reinigungsvorgängen zu erkennende Vorsatz aber, all jene Fragen als gänzlich »empyreische«[88] zu behandeln, sie insofern noch »unabhängig« von der »Sprache« zu beantworten, in der sie selbst verfaßt sind, der Sprache, die doch genau genommen

»das »einzige(,) erste und letzte Organon und Kriterion« der von uns eingeklagten »Vernunft« (Hamann, ibid.) darstellt, ließ sich am allerwenigsten verwirklichen. Die Fragen der »Vernunft« nämlich sind und bleiben als solche an die menschliche »Sprache« (Hamann, ibid.) gebunden.

Unser Hinweis auf den dreifachen »Versuch« einer »Reinigung« in der kantischen »Philosophie« (Hamann, ibid.) soll erhellen, was im folgenden Interpretationsabschnitt immer schon vorausgesetzt ist, nämlich die neuere Einsicht, daß die seit Jahrzehnten von der Hamann-Forschung angestellten Bemühungen unbefriedigend bleiben müssen, den »(wirkungs)geschichtliche(n) Weg« des von uns angesprochenen »Reinigungsvorganges« (Salmony, 1958, S.206) in der Weise zu rekonstruieren, daß der ersten »Stufe« der Reinigung »Descartes« sowie »Hume« und der zweiten »Stufe« dann »Kant« selbst zugeordnet werden, während die »letzte« Stufe als von Kant noch nicht »vollzogen« angesehen wird, da sie wenn überhaupt erst »in Freges 'Begriffsschrift'« (Wohlfart, 1984, I, S.146-7)[89] erfüllt sein soll. Imgrunde jedoch ist es so, daß alle drei Reinigungen - nicht nur die zweite - auf Kant selber bezogen werden können, weil schon bei ihm die »beide(n)« ersten »Reinigungen (...) in dem höchsten« - sprachlichen - »Purismus (zusammentreffen)« (Wohlfart, 1984, I, S.147)[90]. Unterstützt wird diese Auffassung durch den interessanten Befund O. Bayers, daß die von uns nochmals zitierten »berühmten Abschnitte 4 und 5 in Hamanns *Metakritik* (...), die von den drei - Überlieferung, Erfahrung und Sprache betreffenden - Purismen handeln, sich (eben) nicht nur im einzelnen, sondern in ihrer Gesamtkonzeption und Gesamtkomposition auf (ganz) bestimmte Texte der Kr.d.r.V. beziehen:« zunächst auf die auch von uns behandelte »Vorrede (AIX-XX)« und dann »auf A761, 856« (Bayer, 1992, I, S.1). Aus dem direkten Textvergleich ergibt sich allerdings, daß Kants Kritizismus die Geschichte des beständigen Wechselspiels von Überlieferung und Erfahrung nicht, wie im erwähnten Textzusammenhang von ihm behauptet wird, beendet, sondern daß er diese Geschichte im Medium seiner Sprache weitertreibt (vgl. Bayer, ibid.).

Was uns nun an dieser Tatsache interessiert, ist, genauer zu klären, wie jenes 'sprachliche Wechselspiel' von geschichtlicher Überlieferung und individueller Erfahrung im einzelnen vor sich geht und als solches auf den Leser wirkt. Denn wenn sich »die Vernunft« von »der Überlieferung, Erfahrung und Sprache« tatsächlich »nicht reinigen läßt« und sie »(o)hne diese drei unauflöslich ineinander wirkenden Momente (...) rein nichts (ist)« (Bayer, 1987, I, S.42), muß es unserer Ansicht nach bei der Interpretation vor allem darum gehen, den Charakter dieser sprachlichen Wirkung der neuzeitlichen Vernunft im Zusammenhang der bekannten und unbekannten Wirkungsgeschichte der kantischen Schriften eigens zu bestimmen. Wie wir gesehen haben, läßt sich dabei vor allem das eine bereits zu Beginn einer derartigen Bestimmung von Hamann aus sagen: Der rein »hypothetische« (Kant, KdrV, BXXIII) Versuch Kants, die gänzliche »Auflösung« unserer »metaphysischen Aufgaben« (Kant, KdrV, AXIII) der Vernunft zu leisten, ohne sich bei der 'Beglaubigung' ihrer immer schon sprachlichen 'Realität' (ihrem »Creditiv«)[91] von vornherein auf die tradierte »Ueberlieferung« und die 'practische Erfahrung' (»Usum«)[92] (Hamann, ibid.) einzulassen, mußte zwangsläufig scheitern.

Von O. Bayer ist herausgearbeitet worden, daß Hamann das Zustandekommen dieses letztlich unausweichlichen »Scheitern(s)« (O'Flaherty, 1989, S.190) der kantischen *Kritik* an dieser Stelle seiner *Metakritik*[93] mit dem stilistischen Trick verdeutlicht, »"die reine Vernunft"« sozusagen »als Hypostase agieren« zu lassen: sie tritt »gleichsam als allgemeines Subjekt« auf, das die eigentliche »Individualität des Autors« Kant und »die Kontingenz seiner (Schreib-)Handlung(en)« mit großem sprachlichen Aufwand »verstell(t)« (Bayer, 1990, II, S.439)[94]. »Einer solchen schlechthin "reinen" Vernunft« (Bayer, ibid.) gegenüber verhielt Hamann sich dann bewußt so wie »jene(r) Alte(.)« (Hamann, NIII, S.284, Z.27), der »Philosoph (.) Simonides«[95], in der »in Ciceros *De natura deorum* vom Skeptiker Cotta in Anspruch genommene(n)« und Hamann gut »bekannt(en) (...) Anekdote« (Bayer, 1990, II, ibid.)[96]. Dieser Simonides ist der überlieferten Erzählung nach derjenige, der auf die »Frage, was "Gott" (...) sei«, also darüber, »wonach« später auch in der kantischen *Kritik* »unter dem Titel des "Ideals" der reinen Vernunft« vor allem »im dritten Hauptstück der transzendentalen Dialektik« nachgedacht wird, »skeptisch verstummt(e)« (Bayer, 1990, II, S.438-9) und zuletzt »alle Lust zu reden verl(or)« (Hamann, NIII, S.284, Z.28-9):

> »"Solltest du mich also"«, heißt es in dieser Anekdote, als sich »Cotta an den Epikuräer Vellelius« wendet, »"(s)olltest du mich also fragen, was Gott ist oder was für ein Wesen er hat, dann möchte ich dem Simonides folgen, der sich, als der Tyrann Hieron genau dieselbe Frage an ihn richtete, einen Tag Bedenkzeit ausbat; als er ihm am folgenden Tag dieselbe Frage vorlegte, erbat er sich zwei Tage; und als er dann noch öfter die Zahl der Tage verdoppelte und Hieron verwundert fragte, warum er das eigentlich mache, gab er ihm zur Antwort: 'Je länger ich überlege, desto dunkler scheint mir das Problem zu sein.'"« (Cicero, (dt.) 1978, S.71)[97]

Auffällig ist jedoch, daß Hamann diese »Anekdote« für seine eigenen Absichten verwendet und sie dementsprechend »(ab)wandelt« (Bayer, ibid.). Auf ihn nämlich wirkte die durch die »hyposta(tisierte) (...) Vernunft« gestellte »Frage, was "Gott" sei« (Bayer, ibid.), nur »beinah« (Hamann, NIII.284, Z.26-7) so wie einst auf Simonides oder Cotta. Er selbst las hinter der scheinbar ganz »(a)bstrakt(en)« (Bayer, ibid.) Frage nach dem sprachlich 'vollkommenen Vorbild' (»Ideal«) der »Vernunft« (Hamann, ibid.) und damit nach »Gott« (Bayer, 1987, I, S.34) die sehr »konkret(e)« Frage (Bayer, 1990, II, S.439, A.26) nach dem sprachlich 'personifizierten Götzenbild' (»Idol«) unserer »Vernunft« (Hamann, ibid.)[98] und somit nach Kant als dem Autor der *Kritik der reinen Vernunft*. Er betrachtete die Frage nach dem »Ideal der Vernunft« aus *topologischer* Sicht und entlarvte sie dadurch als diejenige noch eines jeden der sich zu unserem »Vormund« (Hamann, HV, S.290, Z.10) aufschwingenden »Tyrannen« (Hamann, NIII, S.284, Z.29) der abendländischen Philosophiegeschichte, die erst einmal als solche erkannt für eine entsprechende »Antwort« durchaus einen gewissen, sprachlich-negativen »Raum läßt« (Bayer, 1990, II, ibid.). Das skeptische Verstummen verbindet sich bei ihm deshalb mit der freilich nur durch permanenten »Widerspruch« (Bayer, 1990, II, S.439, A.26)[99] und energisches Eingreifen aufrecht zu erhaltenden Hoffnung auf eine andere und am Ende vielleicht sogar bessere Welt. Eben darum beschließt Hamann diesen Abschnitt ganz im prophetischen Verkündigungsstil der *Heiligen Schrift* mit der durchaus ernst zu nehmenden Drohung: »"Weh den Tyrannen, wenn sich Gott um sie bekümmern wird!« (Hamann, N III, S.284, Z.29-30). Zumindest einen kleinen Vorgeschmack davon, was diese Drohung beinhaltet und nach sich zieht, hat der sich hier wie des öfteren »in der Figur eines (himmlischen) Gerichtspropheten, in der Figur 'Johannes des Täufers'« (Bayer, 1988, II, S.56) »(wieder)-erkenn(ende)« (Wild, 1975, S.147) Autor Hamann uns an dieser Stelle seiner *Metakritik* geben wollen.

Gerade aus jener heilsgeschichtlichen Perspektive aber wirkt die von Kant beabsichtigte Trennung der »Spontanität« der eigenen »Begriffe« von der »Receptivität« für die überlieferte »Sprache«, mit deren Hilfe die »reine Vernunft« dann die den Leser so sehr beeindruckenden »Elemente ihrer Rechthaberey, Zweifelsucht und Kunstrichterschaft (schöpfen)« (Hamann, a.a.O., S.284, Z.33- S.285, Z.2) will und kann, sehr willkürlich. Sein radikaler Versuch, aus dem »dreimal alten Sauerteig(.)« der abendländischen Philosophiegeschichte vollkommen »neue Phänomene und Meteoren des wandelbaren Horizonts« ganz aus eigener Kraft zu »erzeug(en)« (Hamann, ibid.), ist denn auch letztlich wenig überzeugend. Das recht eitle Verlangen, wahre »Zeichen und Wunder«, sei es mit dem alles »zerstörenden« und 'quecksilbervergifteten' »(mercurialischen) Zauberstabe« seines Mundes« oder mit dem »gespaltenen Gänsekiel«[100] zwischen den »drei syllogistischen Schreibfingern«[101] seiner wohl 'sehr starken', jedoch 'ihr Werk nicht vollbringenden' (»herkulischen«) »Faust« (Hamann, ibid.) zu schaffen, bleibt trotz aller Anstrengungen künstlich. Die aus der »doppelten Quelle der Zweideutigkeit« (Hamann, ibid.) der *Kritik* hervorgegangenen »Trennung(en)« Kants erweisen sich am Ende als das synthetische Produkt einer *rein* rhetorischen oder, wie Hamann sagt, »tyrann(ischen)« und »sophist(ischen)« (Hamann, a.a.O., S.284, Z.29-30) Scheidekunst, die »schon« den »Namen Metaphysik« in solch skandalöser Weise verunstaltet hat, daß deren Geschäft von Hamann durch den Hinweis auf das sinnliche »Muttermal« ihres eigenen »Namen(s)« (Hamann, a.a.O., S.285, Z.3-5)[102] rehabilitiert werden muß: Der von der Transzendentalphilosophie provozierte »Skandal« besteht »in Hamanns Augen« tatsächlich eben darin, daß »Kant (...) die eine Quelle, in der Ästhetik und Logik vereint sind(,) nämlich die Sprache, durch seine Zweiteilung« in »'zwei Grundquellen des Gemüts, deren erste (...) die Rezeptivität der Eindrücke, die zweite die (...) Spontanität der Begriffe'« sein soll, »zwiespältig« und »zur 'doppelten Quelle der Zweideutigkeit' (macht)« (Bayer, 1992, I, S.7-8)[103]. So aber wird die natürlich nie »absolut (.) solide Sprache (...) gänzlich unsolid, (...) mithin sophistisch (und) tyrannisch« (Bayer, 1992, I, S.8). Die »Ambivalenz« der kantischen »Sprache« also, die, wie Hamann als »'aufrichtiger Sophist'« (Bayer, 1992, I, S.9, A.40; vgl.: Hamann, ZHI, S.452, Z.36) nur allzu gut wußte, immer auch »"Tyrann"« ist (Bayer, ibid.; vgl.: Hamann, NIII, S.234, Z.29-30), wird in der *Kritik* »aufs äußerste gesteigert«, »wenn« die Sprache nicht als ein solcher »(.)erkannt« (Bayer, ibid.) oder zumindest nicht so erörtert wird. Jene »Ambivalenz« der Sprache wird »verheerend, wenn sie nicht im Zusammenhang einer *Rhetorik* der »Vernunft« (Bayer ibid.), deren Umrisse in Hamanns *Metakritik* zu erkennen sind, behandelt wird, sondern verhandelt wird »unter dem Titel einer Metaphysik«, die dadurch »Wissenschaft zu sein beansprucht«, daß sie »eine unbedingte Gewißheit, Allgemeinheit und Notwendigkeit (..)sucht«, die nur durch die aus christlicher Sicht undenkbare und verwerfliche »Scheidung von Ästhetik und Logik, Sinnlichkeit und Vernunft erkauft« (Bayer, ibid.)[104] werden kann.

»Die Prämisse zweier Quellen« bei Kant »zeigt« von daher ein »paradoxes Ergebnis« (Bayer, 1992, I, ibid.), denn »die reine Vernunft« (Hamann, NIII, S.284, Z.35), im Text der ausgeführten *Metakritik* immer auch »eine Metonymie« für den unaufrichtigen Sophisten und Tyrannen »Kant«, »vollendet« durch den »Kritizismus« die abendländische »Geschichte der Vernunft« keineswegs; der ewige »Streit zwischen Dogmatismus und Skeptizismus« um das Aussehen einer zukünftigen Metaphysik wird entgegen der erklärten Absicht Kants durch ihn »nicht beigelegt« (Bayer, 1992, I, S.9, A.40), so daß er von Hamann erneut religiös »verklärt« (Hamann, a.a.O., S.285, Z.5) werden muß.

Hierzu hat O. Bayer erläutert, daß »(m)it 'Verklärung'« bei Hamann »nicht etwa eine Überhöhung gemeint (ist)«, »sondern« eine sprachliche »Metamorphose, eine Verwandlung (und) Umkehrung« der in unserem Fall von »Kant(...) gegebenen Erklärung(en)« (Bayer, 1981, S.73; vgl.: ders., 1988, II, S.141). »(Diesen) selbst« in seinen Text zitativ »aufnehmend, will (er) dessen Stellungnahme(n)« zu den 'Grundfragen der Vernunft' als verkehrt, auf einer »Selbsttäuschung, ja auf einer das ganze Zeitalter bestimmenden Lüge beruhend, erweisen« (Bayer, 1981, S.73-4). »In (eben) dieser Umkehrung einer verkehrten Aufklärung« in eine zumindest scheinbar »wahre Aufklärung liegt« zweifellos die wirkungsvolle »Pointe« (Bayer, ibid.) der hamannschen *Metakritik* des Kritizismus. Über die sich vom Begriff der 'Verklärung' bzw. »Transfiguration« her ergebende »Affinität des Ästhetischen und Religiösen« (Wohlfart, 1986, S.130) schreibt G. Wohlfart, daß in der von Hamann durch »(Verd)ichtung« des Ausgangstextes »wiedergefundene(n) Sprache« das verwendete 'gewisse Wort' »in den dunklen Grund« einer geflissentlich von Kant überhörten »Stille (einfällt)«, die »an den Ursprung der menschlichen Sprache aus dem Stillschweigen (erinnert), in dem (allein) das göttliche Wort aufgeh(en)« (Wohlfart, 1987, I, S.81) kann. Durch diesen Einfall nun aber »strahlt« das »Licht irdischer Verklärung bzw. Transfiguration der figürlich zu uns sprechenden (...) Natur«, Geschichte und Schrift heute zumindest für einige wenige Leser »heller als jenes Nordlicht der Aufklärung« (Wohlfart, ibid.), das dem leuchtete, der durch sein beharrliches Stillschweigen (vgl. schon: Kant, KdrV, BII) jene Erinnerung an das 'Göttliche Schweigen' auszulöschen versucht hat.

Eine solche Erinnerung bis in die Gegenwart aufrecht zu erhalten, ist nun nicht zuletzt auch deshalb notwendig, weil gerade Kant bei der Bildung seiner gereinigten »Mittelbegriffe« imgrunde »weiter nichts« als ein ebenso »altes« wie »kaltes« Vorurteil für die Mathematik vor und hinter sich (hat)«, eine Wissenschaft, die ihre nahezu 'unwiderlegbare' (»apodictische«) »Gewißheit« über die »gleichsam« unmittelbare und »kyriologische Bezeichnung« der »einfachsten sinnlichsten Anschauung« von »Punkten«, »Linien und Flächen« zu beziehen meint und »die Möglichkeit derselben in augenscheinlichen Constructionen oder symbolischen Formeln und Gleichungen« zu belegen glaubt, die den nach dem 'Göttlichen Schweigen'

unausweichlichen »Mißverstand« (Hamann, a.a.O., S.285, Z.18-24) der menschlichen Natur, Geschichte und Schrift auszuschließen scheinen. Während nun aber
die Mathematik die »Idealität ihrer Begriffe« doch zumindest eingesteht und diese
Begriffe genau deswegen »durch empirische Zeichen und Bilder bestimmt und
fig(urie)rt«[105], »mißbraucht« die ihr nachgebildete kantische »Metaphysik« nach
Hamanns Ansicht »alle Wortzeichen und Redefiguren unserer empirischen Erkenntnis« gänzlich, wenn sie diese mit einer noch größeren Rücksichtslosigkeit »zu lauter
Hieroglyphen«[106] und geschichtslosen »Typen idealischer Verhältnisse« (Hamann,
a.a.O., S.285, Z.26-31) macht.[107] Jene Metaphysik »verarbeitet« durch ihren ach
so »gelehrten« transzendentalen »Unfug« die geschlechtliche »Biderkeit« unserer
alltäglichen »Sprache«[108] in ein derart »sinnloses, läufiges, unstätes« und letztlich
»unbestimmtes Etwas = x«[109], daß von eben dieser die menschlichsten Bedürfnisse
widerspiegelnden Sprache »nichts« weiter als ein gelegentlich spürbares »windiges
Sausen« und nur noch der flüchtige Eindruck eines »magische(n) Schattenspiel(s)«
an der Wand[110] »übrig bleibt« (Hamann, a.a.O., S.285, Z.31-36).

2.2.4 Die rhetorische Hauptfrage der Metakritik

Wenn wir dies alles noch einmal vergegenwärtigen, wird für uns wohl sehr viel
deutlicher, warum schon Hamann die von Kant bewußt ausgegrenzte Vorfrage,
»wie *das Vermögen zu denken* selbst möglich (ist)« (Kant, KdrV, AXVII), imgrunde von Anfang an zur »Hauptfrage« (Hamann, NIII, S.286, Z.1) seiner
Metakritik gemacht hat und machen mußte.[111] Er versuchte jenes von Kant zwar
stets in Anspruch genommene, doch bei der »Deduktion der reinen Verstandes-
begriff(e)« nie eigens hinterfragte »Vermögen zu denken« (Kant, KdrV, ibid.) so zu
fassen, wie es als primär Sprachliches im Text der *Kritik* wirklich ist und auch wirkt.
Hamann wollte erhellen, daß bereits die 'transzendentale Einheit der Apperzeption',
also jenes »*Ich denke*«, das »alle (s)eine Vorstellungen begleiten *können*« (Kant,
KdrV, B132) sollte, das *un*reine Produkt der »Einbildungskraft« des Autors Kant
war, die sich von daher als das 'Sinnlichkeit und Verstand' verbindende »Grundvermögen« (Kant, KdrV, A124) seiner offensichtlich doch vorhandenen menschlichen Natur[112] erwies.

Auf die »philosophiegeschichtlich bedeutsam(e)« Tatsache, daß es »die von Hamann oft erwähnte (...) Einbildungskraft« gewesen ist, die schon beim anfänglichen
Reden, vor allem aber beim späteren Schreiben über Kant »zu "gemeinschaftlicher
Übereinstimmung"« mit ihm »führen soll(te)« (Majetschak, 1988, II, S.245), hat
kürzlich noch einmal S. Majetschak ausdrücklich hingewiesen. Dabei ist insbesondere sein Befund, »daß Hamann« in der von Kant angesprochenen »Einbildungskraft keineswegs nur ein (fertige) sprachliche Produkte fundierendes Vermögen«
gesehen hat, sondern in ihr die gesellschaftliche »Grundkraft des menschlichen
Bewußtseins« fand, die »auch noch die reine Verstandesallgemeinheit« (Majetschak,
ibid.) der Begriffe bestimmte, für unsere weiteren Untersuchungen sehr wichtig. Er
läßt nämlich den Schluß zu, »daß wir dann«, »wenn wir«, so wie Kant beim eigenen

Denken, »"dem reinen Verstande" zu folgen glauben«, immer noch »"den allgemeinen und zuverläßigen Eigenschaften"« unserer grenzüberschreitenden »"Phantasie" verhaftet bleiben« (Majetschak, ibid; vgl.: Hamann, NIV, S.366, Z.25-6). Wenn wir gerade dies berücksichtigen, dann hilft Majetschaks »Ausdruck (gemeinschaftliche) Übereinstimmung« eine konkrete »(Gesprächs)möglichkeit zwischen (zwei) Individuen zu bedenken«, die jenseits der gewohnten »Alternative von Bedeutungsidentität oder -differenz steht«, so wie schon Hamann sich der wenn auch »nur temporären Aufhebung der Asymmetrie« in dem durch die Einbildungskraft erzeugten »ästhetischen Schein einer Übereinstimmung im Selben« mit Kant offenbar »bewußt« (Majetschak, 1987, S.143, A.13a (S.150)) gewesen ist. Eben »(d)ieser (ästhetische) Schein« nun entstand laut Majetschak »dadurch«, daß die ganz abstrakt wirkende »Rede« des schreibenden Autors Kant den um ein »Verstehenden« bemühten Leser Hamann »derart (ge)stimmt« hat, daß die sinnliche »Unbestimmtheit« der kantischen »(Verstandes-)Begriffe« mit einem Mal »aufgehoben scheint« (Majetschak, ibid.). Dabei ist der »ästhetische(.)« bzw. poetische »Schein« der kantischen »Rede« (Majetschak, ibid.), den Hamann auf sich wirken ließ, für ihn immer auch ein 'rhetorischer Schein' gewesen.

Schon in Bezug auf die anfangs gestellte »Hauptfrage« (Hamann, NIII, S.286, Z.1) seiner *Metakritik* bedeutet dies nun aber für Hamann, daß sich das für die *Kritik der reinen Vernunft* offensichtlich unabdingbare »Vermögen« des Autors Kant, »zu denken« (Kant, KdrV, AXVII), für ihn allein als *sprachlich-rhetorisches* eigens denken ließ. Demgemäß heißt es im folgenden:

> »Bleibt es allso ja noch eine Hauptfrage: wie das Vermögen zu denken möglich sey? - Das Vermögen, rechts und links(,)vor und ohne, mit und über die Erfahrung hinaus zu denken? so braucht es keiner Deduction, die genealogische Priorität der Sprache vor den sieben heiligen Functionen logischer Sätze und Schlüsse und ihre Heraldik zu beweisen. Nicht nur das ganze Vermögen zu denken beruht auf Sprache, den unerkannten Weissagungen und gelästerten Wunderthaten des Verdienstreichen Samuel Heinke zufolge: sondern Sprache ist auch der Mittelpunct des Misverstandes der Vernunft mit ihr selbst, theils wegen der häufigen Coincidenz des grösten und kleinsten Begriffs, seiner Leere und Fülle in idealischen Sätzen, theils wegen des unendlichen der Rede- vor den Schlußfiguren, und dergleichen viel mehr.«
> (Hamann, NIII, S.286, Z.1-13)

Bloß einer kurzen praktischen 'Einführung' (»Induction«) (Hamann, a.a.O., S.284, Z.11) in die Liebe und Lust wie Leid und Schmerzen bezeugende menschliche 'Wappenkunde' (»Heraldik«) seiner Begriffe und »keiner« großartigen theoretischen 'Ausführungen' (»Deduction(en)«) bedarf es laut Hamann, den 'geschlechterkundlichen Vorrang' (»die genealogische Priorität«)[113] der »Sprache« vor den von Kant herausgestellten »sieben heiligen Functionen logischer Sätze und Schlüsse« auch im Text der *Kritik* auf eindrucksvolle Art zu »beweisen« (Hamann, a.a.O., S.286, Z.1-13). Mittels des dabei angewendeten prosopopädeutischen Verfahrens[114] aber wird nicht nur deutlich, daß das »ganze Vermögen zu denken« auf der seit Jahrtausenden überlieferten und erst dadurch für Kant zugänglichen »Sprache (beruht)«, sondern es zeigt sich zugleich, wie eben dieses kritische »Vermögen« (Hamann, ibid.) sich im Text der *Metakritik* sprachlich entwickelt. Dies geschieht zum einen dadurch, daß Hamann die von Kant selbst vorgenommene Abstufung der aus seinen Fragen hervorgegangenen »Sätze und Schlüsse« nach der vermeintlichen Größe und Bedeutung der in ihnen enthaltenen, zumindest subjektiv-allgemeinen Begriffe grundsätzlich in Frage stellte. Für ihn nämlich als leidenschaftlich bekennenden Christen hatte das durch eben diese reinen Verstandesbegriffe von vornherein Ausgegrenzte, scheinbar Niedrige, ganz Körperliche, allzu gewöhnlich Erscheinende und deshalb keiner Beschreibung Würdige einen ganz erheblichen Stellenwert. Er suchte gerade darin den lebendigen stilistischen Ausdruck einer neuen, sehr menschlichen Erhabenheit. Er fand in jenem ganz Alltäglichen das verlockende sprachliche Sinnbild einer möglichen Umbewertung der durch Kants Philosophie am Ende nur bestätigten gesellschaftlich-moralischen Werte.

Stets bewußt war Hamann aufgrund seiner Bibellektüre natürlich, daß schon Gottes Sohn den Menschen nicht als ein Held oder König, sondern als ein Angehöriger der niedrigsten sozialen Stufe erschienen war, der sich zwischen all den verarmten Fischern, unheilbar Kranken, unwissenden Kindern oder verdorbenen Dirnen nicht nur wie einer von ihnen bewegte, sondern auch deren einfache Sprache sprach und es dennoch schaffte, daß seine Handlungen und Worte den Eindruck höchster und tiefster Würde beim Zuhörer hinterließen. Ebenso deutlich hatte er aber auch erfahren, daß sich der 'niedrige Stil', in dem diese Geschichten Christi überliefert wurden, obgleich er von gar keiner oder nur einer geringen Redekultur im klassisch-antiken Sinn zeugte, beim Lesen dennoch sehr ergreifend wirkte, weil er weit über seinen ursprünglichen Bereich hinaus ins Tiefste und Höchste, ins Erhabenste und Ewige übergriff. Eben diesen spezifisch christlichen *sermo humilis* in seinen Schriften nachzuahmen, war sein erklärtes Ziel. Und dies aus einem ureigensten Bedürfnis. Denn tatsächlich ist es ja so, daß gerade Hamann, dem Studenten ohne Abschluß, dem statuslosen Hofmeister, mittellosen Hafenarbeiter und staatlich bediensteten Packhofverwalter in subalterner Stellung, eine absolute Abstufung schon der Gegenstände seines jeweiligen literarischen Interesses unerträglich sein mußte, die es möglich machte, zwischen vermeintlich kleinen Problemen wie 'alltäglichen Geldgeschäften' und den vermeintlich großen philosophischen Fragen wie denen nach dem 'Heil der Menschen' zu unterscheiden. Oft sind es deshalb die angeblich so wichtigen Dinge des Lebens, die von ihm eher am Rande in gelegentlichen Exkursen und verstreuten Anmerkungen abgehandelt worden sind. Ebenso oft sind es aber auch die anscheinend ganz nebensächlichen Details seiner irdischen Existenz, die für ihn bei seiner Interpretation wissenschaftlich-philosophischer Texte ganz zentral werden.

Deutlich wird für uns angesichts solcher Beobachtungen zunächst, daß sich die Aktualisierung des 'christlichen *sermo-humilis*-Motivs' (E. Auerbach) bei Hamann nicht allgemein auf die Gestalt Gottes und den theologischen Kondeszenz-Gedanken bezieht, sondern ganz unmittelbar auf die Figur Christi selbst konzentriert ist[115]. So wird die Inkarnation im ganzen als eine Herunterlassung von Gottes Sohn zum niedrigsten Stand gedeutet, die bei Hamann dennoch innergeschichtlich konkret bleibt. Das erklärte Ziel seiner historischen Aktualisierung ist es, sich in polemischen Einlassungen gegen die philosophische (Kant) und politische (Friedrich II.)

Weisheits- und Gerechtigkeitslehre der an klassisch-antiken Idealen orientierten Aufklärungsbewegung des 18. Jahrhunderts zu wenden. Deutlich wird aber auch, daß sich die diesbezüglichen Überlegungen Hamanns letztlich auf die *humilitas* des Stils der *Heiligen Schrift* selbst bezieht. Insofern aber verweisen sie auf die bis in die Neuzeit aufrecht erhaltene Verteidigungsposition christlicher Schriftsteller wie Augustinus oder Luther zurück, die die 'Niedrigkeit' des Bibelstils nicht bloß anerkannten, sondern gerade in ihr jene menschliche Erhabenheit des rhetorischen Ausdrucks fanden, die dem klassisch-antiken Denken sosehr fehlt. Eine 'Neue Erhabenheit', die anfangs deswegen so abschreckend wirkt, weil sie stilistisch nachzuempfinden nicht nur tiefe Demut[116], sondern mindestens ebenso große Offenheit von uns Lesern verlangt.

Bedenken sollten wir bei diesem Nachvollzug freilich, daß die allzu deutlich körperlich-sexuellen, oft sehr anstößig wirkenden »Beschreibung(en)« der menschlichen »Liebe« als eines Aktes der »in der Furcht Gottes« vollzogenen »Zuwendung zum unmündigen Mitbruder« (Büchsel, 1962, S.155-6) bzw. zur Mitschwester bei Hamann keinen reinen Selbstzweck besitzen. Sie sind für ihn anders als für Kant das Sinnbild einer nicht bloß abstrakt denkbaren und dadurch möglichen, sondern im 'gewissen Wort' immer schon real vollzogenen Befreiung von den moralischen Zwängen gewesen, die sein gesellschaftlich fragwürdiges Leben im ja nur scheinbar so aufgeklärten Preußen 'Friedrichs des Großen' rigoros bestimmten (vgl. Bayer, 1983, S.348-50). Einer Befreiung, die sich tatsächlich nur »als Übernahme des von Gott in Christus getragenen Wagnisses« und damit zugleich »als Annahme der (...) göttlichen Berufung zum Menschsein (verstehen läßt)« (Büchsel, 1962, ibid.). Eines sinnlich-konkreten Menschseins, durch das sich der Christ Hamann als Autor nunmehr auch gegen den Philosophen Kant stellt, indem er dort, wo er sein eigenes Schuldgefühl angesichts jener Beschreibungen der körperlich-sexuellen Liebe offenlegt, zumindest indirekt immer auch »auf die Schuld dessen« verweist, der in seiner metakritischen Schrift bis zuletzt »die Macht« (Büchsel, a.a.O, S.155) über ihn hat: auf die Unterlassungsschuld seines die »Sprache« nur von ihrer abstrakten begrifflichen »Kondition her verstehen(den) und gebrauchen(den)« (Simon, 1983, S.18), historischen »Vormundes« (Büchsel, 1962, ibid.) Kant.

Das daraufhin gestaltete 'Zusammenfallen' (die »Coincidenz«) des »grö(ß)ten und kleinsten Begriffs«, »seine(.)« behauptete geistige »Leere« und seine nachgewiesene sinnliche »Fülle« in den von Hamann angesprochenen »idealischen Sätzen« (Hamann, NIII, S.286, Z.11-2) der kantischen *Kritik*, sollte uns Leser allerdings nicht darüber hinwegtäuschen, daß die vorhandenen Begriffsgegensätze zwischen Hamann und Kant als solche trotzdem bestehen bleiben. Die wahre Auflösung jener Gegensätze und die endgültige Befreiung von seinem einstigen Vormund will und kann dem Autor der *Metakritik* nicht gelingen. Das von Hamann hier angesprochene, von Augustinus über Autoren der frühen Neuzeit wie N. v. Kues und (nicht) G. Bruno (vgl. Piske, 1989, II, S.249) mittelbar zu Hamann gelangte »Principium coincidentiae oppositorum« (Hamann, HIV, S.462, Z.7), das bis dahin vielen christlich orientierten Denkern des Abendlandes als »der einzige zureichende Grund aller Widersprüche - und der wahre Prozeß ihrer Auflösung und Schlichtung«

erschien, der »alle(r) Fehd(e) der gesunden Vernunft und reinen Unvernunft ein Ende (..) machen« (Hamann, HIV, S.287, Z.10-17; vgl. ders., HV, S.327, Z.8-17) sollte, erscheint insofern in seiner metakritischen Schrift von 1784 in deutlich »(m)odifi(zierter) Form« (Piske, 1989, II, S.250, A.789). Es wird von ihm dort weder als das unser »Ziel des Denkens bestimmendes metaphysische(.) Einheitsprinzip« gedacht, noch als die »Möglichkeit, das Eine in der Vielheit anzuschauen, gefaßt«, denn der sprachliche »Widerspruch selbst« ist und bleibt in »Hamann(s)« *Metakritik* das »positive(.) Prinzip der Wirklichkeit« (Piske, ibid.) und seine »Auflösung (...) geschieht (...) einzig in Gott« (Salmony, 1958, S.188-9; vgl.: O'Flaherty, 1989, S.106-7). Die später vor allem auch von Hegel entwickelte »Illusion« also, die in der *Kritik* vorhandenen »(Stil-)Trennungen denkend zu überwinden, hielt(.) Hamann« für eine letztlich vergebliche »Flucht« zurück in das von Kant gesuchte »System reinen Begreifens« (Bayer, 1979, S.42)[(117)]. Eben »dieser Illusion und Flucht (...) widersteht« Hamann und »bringt es« deshalb »konsequenterweise« bei seiner Auseinandersetzung »nur zu 'Brocken' (oder) Gedankenfragmenten, die schon in ihrer sprachlichen Form bekunden, daß ihr Autor seine (dauernde) Bedürftigkeit nicht zu überspielen versucht« hat und sich mit seinem »christologisch(en)« Denken »gegen die Einordnung ins Allgemeine« anderer oder sogar besserer Begriffe »sperrt« (Bayer, a.a.O., S.42-3). Die in der *Metakritik* zutage tretenden »Begriffsgegensätze« zwischen Kant und Hamann sind insofern das verzerrte »Spiegelbild« der »(w)idersprüch(lichen) Erfahrung« (O'Flaherty, 1989, S.106), daß die endgültige Auflösung gesellschaftlicher Gegensätze dem Autor nicht einmal im literarisch-künstlerischen Text gelingen kann. Eine solche Auflösung ist und bleibt gerade auch für Hamann ein »Erfordernis« des realitätsbezogenen »Glaubens« (O'Flaherty, a.a.O., S.107) an eine bessere Zukunft.

Allein im Hinblick auf das göttlich »(U)nendliche« der hamannschen »Rede-(figuren)« vor den bei der 'Deduktion der reinen Verstandesbegriffe' benutzten kantischen »Schlußfiguren« (Hamann, NIII, S.286, Z.12-3) läßt sich also genauer erhellen, was wir von Erich Auerbachs Ansatz ausgehend schon vermuten konnten, daß nämlich trotz der unbestreitbaren Tatsache, daß beide Denker gedanklich weit voneinander getrennt waren, dennoch der eine in seiner 'kritischen Rede' auf den anderen in gewisser Weise hindeutet, so wie der andere den einen in seine 'metakritische Rede' in bestimmter Weise mit einbezieht. Und es wird durch Hamann noch einmal deutlich, daß dabei beide Pole der 'Figur und Erfüllung' als wirklich gestaltete sprachliche Vorgänge imgrunde innerhalb der gleichen, von Gott gegebenen Zeit liegen. Eben deshalb aber erschien Hamann auch das geistige Verständnis einer solchen Vorgangs als ein prophetischer Akt der individuellen Zuwendung, der sich vordergründig wohl mit den von Kant entwickelten philosophischen Grundbegriffen sowie den daraus gezogenen Schlüssen zu beschäftigen hatte, sich hintergründig aber mit dem ganzen sinnlichen Textmaterial längst vergangener, gegenwärtiger und zukünftig noch zu erwartender Begebenheiten und Ereignisse der Geschichte der abendländischen Philosophie befassen mußte[(118)]. Genau dadurch aber enthält die hamannsche Figuraldeutung Kants immer auch etwas offenes. Der konkret sichtbar gemachte Sinn nämlich und die innergeschichtliche Bedeutung der kantischen 'Schlußfiguren' wird ironischerweise[119] durch diese Vorgehensweise einerseits wohl enthüllt, andererseits aber auch wieder verhüllt, insofern diese 'Schlußfiguren' am Ende als die sich stetig wandelnden Ausdrucksformen eines freilich niemals ganz zu erfassenden, doch offensichtlich im Werk stets präsenten Ewigen und Jederzeitlichen (vgl. Hamann, NI, S.170, Z.3-6) erscheinen, das die einstmals »von Gott (vor)gegebene Richtung und Organisation des Lebens« (Piske, 1989, II, S.237) und literarischen Schaffens auch des Philosophen Kant auf dann näher zu bestimmende Weise bestimmt (vgl. Simon, 1967, S.73). Sie deuten insofern trotz ihrer letztendlichen Unbestimmtheit nicht nur auf die praktische Zukunft der über die konkreten Fragen der endlichen Vernunft streitenden Menschen, sondern weisen zugleich auf etwas sprachlich zu Deutendes in der zeichenhaften Welt hin, das wohl in absehbarer Zeit von uns Menschen selbst erfüllt werden soll und kann, doch in der durch die Vorsehung Gottes geleiteten schöpferischen Phantasie des Autors Hamann, in der es keinen Unterschied der Räume und Zeiten zu geben scheint, bereits erfüllt ist. Durch sie zeigt sich die sowohl vorläufig-fragmentarische als auch verhüllt jederzeitliche Wirksamkeit des metakritischen Textes, auf dessen nicht zu beseitigender Widersprüchlichkeit die in heilsgeschichtlicher Perspektive gedachte hamannsche Idee einer »unendliche(n) Rhetorik« (Schanze, 1993, S.65)[120] aufbaut, die mit ihrem wenn auch gebrochenen religiösen Glücksversprechen bis in die Gegenwart hinein zum sich beständig wandelnden Vorbild heutiger Erscheinungsformen der 'literarischen Rhetorik' werden könnte.

Aufgrund eben dieser unüberwindbaren Widersprüchlichkeit nun aber war die von Kant verwendete »Sprache« der bewegliche »Mittelpunct«[121] eines für Hamann zunächst wohl ziemlich problematischen, schon bald aber sehr produktiven »Mißverstandes der Vernunft mit ihr selbst« (Hamann, ibid.), der natürlich auch durch seine metakritische Betrachtung ihres wichtigsten Vermögens nicht aus der Welt geschafft werden konnte. Jene offensichtliche »Verlegenheit« der »Vernunft« (Kant, KdrV, AVII) in den Verstandesfragen sollte vielmehr mit Hilfe einer derartigen Betrachtung in ihrer ganzen Bedeutung für den Menschen herausgearbeitet werden zur umfassenden Bestimmung der bereits in der hamannschen *Metakritik* von 1784 erkennbaren und mittlerweile unübersehbaren Verstehensgrenzen und -möglichkeiten unserer sprachlichen Vernunft.

Dabei ist die heute überall spürbare, radikale Unsicherheit des Verstehens laut Hamann wohl zunächst das Resultat des neuzeitlichen »Mißbauch(s) der Sprache« (Hamann, NIII, S.301, Z.28-9), wie er bereits in der hypostatischen Rede Kants von der selbst agierenden 'reinen Vernunft' zum Ausdruck kommt, die »das »Wort(..) von seiner natürlichen Bedeutung (loszulösen)« (O'Flaherty, 1989, S.184) versucht. Darüber hinaus ist diese Unsicherheit für ihn aber auch das Ergebnis eines imgrunde sehr viel weiter zurückgehenden, durch den biblischen Sündenfall bedingten und seitdem bei jedem Gebrauch neu begangenen »Schlangenbetrug(s)« noch unserer quasi-natürlichen »Sprache« (Hamann, NIII, S.298; Z.3; vgl.: 1. Mose, 3, 1-5), dem gerade Hamann als ein seinen Neigungen und Begierden ausgelieferter Mensch und Autor immer wieder erlegen ist. Und tatsächlich ist es ja zu allererst die *Metakritik* selber, die als Text erhellt, warum der schon in der kantischen *Kritik* feststellbare und sich immer weiter entwickelnde »Mi(ß)verstand(..) der Vernunft« (Hamann, NIII, S.286, Z.9) durch nichts, auch nicht durch die für den bekennenden Christen Hamann zunächst verbindliche hermeneutische Grundannahme, daß zumindest »Gott (mich) versteht« (Hamann, NIII, S.128, Z.6-7)[122], auszuräumen war und ist. Bei der Ausformulierung jener *Metakritik* nämlich mußte der Autor Hamann deutlich wie noch nie zuvor darauf stoßen, daß der ihn seit seiner 'Londoner Bekehrung' immer wieder beruhigende Glaube, wenigstens Gott werde ihn verstehen, der ein Verstehenkönnen der kantischen Transzendentalphilosophie nach göttlichem Vorbild doch immerhin möglich zu denken machte, im konkreten Fall seiner Interpretation der kantischen *Kritik* nicht zu der »Kontingenzbewältigung« (Bayer, 1980, I, S.261) führte, die er sich erhofft hatte. Und er mußte am Ende einräumen, daß auch seine auf eben diesem Glauben aufbauende Vorstellung der Möglichkeit eines Verstandenwerdens seiner eigenen 'Ideen und Einfälle' zumindest durch die ihm »Nächste(n)« (Hamann, HV, S.358, Z.35) imgrunde nicht mehr als ein für das Schreiben wohl notwendiger, doch im Verlauf der jeweiligen Textarbeit zwangsläufig widerlegter »Grundakt der Selbststabilisierung« (Bayer, 1980, I, ibid.) als vernünftig denkender Autor gewesen war.

Man braucht dabei kein »Religionssoziologe Luhmannscher Prägung« oder ein ebensolcher »Psychologe« zu sein, um in der ständigen Wiederholung des »Epiphonem(s) (...): Gott versteht mich!«, mit dem sich Hamann gerade auch bei der schwierigen Interpretation Kants immer wieder »beruhigen muß« (Hamann, HVII, S.135, Z.18-9), tatsächlich den eben skizzierten »Grundakt der Kontingenzbewältigung« und »Selbststabilisierung« zu »sehen« (Bayer, 1980, I, ibid.; vgl.: ders., 1988, II, S.83 u. 183). Um zu erkennen, daß das, »(w)as in dem Ausruf "Gott versteht mich!" bekannt und angesprochen ist«, bei Hamann »systematisch denselben Ort (hat) wie das transzendentale Ich in der Philosophie Kants« (Bayer, 1980, I, a.a.O, S.261, A.65), also gleichfalls den 'blinden Punkt' darstellt, auf den er sich als Autor immer wieder zurück(be)zieht, genügt es, wie schon des öfteren erwähnt, diesen in Selbstzeugnissen formulierten Anspruch bei der Textinterpretation mit der Wirklichkeit der Textarbeit zu vergleichen.[123] Dabei allerdings wird deutlich, daß die »leitmotivisch(e)« (Hoffmann, 1972, S.220, A.102) Äußerung 'Gott versteht mich' vielleicht systematisch gesehen, aber nicht historisch betrachtet »denselben Ort« hat wie »das transzendentale Ich (...) Kants« (Bayer, 1980, I, ibid.). Anders nämlich als in der *Kritik* wird in der *Metakritik* Hamanns die Spannung zwischen dem vorweg erhobenen Anspruch und der konkreten Wirklichkeit des Denkens ausgehalten und als sprachliches Grundproblem der »communicatio göttlicher und menschlicher idiomatum« (Hamann, NIII, S.27, Z.11-2) bewußt gemacht.

Durchaus naheliegend ist es nämlich, den in der *Metakritik* gegebenen doppelten Hinweis auf die faktische Unmöglichkeit des Verstehens wie des Verstandenwerdens als Indiz einer schon bei Hamann spürbaren und dann vor allem bei Nietzsche zum Ausbruch gekommenen, neuzeitlichen »Krise des (Text)verstehens« (Simon, 1987, II, S.79)[124] anzusehen, die derart radikal gewesen ist, daß sie bis heute nicht nur unser sprachliches Verständnis des 'Neuzeitlichen' sowie der 'Krise' und des 'Textes' getroffen, sondern letztendlich auch den schon durch Kant vorgebildeten Begriff des »identische(n) Sichverstehen(s)« (Simon, 1983, S.17)[125] erfaßt, gewendet und vernichtet hat. Trotz dieser kaum noch zu leugnenden Tatsache nun aber, daß unsere unermüdlichen Versuche, einander zu verstehen, doch immer wieder auf ein 'Mißverstehen' des anderen hinauslaufen, erscheint die von den zahlreichen »Vertretern« eines »transzendentalhermeneutischen Begriff(s) der Sprache« (Bayer, 1986, II, S.278)[126] vorgebrachte und durch vereinzelte briefliche Äußerungen Hamanns[127] durchaus zu stützende Frage nicht unberechtigt, ob denn diese zugegeben vorhandenen »Mißverständnis(se)« hinsichtlich der Fragen der Vernunft nicht auch in gewisser Weise für uns »heilsam(..)« (Bayer, 1979, S.52 (Diskussion)) sein könnten und demzufolge als ein »wunder(samer) (...) Vorgriff auf eine letztlich (doch) gelingende Verständigung«(Bayer, 1986, II, S.280-1)[128] aufgefaßt werden müßten. Die sich schon in den Texten Hamann andeutende Antwort nun freilich, daß es aller Voraussicht nach auch in ferner Zukunft keine gänzlich »gelingende(.) Kommunikation« (Simon, 1983, S.13, A.3) geben wird, schließt nicht aus, daß es wie im Falle der *Metakritik* Hamanns trotzdem zu einem allem Anschein nach gelingenden Sprachengebrauch kommen kann, der eine bestimmte Bedeutung eines Textes wie der *Kritik der reinen Vernunft* als 'etwas für andere' prinzipiell nicht ausschließt. Dies allerdings ist nur möglich, wenn wir so wie Hamann »das unvermeidlich Positional-Metaphysische« in der von uns formulierten Absicht »zu verstehen, bzw. unbedingt verstehen zu sollen oder doch wenigstens verstehen wollen zu sollen« (Simon, 1987, II, S.89), erkennen. Dies hat erst dann irgendeine Aussicht auf Erfolg, wenn wir es ähnlich wie Hamann schaffen, beim Schreiben der höchst gefährlichen Allmachtsphantasie[129] zu widerstehen, jedes »Anderssein« doch zumindest »verstehen zu können« (Simon, ibid.) und gleichzeitig akzeptieren, daß wir auch für den »andere(n)« letztendlich »unerreichbar bleib(en)« (Simon, 1990, S.20). Dies kann nur glücken, indem wir im Verlauf unserer eigenen Textarbeit damit anfangen, das Anderssein ganz »anderer« wirklich »ernst zu nehmen« (Simon, 1987, II, S.94) und es demzufolge entgegen aller bisherigen »Gewohnheit« (Simon, 1979, S.161) zulassen, uns vom »anderen« in derart radikaler Weise »beeinflußen (...) und überreden (zu) lassen«(Simon, 1990, a.a.O., S.16), daß das von uns selbst Geäußerte am Ende nicht bloß persönliche Äußerung ist, sondern radikale »Selbstentäußerung« (Simon, 1990, a.a.O, S.17) wird.

Der erhebliche Vorteil bei dieser neuen *metakritischen Methode* der Textdeutung läge darin, daß wir das unausweichliche »Nichtverstehen« des »andere(n)« bzw. das Nichtverstandenwerden durch den anderen nicht mehr als ein allein »(d)estrukti(ves)« (Simon, 1990, ibid.), sondern als ein unter Umständen durchaus »produktive(s)« (Simon, 1979, S.162)[130] Andersverstehen begreifen könnten. Der enorme Gewinn bestände darin, daß wir unser eigenes 'Unverständnis' nicht mehr als einen Ausdruck von »Schwäche« (Simon, 1983, S.15) ansehen müßten, sondern das Bekenntnis zum 'Unverständnis' als »mut(igen)« (Simon, 1990, S.28) Akt der

»(Be)frei(ung)« (Simon, 1983, S.15)[131] bei der Zuwendung zum anderen begreifen würden.

Wenngleich der aus diesem neuen Mut zur Freiheit erwachsene »Glaube(.)« (Bayer, 1988, II, S.192) des Menschen an den Menschen und an Gott laut Hamann »(n)icht« direkt »kommunikabel« (Bayer, 1984, S.404)[132] ist, bedeutet diese unabänderliche Tatsache paradoxerweise keine »Tötung« einer jeden »Kommunikation« (Bayer, 1988, II, S.64). Die für ihn zentrale Idee einer »communicatio göttlicher und menschlicher idiomatum« (Hamann, NIII, S.27, Z.11-39) läßt sich durchaus fassen als die eines »Wortwechsels« (Bayer, 1980, I, S.247)[133], der keinen »Abbruch(.)« jeder Kommunikation nach sich ziehen muß, wohl aber zu einem Bruch in der Kommunikation[134] führen kann, der dann erstaunlicherweise »kommunikative Kraft« (Bayer, 1988, II, S.45) in erheblichem Maß freisetzt. Eine Kraft, die angesichts der dauernden Übersetzungsbedürftigkeit schon unserer eigenen Sprache[135] dringend benötigt wird. Vor dem Hintergrund nämlich der angesprochenen 'Krise des (Text)verstehens' ist die Aufrechterhaltung des fiktiven »Zwiegespräch(s)«, das bei Hamann stets die Form einer direkten »Anrede« hat und meistens mit einer alles eröffnenden »Frage« (Wohlfart, 1984, S.229)[136] eingeleitet wird, trotz der zeitlebens unüberwindbaren »(Verstehens)hindernisse« (Simon, 1979, S.154) und der daraus entstehenden unendlichen »Verschiedenheit« unserer »Verstehenshorizonte« (Simon, 1990, S.23) die allererste Aufgabe, die uns nunmehr aufgegeben ist.[137] Nur solange wir diese Art des vernünftigen Zwiegesprächs fortführen, besteht für uns die Möglichkeit, daß der sprachliche »Reichtum aller menschlichen Erkenntnis«, der nach Hamann »auf dem Wortwechsel« in der Rede »beruht«[138], durch diese nicht bloß »verwaltet«, sondern auch »vermehrt« (Simon, 1967, S.25)[139] wird.

2.2.5 Die eingeredete Allgemeinheit unserer Begriffe von Raum und Zeit

Wie ernsthaft sich nun jene radikale Beschränkung der sprachlichen Verstehensmöglichkeiten schon auf die Bildung der für unsere Wirklichkeitserfahrung grundlegenden »Begriffe« von »Raum und Zeit« (Hamann, NIII, S.286, Z.23 u. 26-7 versus Kant, KdrV, A22) auswirkt, macht uns Hamann deutlich, wenn er zur Erläuterung seines metakritischen Haupt(an)satzes ausführt:

> »Laute und Buchstaben sind also reine Formen a priori, in denen (n)ichts, was zur Empfindung oder zum Begriff eines Gegenstandes gehört, angetroffen wird(,) und die wahren(,) ästhetischen Elemente aller menschlichen Erkenntnis und Vernunft. Die älteste Sprache war Musik und nebst dem fühlbaren Rhythmus des Pulsschlages und des Othems in der Nase, das leibhaftige Urbild alles Zeitmaaßes und seiner Zahlverhältnisse. Die älteste Schrift war Malerey und Zeichnung, beschäftigte sich also eben so frühe mit der Oekonomie des Raumes, seiner Einschränkung und Bestimmung durch Figuren. Daher haben sich die Begriffe von Zeit und Raum durch den überschwänglich beharrlichen Einfluß der beyden edelsten Sinne, Gesichts und Gehörs, in die ganze Sphäre des Verstandes, so allgemein und notwendig gemacht, als Licht und Luft für Aug, Ohr und Stimme sind, daß Raum und Zeit wo

nicht ideae innatae, doch wenigstens matrices aller anschaulichen Erkenntnis zu seyn scheinen.« (Hamann, NIII, S.286, Z.14-28)

Solange wir die »Laute und Buchstaben« der Wörter in den uns vorliegenden Sätzen eines Textes allein unter dem *logischen* Gesichtspunkt ihres faktischen Vorhandenseins untersuchen, sind diese für uns tatsächlich nichts anderes als »reine Formen a priori« der sinnlichen Anschauung des jeweiligen Gegenstandes, »in denen« zunächst einmal »(gar)nichts«, »was zur Empfindung« oder gar »zum Begriff« dieses »Gegenstandes gehört«, sprachlich »angetroffen« (Hamann, ibid.) zu sein scheint. Sobald wir aber jene »Laute und Buchstaben« zugleich aus dem *rhetorischem* Blickwinkel ihrer geschichtlichen Entstehung betrachten, können wir in ihnen gleichermaßen »die wahren, ästhetischen Elemente« unserer »menschlichen Erkenntnis und Vernunft« (Hamann, ibid.) entdecken.

Dabei ist der zitierte erste Satz des 10. Abschnitts der *Metakritik* selber ein Beleg für das, was Hamann hier thesenhaft festhält. Wenn man ihn nämlich auch unter dem Aspekt seiner 'geschichtlichen Entstehung' betrachtet, fällt einem auf, daß Hamann »zunächst gar nicht, wie es von der transzendentalen Ästhetik der K(d)rV her zu erwarten wäre, von "Raum" und "Zeit" (redet)«, sondern in seinem Text »für beide (...) "Laute" und "Buchstaben" (substituiert)« (Bayer, 1992, II, S.28). Dadurch macht er nicht bloß deutlich, daß wir dort, wo »Kant von Raum und Zeit als den beiden "reine(n) Formen sinnlicher Anschauung" (...) handelt, die in Laute und Buchstaben differenzierte Sprache zu bedenken« (Bayer, 1992, II, ibid.; vgl.: Kant, KdrV, A22) haben, sondern er weist auch darauf hin, daß schon jene uns anscheinend so gut bekannten 'Laute und Buchstaben' der Muttersprache, so wie die daraus entstehenden Wörter, Sätze und Texte, imgrunde einen »unreinen, zufälligen und besonderen« (Bayer, 1992, II, ibid.) geschichtlichen Charakter besitzen, der jedoch gerade ihren ästhetischen Reiz ausmacht. »Die älteste (Laut-)Sprache« nämlich war noch ganz »Musik« und bildete als solche »nebst dem fühlbaren Rhythmus des Pulsschlages und des Othems in der Nase« das »leibhaftige Urbild alles taktischen Zeitmaaßes« und seiner unterschiedlichen »Zahlverhältnisse« (Hamann, ibid.) beim Reden aus, während »die älteste (Buchstaben-)Schrift« eigentlich »Malerey und Zeichnung« war und sich wohl deswegen »so frühe« mit der »Oekonomie« des bildreich gestalteten »Raumes«[140], seiner sinnvollen »Einschränkung und Beschränkung« durch metrische »Figuren« beim Schreiben »(beschäftigte)« (Hamann, ibid.)[141]. Durch den ebenso »überschwänglich(en)« wie »beharrlichen Einfluß«[142] dann der »beyden edelsten« unserer ästhetisch empfindenden »Sinne«, des »Gesichts und Gehörs«, auf die ganze 'Himmelskugel' (»Sphäre«) des »Verstandes« haben sich unsere offenbar immer deutlicheren »Begriffe von Zeit und Raum« so menschlich »allgemein und notwendig gemacht«, daß heute »Raum und Zeit« wohl »nicht«[143], wie die Transzendentalphilosophie uns glauben machen will, 'eingeborene Ideen' (»ideae innatae«) sind, »doch wenigstens« 'Gebärmuttern' (»matrices«) »aller anschaulichen Erkenntnis zu seyn scheinen« (Hamann, ibid.).

»Zeit und Raum«, schreibt O. Bayer diesbezüglich, »sind wie Hören und Sehen« bei Hamann »miteinander verbunden«, denn der »Gehörsinn als der Zeitsinn und der mit dem Tastsinn zusammenarbeitende Gesichtssinn als der Raumsinn lassen sich sowenig voneinander isolieren wie Malerei, die älteste menschliche Schrift, von der Musik, der ältesten menschlichen Sprache« (Bayer, 1988, II, S.214). »Laute und Buchstaben, Zeitsinn und Raumsinn vereinigen sich zu jener Synästhesie der Selbst- und Weltwahrnehmung, deren Reflexion den Kern von Hamanns *Metakritik* (...) Kants ausmacht« (Bayer, a.a.O., S.214-5): 'Rede, daß ich dich sehe. Schreibe, daß ich dich höre!'[144] Die »Sprache« und Schrift mit »ihrem« riesigen »Haushalt« an »(Klang)bilder(n)«, »aus dem sich die Affekte nähren«, »bestimmt« gemäß dieser Reflexion unsere ganz individuellen Anschauungen von Raum und »Zeit« (Bayer, a.a.O., S.215). Also »(o)hne Sprache« und Schrift »keine Zeit, kein Raum« (Wohlfart, 1984, S.160). Ja, »Sprache« und Schrift als göttliche »Schöpfung von Sinn, als Sinneröffnung(,) ist die Eröffnung von Zeit-Raum« (Wohlfart, ibid.). Diesem »Gedankengang« ein Stück weit »nach(zugehen)« (Wohlfart, ibid.), ist die Aufgabe, die auch wir uns gestellt haben. »Er führt« uns, wie wir von verschiedenen Seiten aus zu zeigen versuchen, zunächst »zum Verhältnis von Kunst und Sprache« (Wohlfart, ibid.) und dann zu dem von Kunst und Schrift. Er führt uns zur 'literarischen Rhetorik' als der »Kunst« der »Transfiguration dessen, was uns« in der wohl »stummen« und blinden, vielleicht jedoch gerade deshalb ganz sinnlichen und »figürlichen Sprache« und Schrift »des Schönen« und Häßlichen in jeweils ganz individueller Weise »anspricht« (Wohlfart, a.a.O., S.48) und anschaut.

Kants Versuch nun aber, dieses figürliche Moment auch seiner eigenen Sprache und Schrift vollständig zu unterdrücken, um eben so die geplante »Metaphysik« (Kant, KdrV, BXXIV) nicht nur der »Anmaßung überschwenglicher Einsichten« (Kant, a.a.O., BXXX) zu berauben, sondern sie dadurch zugleich in »einen beharrlichen Zustand« (Kant, a.a.O., BXXIV) zu bringen, ist demgegenüber wenig überzeugend. Die von ihm behauptete, zumindest subjektive Allgemeinheit seiner grundlegenden metaphysischen »Begriffe von Zeit und Raum« nämlich erweist sich beim genauen Hinsehen als eine uns Lesern bloß eingeredete und in den Text der *Kritik* zusätzlich eingeschriebene.

Das hier angesprochene »Problem der Vermittlung zwischen dem Allgemeinen des Begriffs und dem Besonderen der Erfahrung« macht, wie auch I. Piske hervorhebt, mit den »Kernpunkt(.) von Hamanns (...) Kantkritik« (Piske, 1989, I, S.287) aus. Dabei »sucht« Hamann »nach einer Vermittlung«, die »weder« so wie bei Kant »das Besondere unter ein vorgegebenes Allgemeines subsumiert«, noch im Gegenzug das Allgemeine im Besonderen sich verflüchtigen läßt«, so daß am Ende »lediglich (eine) deskriptive, empirisch-psychologische Aufzählung von Besonderheiten« (Piske, ibid.) möglich ist. Im Gegensatz dazu hat Hamann selbst die beiden »verschiedenen Pole« des Besonderen und Allgemeinen »immer schon im (...) Zusammenhang, in der Verflechtung von Wirkenseinheiten, verbunden« (Piske, ibid.) gesehen. »Wort und Wirklichkeit, Sprache«, konkrete »Erfahrung« und überlieferte »Geschichte« (Piske, a.a.O., S.288) mußten und konnten für ihn, anders als für Kant (vgl. Bayer, 1979, S.44), wieder ausdrücklich »jene untrennbare, von der rhetorischen »Einbildungskraft« (Majetschak, 1988, III, S.245) des Menschen »zusammengefügte Einheit bilden« (Piske, 1989, I, ibid.), die Kant in seiner *Kritik der reinen Vernunft* vergeblich zu scheiden versucht hat.

»(D)ie Sprache der Philosophie« wird dadurch von vornherein »begriffen als das, was sie wirklich ist (.)und (wird) nicht (bloß) vorausgesetzt als das, was sie sein sollte« (Simon, 1979, S.163). Ihre dennoch vorhandenene »Allgemeinheit« ist dadurch allerdings keine »absolute« mehr, sondern nur noch eine »komparative« (Bayer, 1992, S.14-5). Sie bleibt gebunden an die mündliche oder schriftliche »(R)ede(.)« von dem in der Geschichte »Jesu Christi« sinnlich-real gestalteten, »leidige(n) Kreuz« (Bayer, a.a.O., S.17) unserer sündhaften irdischen Existenz. Sie erweist sich als das *rhetorische* Erzeugnis einer unreinen geschlecht(er)lichen Vereinigung von Sinnlichkeit und Verstand, durch die auch der Philosoph Kant überhaupt erst zu einer anschaulichen Erkenntnis der unterschiedlichsten Personen, Ereignisse oder Gegenstände der ihn umgebenden Welt des 18. Jahrhunderts und ihrer höchst eigenen Geschichte[145] kommen konnte. In diese Geschichte beim Hören und Lesen verstehend »eindringen« (Büchsel, 1988, I, S.125)[146] zu wollen, ist wiederum das allererste Verlangen, das dem nicht zuletzt von Hamann selbst praktizierten 'geschlecht(er)kundlichen' (»genealogischen« (Hamann, NIII, S.286, Z.4)) Verfahren zugrunde liegt. Ein Begehren, das angesichts unseres wohl nicht zu befriedigenden »"Willens zur Macht" (Nietzsche)« (Simon, 1987, II, S.81)[147] leider nie ganz ohne Gewalt wird gestillt oder gar erfüllt werden können. Denn, ob wir es wahr haben wollen oder nicht, es bedarf immer wieder jenes alles andere als unbedenklichen Versuchs einer nur dem ersten Anschein nach zwanglosen, genauer betrachtet aber oft ganz »überschwänglich(en)«[148] und stets sehr »beharrlichen« stilistischen »Einfluß(nahme)« (Hamann, NIII, S.286, Z.23-4) auf die Wirklichkeit, um so als sich geschlechtlich »(f)ortpflanz(ender)« (Hamann, NIII, S.366, Z.12 »"Autor" und "Vater"« (Bayer, 1988, II, S.81) zu einer »anschaulichen Erkenntnis« (Hamann, NIII, S.286, Z.27-8) einer fremden und der eigenen Text-Welt zu gelangen. Dabei sind die aus einer solchen 'geschlecht(er)lichen Vereinigung' hervorgehenden Einfälle und Ideen tatsächlich wie unsere Kinder, die ja schon in der »Gebärmutter« (Hamann, NIII, S.239, Z.23) des weiblichen »Leib(es)« (Bayer, 1992, II, S.28) als augenscheinlich »unsichtbarer Embryo« (Hamann, NIV, S.456, Z.17)[149] recht selbständig wirken und, sobald sie ihren eigentlichen »Geburtsort(.)« ((Bayer, 1990, S.452) nach einer trotz aller »'Hebammenkunst'« (Bayer, 1984, S.394) wegen des auftretenden Kindbettfiebers (vgl. Wild, 1994, S.261) zumeist sehr »schwere(n) Geburt« (Bayer, 1988, II, S.229) verlassen haben, damit fortfahren, sich unserem ursprünglich (vgl. Bayer, 1987, S.37) bestimmenden Einfluß zu entziehen, so daß wir sie mit der Zeit kaum noch wiedererkennen und am Ende gar nicht mehr verstehen. Diesen so schmerzhaft erlebten Vorgang (vgl. Büchsel, 1988, I, S.276) der Loslösung von den einstmals aus äufklärerischen Einfällen und Ideen entstandenen und dann gesprächsweise weiterentwickelten »Vernunftwahrheiten« haben »seit dem 18. Jahrhundert« Hamann und einige andere in Anlehnung an die vielschichtige Tradition der »Rhetorik« (Bayer, 1988, II, S.151, 155) zu beschreiben versucht in der trotz des unablässigen Mißbrauchs jener Rhetorik aufrecht erhaltenen Hoffnung, durch sie einen sinnlich-konkret faßbaren Begriff menschlicher Vernunft wiederzufinden.

2.2.6 Die weitere Befruchtung kantischer Macht- und Flickwörter

Da nun für Hamann vollkommen unzweifelhaft ist, daß »Sinnlichkeit und Verstand« als die »zwey Stämme« einer jeden begrifflichen »Erkenntnis« auch bei Kant aus »(e)iner gemeinschaftlichen Wurzel (entspringen)«, nämlich der sprachlichen Einbildungskraft, stellt sich ihm nicht nur die naheliegende Frage, warum denn in der *Kritik* überhaupt eine »so gewaltthätige«, »unbefugte« und »eigensinnige Scheidung«[150] dessen vornommen wird, was die »Natur« des Menschen fest »zusammengefügt hat« (Hamann, a.a.O., Z.29-34). Er gibt nicht bloß zu bedenken, ob »nicht alle beyde Stämme« durch diese unnötige kantische 'Verzweigung' (»Dichotomie«) ein für allemal ihre »gemeinschaftliche(.) Wurzel« verlieren und so »verdorren (werden)« (Hamann, a.a.O., Z.34-5). Er überlegt zudem, ob sich nicht zum »Ebenbilde« unserer sprachlichen »Erkenntnis« ein »einziger Stamm« mit »zwey Wurzeln« sehr viel »besser schick(te)« (Hamann, a.a.O., Z.36-7). Ein »Stamm« mit einer »obern (Wurzel) in der Luft«, die ganz »unserer Sinnlichkeit Preis gegeben« wäre und einer »untern (Wurzel) in der Erde«, die gewissermaßen »unsichtbar« bliebe und »durch den Verstand gedacht werden« könnte (Hamann, a.a.O., S.286, Z.36-40). Durch dieses sehr viel angemessenere »Ebenbild(.)« nämlich ließe sich der von Kant unterstellte 'Vorrang' (die »Priorität«) des »Gedachten« gegenüber der 'Nachrangigkeit' (»der Posteriorität«) des »Gegebenen« oder vielmehr »(G)enommenen« wieder aufheben (Hamann, a.a.O., S.286, Z.36 u. 40 - S.287, Z.1). Allein so könnte es gelingen, die bis heute so »beliebte(.)« 'Umkehrung' (»Inversion«) der »reinen Vernunft« in »ihren Theorien« (Hamann, a.a.O., S.287, Z.2) wieder rückgängig zu machen.

Der Unterschied zwischen dem kantischen Bild von den »zwei Stämme(n) der menschlichen Erkenntnis«, »nämlich Sinnlichkeit und Verstand«, »die (...) aus einer (...) Wurzel, nämlich« der sprachlichen »Einbildungskraft, entspringen« (Kant, KdrV, A15) und dem hamannschen Bild von dem »ein(en) (...) Stamm (...) mit zwei Wurzeln« (Hamann, NIII, S.286, Z.36-7) besteht genau genommen darin, daß bei Kant die Einbildungskraft eine unsichtbare, sich als Wurzel im Untergrund des Textes der *Kritik* verlierende bleibt, während sie bei dem rhetorisch-poetischen Sprachkünstler Hamann den sichtbaren Stamm eines christlichen 'Baumes der Erkenntnis' (vgl 1. Mose, 2, 9 und 3, 2-5) bildet, der von einer unterirdischen Wurzel, nämlich dem Verstand, und einer überirdischen Wurzel, nämlich der Sinnlichkeit, gespeist wird. Wie lebensnotwendig gerade die letztere für den Autor Hamann ist, wird nicht zuletzt dadurch erkennbar, daß jener Baum bei Hamann anders als bei Kant und in der bis heute vorherrschenden christlichen Überlieferung kein Apfelbaum, sondern ein 'nährender Geschlechterbaum' (»chymische(r) Baum« (Hamann, NIII, S.287, Z.4)) bzw. »Feigenbaum« mit unendlich vielen »Adventivwurzel(n)« (Hamann, a.a.O., Z.15)[151] ist. Dabei läßt sich das Bild vom Apfelbaum gemäß der bei Hamann immer wieder durchbrechenden Geschlechtsmetaphorik deuten als das eines trotz seiner vielen Hoden nur zur Selbstbefriedigung benutzten männlichen Penis, während das des Feigenbaums anspielt auf das angesichts der Vielzahl vorhandener 'Feigen' (Vaginen) sehr erregte und äußerst fruchtbare Glied des den kantischen Text figurativ ausgestaltenden Autors Hamann.

So ist es naheliegend, daß Hamann nunmehr wissen will, ob es »vielleicht annoch« einen 'nährenden Geschlechterbaum' (»chymischen Baum«) der 'Jagd- und Fruchtbarkeitsgöttin' »Diana« nicht bloß zur abstrakten »Erkenntnis der Sinnlichkeit und des Verstandes«, sondern darüber hinaus auch zur ganz konkreten »Erläuterung und Erweiterung beiderseitiger Gebiete« und ihrer durch Kant rein willkürlich gezogenen »Gränzen (giebt)« (Hamann, a.a.O., Z.4-7). Diese eigentlich jedem bekannten »Gebiete« mit ihren durchlässigen »Gränzen« sind durch die 'gegenteiligen Äußerungen' (»antiphrasin«) der »reine(n) Vernunft« ja tatsächlich »so dunkel, verwirrt und öde gemacht worden«, daß nach Kant »aus der Morgenröthe« der von ihm großmundig »verheissenen nahen Umschaffung und Aufklärung« der scheinbar unberührte »Thau einer reinen Natursprache« durch einen erneuten literarischen Zeugungsakt erst »wiedergeboren werden muß« (Hamann, a.a.O., Z.6-13).

Es sind die bis heute lesbaren Spuren dieses geschlechtlichen Zeugungsaktes Hamanns, die uns verdeutlichen, daß es gar keine »reine(.) Natursprache« (Hamann, ibid.) gab noch gibt, zu der man zurückkehren könnte oder an die man zumindest appellieren könnte. Die von Kant entwickelten Vorstellungen darüber sind also offensichtlich eine bloße »Abstraktion und Reduktion« gewesen, die allein durch die radikale »Scheidung« des »Rationalen und Empirischen«, von Liebe und Sexualität sowie von »Vernunft und Geschichte« (Bayer, 1988, II, S.166) zustande kommen konnte. Dem naiven »Nichts« eben dieser Vorstellung einer »natürliche(n) Sprache entgeht« nach Hamann denn auch nur derjenige, der die aus der »Abstraktion« gewonnenen Gegensätze wieder »als lebendige Momente in ihrem Wechselspiel wahrnimmt« (Bayer, ibid.) und gestaltet. Die für jenes gewagte Spiel unabdingbare »Rhetorik« der Verführung erweist sich dabei als eine geschickte »Fortbildung« und Anwendung der in der »Sprache« des Alltags für Hamann wie für jeden anderen bereit liegenden »Kunstmittel« sowohl im gebrochenen (Halb-)Dunkel der Sinnlichkeit wie »im« klaren »Lichte des Verstandes« (Nietzsche, 1874, S.249).[152]

»Ohne« jedoch angesichts dieser umfassenden Aufgabe »auf den Besuch eines neuen aus der Höhe aufgehenden« und damit jenem großen Philosophen Kant wohl nicht unähnlichen 'Lichtbringers' (»Lucifers«[153]) »warten« zu können und ohne sich bei seinen Ausführungen an jenem »Feigenbaum der großen Göttin Diana« ganz »vergreifen« zu wollen, will Hamann selber zumindest ein Stück weit andeuten, wie die »(ge)schlecht(liche) Busenschlange«[154] der »gemeinen Volkssprache« auch im Text der *Kritik* das »schönste Gleichnis« gibt für die nicht nur 'auf bloßer Annahme beruhende' (»hypothetisch(e)«) (Kant, KdrV, BXXIII; vgl.: Piske, 1989, S.199, A.628), sondern immer schon 'personifizierte' (»hypostatische«) »Vereinigung der sinnlichen und verständlichen Naturen« (Hamann, a.a.O., S.287, Z.14-25) des Autors Kant. Dabei ist die in seiner *Kritik der reinen Vernunft* leider nicht eigens thematisierte, doch letztlich unumgängliche Entschlüsselung der »synthetischen Geheimnisse« der nun bereits mehrere Jahrtausende schriftlich oder mündlich miteinander »correspondirenden und sich widersprechenden« philosophiegeschichtlichen »Gestalten a priori und a posteriori« (Hamann, ibid.) weniger kompliziert, als man meinen könnte. Ja, das Zustandekommen der 'sacral-sprachlich' sich vollziehenden 'Verwandlung' (»Transsubstantiation«[155]) ganz »subjectiver Bedingungen und Subsumtionen in objective Prädikate und Attribute« (Hamann, ibid.) ist eigentlich sogar ganz leicht zu begreifen. Jene ach so geheimnisvolle 'Verwandlung' vollzieht sich nämlich bereits bei dem »bloßen Sprachgebrauch« der »gemeinsten Wahrnehmung« und »Beobachtung« des auch von Kant beim Schreiben in Anspruch genommenen »Sensus communis« (Hamann, a.a.O., S.283, Z.15-17). Der geschichtliche Wandel der in der *Kritik* vorherrschenden philosophischen Begriffe (der »Idiomenwechsel ihrer Kräfte« (Hamann, ibid.))[156] wird zwangsläufig hervorgerufen durch die sprachliche 'Befruchtung' (»copulam« (Hamann, ibid.))[157] eines jeden vorkommenden »Macht- oder Flickworts« schon beim ersten Lesen, die dem Metakritiker Hamann zunächst zu nichts anderem gedient haben mag als zur figurativen »Ausfüllung des leeren Raums« zwischen den Zeilen und zur zeitlichen »Verkürzung der langen Weile« in einer Pause des 'sich beständig hebenden und senkenden Geredes' (des »periodischen Galimathias per Thesin et Arsin« (Hamann, a.a.O., S.287, Z.17-25))[158] innerhalb der kantischen *Kritik*. Eine eher zufällige Befruchtung also, über deren weitreichende Konsequenzen für die eigene Textinterpretation sich der Autor Hamann offensichtlich erst im Nachhinein wirklich klar geworden ist.

»Was ein (...) Autor« wie Kant »selbst hinsichtlich der Elemente der Vernunft, ihres Geburtsortes, ihres Grundes und Abgrundes« als »notwendig und allgemein ausgibt«, schreibt O. Bayer in diesem Zusammenhang, ist, wie wir eigens herausgearbeitet haben, ganz »von der Ueberlieferung ab(hängig)« (Bayer, 1990, I, S.452), mit der er sich zwangsläufig auseinandersetzen mußte. »Doch ist dies« eben »nur das eine Moment des Sachverhalts«, denn »(w)as« sein späterer Leser Hamann jener »Überlieferung« dann »entn(immt)« und was er als Rezipient selbst »weiterg(ibt)«, »hängt« imgrunde »von der Willkühr ab« (Bayer, ibid.). Das allerdings, »was sprachlich (...) als Allgemeines« von Kant »vorgegeben« worden »ist« (Bayer, ibid.), wird durch die erneute 'Befruchtung' Hamanns zu einer nur im ersten Augenblick »a priori willkührlich(..) und gleichgiltig« erscheinenden, doch später wiederum beim eigenen Schreiben »a posteriori (...) nothwendig(..) und unentbehrlich(..)« (Hamann, NIII, S.288, Z.17-8) wirkenden Bestimmung.

2.2.7 Ein eruptiver literarischer Erguß

Wie eben dieser angedeutete »Idiomenwechsel« der selbst in der kantischen *Kritik* noch spürbaren sinnlichen »Kräfte« unserer »gemeinen Volkssprache« (Hamann, a.a.O., S.287, Z.19) konkret vor sich geht, darüber gibt uns Hamann zumindest ein Stück weit Auskunft, wenn er in dem nun folgenden Einschub[159] mit kaum noch zu zügelnder Leidenschaft bekennt:

»O um die Handlung eines Demosthenes und seine dreieinige Energie der Beredsamkeit oder die noch kommen sollende Mimik, ohne die panegyrische klingende Schelle einer Engelszunge! so würd' ich dem Leser die Augen öfnen, daß er vielleicht sähe - Heere von Anschauungen in die Veste des reinen Verstandes hinauf - und Heere von Begriffen in den tiefen

Abgrund der fühlbarsten Sinnlichkeit hinabsteigen, auf einer Leiter, die kein Schlafender sich träumen läst - und den Reihentantz dieser Mahanaim oder zweier Vernunftheere - die geheime und ärgerliche Chronik ihrer Buhlschaft und Nothzucht - und die ganze Theogonie aller Riesen- und Heldenformen der Sulamith und Muse, in der Mythologie des Lichts und der Finsternis - bis auf das Formenspiel einer alten Baubo mit ihr selbst - inaudita specie solaminis, wie der heilige Arnobius sagt - und einer neuen unbefleckten Jungfrau, die aber keine Mutter Gottes seyn mag, wofür sie der heilige Anselmus hielt « (Hamann, NIII, S.287, Z.26-40).

Nachzuempfinden ist an dieser Stelle, daß Hamann »dem Leser« der metakritischen Schrift gern sehr viel ausführlichere, ganz in dem 'dramatischen Stil' (als »Handlung«[160]) des unermüdlichen »Demosthenes« gehaltene, doch ohne das 'Lieblose' der viel zu 'lobrednerischen' (»panegyrische(n)«) griechisch-antiken »Engelszunge!«[161] auskommende Beispiele einer »noch kommen(den) »Mimik« gegeben hätte, damit jener Leser die den hamannschen Cento-Stil durchfließende »dreieinige Energie« der »Beredsamkeit«[162] wirklich spüren könnte, die »Augen öfnen würd'« und »vielleicht sähe« (Hamann, a.a.O. Z.26-29), was von Kant hartnäckig übersehen wurde.

»Mimi(sch)« in einem spezifisch christlichen Sinne[163] ist der »noch kommen sollende« (Hamann, ibid.) Stil Hamanns ja eben deswegen, weil er denjenigen Kants in einer derart »übersteiger(ten)« (Hoffmann, 1972, S.124) Weise »ironis(iert)«, daß er sich in seiner sprachlichen Nachfolge bedenklich nahe an der »(G)renze(.)« zur personalen »Identifikation« (Büchsel, 1988, I, S.271) bewegt, diese Grenze aufgrund der durchgängig zitativen Form der *Metakritik* sogar zu überschreiten scheint. Jenes »verfremdende(.)« (Bayer, 1988, II, S.46) und vielleicht auch befremdende (vgl.: Büchsel, a.a.O., S.283) »Rolle(nspiel)« im Stil ruft dabei einerseits sicherlich »Distanz« zum sich scheinbar ganz zurücknehmenden »Autor« (Bayer, a.a.O., S.42, 46) Hamann hervor, bewirkt andererseits aber auch, daß die anfangs rein fiktiv erscheinende Person Kant wieder als sprechende und handelnde Figur in ihrer sinnlichen und ganz körperlichen Gestalt erfahren werden kann. Dadurch nun findet am Ende eine »ironische(.) Umkehrung« (Hoffmann, a.a.O., S.124, A.67) statt, durch die sein 'kritisches Denken' zwangsläufig mit sich selbst konfrontiert wird. Gegen Kants erklärten Willen muß es seine eigene Leibgebundenheit sprachlich offenbaren. Es erweist sich am Ende als geschlechtlich bestimmt, auch wenn Kant gerade dies nicht zugeben mag (vgl.: Bayer, 1987, S.42-3).

Von J. »Nadler« ist bereits angemerkt worden, daß »sich« diese nachahmende »(Grund-)Bewegung« des hamannschen Textes »in einer dichten Zusammenfügung« von »antike(r) Mythologie, Dichtung, Anekdoten, etc.« mit alles überwuchernden »Bibelzitaten (vollzieht)«, die den visuellen Eindruck eines großartig verwobenen, »sakralen« Flickenteppichs oder »Bibelcento(s)« (Büchsel, 1988, I, S.234, 237)[164] entstehen läßt. Dabei kann es uns kaum noch überraschen, zu sehen, wie stark sich Hamann nicht nur bei seiner Übernahme »christlicher Topoi«, sondern auch noch bei seiner nachfolgenden »spielerischen Dynamisierung« der in seinem eigenen »Centostil« bevorzugten »(christlichen) Figuren« der »rhetorischen Tradition verpflichtet« (Büchsel, 1986, S.388)[165] gefühlt hat. Eine Verpflichtung nun aber, die ihm immer noch ein genügendes Maß an Freiheit bei der

126

künstlerischen Gestaltung ließ. So richtig es nämlich ist, daß »Hamann« mit »der Wahl des Centostils« bloß eine »Jahrhunderte alte christliche Tradition« fortführte, so wichtig ist es, daß »seine Anwendung« dieses Stils »grundverschieden von der« bis dahin »üblichen Praxis« des Gebrauchs gewesen »ist« (O'Flaherty, 1989, S.123). Denn während man sich bei der Centotechnik ursprünglich »darauf beschränkte(.)«, mehr oder weniger einfallsreich einen »bekannten Stoff in neuer Form darzubieten«, bediente sich Hamann offenbar dieses »Kunstgriffs«, um gleichsam einen »Dialog«, ein fiktives Gespräch, zwischen sich und Kant »in Gang zu setzen«, obwohl beide augenscheinlich »kaum etwas« oder garnichts miteinander »verb(an)d« (O'Flaherty, ibid.). Eben dadurch nun aber, daß »Überliefertes und Gleichzeitiges, Vergangenes und Gegenwart« nunmehr »schöpferisch (...) verwoben sind« (O'Flaherty, ibid.), berührt der verwendete »abbrevierte(.) Cento(...)« (Jørgensen, 1966, S.382)[166] streng genommen »nicht allein die Form des hamannschen Diskurses« über die kantische *Kritik*, »sondern ebenso dessen Gehalt« (O'Flaherty, ibid.)[167]. Ja, dessen Gehalt entsteht ganz und gar aus dem schier unauflöslichen Zusammenhang sich gegenseitig erläuternder Zitate. Jene »Zitat(e)« sind insofern »nicht (bloßes) Ornament oder äußerlicher Ausweis der Gelehrsamkeit«, sondern sie sind die gebündelten »Zeichen einer elementaren und unaufheblichen Abhängigkeit« (Bayer, 1988, II, S.44). Wenn aber nach der berühmten »Bemerkung Hegels« die »Schriften Hamanns« tatsächlich nicht nur »einen eigentümlichen (Cento)stil haben, sondern durch und durch (Cento)stil sind«, dann ist es sicherlich verfehlt, »ihn als 'Original'« (Bayer, ibid.)[168] im herkömmlichen Sinne zu charakterisieren. »Hamanns Autorhandlungen beweg(t)en sich« offensichtlich »nicht nur faktisch, sondern gewollt und bewußt« in einem sprach-geschichtlichen »Zusammenhang«, in dem der »Autor« als »Mensch in seiner Endlichkeit angewiesen ist auf andere« (Bayer, ibid.). Ein jeder Autor ist abhängig von der vielschichtigen »(rhetorischen) Tradition« (Bayer, ibid.), in der er als frei Redender und Schreibender immer schon steht. So »ärgernis-erregend(.)« (Büchsel, 1986, S.381) und manchmal doch recht »fragwürdig(..)« wir also den hamannschen »Cento(stil)« mit seiner oft »übergroß(en) Fülle« (Büchsel, 1988, I, S.272) und schier unendlichen Tiefe auch empfinden mögen: wir kommen als Leser nicht umhin, den von Anfang an versteckten und heute zudem verdeckten Spuren dieser rhetorischen Tradition in seinen Texten so weit wie möglich nach-zugehen.

Dabei reicht die an dieser Stelle seiner *Metakritik* ja eigentlich nur angedeutete figurative »Ausfüllung« (Hamann, a.a.O, Z.24) durcheinandergeworfener Satzfrag-mente der *Kritik* bereits aus, um die wechselhafte Geschichte der menschlichen Vernunft in der Phantasie eines hellhörigen Lesers wieder lebendig zu machen.[169] Meinen wir ja schon jetzt ausschweifende »Heere von (lockeren) Anschauungen« in die 'göttliche Vorhalle' (»Veste«[170]) des »reinen Verstandes hinauf-« und konzen-trierte »Heere von (festen) Begriffen in den tiefen Abgrund der fühlbarsten Sinn-lichkeit herabsteigen« zu sehen »auf einer Leiter«[171], die sich »kein (s)chlafender« Philosoph je hätte »(er)träumen« (Hamann, a.a.O, Z.29-32) können. Glauben wir doch in diesem Augenblick bereits mitten in der von jenen zwei 'himmlischen Heerscharen' (»Mahanaim«[172]) seit Jahrtausenden umkämpften 'Stätte Mahanajim' zu sein, in der eben diese 'Heerscharen' einen »Reihentantz« vollführen, der genauso schwindelerregend wie gewagt ist, so daß sich durch ihn des abendländischen Philosophen »geheime und ärgerliche Chronik« seiner andauernden »Buhlschaft« und geschlechtlichen »Nothzucht«[173] (Hamann, a.a.O., Z.33-34) zeigt.

Vor allem »(i)m gewöhnlichen Sprach(en)gebrauch« geschieht es ja andauernd, schreibt G. Wohlfart hierzu, »daß plötzlich etwas eine besondere Bedeutung annimmt, daß gleichsam etwas 'zwischen den Zeilen' der Sprache« einer Rede oder eines Alltagstextes »hindurchscheint, von dem man nicht genau zu sagen weiß, was es ist« (Wohlfart, 1984, S.42). »(E)twas Geäußertes (...) erinnert (einen) unwillkürlich an etwas Gewesenes, Geschehenes«, das dem Geäußerten »auf irgendeine Weise entspricht« (Wohlfart, ibid.). Gerade »Geschehenes« und einstmals »Geschehenes sind so auf einmal Anwesendes und Gewesendes« zugleich, »fallen für einen Augenblick zusammen« (Wohlfart, ibid.). »Dieser Augenblick«, in dem wir das in der »stummen figürlichen Sprache 'Hervorleuchtendste' erblicken« und folglich selber »(s)prachlos« werden, »ist der Augenblick« einer »ästhetischen Epiphanie«, durch die das »'Wesen(.)'« der alltäglichen »Sprache (z)um Vorschein (k)omm(t)« (Wohlfart, a.a.O., S.42-3, 46). Jenes »'Wesen'« nun wird bereits bei Hamann (und nicht erst bei Hegel) bestimmt als eines, das in der schriftlichen Rede seiner *Metakritik* nicht nur scheint, sondern »im Schönen« (Wohlfart, a.a.O., S.46) und Häßlichen immer auch »erschein(t)« (Wohlfart, ibid.). Fester jedoch als später bei Hegel bleibt bei Hamann die sprachliche »Wirklichkeit« des schönen »Augenblick(s)« (Wohlfart, 1986, S.107) an das »Wort Gottes« (Wohlfart, 1988, S.82) gebunden. Die »Ähnlichkeit des Banns des Winks des ästhetischen Augenblicks mit dem Göttlich-Numinosen« (Wohlfart, 1986, S.130) ist bei ihm noch ganz offensichtlich. »Der ästhetische Augenblick« nämlich wird von ihm erfaßt als »derjenige, in dem wir gleichsam von neuem das Licht der Welt erblicken, der (Moment), in dem wir das (...) Wort Gottes vernehmen« (Wohlfart, ibid.). »Das Liebreizendste zeigt sich« dabei gerade »in dem Augenblick, in dem wir die Welt betrachten«, als *wenn* (nicht als ob) »sich in ihr die Liebe Gottes spiegelte« (Wohlfart, ibid.). Dies allerdings deutet am Ende darauf hin, daß das Göttliche »Licht« der Schöpfung, das uns im Augenblick ästhetischer (...) Epiphanie (...) aufgeht« (Wohlfart, 1986, S.73), imgrunde ein 'flackerndes Irrlicht' ist. Der »(ä)sthetische Schein«, der uns im »(Text)gebilde« auch der hamannschen *Metakritik* »gestalthaft« und »figürlich (...) begegne(t)«, wird - »wie die religiöse Erleuchtung« selber - allein durch die 'Macht der Liebe' hervorgerufen, die nur ein rhetorisches »Einleuchten(.) von Sinn« (Wohlfart, a.a.O., S.72) ermöglicht, das zwangsläufig neuen Irrtum erzeugen und beständige Irritation hervorrufen muß.

Gerade jener 'ästhetische Schein' allerdings bewirkt es, daß wir uns tatsächlich an dieser Stelle der *Metakritik* urplötzlich an dem eigentlichen Ort der geschlechtlichen Exstase wähnen, an dem sich die gesamte 'göttliche Abstammungslehre' (»Theogonie«) der von Hamann gestalteten »Riesen- und Heldenformen« seiner ebenso 'jungfräulichen' (als »unbefleckte(.) Jungfrau«) wie 'verdorbenen' (als »alte Baubo«[174]) »Sulamith«[175] und »Muse« (Hamann, a.a.O, Z.35-40) offenbart. Einer Erbauungslehre, die im göttlich schillernden Gewand einer »Mythologie des Lichts und der Finsternis« (Hamann, ibid.) auftritt, von dessen ewig berauschender und äußerst gefährlicher sprachlicher Wirkung uns der Philosoph Kant auch nicht das geringste erzählt hat.[176]

Wenn es stimmt, was Hamann selbst von sich behauptet, daß sich uns nämlich seine schriftstellerischen »Absichten und Gesinnungen« vor allem durch den ganz eigenen, figuralen Stil der »Einkleidung und Charakteristik« seiner »Gedanken« im jeweiligen literarischen Text »offenbaren und verrathen« (Hamann, NIII, S.367, Z.11-4)[177], dann heißt das für Hamann anders als für Kant (vgl.: Markis, 1982, S.114) und seine diesbezüglichen Nachfolger (vgl.: Wohlfart, 1984, II, S.22-3), daß wir sehr wohl von »der äußeren Form« des »Kleides« - wenn auch nur mittelbar - auf die innere »Form des bekleideten Gedankens schließen« können, da »die äußere Form« allein zu dem »Zweck(..) gebildet« ist, die »Form des Körpers« in der Verhüllung durch indirektes Licht »erkennen zu lassen« (Wittgenstein, 1984, S.26)[178]. Dabei ist gerade in dem uns vorliegenden Beispiel gut zu sehen, wie aufregend geschnitten und fein gewoben die von Hamann entworfenen, sehr weiblich und verführerisch wirkenden Kleidungsstücke zumeist sind. Ist das ihm an dieser Stelle seiner *Metakritik* vorschwebende schillernde Gewand einer »Mythologie der Lichts und der Finsternis« (Hamann, NIII, S.287, Z.36) doch gewissermaßen ein Negligé, ein Nacht- und Morgenkleid voller göttlicher Offenbarungen gewesen, das leider mit der Zeit durch die rohe Gewalt allzu ungeduldiger und unerfahrener Liebhaber und Ehegatten gänzlich zerissen worden ist. Und dennoch! Der angesichts dieser übergroßen Bilderflut unaufhaltsame, eruptive literarische Erguß Hamanns im Stile eines schon sehr weltzugewandten, die ganze sinnlich-leibhaftige Fülle des geschlechtlichen Lebens berührenden *sermo humilis* hinterläßt bei uns Lesern auch heute noch seine Spuren. Er bewirkt es, daß wir ein Stück weit begreifen, was Hamann sprachlich bewegt hat, wenn er danach sichtlich erleichtert wieder an seine eigentliche Arbeit zurückkehrt und in dann wieder sehr zurückhaltender Weise versucht, uns den gerade erlebten Ausbruch seiner Leidenschaft zu erklären.-

Denjenigen Leserinnen und Lesern, denen die insbesondere in diesem Interpretationsabschnitt gemachten Äußerungen allzu unanständig und unschicklich vorgekommen sind, können wir noch einmal ausdrücklich versichern, das die von uns vorgelegte Deutung hamannscher Zitate keinen (un)reinen Selbstzweck hatte, sondern sich aus der gewollten Anstößigkeit (vgl.: Bayer, 1988, II, S.206) seiner *Metakritik* unmittelbar ergab. Deren allererstes Ziel bestand eben darin, die dauernde sprachliche »(E)rniedrig(ung)« und »(E)ntäusser(ung)« des »Geist(es) Gottes durch den Menschengriffel der h(ei)l(igen) Männer« (Hamann, NI, S.53, Z.15) anhand eigener Erfahrungen und anschaulicher Beispiele zu belegen. Hinzufügen möchten wir noch, daß es überraschenderweise zunächst eine Frau, nämlich die bereits mehrfach angesprochene Elfriede Büchsel, gewesen ist, die uns auf die verschiedenen Formen der geschlechtlichen Durchdringung des in der Tat sehr »derbe(n)«, »unrein(en)« (Büchsel, 1988, I, S.88), und im »leibhaftig(en)« (Büchsel, a.a.O., S.25) Sinne des (göttlichen) Wortes als »spermologi(sch)« zu bezeichnenden »Antistyls« (Büchsel, a.a.O., S.202) Hamanns hingewiesen hat. Zudem wäre zu bemerken, daß wir eben diesen die 'Samenfäden und Scheidesäfte' (»stamina und menstrua«, Hamann, NIII, S.39, Z.13-4)[179] unserer ganzen irdischen Existenz erfassenden und verarbeitenden 'Antistil' wohl »schockieren(d)« (Büchsel, 1986, S.384), »gewagt« (Bayer, 1988, II, S.211) und auch »schamlos« (Wild, 1975, S.219), doch keineswegs »profanobszön(..)« (Bayer, 1988, II, S.212) nennen können. Er zeigt vielmehr durch seine stets eingestandene »Sünd(igkeit)« (Bayer, a.a.O., S.64) die unverkennbaren Zeichen unserer »Sprache nach dem Fall« (Bayer, a.a.O., S.182)[180]. Demzufolge aber verbindet sich für Hamann das Wissen um die »polymorph(e) (Sexualität)« (Bayer, a.a.O., S.212) mit der religiös motivierten Hoffnung darauf, daß das, was »im geschlechtlichen, familiären, gesellschaftlichen, staatlichen (und) weltgeschichtlichen Bereich« als männliches und weibliches Sprachprinzip voneinander »(ge)trenn(t)« ist, »im Medium der Geschichte, Philosophie und Poesie« mit »rhetorischen Mitteln« zunächst »gegliedert« (Bayer, a.a.O., S.12) und dann neu vereint werden kann, ohne daß dabei, wie bisher immer noch (vgl. Galater, 3, 28), »das Religiöse das Erotische suspendiert« (Bayer, a.a.O., S.208).

Wenngleich es so überhaupt nicht in das herrschende Bild der vor allem von den »Londoner Schriften« (Büchsel, 1988, I, S.35) aus dem Jahr 1757/58 mit ihrem selbststilisierten Glaubensbekenntnis ausgehenden Werkinterpretationen[181] paßt, ist es uns wichtig, genau darauf ausdrücklich hinzuweisen, daß sich bei dem Autor Hamann die große christliche Kunst der literarischen Beschreibung an zentralen Stellen verselbständigt und die sakral-rhetorische Wirkung entgegen der erklärten Absicht ganz ins Irdische umschlägt. Gerade bei ihm nämlich ist die Fülle des in die eigene Deutung eingelassenen geschlechtlichen Lebens mitunter so reich und stark, daß dessen eindringliche Schilderungen sich weit stärker noch als in den bis dahin überlieferten 'Biblischen Betrachtungen' des (ur)christlichen Lebens und Wirkens etwa bei Augustinus[182] oder Luther[183] ihren festen Platz im Gedächnis des Lesers erobern. Durch jene bewegte Teilnahme Hamanns am ganz Menschlichen nun aber wendet sich der Blick dieses Lesers unweigerlich nicht nur auf, sondern zugleich gegen die alles fügende göttliche Ordnung, so daß wenn auch nur für einen flüchtigen Augenblick das wirkliche Bild des sündigen Menschen Hamann vor das Bild Gottes tritt. Dennoch reicht ihm jener kurze Augenblick, um zu sehen, wie der historische Rahmen einer *Metakritik* im Geiste der *rhetorica sacra* durch die Übermacht der sinnlich-realistischen Bilder dieses einzigen kurzen Texteinschubs zerbricht. Jener Leser kommt, wie einst E. Auerbach bei seiner Dante-Lektüre, zu der für seine ganze Interpretation wegweisenden Einsicht, daß Hamanns kleine Schrift wohl das 'christliche Wesen' des Menschen erneut in den Mittelpunkt gerückt hat, es jedoch aufgrund seiner allzu weltoffenen sprachlichen Gestaltung wieder in Frage gestellt und so weit zerstört hat, daß es imgrunde bereits in säkularisierter Form erscheint. Ja, er macht die intensive Erfahrung, daß an keiner Stelle der *Metakritik* die überall vorgenommene »Stilmischung« (Jørgensen, 1966, S.379) aus Niedrigem und Erhabenem einem »Stilbruch« (O'Flaherty, 1989, S.126; vgl. a.a.O., S.69, 171) so nahe ist wie hier, einem radikalen Stilbruch, der selbst durch die religiöse »Kraft der Glaubensschau« Hamanns, die »Zerbrochenes« noch stets »überwölbt(e)« und dadurch das »Bild der heilen Schöpfung« wieder »aufrich-tet(e)« (Büchsel, 1988, I, S.25)[184], nicht mehr rückgängig zu machen war und ihm eben deshalb auch später noch so viel »Kopf(zer)brechen« (Hamann, HVII, S.135, Z.17)[185] bereitete. Ein Kopfzerbrechen wiederum, das wir gemäß der in diesem Interpretationsabschnitt angesprochenen Geschlechtsmetaphorik des Stilbegriffs unschwer als Indiz der am Ende seines Lebens ganz konkreten Angst Hamanns vor der wirkungsgeschichtlichen »Kastration(...)« und der anschließenden Impotenz deuten können, einer Impotenz, die für einen empfindsamen »Autor« immer auch ein Anzeichen seines bevorstehenden »Todes« (Wild, 1994, S.260 u. 262) ist.

2.2.8 Das rhetorische Vermögen der Wörter

Es sind diese sinnlich-leibhaften Erfahrungen beim freien Umgang mit dem kan-tischen Text, die Hamann Anlaß zu der Feststellung geben:

> »Wörter haben also ein ästhetisches und logisches Vermögen. Als sichtbare und lautbare Gegenstände gehören sie mit ihren Elementen zur Sinnlichkeit und Anschauung, aber nach dem Geist ihrer Einsetzung und Bedeutung, zum Verstand und Begriffen. Folglich sind Wörter sowohl reine und empirische Anschauungen, als auch reine und empirische Begriffe: empirisch, weil Empfindung des Gesichts oder Gehörs durch sie bewirkt; rein, in so fern ihre Bedeutung durch nichts, was zu jenen Empfindungen gehört, bestimmt wird. Wörter als unbestimmte Gegenstände empirischer Anschauungen, heissen nach dem Grundtext der reinen Vernunft, ästhetische Erscheinungen: folglich sind nach der ewigen Leyer des antithetischen Parallelismus, Wörter als unbestimmte Gegenstände empirischer Begriffe, kritische Er-scheinungen, Gespenster, Nicht- und Unwörter, und werden nur durch ihre Einsetzung und Bedeutung des Gebrauchs zu bestimmten Gegenständen für den Verstand. Diese Bedeutung und ihre Bestimmung entspringt, weltkundiger maaßen, aus der Verknüpfung eines a priori willkürlichen und gleichgiltigen, a posteriori aber nothwendigen und unentbehrlichen Wortzeichens mit der Anschauung des Gegenstandes selbst, und durch dieses wiederholte Band wird dem Verstande eben der Begriff vermittelst des Wortzeichens als vermittelst der Anschauung selbst mitgetheilt, eingeprägt und einverleibt.« (Hamann, NIII, S.288, Z.1-22)

Sicherlich. »(N)ach der ewigen Leyer des antithetischen Parallelismus« der kan-tischen *Kritik* scheint es unbestreitbar, daß die »Wörter« unserer Sprache ein ihnen zugehöriges »ästhetisches« und ein von ihnen abzutrennendes »logisches Vermö-gen« haben, da sie »als sichtliche und lautbare Gegenstände« mit ihren »Elemen-ten« (Hamann, ibid.), den »Laute(n) und Buchstaben« (Hamann, a.a.O., S.286, Z.14), doch zur »Sinnlichkeit und Anschauung (gehören)«, während sie dem »Geist« ihrer »Einsetzung« und »Bedeutung« nach anscheinend ebenso eindeutig dem »Verstand« und den »Begriffen« (Hamann, a.a.O., S.288, Z.1-6) zugeordnet werden müssen. »Folglich« rufen jene »Wörter« bei uns nicht bloß »empirische« und »reine (...) Anschauungen« hervor, sondern führen uns auch zu ebensolchen »Begriffe(n)« (Hamann, ibid.). »(E)mpirisch« sind beide für Kant deswegen, weil auch er nicht leugnen konnte und wollte, daß eine sprachliche »Empfindung« des »Gesichts oder Gehörs« durch die »Wörter« unablässig »bewirkt« (Hamann, a.a.O., Z.6-7) wird. »(R)ein« aber sind sie für ihn, »in so fern« die letztendliche »Bedeutung« der »Wörter« seiner Ansicht nach durch »nichts, was zu jenen Empfindungen (dazu)gehört«, in irgendeiner Weise »bestimmt wird« (Hamann, a.a.O., Z.8-9). »(N)ach dem Grundtext der reinen Vernunft« sollte also der trügerische Eindruck entstehen, daß »Wörter als unbestimmte Gegenstände empirischer Anschauungen« bloß »ästhetische Erscheinungen« und »als« ebenso »unbestimmte Gegenstände empirischer Begriffe« allein »kritische Erscheinungen« (Hamann, a.a.O., Z.9-13) sind. Dadurch nun konnte Kant sie von vornherein als imgrunde harmlose »Gespenster« (Hamann, ibid.) behandeln. Er konnte sie zu reinen »Nicht- oder Unwörter(n)« erklären, die »nur« durch ihre jeweilige »Einsetzung und Bedeutung« bei seinem persönlichen »Gebrauch(.)« zu »bestimmten Gegenständen für den Verstand« (Hamann, a.a.O., Z.14-5) wurden.

»Auch wenn« wir wohlwollend annehmen, daß es Kant bei eben dieser anfänglichen »Scheidung« in die zwei Vermögen der Wörter unserer Sprache »darum geht, das - rein gedanklich - Geschiedene nachträglich wieder als vereinigt zu denken«, betont O. Bayer zu Recht, ist und bleibt »seine Scheidung« dessen, »was Gott zusammengefügt hat«, ein »Skandal« (Bayer, 1992, S.7)[186] mit bis heute spürbaren Folgen. »(I)n solcher das Ästhetische vom Logischen scheidenden Einteilung« nämlich kann unsere alltägliche »Sprache« mit den Wörtern, »auf die es Hamann« an dieser Textstelle zunächst »ankommt«, wenn überhaupt nur noch »auf (der) eine(n) Seite verrechne(t)« (Bayer, ibid.) werden. Sie wurde denn auch nach Kant tatsächlich »allein der Sphäre der Sinnlichkeit, der Anschauung, des Empirischen und Geschichtlichen zu(ge)ordne(t)«, während sie in »Wahrheit« doch ein »(zugleich) ästhetisches und (...) logisches Vermögen (...) des Nehmens und Gebens, des Empfangens und Hervorbringens, des Eindrucks und Ausdrucks, des Fühlens und Denkens, der Anschauung und des Begriffs« darstellt und »ein(en) 'Zusammenfluß'« (Bayer, a.a. O., S.7-8)[187] beider Seiten bewirkt. Gerade deshalb nun aber wird sie von Hamann im Text der *Metakritik* als die eine Grundquelle des Denkens gefaßt, die die beiden anderen immer schon »vereint« (Bayer, ibid.). Damit allerdings verändert sich von vornherein etwas Entscheidendes. Die »Zwei-Quellen-Theorie Kants« (Bayer, ibid.) wird durch das »Dreierschema« (Bayer, 1988, II, S.134) von 'Sinnlichkeit, Verstand und (sprachlich-rhetorischer) Einbildungskraft' vom Ansatz her überwunden.

In der Tat zeigt ja gerade auch das Beispiel der »weltkundiger maaßen« verfaßten hamannschen *Metakritik* jenes kantischen »Grundtext(es)«, daß die wahre »Bedeutung und Bestimmung« seiner jeweils abgehandelten »Gegenstände« aus der sprachgeschichtlichen »Verknüpfung«, dem »wieder(ge)holte(n)« topologischen »Band«, der gebrauchten »Wortzeichen(.)«[188] mit einer sinnlich-figurativen »Anschauung« der angesprochenen »Gegenst(ände) selbst (entspringt)«, durch die wir uns einen nicht bloß »mitgetheilt(en)«, sondern »eingeprägt(en) und einverleibt(en)«: *sakral-rhetorisch* aufgeladenen »Begriff« (Hamann, NIII, S.288, Z.10-22) von der kantischen Transzendentalphilosophie und ihrer Methode des kritischen Denkens machen können, der freilich als solcher im Text der *Metakritik* nur negativ erscheint[189] und bis zuletzt unausgesprochen bleibt.

Auf die Tatsache, daß für den »vir christianus« (Bayer, 1988, II, S.37) das »Schweigen Grund und Abgrund« der »Sprache« und des »Seins ist« (Hart Nibbrig, 1981, S.15)[190], hat vor allem Chr. L. Hart Nibbrig in seinem *Versuch über den Schatten literarischer Rede* (Hart Nibbrig, 1981, Untertitel) hingewiesen. Dabei trifft sein an der *Göttlichen Komödie* Dantes festgemachter Befund, daß dort die dauernde »Unsagbarkeitsbeteuerung« und »das Abbrechenkönnen« paradoxerweise den »Gewinn einer Kraft« bedeutet, die »im Verstummen (...) weitergegeben (wird)« und deshalb »mehr ist« als persönlicher »sprachlicher Besitz«(Hart Nibbrig, a.a.O., S.16), wie wir sehen können, auch auf Hamann zu. Die »wahrhaft sokratische Einsicht« (Bayer, 1984, S.409) also, daß wir über das, worüber wir nicht reden können, nämlich über uns selbst, schweigen müssen, hat für Hamann anders als für Kant und dessen am Motto der *Kritik der reinen Vernunft*: »De nobis ipsis silemus.« ('Was uns selbst angeht, so schweigen wir.' (Kant, KdrV, BII)) orientierte 'Rhetorik des Verschweigens'[191] den »keineswegs resignativen Sinn« einer allerdings nur durch »andere(.)« (Simon, 1987, I, S.97) möglichen »Selbstbegründung aus der Tiefe eines (scheinbar) stummen Universums, das voll ist vom eigenen Kannitverstan« (Hart Nibbrig, a.a.O., S.17)[192] »Die Erfahrung« freilich, daß eine solches »(religiöses) Schweigen« seiner sprachlichen Bestimmung nach »Erfüllung« im anderen »bedeutet«, ist für Hamann eng »verwandt« gewesen mit der nie ganz überwundenen und für ihn auch nicht mehr zu bewältigenden, schon sehr modernen »Angst« (Hart Nibbrig, ibid.)[193] vor der Stille und »Leere«, die ihn während seines vielbesprochenen 'London-Aufenthalts' (1757/58) überkam und ihn zu einem »homo religiosus« (Hart Nibbrig, ibid.) machte, der als schweigend bekennender Autor (vgl. Hamanns zweifach gewähltes Motto aus Horaz, *Oden*, III, 1, 2: 'Fauete linguis' ('Schweiget in religiöser Andacht.')[194] immer wieder »den Mut hat(te)«, sich selbst »fallen zu lassen« (Hart Nibbrig, ibid.). Ein Autor demnach, der stets darauf hoffen mußte, von dem ihm »Nächsten« (Bayer, 1988, II, S.79), seinem einfühlsamen Leser, aufgefangen zu werden. Wegen dieser selbst in der *Metakritik* von 1784 noch spürbaren Angst aber ist sein Schweigen immer auch schmerzbekundende (An)klage, ein sehr beredtes Schweigen also, das »zum Wort (kommt)« (Wohlfart, 1987, I, S.81) durch die in ihm erhaltenen 'Töne der Stille' und die 'Zeichen der Leere'[195], die uns »zurückführ(en)« an die Quelle der Sprache«, die »im (Göttlichen) Schweigen« (Wohlfart, 1986, S.151)[196] liegt.

Eben dieses schweigend weitergegebene Wissen um die sinnlich-konkrete Existenz des Autors Kant hilft uns einerseits, zu erkennen, wie beharrlich der Verfasser der *Kritik* unserem »Verstande« eben diesen und keine anderen transzendentalphilosophischen »(Verstandes-)Begriff vermittelst« der »Wortzeichen(.)« als »vermittelst der Anschauung selbst« (Hamann, ibid.) zu suggerieren versucht hat. Jenes Wissen ermöglicht es andererseits aber auch, zu sehen, wie beständig der experimentelle »Geist«[197] der hamannschen *Metakritik* nicht nur bei der »Einsetzung und Bedeutung«, sondern auch bei der weiteren begrifflichen »Bestimmung« kritischer »Wörter« (Hamann, ibid.) wirkt. So aber wird deutlich, daß jene »Wörter« nicht allein ein »ästhetisches und logisches«, sondern auch ein *rhetorisches* »Vermögen haben« (Hamann, a.a.O., Z.1), das wir als das die beiden anderen verbindende Grundvermögen betrachten müssen, das unsere sinnlich-figurative Erkenntnis der Welt »a priori willkührlich(..) und gleichgiltig(..), a posteriori aber nothwendig(..) und unentbehrlich(..)« (Hamann, a.a.O, Z.17-18) erscheinen läßt.

Allein dieses Grundvermögen auch der in der *Kritik* verwendeten Wörter, nämlich ihre schon mehrfach angesprochene rhetorische »Einbildungskraft«, als Indiz der in der gesprochenen »Sprache verwurzelte(n) schöpferische(n) Fähigkeit« oder zumindest Bereitschaft[198] des Autors Kant zu experimentieren, »vermag« unsere »Begriffe und Anschauungen (...) zu verbinden« (Piske, 1989, S.191-2). Ist diese »ungereimt(e)« (Simon, 1987, S.90) »Sprache« des Alltags also tatsächlich für Hamann die von Kant selbst vergebens gesuchte »gemeinschaftliche Wurzel von Verstand und Sinnlichkeit bzw. von reiner und ästhetischer Form«, so bleibt »eine vor jeder Erfahrung stattfindende Vermittlung« durch ein »a priori im Sinne Kants« für ihn »(un)denkbar«(Piske, ibid.). »Sowohl die reinen und apriorischen Formen der Anschauung als auch die sinnlichen und zweckmäßigen Formen der Ästhetik (...) beschäftigen sich« nämlich immer schon »mit der Sprache als der Darstellung des Allgemeinen« in der sinnlich vernehmbaren« christlichen »Gestalt« (Piske, ibid.) des Kraft unserer menschlichen Einbildung »wirklichkeit(er)schaffen(den) (...) Wort(es) Gottes« (Seils, 1961, II, S.331).

2.2.9 Wider die Vorstellung einer absoluten Reinheit der philosophischen Sprache

Gerade von dem zuletzt Gesagten aus wird noch einmal deutlich, warum es auch Kant, dem neuen »Homer der reinen Vernunft«, trotz aller Bemühungen »nicht möglich« war, aus dem vorausgesetzten »Begriff der Vernunft« die »Form seiner empyrischen Anschauung im Wort herzuleiten« (Hamann, a.a.O, S.289, Z.3-4, 7). Ein derartiges Vorgehen rechtfertigte sich nämlich allein durch die spätestens beim Schreiben seiner *Kritik* unweigerlich widerlegte Annahme, der bis dahin vergeblich »gesuchte(.) allgemeine(.) Charakter« einer rein »philosophischen« und dadurch gänzlich ungekünstelten rhetorischen »Sprache« sei durch ihn zumindest »im Geiste geträumt« worden und wäre damit im Prinzip »bereits erfunden« (Hamann, a.a.O., Z.8-10).

Unbestreitbar ist ja, daß »Kant« eine weitgehende »Sprachunabhängigkeit« seiner »Philosophie« zumindest »an(strebt)«, die vor allem »als *Kritik der reinen Vernunft*« gerade nicht »von den Zufälligkeiten irgendeiner (Alltags-)Sprache abhängig sein (soll)« (Markis, 1982, S.149). Es kann jedoch, wie wir gesehen haben, die »Abgrenzung der Philosophie von dem Wortzeichen« nicht einmal dort dort »aufrechterhalten werden«, wo Kant »gleichsam die 'logisch-grammatische' Dimension der philosophischen Sprache« theoretisch »erörtert« (Markis, ibid.). Jene »vorsprachliche Dimension der reinen Begriffe reicht« nämlich offensichtlich immer dann nicht mehr aus, wenn »Kant dazu übergeht«, die scheinbar »reine philosophische Erkenntnis« endgültig »sprachlich zu fixieren«, dann also, wenn er damit beginnt, sich »seinem Leser 'mitzuteilen'«(Markis, ibid.). Da wir nun aber »diese rhetorische Dimension des philosophischen Zeichens mitberücksichtigen« wollen, müssen wir uns vor allem mit dem Problem der »Sprachvermittlung« seiner »philosophischen Rede auseinandersetzen« (Markis, ibid.). Wir müssen beachten, daß sich auch »Kant« in dem Moment, in dem er »sich entschl(oß), seine 'Transzendentalphilosophie' niederzuschreiben«, unweigerlich »auf den schlüpfrigen Boden des Wortzeichens« begeben hat, den er ja gerade »puristisch« zu »flieh(en)« (Markis, ibid.) versucht hat. Wir sollten ernst nehmen, daß der mittlerweile so sagenumwobene »'Homer der reinen Vernunft'« vor allem dann, als er in einem nicht minder »'poetischen Schöpfungsakt'« dazu »überge(gangen)« ist, »seine eigene 'Begriffsphilosophie' den Sterblichen mitzuteilen«, auf die wirkende »Wortsprache« mit ihren trotz größter Bemühungen nicht zu tötenden »Wortzeichen angewiesen (war)« (Markis, a.a.O., S.140-50). So aber bleibt der von Kant »'geträumte' allgemeine Charakter einer philosophischen Sprache«, der »die Undurchdringlichkeit der Sprachgeschichte der Vernunft überschreiten« und den ewigen »Streit der 'Weltinterpretationen'« ein für alle Mal »beenden« (Markis, a.a.O., S.152) können sollte, das, was er von Anfang an gewesen ist, nämlich eine für sein Schreiben wohl notwendige, doch durch sein Schreiben nachhaltig widerlegte Illusion.

Genau diese von Kant behauptete oder vielmehr unterstellte »Möglichkeit« nun aber, vermittels jener »allgemeinen (...) philosophischen Sprache« die »Form einer empirischen Anschauung« im Wort »ohne Gegenstand noch Zeichen derselben« herleiten zu können, sie genauer gesagt »aus der reinen und leeren Eigenschaft unsers äußern und innern Gemüths« vollkommen rein »heraus(..)schöpfen« zu können, steht nicht nur im Zentrum der kantischen Überlegungen und bezeichnet somit ihren 'archimedischen Punkt'[199], sondern macht laut Hamann am Ende auch den alles entscheidenden 'Grundfehler'[200] und »ganze(n) Eckstein«[201] (Hamann, a.a.O., Z.9-15) des kantischen Denkens aus. Eines radikal »kritischen Idealismus«, der jedoch bei der praktischen Gewinnung der ihm »gegebene(n)« oder vielmehr von ihm »genommene(n)« sprachlichen »Materialien« für den transzendentalphilosophischen »Thurm- und Logenbau(..) der reinen Vernunft«[202] aus den »kategorischen und idealischen Wäldern«[203] der abendländischen Philosophiegeschichte einen derartigen Raubbau betrieben hat, daß eben diese »Wälder(.)« am Ende völlig 'ausgetretenen' (»peripathetischen«) und 'ausgetrockneten' (»akademischen«) »Vorrathskammern« (Hamann, a.a.O., S.289, Z.15-18) glichen.

In der Tat ist es ja nicht zu übersehen, daß der »in der Transzendentalphilosophie Kants« vorgenommene »Rückgang« auf ein »Allgemeinmenschliches«, das die beständig wechselnden »Geltungsansprüche positiver Bestimmungen« ein für alle Mal »zu schlichten« imstande sein soll und eben »darin vernünftig zu sein beansprucht«, schon dort, wo er beginnt, nämlich in der 'transzendentalen Topik', »ungeheuer abstrakt«: »'hundemager' ist« (Bayer, 1988, II, S.165)[204]. Dies nun war keine Zufall. Begann doch schon gegen Mitte des 18. Jahrhunderts die Philosophie des Abendlandes, sich »'aus einer allgemeinen Wissenschaft des Möglichen zu einer allgemeinen Unwissenheit des Wirklichen'« (Bayer, ibid.)[205] zu entwickeln, in der die altehrwürdige 'Topik' mit ihrem unermeßlichen Reichtum an konkreten

Ausdrücken und sinnlichen Wendungen am Ende zu einem schlecht sortierten Vorratsmagazin für Gedanken allgemeinster Art verkam.

2.2.10 Der sakral-rhetorische Ansatz zu einer Metakritik des Kantischen Kritizismus

Die gedrängte Kürze und übergroße Dichte auch dieser natürlich bloß bruchstückhaft wiederherstellbaren Bilder macht uns Lesern am Ende noch einmal das trotz aller Anstrengungen nicht zu lösende Problem einer den flüchtigen Ort unserer abendländischen Literaturgeschichte aufsuchenden, rekursiven Textinterpretation[206] deutlich, dem sich der Autor Hamann nicht verschlossen hat. Seine *Metakritik über den Purismum der Vernunft* konnte sich schon wegen des frühen Zeitpunkts ihrer Entstehung, vor allem aber wegen der erdrückenden Menge des zu verarbeitenden Stoffes allein auf die von Kant in seiner Ersten Vorrede und in seiner Einleitung ausformulierten Grundfragen der *Kritik der reinen Vernunft* konzentrieren. Dies tut sie, indem sie ein geschicktes Spiel von Frage, Gegenfrage und Antwort inszeniert, dessen Ergebnis dann tatsächlich ein eigenständiger, in sich stimmiger rhetorischer Ansatz zu einer Metakritik des kritischen Denkens ist.

Wie wir gesehen haben, bestand der ausgeklügelte Plan dieses Spiels darin, daß Hamann sich anfangs ein großes Stück weit auf den Argumentationsgang seines Gegners Kant eingelassen hat, wodurch er zunächst »bis zu den (trügerischen) Grundlagen«, dem rhetorischen »Ansatz«, der »Fragestellung« (Büchsel, 1988, I, S.121) seines Kontrahenten vorstoßen und dessen strategische Ordnung der Vor und Hauptfragen zerstören konnte. Danach dann war es für Hamann nicht mehr schwer, zu der für seinen eigenen Interpretationsansatz wegweisenden »Schlüsselfrage« (Büchsel, 1986, S.409), nämlich der nach der gemeinsamen Wurzel von 'Sinnlichkeit und Verstand', zu gelangen. Bei der weiteren Durchführung seines Plans jedoch wurde für Hamann schon bald unübersehbar, daß er weder seine Fragen noch die daraufhin gegebenen »Antwort(en)« einfach »im Verfolg« des von Kant »eingeschlagenen Weges (suchen)« konnte, sondern daß er die einen wie die anderen im geliehenen Wort des »Evangeliums« (Büchsel, ibid.), in der Botschaft Christi finden mußte. So entschloß Hamann sich, zunächst die ihm von Kant vorgegebenen Fragen mit einer alles entlarvenden »Fangfrage« zu »umgeh(en)« (Bayer, 1983, S.355)[207], darüber hinaus aber die ihm vom Leser abverlangten Antworten[208] bis zu jenem Tage zu verweigern, an dem diese ihn nichts mehr zu fragen brauchen[209]. Genau dies nun ist seit Anfang an das Merkmal einer spezifisch christlichen Redekunst gewesen, die ihre »Frage(n)« und »Antwort(en)« noch stets in »Rätselwort(en)« (Büchsel, 1988, I, S.18) verborgen hat.

Aufgrund eben dieses unauflösbaren Rätselcharakters allerdings sah es Hamann als notwendig an, die den Leser zwangsläufig nicht ganz befriedigenden Ergebnisse seiner kleinen metakritischen Arbeit in durchweg ironischer Weise darzulegen. Und tatsächlich macht die rhetorische Figur der »Ironie« den »charakteristischen Stilzug« (Büchsel, 1962, S.147)[210] seiner Auseinandersetzung mit Kant aus. Er wollte

»den Leser« mit »raffiniert(en)« und »ausgeklügelten«, ganz von »Ironie umspielten Paradoxen« offenbar zu einem »Enträtseln provozieren«, das dessen »Verständnis« der im kantischen Text »verwendeten Wörter und Begriffe« aus dem Arsenal der Philosophiegeschichte radikal »in Frage stellen« mußte und ihn »zu eigener Gedankenarbeit anregen« (Jørgensen, 1966, S.382) sollte. Dabei »verbindet sich in Hamanns« metakritschem »Stil« tatsächlich der »ironische Ausdruck« einer schon ganz »neuzeitlichen Skepsis« (Jørgensen, ibid.)[211] mit einem noch »unverkennbar(..) prophetischen Ton«, der durch »wuchernde Bibelzitate und -allusionen« hervorgerufen wird, die zu »Centos« gebündelt eine »freie« und spielerische Verwendung biblischer Bilder« (Jørgensen, ibid.) möglich machen. Dadurch wird die zunächst »sokratische Ironie kritisch-maieutischer Art, die in geistreicher Polemik zum Ausdruck kommt (.) und (...) sehr rationale Züge trägt«, am Ende von einer »biblischen Ironie« mit »göttlich-dramatische(m)« (Jørgensen, a.a.O, S.380-1)[212] Aussehen überlagert. »Hervorgehoben werden« muß aber gleichermaßen, daß »diese Ironie« bei Hamann am Ende nochmals umschlägt in eine radikale »Selbstironie« (Jørgensen, a.a.O., S.381)[213], die wiederum jene 'biblische Ironie' relativiert. Eben diese selbstironische Wendung ergibt sich zwangsläufig aus dem eigenwilligen Zitatcharakter[214] seiner metakritischen Schrift, in der sich die eigentliche Position Hamanns, anders als in den meisten seiner Selbstzeugnisse, nicht mehr eindeutig bestimmen läßt. Geht er doch als sich vollkommen einlassender Autor am Ende ganz in der Widersprüchlichkeit seiner historisch-literarischen Figuren auf. Den Mittelpunkt seiner metakritischen Überlegungen bildet demnach keine »"individuelle(.) Vernunftsubstanz"« mehr, die »akzidentiell auch eine Geschichte hätte« (Bayer, 1980, I, S.248). Ihnen »liegt kein "Ich" zugrunde, das ich selbst wäre« (Bayer, ibid.) und bliebe. Dennoch aber hat der Autor Hamann sich erklärtermaßen beim Schreiben nicht wie eine »Amöbe« gefühlt, die »in dauernd wechselnden Gestalten und Beziehungskonstellationen zerfließt« und so ein für allemal »verloren geht« (Bayer, ibid.). Trotzdem »waltet(e)« für ihn »im Wandel der Gestalten gleichwohl eine Kontinuität«, ohne »daß ihm, wie (einst) Prometeus, die Kraft, sich selbst zu wandeln und seine Wandlungen zu integrieren, innewohnte« (Bayer, ibid.).[215] Dies nun ergab sich für Hamann aus der wenn auch nur sehr vagen Hoffnung, andere könnten die von ihm begonnene metakritische Arbeit auf ihre Weise fortsetzen. So schreibt er:

»Was die Transcendentalphilosophie matagrabol(i)sirt, habe ich um der schwachen Leser willen, auf das Sacrament der Sprache, den Buchstaben ihrer Elemente, den Geist ihrer Einsetzung gedeutet, und überlasse es einem jeden, die geballte Faust in eine flache Hand zu entfalten. - -« (Hamann, NIII, S.289, Z.20-24)

Vorläufig in der für ihn sehr sinnlichen Bedeutung dieses Wortes ist Hamanns Versuch, das, »was die« kantische »Transcendentalphilosophie« in rein rhetorischer Absicht über die menschliche Vernunft 'schreibend an Leerem' nur 'auslotet' (»matagrabol(i)sirt«[216]), zur Stärkung der »(W)illen(skraft)« seiner nicht minder »schwachen Leser«[217] auf das schier undurchdringliche 'Glaubensgeheimnis' (»Sacrament«) unserer alltäglichen »Sprache«: auf den menschlich figurierten Laut und »Buchstaben ihrer Elemente« wie auf den göttlichen »Geist ihrer Einsetzung« (Hamann, ibid.), Bedeutung und Bestimmung im erfüllten Wort[218] zu beziehen. Wegen dieses unauflöslichen 'Geheimnischarakters' aber mußte er es »einem jeden« dieser Leser selbst »überlasse(n)«, seine die sprachlichen Ausgrenzungen Kants durch eine gewöhnliche und anstößige 'Befruchtung' wieder rückgängig machende und dennoch in der Redetradition des christlichen *sermo humilis* verfaßte, dialektisch-rhetorische Metakritik des Kantischen Kritizismus aus eigener Kraft weiter »zu entfalten« (Hamann, ibid.).

Als einst Quintilian schrieb, »es (gäbe) ja zwei Arten der Rede (...), einmal die fortlaufende, die man rhetorisch nennt, sodann die zerspaltene, die dialektisch heißt« und hinzufügte, »beide Arten (habe) Zeno in so enge Verbindung gebracht, daß er die letztere mit einer geballten Faust, die erstere mit der entfalteten Hand veranschaulicht« (Quintilianus, 1972, S.26)[219], da berief er sich bereits damals auf eine von »Aristoteles« über »Cicero« hinausreichende Tradition, der »das Zenonwort (...) gut bekannt (war)« (Dockhorn, 1974, S.22). Eben diese Tradition setzte sich trotz der alles andere als »vorbehaltlosen Übernahme der klassischen Rhetorik« (Dockhorn, a.a.O., S.21) durch die christlichen Autoren bis in die Neuzeit hinein fort und erreichte dabei offensichtlich auch J.G. Hamann. Die bereits bei Luther nachweisbare und dann bei Hamann wieder auftretende Besonderheit bei der Ausdeutung jenes Zenon-Fragments Nr.75 im Schlußsatz seiner *Metakritik* besteht nun allerdings darin, daß bei den beiden christlichen die einstmals von den heidnischen Autoren gezogenen und trotz aller Zugeständnisse beibehaltenen »Grenzen« zwischen der »Dialektik« und der »Rhetorik« so »fließend« geworden »sind« (Stolt, 1970, S.450)[220], daß beide Begriffe »sich« am Ende »gegenseitig (durchdringen)« (Stolt, a.a.O., S.464)[221]. Zunächst nur aufgrund seiner an Zenon angelehnten Ausdrucksweise, dann aber auch wegen der von Kant her naheliegenden Formulierung »nennt« Hamann demnach an dieser Stelle »Dialektik«, was nach seiner eigenen Erfahrung als Leser und Autor »in Wahrheit (gleich)falls rhetorische Domäne ist«, wobei eben diese Tatsache, daß er ähnlich wie »Luther den Terminus Dialektik als Sprach- und Redestil verwendet«, hier wie »überall« in der *Metakritik* sehr »deutlich (wird)« (Ueding/Steinbrink, 1986, S.81). Geht es Hamann doch nach der in diesem Schlußsatz nochmals im Zusammenhang dargebotenen »dialektische(n) Auffassung« von der »Rhetorik« (Ueding/Steinbrink, ibid.) letztlich darum, die ganz 'zerspaltende Rede' Kants über die *Kritik* und ihre Methode des Denkens bereits in seinem eigenen Text als eine 'fortlaufende Rede' erscheinen zu lassen, die sich durch ihren prophetischen Charakter nach vorne zum Leser hin offen hält.

2.2.11 Die Rhetorik metakritischer Vernunft

Dies nun wird deutlich, wenn wir uns mit Hamanns Hilfe vergegenwärtigen[222], daß es ein dem kantischen durchaus »ähnlicher Idealismus« gewesen ist, der die irrige Grundannahme, »der Jude« habe allein das »Wort und die Zeichen« und »der Heide die Vernunft und ihre Weisheit« gehabt, bis in unsere Gegenwart überliefert und dadurch die noch immer nicht durchbrochene »Scheidewand« (Hamann, a.a.O., Z.27-27) zwischen 'Rhetorik und Vernunft' hervorgebracht hat. Solche beharrlichen Vorurteile zu widerlegen wäre die naheliegende Aufgabe einer sicherlich über den Rahmen des besprochenen hamannschen Textes hinausgehenden Untersuchung, die dessen metakritischen Ansatz jedoch zu einer andersartigen Betrachtung unserer abendländischen Philosophiegeschichte nutzen könnte.

Bislang ist es ja so, wie O. Bayer schreibt, daß nämlich »die abendländische Philosophie« dort, wo sie die seit »Heraklit und Platon« gestellte Grundfrage »nach dem Verhältnis von Vernunft und Sprache« beantwortet, »zu(meist) auf der Einheit der Vernunft« bestanden und »die Vielheit der Sprachen als unproduktives Ärgernis« empfunden hat, das es möglichst aufzuheben g(a)lt« (Bayer, 1988, II, S.179). »Eine besondere Ausprägung erf(uhr) dieser vorherrschende Zug der Philosophie« dann »im Denken der Neuzeit« bei Kant, denn dessen Vorgehensweise ist durch einen bis dahin unvorstellbaren »Willen« zum alles vereinheitlichenden »Purismus geprägt« (Bayer, ibid.). Beabsichtigt er doch mit seiner *Kritik* nichts weniger, als »sich von allen Vorurteilen und damit von der Zufälligkeit überlieferter Sprache und Geschichte« vollkommen zu »reinigen«, »damit die Sprache nicht das Denken verführe« (Bayer, ibid.). Der ausgesprochen »herrscherliche Wille« seiner »Vernunft zur Einheit stößt sich« offenbar an der vorhandenen »Mannigfaltigkeit der Sprachen« und »(ver)sucht« daher, deren geschichtliche »Konflikte durch die Annahme apriorisch festliegender Wortbedeutungen« und »einer apriorisch starr fixierten Sprachkompetenz« aller »vernünftige(n) Wesen (zu unterlaufen)« (Bayer, ibid.). »Eine Alternative« zu einer solchen »Bearbeitung(..) des Problems« bietet dann tatsächlich »Hamann« an, denn sein metakritisches »Lebenswerk« bestand eben »darin«, »das Problem des Verhältnisses von Vernunft und Sprache nicht nur in seinem Gewicht gespürt, sondern im präzisen Widerspruch zum vorherrschenden philosophischen Willen« der eigenen und der nachfolgenden Zeit »bearbeitet zu haben« (Bayer, ibid.). Dies geschieht nun, wie wir zu zeigen versucht haben, durch eine gegenüber der Grundfrage nach dem Verhältnis von 'Vernunft und Sprache' zunächst eher klein erscheinende, doch bei genauerer Betrachtung ganz wesentliche Akzentverschiebung in der Fragestellung. »Bei« ihm nämlich »ist nicht« mehr »so wohl die Frage: was ist Vernunft?(,) sondern vielmehr: was ist Sprache?« (Hamann, HV, S.264, Z.34-6). Nun genau diese Frage im Hinblick auf Hamanns *Metakritik* von 1784 zu erwägen, hieß für uns, zuallererst, ähnlich wie O. Bayer und einige andere Forscher dies bereits getan haben, seinen metakritischen Hauptsatz »'*Vernunft ist Sprache*'« (Bayer, a.a.O., S.181)[223] zu überdenken, danach vor allem aber den schon von ihm und nicht erst von Nietzsche überdachten metakritischen Nachsatz »'*Sprache ist Rhetorik*'« (Nietzsche, 1874, S.249)[224] zu erörtern. Neu erfahren haben wir dadurch, was der Hamann-Forschung an sich nicht neu ist, daß nämlich in den Texten des (Spät-)Aufklärers J.G. Hamann die »Sprache als 'Organon und Kriterion der Vernunft'« durch das 'Creditiv' von 'Ueberlieferung und Usum »zu wirken hat« (Büchsel, 1986, S.412)[225] und als solche auch wirksam ist.

Am vorläufigen Ende nun unserer diesbezüglichen, vor allem am Rhetorischen interessierten Lektüre läßt sich wohl behaupten, daß derjenige, der in der von uns vorgeschlagenen Weise die »Kontroverse(.)« (Büchsel, 1986, S.420) Hamanns mit Kant »studiert«, »tief« in die sprachliche »Problematik des (Vernunft)denkens des 18. Jahrhunderts hineingezogen (wird)« und eben »dort den Quellgrund für viele Denkansätze und -figuren des 19. und 20. Jahrhunderts (findet), die in unendlichen Verästelungen unser geistiges Leben immer noch mitbestimmen« (Büchsel, 1987, S.316)[226]. Ebenso sicher kann man jedoch sagen, »daß die Philosophie des 20. Jahrhunderts nur mit vielen Kautelen der des 18. Jahrhunderts vergleichbar ist« (Weiß, 1990, S.14). Und tatsächlich ist es ja so, daß der Autor »Hamann« allein von »seinem Verständnis« ausgehend auf »Fragestellungen seiner Zeit (geantwortet)« (Wild, 1987, S.99) hat. Dennoch »heißt dies« eben nicht, »daß Hamanns Text(e)« dadurch »für uns« gänzlich »obsolet geworden (sind)« (Wild, a.a.O., S.102). Es bedeutet auch nicht, daß »seine (Meta-)Kritik« für uns nunmehr »nur noch von historischem Interesse« (Wild, ibid.) ist. Im Gegenteil. »So wenig« nämlich »Hamanns Antwort(en) uns heute« unmittelbar »Antwort(en) auf unsere Fragen« sein können, »so wenig sind dennnoch die Fragen«, »die er stellt«, damit »erledigt« (Wild, ibid.)[227]. »Aktuell ist Hamann« unserer Lektüre-Erfahrung nach »als Fragender« (Wild, ibid.) mit seiner ganz eigenen Methode des »rhetorische(n) Frage(ns)« (Wild, a.a.O., S.92), die zu erlernen uns zumindest »helfen (kann)«, unsere »Fragen« danach, »was in der jüdisch-christlichen Tradition mit dem Gedanken der (literarischen) Schöpfung gemeint war«, »schärfer zu stellen« (Wild, a.a.O., S.103).

Mindestens genauso wichtig also wie die von ihm gegebenen Hinweise zur kantischen *Kritik* sind für uns seine methodischen Anregungen, die erkennen lassen, was die kleine Streitschrift Hamanns auch sein kann und will: Als nicht minder »revolution(äre)« *Metakritik*[228] der »reinen spekulativen Vernunft« geht es in ihr nur vordergründig um die Infragestellung des kantischen »Vorriß(es)« zu einem neuen »System der Metaphysik« (Kant, KdrV, BXXII-III). Darüber hinaus nämlich erweist sie sich als ein eindringliches »Traktat«, eine religiöse Flugschrift[229], von der rhetorischen »Methode« einer zukünftigen »Metaphysik« (Kant, ibid.)[230], die uns als besorgte »Mutter« des für lange Zeit wohl unauflöslichen »Chaos« in den »Wissenschaften« (Hamann, a.a.O., S.287) beständig ermahnt, den Glauben an eine *andere* Vernunft mit einem eher menschlichen Gesicht nicht ganz zu verlieren.

Insofern nun aber ist auch diese Arbeit ein Versuch, das immer noch weit verbreitete Vorurteil zu widerlegen, im »Mittelpunkt« der metakritischen Überlegungen »Hamanns« stände sein »Kampf gegen die Vernunft« (Salmony, 1958, S.193). Anwendung findet dabei »bekannt(lich)« die von R. Unger aus der geistesgeschichtlichen Interpretationsmethode Diltheys abgeleitete »Formel Rationalismus-Irrationalismus«, mit deren Hilfe ein Gegensatz zwischen dem »flachen Rationalismus« der Aufklärung und dem »tief(gehend)en Irrationalis(mus) Hamanns« (Salmony, a.a.O., S.195)[231] aufgebaut wird. Genau dieses Bemühen aber, den *innerhalb* der Europäischen Aufklärungsbewegung des 18. Jahrhunderts geführten »Binnenk(a)mpf(..) Hamanns« (Ueding, 1992, S.59)[232] und einiger anderer Denker seiner Zeit allein gegen die grenzenlose »Übersteigerung der Verstandesansprüche« (Salmony, ibid.) als bloßen Irrationalismus und Beginn einer reinen Gegen-Aufklärung einzuordnen und abzuqualifizieren, muß sich als äußerst problematisch erweisen, denn zum einen stellt der Kritizismus Kants, wenn überhaupt, nur eine besondere Entwicklung des rationalistischen Denkens dar und zum anderen wird durch die »Berliner Aufklärung« der »Mendelssohns« und »Nicolaiten« (Salmony, a.a.O., S.196) bloß ein bestimmtes Bild von Aufklärung verbreitet. »Hamann« als Feind des Rationalismus und als »Gegner (...) der Aufklärung«, das gilt also nur insoweit, wie er sich, dann allerdings um so energischer und polemischer, mit der manchmal sehr genau und oft sehr ungenügend aufgeklärten »Popularphilosophie« (Salmony, ibid.) seiner Zeit auseinandergesetzt hat. Dabei läßt sich gerade in seiner *Metakritik* von 1784 erkennen, daß seine Überlegungen nicht einfach auf das *Andere* der heidnischen Vernunft[233] zielten, sondern daß er eine *andere*, spezifisch christliche Vorstellung von Vernunft[234] besaß, die beinhaltete, daß die Vernunft den Glauben läutert und der Glaube die Vernunft durchleuchtet. Die sprachliche Vernunft nämlich war Hamann zeitlebens heilig (vgl. Hamann, ZHI, S.355, Z.37 - 356, Z.1).

Es ist diese Bedeutung der kleinen hamannschen Arbeit aus dem Jahr 1784, die sie für uns zur ebenso lehrreichen wie aufregenden und vergnüglichen Vorrede nicht nur seiner eigenen, sondern einer jeden ihr bis heute nachgebildeten 'Metakritik' gemacht hat, deren Idee sich danach, wenn auch oft unter anderem »Namen«, »von der Stirne bis in die Eingeweide« beinahe einer jeden nachkantischen »Wissenschaft« und Philosophie des 19. und 20. Jahrhunderts »ausgebreitet« hat, so daß sie die begriffliche »Terminologie« der besten der uns bekannten »Kunst- Weid- Berg- und Schulsprache(n)« (Hamann, a.a.O., S.285, Z.10-13), sei es eines Herder, Hegel und Marx oder sei es eines Schopenhauer, Nietzsche und Heidegger, mit prägen konnte. Begreifen sollten wir allerdings, daß die mit jener hamannschen Idee einer sprachlichen 'Metakritik' indirekt verbundene, heute so beliebte »Klage(.)« nicht allein über den »Verfall« der »gründliche(n) Wissenschaft«, sondern über die ganze »Seichtigkeit« der philosophischen »Denkungsart« unserer postmodernen »Zeit«, nur dann Sinn macht, wenn wir durch sie auf geschichtliche »Phänomen(e)« (Kant, KdrV, AXI) gestoßen werden, die uns helfen, nachzuvollziehen, wie wir dorthin gelangen konnten, wo wir heute sind.

Einige der an solchen 'geschichtlichen Phänomenen' interessierten Hamann-Interpreten haben die derzeit wohl unvermeidliche und eigentlich auch »naheliegende Frage« gestellt, ob und wieweit »Hamann(.)« selber nicht als einer der »Ahnherr(en)« der »Postmoderne« (Bayer, 1988, II, S.15)[235] angesehen werden kann und muß. Dafür spricht zweifellos seine rhetorische »Kunst des Zitierens«, seine »Collagetechnik« und sein »Centostil«, der es ihm ermöglichte, eine »(Meta)-Kritik« sowohl der kantischen »Methode des Erklärens und der Demonstration« als auch der entsprechenden kantischen »Prinzipie(..)n«, vor allem denen »der Konstruktion einer Einheit des Selbstbewußtseins« und »der Wirklichkeit«, im Namen einer ganz anderen, sprachlichen »Vernunft« vorzunehmen, die das sich heute abzeichnende »'Ende' der Neuzeit« (Bayer, ibid.) bereits ansatzweise erkennen läßt.

Bedenken sollten wir jedoch, daß dies sozusagen nur die eine Seite der Medaille darstellt. Wie wir gesehen haben, »ist« nämlich Hamanns »Metakritik der Neuzeit, ihre Nachprüfung, nicht nur postmodern, sondern zugleich (auch) prämodern (.) in jenem Sinne« gewesen, der »sich aus dem Schluß« gerade auch der *Metakritik* von 1784 »ergibt« (Bayer, ibid.). Nach dessen Wortlaut hat Hamann ja zumindest versucht, das, »(w)as die (kantische) Transzendentalphilosphie« als bis heute grundlegende europäische Philosophie nur noch »matagrabolisiert«, wieder »auf das (heilige) Sacrament der Sprache, den Buchstaben ihrer Elemente« und »den Geist ihrer Einsetzung« hin zu »(..)deut(en)« (Hamann, NIII, S.289, Z.20-4). Eben diese Tatsache nun seiner zugleich 'prämodernen' Absicht und seines 'postmodernen' Ansatzes im Zusammenhang der Paradigmaentwicklung neuzeitlichen Philosophierens zu erläutern, ist derzeit sicherlich eine der großen Herausforderungen der Hamann-Forschung.

Was sich diesbezüglich bereits heute sagen läßt, ist zumindest, daß die bei Hamanns metakritischem »Nachsinnen«[236] zum Vorschein gekommenen Einfälle und »Zweifel« offensichtlich nicht bloß die typischen Anzeichen einer zyklischen 'Krise des Verstehens', sondern zugleich die ersten Vorboten einer ganz neuen »Denkungsart« (Kant, KdrV, AXI) sind: »Unser Zeitalter« ist »das Zeitalter« der sprachlichen 'Metakritik', der sich weder die »*Religion*«, durch »ihre *Heiligkeit*«, noch die »*Gesetzgebung*«, durch »ihre *Souveräne*« und nicht einmal die *Wissenschaft*, durch ihre *Autorität*, wird »entziehen« (Kant, ibid.) können. Doch damit nicht genug. Zugleich nämlich muß die 'Metakritik' als Wissenschaft ihre alles vernichtenden Waffen gegen sich selbst richten. Das sie bewegende Prinzip ist das einer radikalen Selbstentäußerung, die die hamannsche Idee der 'Metakritik' in absehbarer Zeit verwirklichen und zerstören wird.

Schon »(f)ür Hamann bestand der Mut« zur zitativen Einlassung in »die Sprache anderer« ja in jener »Selbstentäußerung«, denn es war für ihn letztlich »immer ein Versuch«, ob er die »Sprache und das Verstehen anderer« durch seine Zurücknahme »erreich(en)« (Simon, 1990, S.17) würde. »Gewißheit« nämlich, dabei »das Richtige zu treffen, hat man« für sich nur, »wenn man«, so wie »Hegel« dies zumindest beabsichtigt hat, bei seiner zwischenzeitlichen »Entäußerung ans Andere und Fremde - bereichert - auf sich selbst zurück(kommt)« und damit imgrunde stets »bei sich bleibt« (Simon, ibid.)[237]. Im Gegensatz dazu muß »man« nach Hamann um sich selbst und »um der anderen (...) willen« das »Richtige (...) immer auch verfehlen« (Simon, ibid.). Ja, »(m)an kann«, wenn man sein eigenes Verstehen und »das Verstehen anderer berücksichtigen will«, nicht nur »(un)sicher sein, ob man eine 'richtige' Begriffsbestimmung von etwas trifft«, sondern muß nunmehr vollkommen verunsichert sein, ob eben diese »Begriffsbestimmung« (Simon, ibid.) sich überhaupt vornehmen läßt. »Der Begriff« einer jeden »Bestimmung« wird von da an durch die Bestimmung »selbst (...) in Frage gestellt« (Simon, ibid.).

Interessanterweise jedoch hat der Metakritiker Hamann diese unabänderbare Tatsache seiner begrenzten Wirksamkeit seltsam gelassen und gefaßt hingenommen. Er verstand sich offenbar nicht als der dauernden Verzicht leistende und sich ganz aufopfernde Mensch einer Epoche des Übergangs, sondern er verklärte noch den eigenen Tod zu einem letzten religiösen Akt der körperlichen Hingabe, zu seinem Geschenk an das beständig im Wandel begriffene Leben. Es ist die rhetorisch fundierte »Kunst« der geschlechtlichen Liebe, die dem Autor Hamann zur »sinnliche(n) (...) Religion« wurde, schreibt G. Wohlfart treffend, denn nur mit Hilfe größter Verführungskunst wird sich uns die sprachliche »Welt« noch als ganze »offenbar(en)« (Wohlfart, 1987, I, S.81). Den Mittelpunkt dieser Offenbarung bildet die sehr persönliche Erfahrung, daß der »sinnerfüllte Augenblick (...) der anfänglichen 'Empfindung von der Gegenwart der Dinge'« bei unserer Geburt »(wieder)kehrt« im ersten, erregenden »Lichtblick« des körperlich »Schönen«, in dem die »Welt sich (uns) zum Präsent« zu »mach(en)« (Wohlfart, ibid.) scheint. Durch dieses »(G)eschenk(..)« nun ist ein »Licht irdischer Verklärung bzw. Transfiguration« in unserem Leben entzündet, das, literarisch verwandelt, weitaus »heller (strahlt) als jenes Nordlicht« der sexuellen »Aufklärung, das denen aufgeht«, die, so wie I. Kant, als selbsternannte »Richter« die »Natur« des Menschen beständig »nötigen«, auf ihre rein biologischen »Fragen zu antworten« (Wohlfart, ibid.). Literarischer »'Genuß der (eigenen) Natur'« im Sinne J.G. Hamanns heißt demgegenüber »Umkehrung, Schülerschaft und Kindwerdung«, so, daß uns ein jeder Akt des Lesens und Schreibens vorkommt, als wenn wir »noch einmal von neuem geboren würden« (Wohlfart, a.a.O., S.81-2).

3 »Eine Rhetorik trivialer Wahrheiten«: Über die Wirksamkeit dieser Vorrede zur Metakritik der Erkenntnistheorie

»Wenn nach einem königlichen Wege zur Wissenschaft gefragt würde, so kann kein bequemerer angegeben werden als der, sich auf den gesunden Menschenverstand zu verlassen und, um übrigens auch mit der Zeit und mit der Philosophie fortzuschreiten, Rezensionen von philosophischen Schriften, etwa gar die Vorreden und ersten Paragraphen derselben zu lesen; denn diese geben die allgemeinen Grundsätze, worauf alles ankommt, und jene neben der historischen Notiz noch die Beurteilung, die sogar, weil sie Beurteilung ist, über das Beurteilte hinaus ist. Dieser gemeine Weg macht sich im Hausrocke; aber im hohenpriesterlichen Gewande schreitet das Hochgefühl des Ewigen, Heiligen, Unendlichen einher - einen Weg, der vielmehr schon selbst das unmittelbare Sein im Zentrum, die Genialität tiefer origineller Ideen und Gedankenblitze ist. Wie jedoch solche Tiefe noch nicht den Quell des Wesens offenbart, so sind diese Raketen noch nicht das Empyreum. Wahre Gedanken und wissenschaftliche Einsicht ist nur in der Arbeit des Begriffs zu gewinnen. Er allein kann die Allgemeinheit des Wissens hervorbringen, welche weder die gemeine Unbestimmtheit und Dürftigkeit des gemeinen Menschenverstandes, sondern gebildete und vollständige Erkenntnis, noch die ungemeine Allgemeinheit der durch Trägheit und Eigendünkel von Genie sich verderbenden Anlage der Vernunft, sondern die zu ihrer einheimischen Form gediehene Wahrheit (ist), - welche fähig ist, das Eigentum aller selbstbewußten Vernunft zu sein.« (Hegel, 1807, S.65, Z.8-34)[238]

Die uns Lesern nunmehr vollständig vorliegende Untersuchung über *J.G. Hamanns sakral-rhetorischen Ansatz zu einer Metakritik des Kantischen Kritizismus* besitzt, so ist zu befürchten, all jene Mängel, die der Philosoph G.W.F. Hegel aufgrund seines viel gerühmten Weitblicks schon vor langer Zeit vorhergesehen hat. Bei der Suche »nach einem königlichen Wege zur (Literatur)wissenschaft« hat sie sich, von Erich Auerbachs rhetorischem Ansatz maßgeblich beeinflußt, zunächst einmal auf den vermeintlich so »gesunden Menschenverstand (...) verlassen« (Hegel, ibid.), der sich als solcher bekanntlich »weder mit anderem Wissen« ernsthaft »bemüht«, »noch mit dem eigentlich(..)« beabsichtigten »Philosophieren (bildet)« (Hegel, a.a.O., S.63, Z.25-27), sondern die Sache selbst, den jeweiligen Text allein, in den Mittelpunkt einer höchst persönlichen Frage rückt, und dieses äußerst bedenkliche Vorgehen sogar noch als Zeichen seiner »Freiheit und Toleranz des Denkens« (Hegel, a.a.O., Z.33-34) ausgibt. »(E)ine(s) anschauende(n) und poetische(n) Denkens« erklärtermaßen, das sich offensichtlich »zu gut« ist für den allgemeinen »Begriff«, statt dessen allerdings bloß die »willkürliche(n) Kombinationen« einer den reinen philosophischen »Gedanken« vollständig »desorganisier(end)en« sprachlichen »Einbildungskraft zu Markte (bringt)« (Hegel, a.a.O., S.64, Z.5-7). Das sehr fragwürdige Ergebnis von alledem ist denn auch nichts anderes als eine sakrale

»Rhetorik trivialer Wahrheiten«, deren zugleich wirklicher und geistiger »Sinn«, deren figurale »Erfüllung«, wie allzu leichtfertig »versichert« wird, immer schon im »Herzen« eines christlichen Autors »vorhanden sei(n)« (Hegel, a.a.O., Z.11-14) muß, doch gleichermaßen »etwa im Katechismus, in den Sprichwörtern des Volkes usf. (vorzufinden)« (Hegel, a.a.O., Z.22-23) sein soll. »(E)ine Rhetorik« (Hegel, ibid.), die die tiefgründigen Zweifel und berechtigten Einwände der klassisch-antik »gebildete(n) Vernunft« als unaufrichtige »Sophistereien« (Hegel, a.a.O., Z.30-31) zu verwerfen pflegt, dadurch aber »die Wurzel« wahrer »Humanität mit Füßen (tritt)«, denn die unveränderliche »Natur dieser ist« es doch, das immer wieder durchbrechende »Widermenschliche, das Tierische« in uns wohlweislich zu übergehen; nicht also im niedersten »Gefühle stehenzubleiben und nur durch dieses sich mitteilen« zu wollen, sondern auf die rein geistige »Übereinkunft mit anderen zu dringen« (Hegel, a.a.O., S.65, Z.1-7). Und die vornehmlich akademische »Existenz« dieser spät-bürgerlichen »Humanität« macht es immer noch aus, kommunikative »Gemeinsamkeit« im »Bewußtsein« (Hegel, a.a.O., S.65, Z.1-7) hochqualifizierter Fachwissenschaftler herzustellen. Doch damit nicht genug! »(M)it der Zeit und mit der Philosophie fort(..)schreiten(d)« hat sich jene Untersuchung gemäß ihrer eigentlichen Themenstellung darauf versteift, zuerst »die Vorreden« und die einführenden »Paragraphen« der drei *kritischen* »philosophischen Schriften« und dann die entsprechende »Rezension(..)« und *Metakritik* des Philosophen Kant und seines Widersachers Hamann neu »zu lesen«, in der irrwitzigen Hoffnung, aus »diese(n)« allein »die allgemeinen Grundsätze« des Fragens zu gewinnen, die der Methode des 'kritischen Denkens' zugrunde liegen, und aus »jene(r) neben der« delikaten »historischen Notiz« alsbald »die Beurteilung« dessen zu erhalten, die sogar, weil sie die metakritische »Beurteilung« der dargelegten Grundsätze des Fragens zu sein meint und diese zu hinterfragen glaubt, über das Beurteilte« selbst »hinaus« (Hegel, a.a.O., Z.11-17) gehen soll. Ein halsbrecherisches Unternehmen zweifellos, das von dort an nicht bloß »triviale«, sondern vollkommen »verrückte Reden« (Hegel, a.a.O., S.64, Z.1-2) hervorbringen mußte. Und mehr noch! Erscheint nämlich der eingeschlagene metakritische »Weg« anfangs noch »im Hausrocke« einer »gemein(hin)« gut verständlichen Sprache, so »schreite(n)« die angestellten Betrachtungen nunmehr »einher« im »hohenpriesterlichen Gewande« einer »das Hochgefühl des Ewigen, Heiligen« und »Unendlichen« heraufbeschwörenden Darstellung, deren Nachvollzug durch die »Genialität« ihrer teils gänzlich unausgegorenen und teils bloß abgekupferten »Ideen« und »Gedankenblitze« (Hegel, a.a.O., S.65, Z.17-22) für den Leser zu einem beständigen Ärgernis werden muß. Wie also die anfangs gezündeten »Raketen« noch nicht bis in das von Kant vorgestellte »Empyreum« der Transzendentalphilosophie reichen, müssen wir dem allzu unbedarften Verfasser zurufen, so »offenbart« die daraufhin gestaltete »Tiefe noch nicht den«, laut seinen Ausführungen, ebenso sagenumwobenen wie fruchtbringenden »Quell des Wesens« (Hegel, a.a.O., Z.22-24) der kritischen Sprache. »Wahre Gedanken und wissenschaftliche Einsicht« nämlich, darüber hätte sich der selbsternannte 'Metacriticus' von vornherein im klaren sein müssen, ist nur in der fortwährenden »Arbeit des Begriffs« (Hegel, a.a.O., Z.24-25) zu erlangen.

Nutzbringende »Allgemeinheit des Wissens (bringt)« allein derjenige »hervor«, der sich weder mit der »gemeine(n) Unbestimmtheit und Dürftigkeit« des bloß auf Überlieferung, Tradition und Glauben beruhenden »gemeinen Menschenverstandes«, noch mit der »ungemeine(n) Allgemeinheit« seiner »(sich) durch Trägheit und Eigendünkel von Genie« erfahrenden und »verderbenden Anlage der Vernunft« ganz zufriedengibt, sondern die am Begriff der 'Metakritik' selbst »gebildete« und »(ver)vollständig(t)e Erkenntnis« sucht, die allein erst die »zu ihrer einheimischen« rhetorischen »Form gediehene Wahrheit« darstellte, »welche fähig« wäre, das historisch unveräußerliche »Eigentum« seiner ach so »selbstbewußten Vernunft zu sein« (Hegel, a.a.O., Z.26-34). Warnen also wollen wir den jungen Himmelsstürmer! Die mit seiner Vorrede zur Metakritik zuallererst begonnene, augenscheinlich noch sehr mühevolle und oft leider auch allzu bemühte »Arbeit« am »Begriff« der 'Metakritik' wird, das zeigt sich schon heute, eine Entwicklung des eigenen Denkens in Gang bringen, durch die dieses Denken nicht mehr zu sich selbst zurückkehren kann. Eine Bewegung, die keine reine »Selbstbewegung des Begriffs« (Hegel, a.a.O., Z.36) sein wird, die den Verfasser irgendwann zu einem streng philosophischen »System« der »Wissenschaft« (Hegel, a.a.O., S.66, Z.4) von der 'Metakritik' führt. Eine sprachliche Weiterbildung vielmehr, die eine praktische Wendung des hier vorgestellten Begriffs der 'Metakritik' hin zur sinnlich-politischen Wirklichkeit nach sich ziehen wird.

Im Hinblick darauf nun aber kommen wir letztlich nicht umhin, noch einmal bedauernd und ermahnend hinzuzufügen, daß der Verfasser uns Lesern leider das meiste von dem, was er im Verlauf seiner Arbeit recht großmundig versprochen hat, schuldig geblieben ist. Uns den konkreten Weg der seinen Andeutungen nach von J.G. Hamann ja nur ansatzweise entwickelten, dann von J.G. Herder weiter durchdachten und übrigens von Th.W. Adorno zum vollständigen philosophischen Ausdruck gebrachten Idee einer *sprachlich-rhetorischen Metakritik der neuzeitlichen Erkenntnistheorie* auch nur vage zu beschreiben, das war ihm, sei's aus Mangel an Talent, sei's aufgrund widriger Umstände, bislang offensichtlich nicht möglich. So aber bleibt uns am Ende nur übrig, dem Verfasser zu wünschen, daß es ihm gelingen möge, sich bei nächster Gelegenheit genauer zu erklären.

4 Anmerkungen

Wider den Purismus der Vernunft!

1   Vgl.: I. Kant, *Theorie-Werkausgabe*. Werke in zwölf Bänden, hrsg. v. W. Weischedel, Frankfurt a.M. 1968ff., hier insbes.: Bd. III und IV, *Kritik der reinen Vernunft 1 und 2*; Bd. VII, *Kritik der praktischen Vernunft*; Bd. X, *Kritik der Urteilskraft* , (zitiert unter Angabe des Verfassers mit dem entsprechenden Textsigel (KdrV, KdpV, KdU) und der Seitenzahl der jeweiligen Ausgabe A, B oder C); sowie J.G. Hamann, *Sämtliche Werke*. Historisch-kritische Ausgabe, hrsg. v. J. Nadler, Sechs Bände, Wien 1949ff., hier insbes: Bd. II, *Kleeblatt hellenistischer Briefe*; Bd. III, *Metakritik über den Purismum der Vernunft*, (zitiert unter Angabe des Verfassers mit dem entsprechenden Textsigel der Nadlerausgabe (NI-VI) sowie der Seiten- und Zeilenzahl der jeweiligen Nadlerausgabe); zusätzlich: J.G. Hamann, *Briefwechsel*, Bd. I-III, hrsg. v. W. Ziesemer u. A. Henkel, Wiesbaden 1955ff., Bd.IV-VIII, hrsg. v. A. Henkel, Wiesbaden u. Frankfurt 1959ff., (zitiert unter Angabe des Verfassers mit dem entsprechenden Textsigel der Ausgabe von Ziesemer/Henkel (ZHI-III) bzw. Henkel (HIV-VIII) sowie der Seiten- und Zeilenzahl des jeweiligen Briefbandes).

2   Vgl.: E. Auerbach, *Mimesis. Dargestellte Wirklichkeit in der abendländischen Literatur*, Bern 1946 ([3]1959).

3   Die so gekennzeichneten Textzitate sind, wenn nicht anders vermerkt, in den Bibliographien nachgewiesen.

4   Vgl.: (Einleitung, Anm.9) Stackmann, 1952, S.232ff., insbes. S.236; sowie Barner, 1970, S.VIII, 59; und Ueding/Steinbrink, 1986, S.120f., 304.

5   Vgl.: (Einleitung, Anm.9) Fischer, 1968, S.34 mit A.13, 111 mit A.25-6, 190 mit A.13, 193 mit A.11; sowie Ueding/Steinbrink, 1986, S.159.

6   Vgl.: (Einleitung, Anm.9) Friedrich, 1954, S.174ff., insbes. S.175; sowie Dyck, 1966 ([3]1991), S.23; und Schanze, 1974, S.7ff., insbes. S.12ff.; ders., 1981, S.13ff., insbes. S.14f.; ders., 1985, S.1ff., insbes. S.12.

7   Anders etwa als Cicero in seinem Werk über den idealen *Redner* geht es Augustinus nicht nur um das theoretische Verbot und das praktische Gebot eines sprachlich-literarischen *Mischstils*, mit dessen Hilfe ein Verfasser an den verschiedenen Stellen seiner Rede je nach der Sachlage und der Wirkungsabsicht zwischen einer niederen, mittleren oder hohen Stillage variieren kann (vgl.: M.T. Cicero, *Orator*, lat. u. dt. hrsg. v. B. Kyzler, München 1975 ([2]1988), S.56-9, 81-5 (*Orator*, 69, 100-104)). Vielmehr verwirklicht der Kirchenvater in seinen zahlreichen Schriften (Predigten, Briefen) in seinen *(v)ier Bücher(n) über die christliche Lehre* wegen ihres Legitimationscharakters nicht immer eindeutig formulierte Forderung nach einer radikalen *Stilmischung* aus Niedrigem und Erhabenem, die für den christlichen Lehrer die dem religiösen Inhalt allein angemessene Form der Rede darstellte, weil für ihn noch das vermeintlich Geringste eine große Bedeutung besaß, deren Erläuterung den Zuhörer oder Leser zugleich belehren, ergötzen und rühren sollte (vgl.: A. Augustinus, *De doctrina christiana*, in: *Des Heiligen A. Augustinus ausgewählte praktische Schriften*, (...), aus d. Lat. übers. u. mit einer Einl. versehen v. P.S. Mitterer, Bibliothek der Kirchenväter, Bd.49, München 1925, S.192-7, 213-5, 218-220, 221-3 (*De doctrina christiana*, IV, 17,34 - 19,38; IV, 22,51 - 23,52; IV, 26,56-58; IV, 28, 61)).

8   Die »völlig(e) (A)bhängig(keit)« der »neuzeitliche(n), insbesondere auch der deutsche(n) Rhetorik« vom »(unerreichten) Korpus klassischer Rhetorik: Platon, Aristoteles, Cicero und Quintilian«, ist kürzlich von T. Bezzola behauptet worden (Bezzola, 1993, S.5). Moderater hat P.L. Oesterreich den Sachverhalt dargestellt, der bereits zwischen griechischer und »(römischer Rhetorikphilosophie) nicht unwesentliche(.) Akzentverschiebungen« einräumt (Oesterreich, 1990, S.7 mit Anm.24). Allein dadurch aber rückt das wieder in den Mittelpunkt des Interesses, was von einem Großteil der Rhetorik-Forscher leider zu wenig

147

beachtet wird: Die seit nunmehr dreißig Jahren geläufige Rede von der »Konstanz (der) Rhetorik durch alle Brüche hindurch« (G. Ueding, *Klassische Rhetorik*, München 1995, S.117) ist nur dann berechtigt, wenn damit deutlich gemacht werden soll, daß es spätestens seit Aristoteles wohl Rhetorik im engeren Sinne, aber niemals *die* Rhetorik gegeben hat. Stehen doch das nur scheinbar feste System und die sich beständig wandelnde Geschichte der Rhetorik seit der klassischen Antike in einem mehr oder weniger produktiven Spannungsverhältnis, dessen Ignorierung (oder Beschreibung) spätestens seit H. Lausbergs *Handbuch der literarischen Rhetorik* (München 1960 (²1973)) das größte Problem einer angemessenen Darstellung von Theorie und Praxis der *ars bene dicendi et scribendi* ausmacht.

9   Vgl.: Dyck, 1965, S.225ff., insbes. S.232 mit A.3; ders., 1966 (³1991), S.102; sowie Fischer, 1968, S.115 mit A.38; und Kopperschmidt, 1971, S.273ff., insbes. S.281 mit A.43.

10   Unsere in Anlehnung an E. Auerbach entwickelte Vorstellung eines Streites *»rhetorica contra rhetoricam«* auch im Deutschland des 18. Jahrhunderts unterscheidet sich, wie im Verlauf der Untersuchungen deutlicher werden wird, von der bekannten Forschungshypothese K. Dockhorns, der die »Wendung der 'Stürmer und Dränger' gegen die rhetorisch dominierte«, doch rational konzipierte »Regelpoetik« der damaligen Zeit allein als »Fortführung bestimmter rhetorischer (nämlich der emotionalen, affektischen) Wirkungsintentionen« begriffen hat (Ueding/Steinbrink, 1986, S.113; vgl. (Einleitung, Anm.9) Dockhorn, 1949 (1968), S.46ff., insbes. S.90ff.). Nach E. Auerbach geht es in jenem innerrhetorischen Streit nicht mehr nur um den immer wieder neuen Gegensatz zweier unterschiedlicher Erscheinungsformen antiker Rhetorik, sondern um zwei ganz verschiedene Grundformen von Rhetorik, nämlich eine heidnisch-antike und eine christlich-spätantike.

11   Eine solche Materialbasis wird durch die lange angekündigte und gerade erschienene *Quellenbibliographie zur Rhetorik, Homiletik und Epistolographie im 18. Jahrhundert* von J. Dyck und J. Sandstede hergestellt, die selbstverständlich für jede zukünftige Untersuchung über »die Bedeutung der Rhetorik für das literarische und öffentliche Leben im Deutschland des 18. Jahrhunderts« (J. Dyck, *Überlegungen zur Rhetorik des 18. Jahrhunderts und ihrer Quellenlage*, in: *Rhetorik zwischen den Wissenschaften: (...)*, hrsg. v. G. Ueding, Tübingen 1991, S.99ff., hier: S.100) unverzichtbar sein wird.

12   In Anlehnung an die »sprachmetakritischen« Arbeiten »G. Wohlfart(s)« hat P.L. Oesterreich bereits 1987 unter dem späteren »Titel« einer »Rhetorischen Metakritik der Philosophie« damit begonnen, das »rhetorische Moment« zunächst einmal in die »abendländische Philosophie« einzuführen (Oesterreich, 1989, S.298, 315; vgl. ders., 1990, S.4f.). Der Streitpunkt bei seinem Versuch einer Inanspruchnahme der »rhetorischen Metakritik als Interpretationsmethode« ist wiederum der, daß auch er sich trotz gewisser Bedenken (vgl. Vorrede, Anm. 8) bei seinen nachfolgenden Textanalysen allein an den »Kategorien der klassischen Rhetorik« orientiert hat (Oesterreich, 1989, S.315). Die Einseitigkeit dieses Vorgehens wäre Oesterreich wohl deutlich geworden, wenn er bei seinen Überlegungen zu einer rhetorischen Metakritik vom Begründer metakritischen Denkens, J.G. Hamann, ausgegangen wäre oder diesen bei seinen Studien mehr als assoziativ mit einbezogen hätte (vgl. dazu: Oesterreich, 1989, S.315, Anm.45 und ders., *Geschichtliche Philosophie im Übergang zu Neuer Mythologie*, in: *Symbol, Mythos, Sprache. (...)*, hrsg. v. G. Larcher, Annweiler, 1988, S.84ff., insbes. S.86, Anm.2).

13   Vgl.: G. Ueding, *Von der Universalsprache zur Sprache als politischer Handlung*, 1989, wieder in: ders., *Aufklärung über Rhetorik: Versuche über Beredsamkeit und ihre praktische Bewährung*, Tübingen 1992, S.59ff., insbes. S.59-60 mit A.5; sowie J. Dyck, *Philosophisches Ideal und rhetorische Praxis der Aufklärung: (...)*, in: *Rhetorik und Philosophie*, hrsg. v. H. Schanze u. J. Kopperschmidt, München 1989, S.191ff., insbes. S.196.

14   Zur näheren Bestimmung des Verhältnisses zwischen Kontinuität und Bruch in der Geschichte der Rhetorik vgl. Schanze, 1981, S.14ff..

15 Zu den zahlreichen Hypothesen über die Ursachen des gemeldeten 'Untergangs' der Rhetorik vgl. neuerdings Bezzola, 1993, S.3ff.. Zur generellen Fragwürdigkeit der vielen Untergangshypothesen vgl. die Arbeiten von Schanze, 1981, S.13f., 16ff.; ders., 1985, S.12; ders., *Vorwort,* zu: ders., u. J. Kopperschmidt, Hrsg., *Rhetorik und Philosophie,* München 1989, S.7ff., insbes. S.10; Ueding/Steinbrink, 1986, S.134; sowie Dyck, 1989, S.192, 196; ders., 1991, S.100.

16 Vgl. dazu: Oesterreich, 1990, S.99; sowie Bezzola, 1993, S.32-4.

17 H. Heine, *Zur Geschichte der Religion und Philosophie in Deutschland,* 1834, wieder in: ders., *Schriften über Deutschland,* hrsg. v. H. Schanze, Frankfurt a.M. 1968.

18 Vgl.: Unger, 1905; sowie ders., 1911 (1963).

19 Vgl.: Dockhorn, 1949 (1968), S.91f., 125ff.; und Dyck, 1977, S.114-23.

20 Vgl.: Böhme/Böhme, 1983 (1985).

1 »Sacrae scriptuae sermo humilis«: Erich Auerbachs rhetorischer Ansatz zum Verständnis der abendländischen Literaturgeschichte

1 Schon vor einigen Jahrzehnten entstand also auch innerhalb dieses wissenschaftlichen Forschungsbereichs der derzeit alles lähmende Eindruck, daß »die Lage« für den Wissenschaftler auf Dauer »objektiv unübersichtlich« geworden ist, da die überall spürbare »Erschöpfung utopischer Energien nicht nur eine der vorübergehenden kulturpessimistischen Stimmungslagen anzeigt«, sondern den bisherigen Indizien nach auf »eine Veränderung des modernen Zeitbewußtseins überhaupt« (J. Habermas, *Die Neue Unübersichtlichkeit,* Frankfurt a.M. 1985, S.143-5) hinweist. Umso wichtiger ist es deshalb, diese neue »Unübersichtlichkeit« nicht nur gleichgültig hinzunehmen, sondern in ihr »auch eine Funktion der Handlungsbereitschaft« zu sehen, »die sich eine Gesellschaft« und die in sie eingebundenen Individuen zukünftig noch »zutrau(en)« (Habermas, a.a.O., S.143). Unterschiedlicher Auffassung kann man freilich darüber sein, inwieweit dieses »Vertrauen der westlichen Kultur in sich selbst« (Habermas, ibid.) auch in der Literaturwissenschaft durch die Hoffnung auf ein kritisches »Verfahren« der allein »diskursiven Willensbildung« (Habermas, a.a.O., S.161) begründet werden kann. Wir werden demgegenüber die Frage erörtern, ob sich unter Berücksichtigung der Schwierigkeiten eines angemessenen Textverstehens und Textvermittelns dennoch »(individuell)-allgemeine Bedingungen« einer rekursiven literarischen Kritik angeben lassen, die die an der »Alltagspraxis« der Deutung literarischer Texte immer noch Interessierten wieder »in die Lage versetzen könnten, konkrete Möglichkeiten eines besseren und weniger gefährdeten Lebens« nach »eigenen Bedürfnissen« und geschichtlichen »Einsichten« zu »verwirklichen« (Habermas, a.a.O., S.161-2).

2 Neben der hier behandelten Kritik von E.R. Curtius' Hauptwerk *Europäische Literatur und lateinisches Mittelalter* (Bern 1948, [2]1954) beziehen wir uns im Lauf unserer Interpretation auf folgende in der Auerbach-Bibliographie nachgewiesene Textstellen: Auerbach, 1946, S.106 u. 116; ders., 1948, S.330ff.; dazu: Curtius, 1951, S.276, A.2; ders., 1952, S.57ff. und wiederum: Auerbach, 1954, S.5-13; ders., 1955, S.359ff.; sowie ders., 1958, S.23.

3 Allerdings ist die Lösung pragmatischer Probleme der Forschung für Erich Auerbach entgegen der Ansicht anderer Forscher eine durchaus verdienstvolle Arbeit, bei der es um die Klärung für den Zusammenhang wichtiger philologischer Detailfragen geht. Die dazu ge-gebenen Richtigstellungen in den selbst heute noch lesenswerten Kritiken etwa von G. Hess (1948), O. Regenbogen (1949) oder L. Edelstein (1950) haben denn auch erst die Voraussetzungen für die heute eher grundsätzlichen Auseinandersetzungen geschaffen. Deshalb aber ist der eine Zeit lang unternommene Versuch, philologische Fragen nicht mehr so wichtig zu nehmen und »das unbestritten Positive seiner Ansätze von dem zu trennen, was vor zwanzig oder dreißig Jahren vergleichsweise fortschrittlich war, es heute aber nicht mehr ist« (Knoke, 1975, S.75; vgl.: Gronau, 1979, S.19), nicht ganz unproblematisch. Nur

einer die innere Verweisstruktur im philologischen Detail berücksichtigenden Interpretation kann es gelingen, den dargestellten literarischen Gegenstand ganz zu erfassen.

4   Vgl. auch: Breslin, 1961, S.369ff.; Fleischmann, 1966, S.539ff.; Schalk, 1967, S.13-4; De Pietro, 1979, S.378-9; Gronau, 1979, S.27ff.; Nelson, 1979/80, S.317; Green, 1982, S.14ff. u. 162f.; Hart, 1984, S.251ff..

5   Eine Ausnahme bei der Erörterung des angesprochenen Problems bildet L. Costa Lima, der in seinem Aufsatz *Historie und metahistorische Kategorien bei Erich Auerbach* wohl ebenso wie Holdheim auf die von uns noch näher zu klärende »komplexe Struktur der thematischen Kontrastierung und Variation« sowie auf die »vielfache (geschichtliche) Perspektivierung und Fortführung des jeweiligen Themas« in den Schriften Auerbachs hinweist, jedoch die sich daraus ergebende Frage, ob dies alles durch »ein exklusiv "ästhe-tisches" Verfahren, vielleicht sogar durch eine Reihe von rhetorischen Verführungskünsten« ermöglicht wird, »die unser Wohlwollen und Interesse erregen« (Holdheim, 1984, S.116, vgl.: Costa Lima, 1986, S.291-2) sollen, nicht so eindeutig negativ beantworten kann, wie Holdheim das mit seinen Hinweisen auf »die narrativen Züge« der »Ästhetik« des »herme-neutischen Verständnisses« (Holdheim, 1984, S.220) getan hat. Ist für Costa Lima doch allzu auffällig, daß »Auerbachs Prosa einer Strategie folgt« (Costa Lima, 1986, S.290). Er sieht sehr genau, daß dessen Ansatz darin bestand, »seinem Leser bestimmte Einsichten bloß durch die Präsentation einer Reihe einzelner Texte zu suggerieren« (Costa Lima, a.a.O., S.303). Eben deshalb aber kann die hergestellte »Kontinuität in der historischen Dimension« bei Auerbach nicht »aus Emphatie erwachsen« (Costa Lima, a.a.O., S.305). Uns ist es nämlich heute »nicht möglich«, etwa so »zu 'reagieren'«, als seien wir »Dantes Zeitgenossen« (Costa Lima, ibid.). Und tatsächlich sah Auerbach solch eine »geradezu mystische 'Geistes-Wanderung(..)'« (Costa Lima, ibid.) als undenkbar an. Er hielt es, wie Costa Lima richtig erkennt, »für ganz ausgeschlossen, daß irgendjemand die historische Sphäre seiner eigenen Zeit verlassen könnte« und gab sich deshalb »nicht mehr mit jenem Emphatie-Begriff zufrieden, der aus Schleiermachers Hermeneutik hervorgegangen war« (Costa Lima, a.a.O., S.305-6). Nicht nachzuvollziehen ist dann allerdings, warum Costa Lima am Ende ähnlich wie Holdheim zu dem Ergebnis kommt, daß »unsere Verstehens- und Urteilsfähigkeit« durch diese wichtige Entscheidung, die doch zur »Anerkennung scharfer Epochengrenzen« und zur »Anerkennung der Relativität epochen-spezifischer Werte (sowie der Werte des Interpreten)« führen muß, dennoch »nicht aufs Spiel gesetzt« (Costa Lima, a.a.O., S.306) wird. Das Argument jedenfalls, daß »die Intuition des Inter-preten, der die Texte auswählt und liest, zusammen mit (dem) historischen Wissen« auch nach dieser grundsätzlichen Einschränkung bezüglich der Möglichkeiten des gelingenden Verstehens und Vermittelns noch eine »hinreichende Voraussetzung« bietet, »um sowohl der jeweiligen Besonderheit der Texte als auch der Kontinuität im historischen Wandel gerecht zu werden« (Costa Lima, ibid.), kann nun nicht mehr ohne weiteres überzeugen. Ein Literaturverständnis, das allen vorherigen Bedenken zum Trotz die »individuelle Ausdrucksfähigkeit« des jeweiligen Autors als die »zentrale Kategorie« der Textdeutung ansieht und eine »Konzeption« zugrunde legt, durch die »das Verstehen und die Erlösung des Menschseins« allein »vom Heiligen Individuum ab(hängt)« (Costa Lima, a.a.O., S.311), wird unserer Ansicht nach dem Werk Erich Auerbachs vom Ansatz her nicht gerecht.

6   Vgl.: Dockhorn, 1966, S.169ff. und Ueding/Steinbrink, 1986, S.161-2.

7   Bereits R. Wellek hat in diesem Zusammenhang die Vermutung geäußert, daß sich »Au-erbach« der Notwendigkeit der Existenz dieses dem Anschein nach »höchst personalen Elements, der letztendlichen Berufung auf etwas, das (anscheinend) nicht erlernt werden kann, des Blicks für das Bedeutsame und der künstlerisch-schöpferischen Sympathie durch-aus bewußt« (Wellek, 1958, S.94) gewesen ist. Dabei erkannte Wellek natürlich, daß das daraus sich bildende »Bewußtsein sowohl in Hinsicht auf die eigene Position als auch auf diejenige des Gegenstandes in seiner Zeit wie auch in Bezug auf die ganze literarische Tradition« nur einen »ausgesprochen unsicheren Ausgangspunkt« (Wellek, ibid.) hat. »Es

verlangt ein großes Maß« an »Freiheit« (Wellek, ibid.), die Erich Auerbach, wie Wellek ausdrücklich hinzufügt, dann vor allem »durch seine solide stilistische und rhetorische Ausbildung« (Wellek, 1954, S.305) gewonnen hat. Was Wellek jedoch übersieht, ist, daß das daraus hervorgehende, »selbst-kritische(.) und selbst-sichere(.) Bewußtsein« (Wellek, 1958, S.94) des Verfassers Auerbach durch jene fortwährende »stilistische und rhetorische Ausbildung« (Wellek, 1954, S.305) immer wieder in Frage gestellt werden mußte. Dessen anfängliche Vorurteils-Bildungen offenbarten sich nämlich im Verlauf der jeweiligen Auseinandersetzung mit dem literarischen Gegenstand noch stets als fiktive Setzungen des Autors. Jene Vorurteils-Bildungen erwiesen sich bei der konkreten Textdeutung als für das Lesen wohl notwendige, doch beim Schreiben zwangsläufig widerlegte Grundakte der Selbststabilisierung des Interpreten als Interpret.

8   Vor allem W.B. Fleischmann stellt sich eben dieser Frage, ob etwa ein Werk wie »Auerbachs *Mimesis*« nicht allein durch eine »begabte Mystik« (Fleischmann, 1966, S.537) zustande kommen konnte. Die seiner Meinung nach »positive Antwort« darauf ergibt sich für ihn dadurch, daß z.B. »Auerbachs Interpretation von Virginia Woolfs *To the Lighthouse*« trotz der offensichtlich »verfehlten Lektüre« mit »derartiger Überzeugungskraft« vorgetragen wird, daß »sogar derjenige Leser, der nach eigener Ansicht sicher ist, daß Auerbach falsch liegt, von seinen Argumenten mitgerissen wird« (Fleischmann, ibid.). »(I)nsgesamt« ist Fleischmanns Eindruck deswegen der, daß »eine Lektüre von *Mimesis,* vor allem wenn sie in einem Stück geleistet wird, einem die Illusion ermöglicht, sich durch die Aufeinanderfolge von Essays, die nach dem Eingeständnis ihres Autors mit Hilfe eklektischer und fragmentarischer Prinzipien dargeboten werden, die ganze abendländische literarische Tradition wieder vor Augen geführt zu haben« (Fleischmann, ibid.). Mit diesen Beobachtungen liegt Fleischmann trotz einiger Überzeichnungen gar nicht so falsch. Auch seine daran anschließende Erklärung, daß »*Mimesis* eine Art göttlicher Geist eingeflößt ist, dem es scheinbar mühelos gelingt, das Chaos zum Ganzen zu ordnen« (Fleischmann, ibid.), trifft den tatsächlichen Sachverhalt annäherungsweise. Doch hat dies alles nichts mit der »mysti(schen)« (Fleischmann, ibid.), sondern mit der rhetorischen Tradition im Werk Erich Auerbachs zu tun.

9   Als Grundlage der Auseinandersetzung mit dem Werk Klaus Dockhorns diente folgende Literatur:
1. Primärtexte: -Dockhorn, K., *Wordsworth und die rhetorische Tradition in England*, in: Nachrichten d. Akademie d. Wissenschaften zu Göttingen, Philologisch-historische Klasse, 1944, S.255ff., wieder in: ders., *Macht und Wirkung der Rhetorik. Vier Aufsätze zur Ideengeschichte der Vormoderne*, hrsg. v. J. Dyck u. G. List, Bad Homburg 1968, S. 9ff.; -ders., *Die Rhetorik als Quelle des vorromantischen Irrationalismus in der Literatur- und Geistesgeschichte*, in: Nachrichten d. Akademie d. Wissenschaften zu Göttingen, Philologisch-historische Klasse, 1949, S.109ff., wieder in: s.o., S.46ff.; -ders., *Rezension: Heinrich Lausberg. Handbuch der literarischen Rhetorik*, in: Göttingische Gelehrte Anzeigen, 214, 1962, S.177ff.; -ders., *"Memoria" in der Rhetorik*, in: Archiv f. Begriffsgeschichte, 9, 1964, S.27ff., wieder in: ders., *Macht und Wirkung der Rhetorik. Vier Aufsätze zur Ideengeschichte der Vormoderne*, hrsg. v. J. Dyck u. G. List, Bad Homburg 1968, S.96ff.; -ders., *Epoche, Fuge und "Imitatio". Rhetorische Komponenten des Historismus*, in: Filosofia, 17, 1966, S.613ff., wieder in: s.o., S.105ff.; -ders., *Rezension: Hans-Georg Gadamer. Wahrheit und Methode*, in: Göttingische Gelehrte Anzeigen, 218, 1966, S.169ff.; -ders., *Zusammenfassende Bemerkungen*, in: ders., *Macht und Wirkung der Rhetorik. Vier Aufsätze zur Ideengeschichte der Vormoderne*, hrsg. v. J. Dyck u. G. List, Bad Homburg 1968, S.125ff.; -ders., *Der neue Geist im Frühwerk Herders*, in: Germanisch-romanische Monatsschrift, 49, N.F.18, 1968, S.91ff.; -ders., *Rhetorik und germanistische Literaturwissenschaft in Deutschland*, in: Jahrbuch f. internationale Germanistik, III, H.1-2, 1971, S.168ff.; -ders., *Luthers Glaubensbegriff und die Rhetorik. Zu G. Ebelings Buch "Einführung in die theologische Sprachlehre"*, in: Linguistica Biblica, 21/22, 1973, S.19ff.;

-ders., *Affekt, Bild und Vergegenwärtigung in der Poetik des Barock*, in: Göttingische Gelehrte Anzeigen, 225, 1973, S.135ff.; -ders., *Rhetorica movet. Protestantischer Humanismus und karolingische Renaissance*, in: Rhetorik. *Beiträge zu ihrer Geschichte in Deutschland vom 16.-20. Jahrhundert*, hrsg. v. H. Schanze, Frankfurt a.M.1974, S.17ff.; -ders., *Rhetorik - Aufklärung - Romantik - Biedermeier*, in: Göttingische Gelehrte Anzeigen, 228, 1976, S.285ff.; -ders., *Kritische Rhetorik?*, in: Rhetorik. *Kritische Positionen zum Stand der Forschung*, hrsg. v. H.F. Plett, München 1977, S.252ff..

2. Sekundärtexte: -Barner, W., *Barockrhetorik. Untersuchungen zu ihren geschichtlichen Grundlagen*, Tübingen 1970.; -Breymayer, R., *Rhetorik und Folkloristik*, in: Linguistica Biblica, 7-8, 1971, S.2ff.; -ders., *Zur Bedeutung Klaus Dockhorns für die Rhetorikforschung*, in-: Linguistica Biblica, 17/18, 1972, S.76f.; -ders., *Rhetorik und empirische Kulturwissenschaft*, in: H.F. Plett, Hrsg., *Rhetorik. Kritische Positionen zum Stand der Forschung*, München 1977, S.187ff.; -Burger, H.O., *»Dasein heißt ein Rolle spielen«. Studien zur deutschen Literaturgeschichte*, München 1963; -Coenen, H.G., *Literarische Rhetorik*, in: Rhetorik. Ein internationales Jahrbuch, hrsg. v. J. Dyck, W. Jens und G. Ueding, Bd.7, 1988, S.43ff.; -Dyck, J., *Ticht-Kunst. Deutsche Barockpoetik und rhetorische Tradition*, 1966, Tübingen ³1991; -ders., *Philosoph, Historiker, Orator und Poet. Rhetorik als Verständnishorizont der Literaturtheorie des XVII. Jahrhunderts*, in: arcadia. Zeitschr. f. vergleichende Literaturwissenschaft, 4, 1969, S.1ff.; -ders., *Athen und Jerusalem. Die Tradition der argumentativen Verknüpfung von Bibel und Poesie im 17. und 18. Jahrhundert*, München 1977; -Fischer, L., *Gebundene Rede. Dichtung und Rhetorik in der literarischen Theorie des Barock in Deutschland*, Tübingen 1968; -ders., Artikel: *Rhetorik*, in: Grundzüge der Literatur- und Sprachwissenschaft, hrsg. v. H.L. Arnold, Bd.1, Literaturwissenschaft, München 1973, S.134ff.; -Friedrich, H., *Rezension: K. Dockhorn. Die Rhetorik als Quelle des vorromantischen Irrationalismus (...)*, in: Romanische Forschungen, 65, 1954, S.174ff; -Gadamer, H.-G., *Rhetorik, Hermeneutik und Ideologiekritik. Metakritische Erörterungen zu "Wahrheit und Methode"*, in: ders., Kleine Schriften I, Tübingen 1967, S.114f.; -Jens, W., Artikel *"Rhetorik"*, in: Reallexikon der deutschen Literaturgeschichte, hrsg. v. W. Kohlschmidt u. W. Mohr, Bd.3, Lfg.5, ²1971, Sp. 432aff.; -Kopperschmidt, J., *Allgemeine Rhetorik. Einführung in die Theorie der persuasiven Kommunikation*, Stuttgart 1973; -Meyer, H., *Schillers philosophische Rhetorik*, in: Euphorion. Zeitschr. f. Literaturgeschichte, 53, 1959, S.313ff.; -Munteano, B., *L'Abbé Du Bos esthéticien de la persuasion passionelle*, in: RLC, 30, 1956, S.318ff.; -ders., *Principes et structures rhétoriques*, in: RLC, 31, 1957, S.388ff.; -ders., *Humanisme et Rhétorique. La survie littéraire des rhéteurs anciens*, in: RHLF, 58, 1958, S.145ff.; -ders., *Constantes dialectiques en littérature et en histoire. Problèmes. Recherches. Perspectives*, Paris 1967; -Plett, H.F., *Der affekt-rhetorische Wirkungsbegriff in der rhetorisch-poetischen Theorie der englischen Renaissance*, Bonn 1969.; -ders., *Perspektiven der gegenwärtigen Rhetorikforschung*, in: ders., Hrsg., *Rhetorik. Kritische Positionen zum Stand der Forschung*, München 1977, S.9ff.; -ders., *Rhetorik, Stilmodelle und moderne Texttheorie*, in: Göttingische Gelehrte Anzeigen, 230, 1978, S.272ff.; -Schanze, H., *Romantik und Aufklärung. Untersuchungen zu F. Schlegel und Novalis*, Nürnberg 1966; -ders., *Einleitung*, in: ders., Hrsg., *Rhetorik. Beiträge zu ihrer Geschichte in Deutschland vom 16.-20. Jahrhundert*, Frankfurt a.M. 1974, S.7ff.; -ders., *Probleme einer "Geschichte der Rhetorik"*, in: Zeitschr. f. Literaturwissenschaft und Linguistik, 11, 1981, H.41, S.13ff.; -ders., *Geschichte der Rhetorik. Literaturgeschichte - Stilgeschichte - Sprachgeschichte. Anmerkungen zu einer interdisziplinären Fragestellung*, in: Praktische Rhetorik. Beiträge zu ihrer Funktion in Aus- und Fortbildung, Mannheim 1985, S.11ff.; -Stackmann, K., *Rezension: K. Dockhorn, Die Rhetorik als Quelle des vorromantischen Irrationalismus (...)*, in: Euphorion. Zeitschr. f. Literaturgeschichte, 46, 1952, S.232ff.; -Stamm, R., *Englische Literatur*, Bern 1957; -Stolt, B., *Docere, delectare und movere bei Luther. Analysiert anhand der "Predigt, daß man Kinder zur Schulen halten soll"*, in: Deutsche Vierteljahresschrift für

Literaturwissenschaft u. Geistesgeschichte, 44, 1970. S.433ff.; -Ueding, G. u. Steinbrink, B., *Grundriß der Rhetorik. Geschichte - Technik - Methode*, Stuttgart. 1986.

10   Es ist hoffentlich nicht zu indiskret, wenn wir uns fragen, ob diese inhaltliche Erklärung ausreicht. Die die Auseinandersetzung abschließende, imgrunde vollkommen überzogene Bemerkung zumindest, daß jede zukünftig an Curtius orientierte Untersuchung »kläglich scheitern« und »nicht nur Ungereimtes, sondern Groteskes hervorbringen« (Dockhorn, 1971, S.184) wird, macht aus heutiger Distanz deutlich, wie 'affektbeladen' die Auseinandersetzung Klaus Dockhorns mit seinem ehemaligen Vorbild gewesen sein muß. Sie hilft uns, zu ergründen, warum ein so gebildeter Philologe wie Klaus Dockhorn trotz der größtenteils sehr einleuchtenden Kritiken an seinen Arbeiten nie bereit gewesen ist, seine in der polemischen Auseinandersetzung mit dem großen Werk Ernst Robert Curtius' gewonnenen Einsichten zu überdenken. Sie läßt erahnen, welche Schwierigkeiten ein großer Teil der bundesdeutschen Rhetorik-Forscher aufgrund der direkten, zumindest indirekten Berufung auf Klaus Dockhorn bis heute zu überwinden hatte und noch hat, um bei der Klärung der Frage nach dem Verhältnis von 'Rhetorik und Literaturwissenschaft' eine eigenständige Position zu entwickeln. Der durchaus verständliche, doch auf Dauer die Klarheit des Urteils trübende Affekt gegen das selbst aus der Distanz von fünfzig Jahren (wenn man das Erscheinen von *Europäische Literatur und lateinisches Mittelalter* als Ausgangspunkt nimmt) noch übergroße Vorbild Ernst Robert Curtius, genauer genommen gegen diesen selbst als Verkörperung einer nahezu idealen Leitfigur der traditionellen 'Institution Wissenschaft', ist trotz und wegen der anti-autoritären Erfahrungen, die die bundesdeutsche Germanistik vor allem während der 68er Jahre machen konnte, offensichtlich bis heute nicht ganz abgebaut. Dies näher zu erläutern und genauer einzuordnen wäre möglich, wenn wir uns, was hier nicht geleistet werden kann, die von der Curtius-Kritik ausgehende Position Klaus Dockhorns zur Rhetorik und ihrer Geschichte unter einer auch das »soziale, kulturelle und geistesgeschichtliche Umfeld« (vgl. schon: Barner, 1970, S.VIII, hier: Plett, 1978, S.283) beleuchtenden Fragestellung anschauen und sie dann etwa mit der Curtius-Kritik Erich Auerbachs vergleichen würden. Dieser nämlich scheint trotz der nicht gerade feinfühligen und sachlich ungerechten Polemik von Curtius gegen seine Arbeiten (vgl. dazu: Auerbach, 1951, S.276, A.2; ders.,1954, S.5-13) den Blick für die zweifellos vorhandenen Stärken einer Arbeit wie *Europäische Literatur und lateinisches Mittelalter* nicht verloren zu haben. Auerbach gehörte offensichtlich zu denjenigen, die die bewundernswerte Kraft besitzen, trotz ständiger Anfeindungen und zahlreich erlebter Intrigen zu einer souveränen Beurteilung literatur-geschichtlicher Probleme zu gelangen.

11   Vgl.: Pöggeler, 1960, S.47, A.34; ders., 1970, S.161f.; und Veit, 1963, S.163.

12   Vgl: Dyck, 1965, S.232-34; ders., 1966, [3]1991, S.91-112; ders., 1977, S.120, A.91; Fischer, 1968, S.126-132; Stolt, 1970, S.458 und 474.

13   Breymayer, 1971, S.4; vgl.: ders., 1977, S.195; und: Gasser, 1970, S.27ff., insbes. S.39, A.134.

14   So kündigt J. Kopperschmidt in seinem Aufsatz mit dem Titel *Rhetorik und Theodizee. Studie zur hermeneutischen Funktionalität der Rhetorik bei Augustin* wohl insgesamt eine gedankliche »Neuorientierung« an, die zwar »nicht tabula rasa« bedeuten, doch eine »kritische Sichtung des bisher Gültigen« implizieren soll, »nicht blinde Verdächtigung« enthält, aber eine »Dialektik zwischen Verneinung und Bejahung, zwischen Annahmen und Verwandeln, zwischen der Macht des Alten und der prägenden Kraft des Neuen« (Kopperschmidt, 1971, S.291.) in Gang bringen soll. »Diese Dialektik« hofft Kopperschmidt »mit dem Begriff "Rezeption" umschrieben« zu haben, unter dem sich für ihn »das vielschichtige Problem "Augustin und die Rhetorik" subsummieren« (Kopperschmidt, a.a.O., S.289) läßt. Bei seinen »Ausführungen« (Kopperschmidt, a.a.O., S.279) aber unter anderem über »das Gebiet der Stillehre«, die »seit ihrer definitiven Formulierung in der Herennius-Rhetorik« über »Cicero«, »Quintilian« und »Augustin« bis »ins Mittelalter hinein von grundlegender Bedeutung war« (Kopperschmidt, ibid.), kommt er zu dem Ergebnis, »daß die

Augustinische Reflexion über das Problem der Theodizee, soweit es in den interpretierten Texten zur Sprache kam, keinen Anspruch auf Originalität erheben kann und will« (Kopperschmidt, ibid.). »Beweist« ja nach Kopperschmidt Meinung »jeder quellenkritische Vergleich mit der antiken, besonders stoischen und neuplatonischen Theodizee-Literatur« die »gedankliche Abhängigkeit Augustins: sowohl der Argumentationsduktus wie die Struktur der zur Erläuterung herangezogenen Beispiele« sind für ihn »vom thematischen Problemhorizont her vorgegeben« (Kopperschmidt, ibid.). »Von Eigenständigkeit bei Augustin« läßt sich diesem Deutungsansatz nach »allein (...) hinsichtlich der Wahl« der vom jeweiligen Autor »interpretierten Beispiele« (Kopperschmidt, a.a.O., S.291) reden.

15   Erinnert sei hier vor allem an die insbesondere durch Curtius' Ausführungen zum 'Manierismus'-Begriff (vgl.: Curtius, [2]1954, Kapitel »Manierismus«) neu entfachte, dann zwischen 1965 und 1970 heftig entbrannte Diskussion über den Themenkomplex 'Die Rhetorik des Barock', bei der es ja nicht nur um die Wiederentdeckung einer bestimmten literarischen Epoche, sondern insbesondere auch um die Klärung literaturwissenschaftlicher Grundsatzfragen ging. Wenn wir uns heute die dabei vertretenen Positionen noch einmal unter diesem zweiten Aspekt anschauen, wird für uns sehr schnell deutlich, daß ein Bewußtsein für die von uns behandelten Probleme selbstverständlich schon damals vorhanden war. Trotz der direkten Bezugnahme auf die auch von uns mit einbezogenen Einwände »Hugo Friedrich(s)« (Dyck, 1966, [3]1991 S.23) betonte dann aber etwa Joachim Dyck in seinem Buch *Ticht-Kunst. Deutsche Barockpoetik und rhetorische Tradition* (1966, [3]1991), daß »die Fragestellung der Arbeit« ihn »(dazu) zwang, das Gewicht bei der Darstellung auf die "klassische Linie" zu legen« (Dyck, a.a.O., S.21), die von »Aristoteles, Cicero und Quintilian« (Dyck, a.a.O., S.20) ausgeht. Dieses auch später von ihm beibehaltene Vorgehen führte selbst dort, wo Dyck »eine gewisse Eigenständigkeit« (J. Dyck, *Rezension: L. Fischer, Gebundene Rede*, in: Anzeiger f. Deutsches Altertum u. Deutsche Literatur, 80, 1969, S.68ff., hier: S.84) bestimmter Autoren des Barock wie G.P. Harsdörffer oder C. Weise durchaus eingeräumt hat, nicht zu einer vollen Würdigung der Eigenwertigkeit der Werke eben dieser Autoren. Einen solchen Vorwurf müssen wir auch Ludwig Fischer machen, obwohl dieser in seiner Untersuchung mit dem Titel *Gebundene Rede. Dichtung und Rhetorik in der literarischen Theorie des Barock in Deutschland* (1968) gleich zu Beginn darauf hinweist, daß es ihm anders als Dyck »(nicht darum) geht (...), die 'klassische Linie' zu suchen« oder »das 'Manieristische' hervorzuheben, sondern darum, die Texte auf Variationen abzuhorchen«, und obwohl er an vielen Stellen betont, daß die von Dyck unterstellte »communis opinio (...) sich nur abstrahieren (läßt)« (Fischer, 1968, S.2f. mit A.10). Insgesamt nämlich vertritt Fischer trotz seiner recht zahlreichen, wenn auch nicht immer unumstrittenen literarischen Befunde (vgl.: Dyck, 1969, S.70ff.) die Auffassung, daß »in einer Epoche, die so stark der Überlieferung verpflichtet ist, wie das Barock«, die vermuteten »charakteristische(n) Wandlungen gegenüber der Tradition« weitgehend nur in Form von »Nuancen, Akzente(n) (und) Gewichtsverschiebungen« auftreten, die »keine Revolution« (Fischer, 1968, ibid.) hervorgerufen haben. Und selbst Wilfried Barner, der im Forschungsbericht seines großartigen Buches *Barockrhetorik. Untersuchungen zu ihren geschichtlichen Grundlagen* (1970) den »absolut klassizistischen Grundriß« (Barner, 1970, S.56) der Arbeiten von Dyck und Fischer kritisiert und sehr ausführlich beschreibt, wie »'barocke' oder 'manieristische' Züge« wohl »auf der Basis eines klassizistischen Systems entstehen«, jedoch erst »durch Grenzüberschreitungen« der jeweiligen »Norm« möglich werden, so daß etwa »eine Verschiebung im Grundbestand der *exempla* Entscheidenes (bedeutet)« (Barner, a.a.O., S.64), geht es zuletzt darum, »Curtius' Forderung nach Kontinuität in der historischen Analyse (zu) erfüll(en)« (Barner, a.a.O., S.56, A.78). Wenn andererseits Manfred Windfuhr in seiner Untersuchung über *Die barocke Bildlichkeit und ihre Kritiker* (1966) »nicht von der geschichtslosen Konstanz des rhetorischen Systems und seiner Mittel, sondern von der Dialektik von Formel und Variation, System und Geschichte aus(geht)« und »innerhalb des rhetorischen Lagers Oppositionsformen von charak-

teristischer Eigenwilligkeit« (Windfuhr, 1966, S.2) erkennt, die auf »stilistische Revolutionen« (Windfuhr, a.a.O., S.17) verweisen, geschieht dies, indem er sich immer mehr in argumentative »Widersprüche« verwickelt, die störend wirken, allerdings nicht gleich das »Nichtgelingen des Buches« (Dockhorn, 1973, S.138) bedeuten.

16   Gerade im Zusammenhang einer neueren Untersuchung über insgesamt *5 Briefe Erich Auerbachs an Walter Benjamin in Paris* zwischen 1935 und 1937, die »eine freundschaftliche Beziehung und gegenseitige Anteilnahme (dokumentieren), von der bisher noch wenig bekannt war« (K. Barck, *5 Briefe Erich Auerbachs an Walter Benjamin in Paris*, in: Zeitschrift für Germanistik, 9, Feb.1988, H.1, S.688ff.,hier: S.688), stellt sich uns die interessante Frage, inwieweit die Auerbach mit großer Wahrscheinlichkeit bekannten Ausführungen Benjamins über das Verhältnis von Symbol und Allegorie innerhalb seines *Trauerspielbuches* (genauer: W. Benjamin, *Ursprung des deutschen Trauerspiels*, Berlin 1928, wieder in: ders., Gesammelte Schriften, hrsg. v. R. Tiedemann u. H. Schweppenhäuser, Frankfurt a.M. 1974, dort: Bd. I, 1, S.203ff., insbes.: S.336ff.) in den *Figura*-Aufsatz von 1939 mit eingeflossen sind. Die Antwort jedoch fällt nach einer nochmaligen Lektüre anders aus, als K. Barcks Veröffentlichung vermuten ließ. Auffällig ist nämlich, daß sich Benjamin anders als Auerbach vom Ansatz seiner Untersuchung her trotz seiner besonderen Gewichtung des Allegorischen innerhalb des durch die bekannten Äußerungen Goethes vorgegebenen, klassizistischen Problemrahmens bewegt. (Zum dortigen Verhältnis von 'Symbol und Allegorie' vgl. die allerdings sehr unterschiedlichen Darstellungen von H.-G. Gadamer, *Wahrheit und Methode*, Tübingen 1965, S.66ff.; G. Lukács, *Die Eigenart des Ästhetischen*, 1963, in: ders., Werke, Bd.12, 1963, 2.H.Bd., S.727ff.; P. De Man, *Allegorie und Symbol in der europäischen Frühromantik*, (dt.) in: Typologica Litterarum, Festschr. f. M. Wehrli, hrsg. v. S. Sonderegger u.a., Zürich 1969, S.403ff.) Deshalb ist es nachvollziehbar, wenn P. Bürger bei seiner Lektüre des *Trauerspielbuches* zu dem Ergebnis kommt, daß darin letztendlich »die Allegorie (...) einer theologischen Kritik (unterliegt), die am Symbol, der Einheit von sinnlichem und übersinnlichem Gegenstand, festhält als Unterpfand der Erlösung« (P. Bürger, *Prosa der Moderne*, Frankfurt a.M. 1988, S.55ff., hier: S.58). Trotz der interessanten Beobachtung, daß in der für Benjamin so wichtigen »Allegorie die facies hippocratica« einer zur »Urlandschaft« erstarrten »Geschichte« vor »Augen (liegt)«, die »aus(ge)prägt« wird in einem »Totenkopfe«, durch den »die biographische Geschichtlichkeit eines einzelnen in dieser seiner naturverfallensten *Figur* bedeutungsvoll als Rätselfrage sich aus (spricht)« (Benjamin, 1928, S.343) - und trotz der naheliegenden Einsicht, daß die geschichtliche »Vergänglichkeit« in eben dieser »Schädelstätte«, die »als Schema allegorischer Figuren aus tausend Kupfern und Beschreibungen der Zeit« des Barock herauszulesen ist, »in ihr nicht sowohl bedeutet, allegorisch dargestellt, denn, selbst bedeutend, *figural* »dargeboten« wird »nicht allein (als) das Sinnbild von der Öde aller Menschenexistenz«, sondern zugleich als das »der Auferstehung« in »Gottes Welt« (Benjamin, a.a.O., S.405-6), geht es Benjamin auch unserem Lektüreeindruck nach anders als Auerbach nicht eigentlich um das *Figurative* in seiner ihm eigenen christlichen Gestalt, sondern vielmehr darum, für das Zeitalter des Barock »das Verhältnis von Symbol und Allegorie eindringlich und formelhaft« zugleich »fest(zu)legen« (Benjamin, a.a.O., S.343).

17   Angesprochen werden muß an dieser Stelle die in der Forschung öfter erwähnte »Problematik des 1. Kapitels« (Hess, 1948, S.180), die durch unseren Hinweis auf die gewollte »Einseitigkeit« (Auerbach, 1954, S.2) der »Kontinuierlichkeit« und »überzeitliche(.) Geltung« (Gronau, 1979, S.109-10) suggerierenden Darstellung Erich Auerbachs nicht beseitigt werden kann. Diese Problematik besteht darin, daß ihn seine vor allem in der Einleitung allzu stark spürbare »Neigung zu vereinheitlichender Verallgemeinerung« (Regenbogen, 1949, S.616; vgl.: Auerbach, 1954, S.2) zu der hinsichtlich ihrer Berechtigung »nicht« genau genug »überprüfte(n) (...) Behauptung« der fortwährenden Existenz »zweier fundamental verschiedener Formen von *mimesis*« (Dickmann, 1948, S.331) führt, wodurch

er bei der Homer-Interpretation zu manchmal »(un)gerechtfertigt(en)« und »(un)korrekt(en)« (Edelstein, 1950, S.427-8) Annahmen, »gelegentliche(n) Inkonsequenzen« und im weiteren Verlauf der Untersuchung »nicht ganz haltbaren Folgerungen« (Hess, 1948, S.181 u. S.184) kommt. Die in diesem Zusammenhang konstruierte »Opposition« (Landauer, 1988, S.91) also zwischen dem homerischen und dem biblischen »Wahrheitsanspruch« (Auerbach, 1946, S.19) mit ihren sehr einseitigen Zuordnungen muß auch dann als äußerst unglücklich angesehen werden, wenn wir einräumen, daß die Überlegungen innerhalb des ersten Kapitels von *Mimesis* rein »approximativ(..)« (Hess, 1948, S.179) sein sollten und daß Erich Auerbach gerade dies im Nachhinein weit mehr »bedauert« (Westra, 1988, S.571) hat, als es aus seinen oben angesprochenen *Epilegomena zu Mimesis* (1954) deutlich wird.

18 Die aus diesen Andeutungen heraus erwachsene und auch später gelegentlich fortgesetzte Debatte zwischen Erich Auerbach und Ernst Robert Curtius darum, ob Auerbach, wie Curtius meinte, von der Annahme ausgeht, daß »für die antike Theorie« etwa »eine bewußte Entsprechung zwischen den Stilarten und den poetischen Gattungen bestanden« hat (Auerbach, 1954, S.7), wollen wir an dieser Stelle nicht noch einmal aufnehmen. Sie ist durch die Hinweise Auerbachs, daß nicht nur sein Buch *Mimesis* zuallererst ein »Versuch zur Geschichte der Sache selbst, nicht der Lehrmeinungen über sie« (Auerbach, a.a.O., S.5) war, gegenstandslos geworden. Sein Interesse bestand nicht darin, eine in der Tat sehr problematische »"These" über die (feste) Zuordnung« verschiedenartiger »Dichtungsgattungen«, unterschiedlich gewichtiger literarischer Gegenstände oder voneinander abweichender Wirkungsfunktionen der Rede »zu bestimmten Höhenlagen (zu) vertreten« (Auerbach, a.a.O., S.7), sondern es ging ihm darum, durch die Textlektüre insbesondere der Schriften Ciceros zur Rhetorik die bei diesem durchaus vorhandenen, praktischen »Anschauung(en)« (Auerbach, a.a.O., S.5) über den Gebrauch eines *Mischstils* mit dessen theoretischer »Vorstellung von der (...) Stiltrennung« (Auerbach, a.a.O., S.7) zu konfrontieren, um so die Unterschiede zur christlichen *Stilmischung* etwa bei Augustinus oder Dante sichtbar zu machen (vgl. auch: Fischer, 1968, S.126-7, A.83 und Dockhorn, 1976, S.291-4).

19 Wenngleich es bei unserer Auerbach-Lektüre darum geht, die Stärken seines literaturgeschichtlichen Ansatzes herauszuarbeiten, kommen wir gerade an dieser Stelle nicht um einen Hinweis auf die des öfteren bei dessen Umsetzung aufgetretenen Schwächen herum. Auffällig ist nämlich, daß die Racine-Interpretation des *Mimesis*-Buches noch stärker als die Homer-Interpretation eine Opposition nun zwischen dem 'französischen Klassizismus' Racines und dem 'modernen Realismus' Balzacs oder Flauberts aufbaut, mit deren Hilfe jedoch das Werk Racines nur sehr ungenau charakterisiert wird. Dies alles läßt sich durch Auerbachs gewollte »Einseitigkeit der Darstellung« (Auerbach, 1954, S.2) der abendländischen Literaturgeschichte nicht entschuldigen. Im Gegenteil. Gerade weil sich Erich Auerbach, wie wir aus den Ergebnissen seines Racine-Aufsatzes (E. Auerbach, *Racine und die Leidenschaften*, 1927, wieder in: ders., *Gesammelte Aufsätze zur Romanischen Philologie*, Bern 1967, S.194ff.) folgern können, über die Tatsache der späteren Verzerrung im klaren gewesen sein muß und diese aufgrund der exponierten Stellung der Racine-Deutung in *Mimesis* anscheinend bewußt in Kauf genommen hat, wiegt der Vorwurf umso schwerer. Die an anderer Stelle von ihm kritisierte und nun selbst praktizierte Unterdrückung des »sprachlich und formal« erklärbaren »Gefühl(s) für die menschliche Tiefe jenes formalen Anstands« im Werk Racines, der bei uns »seit August Wilhelm Schlegels Kritik« ja leider als nur »fad, als nur galant, als undichterisch und unnatürlich galt« (Auerbach, 1927, S.196), ist für die heutige Racine-Forschung wohl untragbar. Eine von Erich Auerbachs Ansatz ausgehende Untersuchung sollte solche Mängel in der Einzelinterpretation erkennen. Sie muß innerhalb ihrer literaturgeschichtlichen Gesamtkonstruktion zu einer differenzierten und historisch genauen Darstellung jedes einzelnen literarischen Textes gelangen. Sie darf ihren freilich notwendigen Suggestionen nicht vollends erliegen. Sie

sollte einen Autor wie Racine nicht als beliebigen, sozusagen rein operativen Ausgangspunkt für ihre literaturkritischen Betrachtungen mißbrauchen.

20   Von diesem Punkt aus ergibt sich die Möglichkeit, Auerbachs zahlreiche Ausführungen zur
»Geschichte des abendländischen Realismus«, die er bekanntlich »als Ausdruck der Wandlungen in der Selbstanschauung des Menschen« (Auerbach, 1946, Untertitel) begriffen hat,
im Zusammenhang der 'Theorie des Stilwandels' zu deuten, die vor einiger Zeit von P.
Szondi entwickelt worden ist. Bemühen sich ja beide darum, die »traditionelle Auffassung«
des »Aristoteles«, »der die ursprüngliche Zweiheit von Form und Inhalt grundlegend ist«
und die »die Kategorie des Geschichtlichen nicht (kennt)«, wodurch »die vorgegebene Form
(...) historisch indifferent (bleibt)« und als »geschichtlich ursprünglich nur der Stoff (erscheint)«, durch eine vom »Werk Hegels« ausgehende Auffassung zu ersetzen, die eine
»Historisierung des Formbegriffs« (Szondi, P., *Theorie des modernen Dramas*, in: ders.,
Gesammelte Schriften, Bd.1, Frankfurt a.M. 1978, S.11f.) möglich macht. Ähnlich wie
Szondi geht es Auerbach bei seinen Überlegungen, »Hegels dialektische Konzeption des
Form-Inhalt-Verhältnisses« für das eigene Literaturgeschichtsverständnis »fruchtbar (zu)
mach(en)«, dann darum, diese »Form-Inhalt-Dialektik« als eine beständige geschichtliche
Wechselwirkung »zwischen formaler und inhaltlicher Aussage« (Szondi, a.a.O., S.13) auch
im Text selber zu beschreiben. Diese Vorstellung nun eines literarischen »Stilwandels«
unterscheidet sich »von den gängigen Deutungen der Aufeinanderfolge zweier Stile«, denn
»sie setzt zwischen den beiden Perioden eine dritte, in sich widersprüchliche an« und stellt
damit »die Entwicklungstufen in den Dreitakt« der vom sprachlichen Widerspruch ausgehenden »Dialektik von Form und Inhalt« (Szondi, a.a.O., S.72). Dabei wird auch bei
Auerbach »die Übergangsperiode« nicht bloß »dadurch bestimmt«, daß »in ihr Form und
Inhalt« aus ihrer scheinbaren »Entsprechung« zum inhaltlichen »Widerspruch auseinander-
treten« (Szondi, ibid.). Dessen jeweilige »Aufhebung« wird »in den thematisch verhüllten
Formelementen« des Textes schon »vorbereitet« und »der Wandel zum in sich wider-
spruchslosen Stil vollzieht sich«, indem »die formal fungierenden Inhalte« sich mit der Zeit
»vollends zur Form« »niederschlagen und auf diese Weise die alte From sprengen« (Szondi,
ibid.). Anders jedoch als bei Szondi »verbleibt« der so skizzierte »Versuch« Auerbachs, die
»verschiedenen Formen« der abendländischen Literatur aus der »Auflösung« sich immer
wieder herausbildender »Widersprüche zu erklären«, nicht innerhalb der »Ästhetik«, sondern er wird realgeschichtlich fundiert durch die Leidenserfahrung (Christi) und weitet sich
dadurch aus (nicht: »weist (sich) aus (als)«) zu einer »Diagnose« auch unserer »Zeit«
(Szondi, a.a.O., S.13-14). Die »geschichtliche Entwicklung« der Literatur vollzieht sich bei
Auerbach insofern tatsächlich als diejenige der »Technik oder Verfahren der künstlerischen
Darstellung der Wirklichkeit«, sie läßt sich beschreiben als »'Veränderung der nachah-
menden Kunstübung'«, bei der der »Wandel« der literarischen »Techniken (...) nicht abge-
trennt« wird von dem der realen »Gegenstände« und »Form und Inhalt« eine spannungs-
geladene, doch »unauflösliche Einheit (bilden)« (Gronau, 1979, S.26-27, vgl. dagegen:
Knoke, 1975, S.88).

21   Vgl.: K. Löwith, *Weltgeschichte und Heilsgeschehen. Die theologischen Voraussetzungen
der Geschichtsphilosophie*, Stuttgart 1953, hier: S.148.

22   Durch seine Exilierung eher unfreiwillig in eine persönliche Situation geraten, in der die
Fortsetzung der wissenschaftlichen Arbeit und deren bloße Verweigerung gleichermaßen
aussichtslos geworden war, hat Erich Auerbach also mit der Zeit bewußt die schwierige
Position dessen gewählt, der sich ebenso als Wissenschaftler begreift wie als einer, der die
Grenzen seiner Wissenschaft überschreitet. Sein eigenes Beispiel belegt dabei, daß es dem
einzelnen Forscher tatsächlich glücken kann, sich den institutionellen Zwängen des
Betriebes nicht nur für eine gewisse Zeit, sondern dauerhaft zu entziehen. Die dadurch
gewonnene Souveränität im Denken, Sprechen und Handeln wurde im Falle Auerbachs
durch die spätere »sekundäre Institutionalierung« (A. Gehlen, *Anthropologische Forschung*,
Hamburg 1961, S.75) des sich bildenden Kreises der Exilierten nicht sofort wieder

aufgehoben. Dessen organisatorischer Zusammenhalt war zumindest anfangs viel zu lose, um die neue Eigenständigkeit des Denkens zu gefährden. Allerdings müssen wir hinzufügen, daß Erich Auerbach für diese so mühsam errungene und dann immer wieder verteidigte Freiheit, sich auf die Widerständigkeit der Welt von sich aus einzulassen, bis zum Ende seines Lebens einen hohen Preis gezahlt hat. Er ist nicht zufällig ein Autor ohne großen Einfluß und ein Lehrer ohne viele Schüler geblieben. Doch läßt sich an den zum Teil so heftigen Reaktionen seiner recht zahlreichen Rezensenten ablesen, daß seine Bücher für die etablierte Literaturwissenschaft und den traditionellen Schulbetrieb bis heute ein provozierendes Ärgernis sind und eine indirekte Bedrohung darstellen, darüber hinaus aber auch einen unterschwelligen Reiz besitzen.

23 Der hier verwendete Begriff der 'metahistorischen Reflexion' stammt aus dem anfangs bereits erwähnten Aufsatz *Historie und metahistorische Kategorien* von L. Costa Lima aus dem Jahre 1986. Dort wird insgesamt danach gefragt, inwiefern »Auerbach in seinen Ergebnissen« von seinem großen Vorbild »Vico« dennoch entscheidend »abwich« und genauer untersucht, »wie sich Vicos *Scienza* in ihrer Übernahme durch Auerbach veränderte« (Costa Lima, S.293). Zuletzt kommt Costa Lima, wenn auch von einem anderen Frageinteresse aus, zu ähnlichen Ergebnissen wie wir, wenn er festhält, daß die bereits »von Vico beschriebene Vermittlung zwischen historischem Relativismus und historischer Kontinuität von Auerbach durchaus beibehalten wird«, jedoch bei diesem »das Individuum an die Stelle des Plans der Vorsehung« (Costa Lima, a.a.O., S.310) tritt. Dadurch ist bei »Auerbach« in der Tat der »Gottesbegriff« nicht »abgeschafft«, sondern er wird »säkularisiert« (Costa Lima, ibid.). Die abschließende Vermutung allerdings, daß bei Auerbach als Konsequenz dieser Säkularisierung nun »die Kontinuität in der Geschichte« auf »einem neuen Prinzip« beruht, nämlich demjenigen der »Individualität als ruhendes Zentrum« (Costa Lima, ibid.), ist selbst im Zusammenhang der vorgebrachten Argumente Costa Limas nicht stichhaltig. Schon seine eigenen Annahmen über Erich Auerbachs »metahistorische Reflexionen«, die ganz von »Zeitlichkeit« (Costa Lima, a.a.O., S.312) durchdrungen sind, suggerieren mehr die Vorstellung eines geistig beweglichen, sich selbst im ständigen »Deutungs- und Formungsprozeß« der Wirklichkeit »unablässig« (Auerbach, 1946, S.489) verändernden, geschichtsgebundenen und -bewußten gesellschaftlichen Individuums.

24 Vgl. auch: Auerbach, 1954, S.15 sowie ders., 1958, S.9.

25 Neben dem hier angesprochenen Aufsatz mit dem Titel *Vico und Herder* hat Auerbach auch in anderen Zusammenhängen versucht, das Verhältnis des berühmten Neapolitaners vor allem zu Hamann und Herder zu charakterisieren. Im Mittelpunkt seines Interesses stand dabei freilich das Bemühen, die Originalität Vicos und die Zufälligkeit seiner späteren Wiederaufnahme zu betonen (vgl. insbes.: Auerbach, 1929, S.177-8; ders., 1932, S.222ff.; ders., 1955, S.242ff. sowie ders., 1958, S.10-18.).

26 Erich Auerbachs rhetorikgeschichtlicher Ansatz macht es möglich, auch an diesem Punkt zunächst zwischen einem *heidnisch-antiken*, »platonisierende Tendenzen« aufnehmenden und darum der »Idealvorstellung eines allseitig und gleichmäßig vollkommenen Menschen« (Auerbach, 1946, S.292-3) folgenden Humanismus und einem *christlich-spätantiken*, in »augustin(ischer)« Tradition sich entwickelnden, mit seiner »Neigung« gegen »das nur vernünftig Klassische« über »das rhetorische Mittellateinische« (Auerbach, 1950, S.334-5) hinaus bis in die Neuzeit nachwirkenden *Humanismus* zu unterscheiden, zuletzt aber von eben diesem ausgehend seine eigene christlich-humanistische Haltung der geschichtlichen Situation des 20. Jahrhunderts angemessen darzustellen. Diese erschien ihm zwangsläufig noch »weniger aktiv«, noch »weniger praktisch« und noch »weniger politisch« wirksam, »als die einstige« (Auerbach, 1952, S.302-4) humanistische Position es bereits gewesen war. Konnte doch »von geistigem Austausch, von Veredelung der Sitte und von Völkerversöhnung« zu seiner Zeit nun wirklich »nicht mehr die Rede« (Auerbach, ibid.) sein. Vor »dem Sturm der Interessengegensätze« nämlich mußte jeder Versuch einer »Annäherung«

kapitulieren und eine »vernünftige Aussicht«, die »bestehenden Gegensätze anders zu lösen als durch Machtprobe« (Auerbach, ibid.), schien auf lange Sicht unmöglich. Eben deshalb »hofft« der »geschichtliche Humanismus« laut Auerbach auch »nicht mehr(,) etwas bewirken zu können, was doch geschieht, aber anders geschieht, als man es hoffte« (Auerbach, ibid.). Er »nimmt« die sich seit einiger Zeit »vollziehende« Entwicklung der »Standardisierung der Erdkultur« zunächst »als unentrinnbar« an, um dann »den im Endstadium« ihrer »Mannigfaltigkeit« befindlichen Völkern« das (literarische) »Bewußtsein« ihres nicht nur schicksalhaften, sondern ebenso »schicksalsvollen Zusammenwachsens« (Auerbach, ibid.) zu geben. »Welche Wirkung« freilich »ein solches Bestreben auf lange Sicht ausüben kann«, darüber »läßt sich« nach Erich Auerbachs Auffassung »nicht einmal fruchtbar spekulieren« (Auerbach, ibid.). Trotzdem »(ist es) an uns, die Möglichkeit der Wirkung zu schaffen«, denn, »so viel« kann man wohl »sagen«, »für das Übergangszeitalter, in dem wir uns befinden«, wird die erzielte »Wirkung« letztendlich »sehr bedeutend sein« (Auerbach, ibid.). »Auf diese Art« betrachtet »ist die Auffassung von Geschichte«, die seinem spätbürgerlichen Humanismus zugrunde liegt, »zwar nicht die gleiche (...) wie die einstige, aber doch aus ihr erwachsen und ohne sie undenkbar« (Auerbach, ibid.).

2 Ein Weg wird erkundet: Der Kantische Kritizismus und das Projekt seiner rhetorischen Metakritik

27   Siehe: G. Ueding/B. Steinbrink, *Grundriß der Rhetorik. Geschichte - Technik - Methode*, Stuttgart 1986.
28   Vgl.: G. Ueding, *Klassische Rhetorik*, München 1995, S.117.
29   Siehe: H. Schanze, *Probleme einer 'Geschichte der Rhetorik'*, in: Zeitschr. f. Literaturwissenschaft und Linguistik, 11, 1981, H.41.
30   Versus Bayer, 1983, S.353; vgl.: ders., 1984, S.397; ders., 1987, I, S.14; ders., 1988, II, S.28, 38.
31   Siehe: H. Schanze, *Vorwort*, in: ders. u. J. Kopperschmidt, Hrsg., *Rhetorik und Philosophie*, München 1989.
32   Siehe: H. Schanze, *Geschichte der Rhetorik. Literaturgeschichte - Stilgeschichte - Sprachgeschichte. (...)*, in: Praktische Rhetorik. Beiträge zu ihrer Funktion in Aus- und Weiterbildung, Mannheim 1985; vgl. auch J. Dyck, *Philosophisches Ideal und rhetorische Praxis der Aufklärung: Eine Problemskizze*, in: H. Schanze/J. Kopperschmidt, Hrsg., *Rhetorik und Philosophie*, München 1989, insbes. S.192 u. 196; sowie T. Bezzola, *Die Rhetorik bei Kant, Fichte und Hegel. (...)*, Tübingen 1993, S.3ff..
33   Vgl.: Wohlfart, 1981/82, S.117; ders., 1984, I, S.22, 131-2; ders., 1986, S.23; ders., 1987, II, S.116.

2.1 Die verborgene Kunst des rhetorischen Fragens: Ideal und Wirklichkeit des puristischen Erkenntnisstils der kantischen Philosophie

34   Vgl.: E.R. Curtius, *Mittelalter-Studien XVIII*, in: Zeitschrift f. romanische Philologie, 63, 1943, S.233; ders., *Europäische Literatur und lateinisches Mittelalter*, Bern [2]1954, S.71f..
35   Vgl.: W. Barner, *Barockrhetorik. Untersuchungen zu ihren geschichtlichen Grundlagen*, Tübingen 1970, S.12ff.; J. Goth, *Nietzsche und die Rhetorik*, Tübingen 1970, S.4ff..
36   W. Jens, Artikel: *Rhetorik*, in: H. Kohlschmidt, Hrsg., Reallexikon der dt. Literaturgeschichte, Bd.3, 1971, §2.
37   Vgl. selbst noch: G. Ueding/B. Steinbrink, *Grundriß der Rhetorik. Geschichte - Technik - Methode*, Stuttgart 1986, S.2; S. Ijsseling, *Rhetorik und Philosophie. Eine historisch-syste-*

matische Einführung, Stuttgart 1988, S.123ff.; K.-H. Göttert, *Einführung in die Rhetorik*, München 1991, S.194f..

38 Vgl: Ueding/Steinbrink, 1986, a.a.O., S.120; Ijsseling, 1988, a.a.O., S.126; Göttert, 1991, a.a.O., S.194.

39 Markis, 1982; Riedel, 1989; Gipper, 1987; Goetschel, 1990; Oesterreich, 1990 und 1992; Bezzola, 1993.

40 G. Mainberger, *Rhetorica II.. Spiegelungen des Geistes. (...)*, Stuttgart 1988, S.287.

41 Vgl.: Ijsseling, 1988, S.125-6; Oesterreich, 1990, S.99-100; ders., 1992, S.329-332; Bezzola, 1993, S.37-47.

42 M. Heidegger, *Kant und das Problem der Metaphysik*, Frankfurt a.M. 1951, S.149.

43 Leider hat die Vorrede zur *Kritik der Urteilskraft* von 1790 nicht die gleiche argumentative Dichte wie diejenige zur *Kritik der reinen Vernunft* oder zur *Kritik der praktischen Vernunft*. Dabei können wir die dazu von Kant selbst gegebene Erklärung, dies sei auf sein »zunehmende(s) Alter« (Kant, KdU, BX) zurückzuführen, nicht ohne weiteres gelten lassen. Zeigen sich in ihr doch Mängel, deren Ursachen vielmehr im Gesamtaufbau seiner dritten *Kritik* zu liegen scheinen. So wird vieles von dem, was wir zur Erweiterung unseres vorgestellten Ansatzes gerne mit herangezogen hätten, - etwa zum Vergleich der kantischen Auffassung, daß »alle unsere Erkenntnis von Gott bloß symbolisch« (Kant, KdU, B257) ist, mit der figuralen Weltdeutung Hamanns - , in der Vorrede nicht angesprochen. Wir müssen uns also im folgenden mit Andeutungen begnügen, die den Leser nicht befriedigen können. Es zeigt sich somit, wie abhängig wir bei unseren interpretatorischen Bemühungen, ausgewählte Textpassagen zum Sprechen zu bringen, von der Stimmigkeit der rhetorischen Gesamtstruktur des jeweiligen literarischen Werkes sind.

44 Siehe: D. Hendrich, *Die Beweisstruktur der transzendentalen Deduktion der reinen Verstandesbegriffe (...)*, in: B. Tuschling, Hrsg., *Probleme der 'Kritik der reinen Vernunft'*, Berlin 1984.

2.2 Im Geiste der »rhetorica sacra«: J.G. Hamanns theologischer Ansatz zu einer Metakritik des Kantischen Kritizismus

45 Siehe: G.W.F. Hegel, *Wissenschaft der Logik*, 1812, in: ders. Werke in zwanzig Bänden, hrsg. v. E. Moldenhauer u. K.M. Michel, Frankfurt a.M. 1986, hier: Bd.5, S.59.

46 Vgl.: Metzke, 1952, S.269; sowie ders., 1955, S.301.

47 Wegen der oft und zu Recht beklagten Schwierigkeit einer stimmigen Interpretation hamannscher Schriften vor allem dann, wenn, wie in diesem Fall, trotz der »erste(n) Schritt(e)« (Bayer, 1987, I, S.10) dazu noch kein »durchgehender« und verläßlicher »Kommentar« (Büchsel, 1986, S.419, vgl.: dies., a.a.O., S.377, 405, 411; Piske, 1989, S.13, A.18 und O'Flaherty, 1989, S.9, 175, A.2 versus Weiß, 1990, S.9 und Rathmann, 1990, S.217) zum Text existiert, wollen wir im folgenden bei unserer Deutung allein von der »Metakritik im engsten Sinne« (Bayer, 1987, I, S.9, vgl.: ders., 1988, I, Titel, S.308, 313) als der eigentlichen »Hauptschrift« (Wohlfart, 1984, I, S.9, vgl.: ders., a.a.O., S.133, A.58 (Simon), 145, A.103 (Hegel); ders., 1984, II, S.21, A.7 und Bayer, 1988, I, S.305) Hamanns reden. Entgegen der bis heute auch unter Hamann-Forschern üblichen Praxis einer »gene(tischen)« (Bayer, 1987, I, S.9, vgl.: Büchsel, 1987, II, S.316, 318 und dann Weiß, 1990, S.9) Untersuchung werden wir also weder die Beschäftigung Hamanns mit dem 'vorkritischen Kant' seit dem Jahr 1759 (vgl.: Bayer, 1987, I, S.11, A.10 u. 11), noch die kürzlich von O. Bayer (vgl.: Bayer, 1987, I und dann sehr viel genauer: Bayer, 1990, II und 1992, I) wiederentdeckten, tatsächlich höchst interessanten zwei Entwürfe zur *Metakritik* von 1781 und 1782 (vgl.: Bayer, 1990, II, S.435-6), noch Hamanns Göttinger *Rezension* der kantischen *Kritik der reinen Vernunft* von 1781 oder das 'metakritische Nachspiel' der hamannschen Beschäftigung mit Kant im Briefwechsel mit F.H. Jacobi seit 1784 (vgl. neben Knoll, 1963

auch Olivetti, 1979, S.170ff.) *konzeptionell* in unsere Arbeit mit einbeziehen. Die Gefahr nämlich bei einer solchen genetischen Untersuchung besteht unserer Ansicht nach darin, daß die angestrebte »Rekonstruktion«, hier von Hamanns »Weg zur Metakritik«, derart »plan(voll) und ziel(strebig)« (Bayer, 1987, I, S.9; vgl.: ders., a.a.O., S.10, 15) vor sich geht, daß am Ende vom Text der *Metakritik* entgegen den eigenen Untersuchungsprämissen (vgl.: Bayer, 1990, II, S.436) streng philologisch betrachtet nicht sehr viel übrig bleibt. Doch ist diese *Metakritik* von 1784 in der wenn auch nur bruchstückhaft vorliegenden literarischen Gestalt, anders als etwa Bayer durch seine Untersuchungen zu 'Entwurf A' und 'Entwurf B' nahelegt (vgl.: Bayer, 1990, II; S.447, A.72 sowie: Bayer, 1992, I, S.1, 12-15 mit A.51, A.61 und A.64), mehr als die abgeschwächte Fassung der beiden Entwürfe von 1781 und 1782. Sie ist zweifellos ein eigenständiger literarischer Text, der zunächst einmal für sich gelesen werden will. Dies gilt selbst dann, wenn man weiß, daß die *Metakritik* von 1784 tatsächlich nur ein »Fragment ist und als ein Baustein in (den) größeren Zusammenhang« (Büchsel, 1986, S.411, A.35) des metakritischen Denkens Hamanns gehört. Das ist vielleicht gerade dann sinnvoll, wenn man zugesteht, »daß eine rein immanente Interpretation« des eigentlichen »Zieltextes« ohne eine ungefähre »Kenntnis seiner Genese« ebenso »schwerlich zu befriedigenden Ergebnissen kommen wird« (Bayer, 1987, I, S.10). - Hamanns *Metakritik* wird von uns dabei, wie immer noch üblich, nach der Edition von J. Nadler (Hamann, NIII, S.281, Z.1-289, Z.29) zitiert. Die sich aus der sehr viel genaueren Brief-Edition A. Henkels (Hamann, HV, S.210, Z.17 bis 216, Z.31 bzw. 34, vgl.: Knudsen, 1983, S.86, A.1 und Bayer, 1987, I, S.9, A2 sowie ders., 1988, I, S.305, A.1) ergebenden Textabweichungen sind in unsere Deutung mit einbezogen worden. Die diesbezüglichen »Eingriffe« in den Text der *Metakritik* »erfolg(.)en« selbstverständlich »nur dort, wo die Hamann-Philologie eindeutige Fehler bei Nadler nachgewiesen hat« (Majetschak, 1988, II, S.263, vgl.: ders., S.205-12, 282-3).

48   Schon Hegel hat in seiner 'Hamann-Rezension' aus gutem Grund jene weitgehende »Unverständlichkeit« (Hegel, 1828, S.332; vgl.: Wohlfart, 1984, I, S.123-4, A.14-15) der hamannschen Schriften thematisiert. Im Gegensatz dazu vertritt dann aber etwa ein neuerer Interpret wie H.A. Salmony in seiner sich nicht zuletzt auf die Autorität Hegels berufenden Textdeutung der *Metakritik* die Ansicht, jene hamannsche Schrift sei, wie die anderen auch, für ihn wohl »schwer verständlich« (Salmony, 1958, S.15-6), doch eben nicht unverständlich gewesen. Wir selbst sind in dieser Frage, wie hier durch den Hinweis auf Hegel zunächst nur angedeutet werden soll, weit aus weniger optimistisch als etwa Salmony bei seinen allein auf dem »instrumental gebrauchten« Wissen über »das Historische« aufbauenden Interpretationsversuchen, mit deren Hilfe bei ihm ein eindeutiges »Verstehen dessen, was Hamann selbst immer wieder als das Zentrum seines Denkens bezeichnet hat« (Salmony, 1958, a.a.O., S.20), dennoch möglich sein soll, - trotz aller vorherigen Einschränkungen hinsichtlich der Möglichkeit eines 'identischen Verstehens'.

49   E. Büchsel schreibt sehr schön: »(Hamann) ist ein schwieriger Autor, der Rätsel stellt und Jagdfieber hervorrufen kann bei dem, der dem Spiel der Andeutungen, Anmerkungen, Bezüglichkeiten auf der Spur ist; er ist ein Autor, der Applikation von seinen Lesern fordert - oder sie zurückstößt« (Büchsel, 1986, S.375).

50   Vgl.: Jørgensen, 1959, S.232-5; ders., 1966, S.379-80; ders., 1968, S.170-6; ders., 1988, S.158.

51   Vgl.: Bayer, 1980, S.253; ders., 1986, II, S.291 und Wild, 1987, S.93.

52   Vgl. neben Gründer, 1958, S.13, 118, 120-1 und ders., 1982, S.105-7 auch: Büchsel, 1988, I, S.IV, 61-9; dies., 1986, S.415, A.40; Gasser, 1970, S.29-33; Wild, 1975, S.157-60; Malsch, 1979, S.94-7; Dyck, 1977, S.117-123 oder Kracht, 1981, S.252, A.25.

53   Versus: Simon, 1967, S.42, 47; ders., 1983, S.14; ders., 1990, S.22.

54   Wiederum ist es Jørgensen, der ausdrücklich hervorgehoben hat, daß ein einigermaßen sicherer »Zugang zu (Hamanns) Werk (...) nur durch die stilistisch provozierte Entschlüsse-

lung« des geheimnisvoll-dunkel wirkenden Textes möglich ist, die ein jeder »Leser« (Jør-gensen, 1976, S.43) freilich selber leisten muß.

55 Noch eindeutiger vielleicht als die *Sokratischen Denkwürdigkeiten* oder die *Aesthetica in nuce* läßt sich die *Metakritik* durch ihren durchgängigen Bezug auf den »Hauptgegner« Kant als »Streitschrift« bezeichnen, die ganz vom »philologischen Wortwechsel« (Jørgen-sen, 1968, S.183) Hamanns lebt. Wie dieser Wortwechsel als solcher im Text vor sich geht und welche Auswirkungen er hat, werden wir im einzelnen klären müssen.

56 Siehe: H. Lausberg, *Elemente der literarischen Rhetorik*, München 1963.

57 Vgl.: Wild, 1975, S.111; Büchsel, 1986, S.387.

58 »"Geschärfte Aufmerksamkeit"« ist bekanntlich »(d)er Titel (des) Literaturberichts« über »Hamannliteratur seit 1972« von E. Büchsel aus dem Jahr 1986, den sie nach eigenem Bekunden »zunächst als Frage« danach versteht, ob denn »Hamann« als »ein Mann der Aufklärung und ein Mann gegen die Aufklärung« nicht vielleicht neues »Gehör (findet) bei einer Generation, die die Warnung vor der "Dialektik der Aufklärung" internalisiert hat und von einem zunehmenden Krisenbewußtsein umgetrieben wird« (Büchsel, 1986, S.375). Eine solche »Frage« können wir als Angehöriger jener »Generation« (Büchsel, ibid.) eindeutig positiv beantworten. Nicht so sicher sagen läßt sich allerdings, inwieweit die von uns »aus diesem Krisenbewußtsein heraus« entwickelte »neue Art« des *rhetorischen* »Fragens und Aufmerkens« (Büchsel, ibid.) E. Büchsel gefallen wird.

59 Um was es uns in diesem Punkt geht, deutet ebenfalls E. Büchsel an, die über die »rätselhafte Struktur« des von ihr untersuchten hamannschen Textabschnittes aus *Des Ritters vom Rosencreuz letzte Willensmeynung (...)* von 1772 (vgl.: Hamann, NIII, S.31, Z.27-S.32, Z.31) schreibt, daß durch dessen »Sprachgebärde« wohl ein »vollkommen geschlossene(r) Raum« entsteht, also ein »Textzusammenhang, in dem jedes einzelne Wort seinen unverrückbaren Platz hat«, daß dieser sich bildende zweidimensionale »Raum« aber zugleich eine unglaubliche »Tiefenperspektive« besitzt, weil Hamann in jenem Text »mit dem geliehenen Worten der Bibel redet«, so daß jeder seiner »S(ä)tz(e)« sich zum »dahinter stehenden Zeugnis (hin) öffnet« (Büchsel, 1988, I, S.21-2). Die »Fülle« des sich in ihm offenbarenden »lebendigen Seins« zu begreifen, die durch das wirkende »Wort« zustande kommt, durch die rhetorische »Sprache Gottes«, die uns Menschen als das »Zeichen, Sinn-bild, Unterpfand einer neuen geheimen, unaussprechlichen, aber desto innigern Vereini-gung, Mitteilung und Gemeinschaft göttlicher Energien und Ideen« erscheint: diese un-endliche »Fülle« des »Seins« auch im hamannschen Text der *Metakritik* von 1784 in ihrer ganzen »Wirklichkeit« (Büchsel, a.a.O. S.23-4) zu erfassen, ist das Ziel unserer weiteren Untersuchungen.

60 Vgl.: M. Heidegger, *Kant und das Problem der Metaphysik*, Frankfurt a. M. [2]1951.

61 Vgl.: Liebrucks, 1968, S.466; Simon, 1979, S.141; Markis, 1982, S.140-2; Wohlfart, 1984, I, S.45 mit A.120, 135-45, 174-5 mit A.31; ders., 1986, S.77; Majetschak, 1988, II, S.246.

62 Dabei »evoziert«, wie V. Hoffmann sehr schön herausgearbeitet hat, der Begriff »'Kreuz-zug'« für Hamann nicht nur die auch enthaltene und durchaus wichtige »Bedeutung einer profanen Auseinandersetzung« mit seinem literarischen Gegner Kant, »sondern« zugleich die »eines aus religiösen Motiven geführten Kampfes« (Hoffmann, 1972, S.131). Ja, »(f)ür Hamann scheint« gerade »dieser Bedeutungshorizont zentral« gewesen zu sein, »denn er verbindet« ihn schon lange vor seiner eigentlichen *Metakritik* »direkt mit der Selbst-bezeichnung 'Philolog'« zu der seine ganze Autorschaft im Kern bezeichnenden »Neubil-dung 'kreutzziehender Philolog'«, deren »theologische Relevanz in der verwandten For-mulierung 'Philologus crucis', die wohl in Korrelation zu Luthers 'Theologus crucis' steht«, gerade auch in der *Metakritik* von 1784 in zweifacher Weise »offenkundig wird« (Hoff-mann, ibid.). »Nicht nur die polemische Distanzierung von (den) Erscheinungen der zeitgenössischen Philosophie« Kants nämlich, sondern auch der »Gehalt, um dessentwillen der Philolog (Hamann) seine Polemiken antritt«, wird mit zwei zentralen »biblischen

Wendungen bezeichnet: der (Göttliche) Geist und das Kreuz (Christi)« (Hoffmann, a.a.O. S.132).

63   Schon E. Büchsels »Aufmerksamkeit« galt bekanntlich der »Sprache«, der »Form« und dem »Gehalt der hamannschen Autorschaft in ihrer unauflöslichen Einheit«, einer dynamischen »Einheit«, die sie ausgehend von den zahlreichen »Zeugnisse(n)« (Büchsel, 1986, S.385-6) einer »heftige(n) und aggressive(n) Gegnerschaft« (Büchsel, 1988, I, S.106) im Werke des Magus als seine »aggressive Potenz« (Büchsel, 1986, ibid.) zu erfassen versucht hat, die in »spannungsvolle(r) Beziehung« zu seinem »Narzißmus« steht, d.h. zu »seinem Wunsch«, sich selbst und anderen »zu gefallen, gelesen zu werden und zu wirken« (Wild, 1994, S.262).

64   In seiner Eigenart näher bestimmt werden soll, was sich ansatzweise bereits bei Büchsel nachlesen läßt, daß nämlich »(d)ie Fülle der biblischen Assoziationen, die sich drängen, und die Kraft der Sprachsinnlichkeit« bei Hamann wohl »ganz (...) der Bedeutsamkeit dessen (dienen), was gesagt, was bezeugt wird«, daß jedoch das, was von ihm »gesagt wird, (...) mit einer fast unglaublichen - einer biblischen - Kühnheit« dargeboten wird zur sinnlich-konkreten Erläuterung der »Herrlichkeit der (immer wieder) jungen Schöpfung« und der dadurch sich zeigenden »Gegenwart Gottes bei den Menschen« (Büchsel, 1988, I, S15-6).

65   »Hamann« wußte, wie O. Bayer zu Recht betont hat, nur allzu gut, daß die meisten seiner literarischen »Erzählung(en) äußerst gewagt« waren und daß er sich dadurch stets »an der Grenze zum profanobszönen Geschmack à la mode bewegt(e)«, diesem jedoch durch den Zeugnischarakter seiner Schriften »zugleich (widersprach)« (Bayer, 1988, II, S.211-2). Wie ein derartiger Widerspruch ausgehalten und stilistisch gestaltet werden kann, soll anhand unserer Untersuchungen zur hamannschen *Metakritik* deutlich werden.

66   Der bis heute andauernde Streit in der Hamann-Forschung über die Frage, ob sein Ansatz zu einer Metakritik des Kantischen Kritizismus sprach-philosophischer oder sprach-theologischer Natur ist, entbrannte bekanntlich im Anschluß an die Veröffentlichung zweier Arbeiten aus dem Jahr 1958. Das war zum einen die von H.A. Salmony über *J.G. Hamanns metakritische Philosophie*, die immer wieder der Kritik sprach-theologisch orientierter Interpreten ausgesetzt war, die Salmony zu Recht vorgeworfen haben, die überzeugende »Darstellung dieser metakritischen (Sprach-)Philosophie Hamanns (...) schuldig geblieben« (Wild, 1975, S.106) zu sein, und zum anderen die von W. Leibrecht über *Gott und Mensch bei J.G. Hamann*, die sich den doppelten Vorwurf sprach-philosophisch interessierter Interpreten gefallen lassen mußte, nicht bloß die »Tendenz« zu zeigen, »Hamann« nur »als Theologen (...) gelten zu lassen« (Baudler, 1970, S.8), sondern zudem die Neigung zu besitzen, »die zentrale Rolle des Sprachdenkens in Hamanns Werk« gänzlich zu unrecht »bezweifelt« (Baudler, a.a.O., S.11) zu haben. Der Ausweg aus diesem Dilemma, der von der Hamann-Forschung daraufhin angeboten wurde, bestand sozusagen in einem Kompromiß, der sich freilich zumeist als ein recht fauler erwiesen hat. Weitgehend ungeachtet der durchaus eingestandenen Tatsache, daß »Hamanns Denken in seinem tiefsten Fundament (...) vom Anspruch der Offenbarung Gottes in der Heiligen Schrift bestimmt« ist und »alle seine Schriften nicht nur sachlich auf der Grundlage des christlichen Glaubens (...) sich entfalten, sondern sogar bis in die Formulierung der Sätze hinein ständig von Wendungen und Worten aus der Bibel durchzogen sind«, »nähert(e) sich« die »Deutung« gerade auch der *Metakritik* »Hamann(s) von einem philosophischen Standort aus« (Baudler, 1970, S.8-9; vgl.: ders., a.a.O. S13, A.39, 179-208; Majetschak, 1988, II, S.90-4 und selbst Piske, 1989, S.11, 13, A.18, 17, 18, 131, 228, A.723 sowie Weiß, 1990, S.11, 114-5, A.235, 128, A.264, 134-5, A.285, 137, 143-4, 170-2, 173-6). Angesichts dieser derzeit recht schwierigen und letztlich unbefriedigenden Situation der Forschung wollen wir von Anfang bewußt die Einseitigkeit unserer eigenen Darstellung betonen, wenn wir an dieser Stelle wiederum von dem unserer Ansicht nach sprach-theologischen Ansatz der hamannschen *Metakritik* reden. Warum dann dieser sprach-theologische Ansatz sich genauer fassen läßt als ein sakral-rhetorischer und inwieweit es von diesem Ansatz aus dennoch gelingen kann,

theologische, philosophische und literaturwissenschaftliche Fragestellungen, so wie schon Hamann dies gefordert hat (vgl. dazu: Wild, 1975, S.46, A.107), miteinander zu verbinden, das wäre eines der wichtigen Themen, das im weiteren Verlauf unserer Arbeit behandelt werden soll.

67   Vgl.: Jørgensen, 1976, S.39 und selbst noch Henkel, 1994, S.236-7.

68   Vgl. etwa: Hoffmann, 1972, S.203-4, Wohlfart, 1981/2, S.117; ders., 1984, I, S.22, A.36, 131-2, A.50; ders., 1986, S.23; ders., 1987, II, S.116; Bayer, 1986, I, S.193; ders., 1987, I, S.43; Majetschak, 1989, S.456-8.

69   Liebrucks, Bd. I, 1964, S.296ff.; ders., Bd. IV, 1968, S.288, 392, 466ff., 532.

70   Metzke, 1951, S.287; ders., 1952, S.268; ders., 1955, S.317.

71   Büchsel, 1988, I, S.38, 43, 44, 59, 125, 196.

72   Seils, 1961, S.326, 332.

73   Gründer, 1958, S.93-4; ders., 1967, S.78-9, 87.

74   Knoll, 1963, S.93-8; dies., 1993, S.18-20.

75   Baudler, 1970, S.2-7, 80-1, 247.

76   Vgl.: Markis, 1982, S.110, 113, 135-44, 149-53; und Wohlfart, 1984, I, S.16-7, 144, A.99, 147; sowie ders., 1987, I, S.76.

77   Also: Gadamer, Betti, Hirsch, Apel, Habermas, vgl.: Baudler, 1970, S.2-7; Hoffmann, 1972, S.7, 9-10, 153-4; und Wild, 1975, S.17-20, 28-9.

78   Vgl.: Büchsel, 1986, S.381-5, 389; und dies., 1988, I, S.VI-VII.

79   Vgl.: Hoffmann, 1972, S.146 (Gründer).

80   Nach Gadamer, vgl.: Baudler, 1970, S.8, A.21.

81   Diese letzte Formulierung freilich, die indirekt suggeriert, daß dieser Einfluß auch etwas mit der Wirkung der hamannschen Schriften auf die Zeitgenossen und die Nachwelt zu tun hat, ist trotz der nicht wenigen Bemühungen verschiedener Schulen, Hamann zu einem wenn auch sehr eigenständigen Vorläufer ihrer literaturgeschichtlichen, philosophischen oder theologischen Vorstellungen zu erklären, zunächst einmal recht leichtfertig. Gerade durch den Vergleich mit der derzeit natürlich unübersehbaren Wirksamkeit der kantischen Schriften scheint sich nämlich ungeachtet solcher rein akademischen Bemühungen der vernichtende Eindruck Hegels zu bestätigen, daß die »Aufsätze« Hamanns eben wegen seines unübersehbaren »Talent(s)« zur übergenauen Wahrnehmung am Ende »keine Wirkung keiner Art, weder bei den Einfluß habenden Individuen noch beim Publikum (hervorbringen konnten)« (Hegel, 1828, S.319-20). »Die Partikularität« des sich bei ihm manifestierenden »Interesses« scheint auf den ersten Blick tatsächlich »zu sehr überwiegend« (Hegel, ibid.). Doch entwickeln wir nicht, wenn wir dieses behaupten, ein ganz falsches Bild von der Wirksamkeit, die ein Autor wie Hamann auf seine Leser haben wollte und konnte? Läßt sich nicht vielmehr gerade über ihn das sagen, was er selbst in Bezug auf »Gottes Wirkung und Einfluß« geäußert hat, daß dieser uns nämlich an dem jeweiligen »Exempel« seines Wirkens bloß »die Verborgenheit, die Methode und die Gesetze seiner Weisheit und Liebe erklären« und »sinnlich machen (wollte)«, die »Anwendung davon auf unser eigen Leben und auf andere Gegenstände, Völker und Begebenheiten« aber uns selbst »überlassen« (Hamann, NI, S.303, Z.13-18) hat. Wenn wir das nun tun, gilt allerdings das, was S.A. Jørgensen in diesem Zusammenhang über Hamann geäußert hat, daß nämlich »künstlerisch, stilistisch, (...) seine Wirkung (...) nur eine zeitweilige sein (konnte)«, die unter Umständen nicht bloß sehr oft, sondern durchgängig »auf einem Mißverständnis beruhte« (Jørgensen, 1966, S.386). Den mehr oder weniger produktiven Formen dieses »Mißverständnis(ses)« (Jørgensen, ibid.) durch seine späteren Leser wollen wir auf die Gefahr hin nachgehen, Hamann selber und seine Rezensenten ebenfalls mißzuverstehen.

82   Im Gegensatz zur hamannschen ist die kantische »Idee(.)« der Kritik ja »nur« als »regulative(s) Prinzip(..)« (Piske, 1989, S.152) gedacht, als »Maxime(.) der Vernunft, (...), die nicht von der Beschaffenheit de(r) Objekt(e)« selber, sondern allein »von dem Interesse der Vernunft« an einer überhaupt möglichen »Vollkommenheit der Erkenntnis diese(r) Objek-

te« (Kant, KdrV, A666; vgl. Piske, ibid.) der Wirklichkeit zeugt. Weil nun aber die bei solcher Erkenntnis angestrebte »formelle Reinigkeit, ohne Inhalt noch Gegenstand, nothwendigerweise (...) in Scheinheiligkeit ausarten muß« (Hamann, NIII, S.278, Z.39-40 S.279, Z.1), bleibt der von Kant selbst erhobene »Anspruch«, sein »Zeitalter der Kritik« in dieser Weise »zu vollenden« (Bayer, 1986, I, S.186), letztlich unerfüllbar. Eben deshalb wird jene abstrakte und allgemeine Idee der »Kritik der reinen Vernunft«, die gerade »nicht eine (...) der Bücher und Systeme« (Kant, KdrV, AXII) sein soll, »durch Hamanns« sinnlich-konkrete Idee (vgl.: Simon, 1967, S.73) der »Metakritik« in den sprachgeschichtlichen »Horizont zurückgeholt«, dem sie sich durch ihren »transzendentalen Rückgang entzogen wähnte« (Bayer, ibid.). Die nochmalige »Nachprüfung« und »Nachlese« (Bayer, 1988, II, S.176) des Magus macht dabei am Ende deutlich, »daß es keineswegs eine apriorisch reine, sondern eine geschichtlich motivierte Handlung ist, mit der sich Kant auf Leibniz und Locke, auf Plato und Hume bezieht« (Bayer, 1986, I, ibid.). Auch die kantische »Kritik« nämlich kann ihr »"Geschlecht(s)register"« (Bayer, 1986, I, ibid.; vgl.: Hamann, NIII, S.107, Z.6) zuletzt nicht mehr verbergen.

83   Vgl.: Büchsel, 1986, S.410; Majetschak, 1987, S.147.

84   Vgl.: Seils, 1961, II, S.316, 329, 331.

85   Vgl.: Bayer, 1986, II, S.290f. sowie ders., 1988, II, S.190f..

86   Vgl.: Hoffmann, 1972, S.99ff.; Jørgensen, 1976, S.40f.; Bayer, 1988, II, S.44f..

87   Bei der von der Forschung bereits vor langer Zeit bemerkten, »mißbräuchliche(n) Verwendung« von 'transzendent' statt 'transzendental' »an dieser Stelle« (Salmony, 1958, S.207) der *Metakritik* handelt es sich, wie O. Bayer festgestellt hat, um die »rhetorisch wirkungsvolle(.) Zuordnung zweier gegenläufiger Bewegungen, die gleichwohl auf dasselbe hinauslaufen« (Bayer, 1992, I, S.14): »Der Progression der Vorfahren ins Jenseits der Erfahrung entspricht aufs genaueste Kants Regression ins Diesseits der Erfahrung« (Bayer, ibid.). Eben dieser »Rückgang transzendentaler Methode hinter die Erfahrung zurück (stellt)« genau genommen »(g)egenüber dem Fortgang des Transzendierens über die Erfahrung hinaus (...) keinen Fortschritt dar, (d)enn (...) beidemal läuft der jeweils eingeschlagene Weg« am Ende »darauf hinaus« (Bayer, ibid.), unsere »Erfahrung und ihre(.) alltägliche(.) Induction« (Hamann, NIII, S.284, Z.11) konsequent »hinter sich zu lassen bzw. zu hintergehen« (Bayer, ibid.). (Die von O. Bayer an dieser Stelle diskutierte Frage, ob nicht zumindest gegenüber dem 'Entwurf B' eben diese »Pointe (...) in der ausgeführten Metakritik« gänzlich »abgestumpft (ist)« und »zu einer fast beiläufigen Bestimmung (wird)« (Bayer, 1992, I, S.14-5, A.64), ergibt sich wohl zwangsläufig von seinem Forschungsansatz her, ließe sich freilich auch anders herum beantworten. Die angesprochene Gleichsetzung von 'transzendent' und 'transzendental' jedenfalls ist als auffällige Verschreibung weder in 'Entwurf A' noch in 'Entwurf B' enthalten.)

88   Sowohl O. Bayer (Bayer, 1987, I, S.28, A.111) als auch S. Majetschak »ziehen« an »diese(r) wichtige(n) Stelle« für der »empirische« (Hamann, NIII, S.284, Z.23) bzw. der »empyrische« (Hamann, HV, Z.212, Z.3) als »Textvariante« der »empyreische Purismus« in »Betracht« (Majetschak, 1988, II, S.207), was freilich zu Ende gedacht zu einer den bisherigen (vgl. etwa: Simon, 1967, S.72; Baudler, 1970, S.184) entgegengesetzten Deutung führt: Als 'feurig, hell und strahlend' (»empyreisch«) kann man die Transzendentalphilosophie Kants mit ihrem aufklärerischen Impetus ja tatsächlich bezeichnen, wenngleich ihr eigentliches Problem eben darin besteht, als solche gemäß ihrer griechisch-antiken Tradition nur in der 'obersten Welt-gegend' (im »(E)mpyre(um)«) angesiedelt sein zu wollen. Für Hamann jedoch ist eben diese Gegend auch bei Kant noch ganz untrennbar verbunden mit dem festen Boden, auf dem wir uns als alltäglich Sprechende immer noch bewegen. Jenes kritische »(E)mpyre(um)« ist für ihn ein göttliches 'Himmelreich', der nach Dante sehr wirkliche 'Ort der Seligen'.

89   Vgl.: Metzke, 1934, S.164-5; ders., 1955, S.314; Gründer, 1958, S.185-7; Salmony, 1958, S.206-7; Liebrucks, Bd. I, 1964, S.312-3; Baudler, 1970, S.184-5 und selbst noch O'Flaherty, 1989, S.189-90.

90   Vgl.: Herde, 1971, S.32; Simon, 1979, S.144-5; Lindner, 1988, S.32; Majetschak, 1989, S.458 mit A.35-7 sowie Bayer, 1992, I, S.14 mit A.62.

91   Unsere Übersetzung des Begriffs 'Creditiv' mit 'Beglaubigung der Realität' berücksichtigt die diesbezüglichen Hinweise von G. Wohlfart und O. Bayer (Wohlfart, 1984, I, S.148; Bayer, 1987, I, S.35 mit A.170 und ders., 1992, I, S.15 mit A66, 68-9), aus denen hervorgeht, daß Hamann sich bei der Wahl dieses Terminus am kantischen Sprachgebrauch (vgl.: Kant, KdrV, A614) orientiert haben dürfte.

92   Das lateinische Wort 'usus' besitzt bekanntlich im Deutschen eine Vielzahl von Übersetzungsmöglichkeiten, die imgrunde allesamt bei Hamann mit anklingen. Diese sind im einzelnen: 1.a. Gebrauch, Verwendung, Benutzung; b. (juristischer) Nießbrauch; Nutznießung fremden Eigentums; 2.a. praktische Tätigkeit; Gewohnheit; b. praktische Erfahrung (in Kriegen, in militärischen Dingen); (unklassisch) Praxis; 3. Verkehr, Umgang, Bekanntschaft; (unklassisch) Geschlechtsverkehr; 4. Brauchbarkeit, Nutzen, Vorteil; 5. Bedarf, Notwendigkeit (vgl.: *Langenscheidts Taschenwörterbuch der lateinischen und deutschen Sprache*, hrsg. v. H. Menge, München u. Berlin [21]1977, hier: S.543). Wenn wir uns entgegen der in der Forschung vorherrschenden Tendenz (vgl.: Simon, 1967, S.20f., 234, 255; ders., 1983, S.13, A.3, 15; Knudsen, 1983, S.96, A.12, 97; Bayer, 1984, S.412-3; Wohlfart, 1984, I, S.17, A.17, 126, A.23, 148; ders., 1984, II, S.22-3; Weiß, 1990, S.168-9, 176; Bayer, 1992, I, S.15, A.69) bei der Übersetzung nicht für '(Sprach)gebrauch', sondern für 'praktische Erfahrung' entschieden haben, so vor allem deshalb, weil dadurch die in den drei 'Purismen der Vernunft' indirekt zum Ausdruck kommende konzeptionelle Einheit von 'Überlieferung, Erfahrung und Sprache' mehr hervorgehoben wird. Im Zusammenhang der Frage, ob diese Entscheidung für die Übersetzung 'praktische Erfahrung (in Kriegen, in militärischen Dingen)' glücklich genannt werden kann, wäre zu berücksichtigen, daß Hamann sich als »Christ in seine Welt (...) mit der Überzeugung« eingelassen hat, »daß er deren (Sprache) schlechterdings (...) nehmen müsse, wie sie ist«, weil der »*"Usus"*«, als jeweils »herrschende Sprachregelung« ein kriegerischer »"Tyrann"« und »"Sophist"«, »durch nichts als (...) leidende Gelehrigkeit, ästhetischen Gehorsam des Kreuzes entwaffnet (...) werden kann« (Bayer 1984, S.412-3; vgl.: Hamann, NIII, S.234, Z.18-23).

93   Also: Hamann, NIII, S.284, Z. 12-22 bzw. Hamann, HV, S.211, Z.30-S.212, Z.2 (versus Bayer, 1992, I, S.13, A.61).

94   Vgl.: Bayer, 1990, II, a.a.O. S.444; ders., 1987, S.38 mit A.189 sowie Markis, 1982, S.150.

95   Bayer, ibid.; vgl.: Bayer, 1987, I, S.34, A.164; ders., 1988, I, S.307, A.18; ders. 1992, I, S.9, A.40.

96   Vgl.: Hamann, HV, S.94, Z.36-7 - S.95, Z.1-2.

97   Cicero, *Vom Wesen der Götter*, Drei Bücher, lateinisch-deutsch, hrsg. v. W. Gerlach, München 1978, S.71; vgl.: Bayer, 1990, II, ibid..

98   Vgl.: Bayer, 1983, S.357-9; ders., 1987, I, S.39 sowie Simon, 1967, S.260; ders., 1979, S.154.

99   Vgl.: Bayer, 1984, S.403; ders., 1988, II, S.11-3.

100   Eben dieser »gespaltene(.) Gänsekiel« (Hamann, NIII, S.285, Z.1), mit dem Kant eine stilistische Trennung des Körperlich-Niedrigen und Geistig-Erhabenen herbeiführen wollte, steht dann natürlich im krassen Gegensatz zum »maccaronischen Gänsekiel« (Hamann, HV, S.289, Z.6) Hamanns, durch den in der *Metakritik* des Kritizismus eine »Stilmischung« (Bayer, 1981, S.74; vgl.: ders., 1988, II, S.141-3) des trockenen »cant-style(s)« (Hamann, HV, S.289, Z.8; vgl. dazu Bayer, 1981, S.74, A.18) mit »satirisch-komische(r) Wirkung« (Bayer, ibid.) vorgenommen wird. Dadurch nun wird »Kants« alles zerspaltende »Sprache« insgesamt auf eine »'niedrigere' Ebene« (Bayer, ibid.) gebracht. »Unter dem Niveau Kants«aber, schreibt O. Bayer sehr schön, »auf (dieser) niedrigeren Sprachebene, geht es

nicht (mehr) um das 'reine' Denken, nicht (allein) um das transzendentale Ich in seiner Allgemeinheit, losgelöst von Ort und Zeit, Geschlecht und Beruf, sondern um (...) Immanuel Kant« als »konkreten« Autor mit seiner ganzen leibhaftigen »Existenz und mitmenschlichen Stellung«, die er ja teils bewußt und teils »unbewußt (...) verbirgt« (Bayer, a.a.O., S.75). In einer »für Kant« geradezu »peinliche(n) Weise« wird damit am Ende »die Reinheit seines Vernunftstils« nicht nur »(ge)stör(t)« (Bayer, ibid.), sondern ein für alle Mal zerstört.

101 Die Rede von den »drei syllogistischen Schreibfingern« (Hamann, NIII, S.285, Z.1-2) Kants spielt an auf den seit »Aristoteles« und »Quintilian« bekannten Unterschied zwischen einem allgemein »philosophischen Schlußverfahren«, dem dreigliedrigen »Syllogismus«, und einer »spezifisch rhetorische(n) Argumentationsweise, dem verkürzenden »Enthymem« (Ueding/Steinbrink, 1986, S.247-8). Gegenüber dem in der kantischen *Kritik* praktizierten, sehr »trocken(en), umständlich(en) und wenig publikumswirksam(en)« Syllogismus »bedeutete das Enthymem« offenbar auch für Hamann »eine besondere Art des Schlußverfahrens, das (eben) nicht formallogisch zu sein brauchte, sondern als Teil der Topik verstanden wurde« (Ueding/Steinbrink, ibid.). Einer »Topik« allerdings, die sich wohl auf »die (...) des Aristoteles« sowie auf die ihr nachgebildete »transzendentale Topik« Kants bezieht, dies jedoch in der Weise tut, daß sie diese klassisch-antike Topik-Konzeption bloß »nachahmt« (Bayer, 1992, I, S.18, vgl.: Hamann, NIII, S.285, Z.7-9). Dort nämlich, wo Hamann »in einem hypothetischen Satz« über die »Beziehung des 'proteron' zum 'hysteron'« auf die »Topik« des »Aristoteles« Bezug nimmt, indem er so wie dieser »in seiner Prämisse (...) etwas Wahrscheinliches bietet«, das sich »lediglich auf den Sprachgebrauch« bzw. die Spracherfahrung »beruft«, wird eine »Umkehrung der Beziehung des 'proteron' zum hysteron'« vorgenommen, »die von der Aristotelischen Logik« her keinesfalls »zugelassen(.)«« (Bayer, ibid.; vgl. Hamann, a.a.O., Z.9) ist. »Verbietet die Aristotelische Syllogistik« also, »von dem was später ist, auf das zu schließen, was früher ist, so erlaubt sich Hamann« in seiner *Metakritik*, »die dabei in Anspruch genommenen Komparative in ihrer sprachlichen Bedeutung« wirklich »ernst zu nehmen« (Bayer, 1992, I, S.18-9). »Er rehabilitiert« aus seiner Sicht »die mit der (sinnlich)-ursprünglichen Redeweise« des Menschen von Anfang an »gegebene« und immer wieder neu »gestiftete Perspektive« des spezifisch christlichen Denkens, wenn er den Versuch des »Aristoteles« oder Kants für fragwürdig erklärt, die lebendige »Redefigur« auf eine abstrakte Schußfigur (zu) »reduzier(en)«« (Bayer, 1992, I, S.19). Deren Bemühen, eine jede »Redefigur« derart »zu formalisier(en)« und »(zu) materialisier(en)«, daß sie vollends »um ihre 'figurliche' (...) bzw. 'geistliche Bedeutung'« (Bayer, ibid.) gebracht wird, schien ihm dabei nicht bloß verwerflich, sondern letztendlich unmöglich (vgl.: Simon, 1979, S.148).

102 Das nicht erst der Sache, sondern »schon dem Namen Metaphysik« bei Kant der »Erbschade(n) und Aussatz« jener alles trennenden »Zweideutigkeit« anhängt, liegt laut Hamann daran, daß es in der »transzendentalen Topik« der *Kritik* bei dem Gebrauch des seiner Abstammung nach »griechischen Vorworts« 'meta' auf den »empirischen Unterschied«, der sich bei der deutschen Übersetzung mit 'nach' zwangsläufig ergibt, nämlich den zwischen »hinten und über«, noch weit weniger anzukommen scheint als auf den entsprechenden zwischen dem 'Späteren' und dem 'Früheren' (»hysteron - proteron« (Hamann, ibid.; vgl.: Bayer, 1992, I, S.18-20 mit dem indirekten Hinweis auf die Gedankenfigur des 'hysteronproteron'.)). Für Hamann jedoch, der gemäß der kantischen Vorlage einen solchen allgemeinen Begriff wie 'Metaphysik' als besonderen zu fassen sucht, »und zwar im (jeweiligen) Satz in (der) jeweils wieder besonderen, durch (die) Flexionssilbe(.) (...) unterschiedenen Weise«, »(hat) das Wort 'Metaphysik'« die ganz »sinnlich(-figurative)«, »räumlich(.)«« und zeitlich konkrete Bedeutung des griechischen 'meta' nicht abstreifen können« (Simon, 1967, S.73), sondern wird im Gegenteil durch sie überhaupt erst eigens bestimmt. Über diese »besondere, 'an (das) gewisse(.) Wort' gebundene« Bestimmung des »Begriff(s)« allerdings kommt das menschliche Denken auch im (metakritischen) »Begriff von sich selbst (...) nicht

hinaus«, denn noch ein jeder unserer alltäglich verwendelten »Begriff(e)« ist zunächst beim Reden entstanden aus der an einem besonderen Ort und zu einer genauen Stunde gesprochenen »Sprache« (Simon, 1967, S.73-4; vgl.: Hamann, NIII, S.285, Z.5).

103   Vgl. Kant, KdrV, A50 sowie Hamann, NIII, S.284, Z.33, wo genau deswegen 'Rezeptivität der Eindrücke' durch 'Receptivität der Sprache' ersetzt worden ist.

104   Vgl. Bayer, 1988, II, S.12-3 und 158-9 mit der Bestimmung von 'Ehekunst' und 'Scheidekunst'.

105   Erinnert sei hier an das, was wir im Zusammenhang unserer Darstellung des 'Figura'-Motivs bei E. Auerbach über dessen Entwicklung durch die allmähliche Graezisierung der römischen Bildung im letzten vorchristlichen Jahrhundert gesagt haben. Interessant ist dabei, daß offensichtlich schon Hamann, wohl ohne detaillierte Kenntnis der weitreichenden Herkunftsgeschichte des Wortes *figura*, nachempfunden hat, daß dieses Wort sich mit der Zeit von seiner anfänglichen Begrenzung auf die äußere Erscheinung und den Umriß von Lebewesen und Gegenständen losgelöst hat, so daß neben der ursprünglichen Bedeutung des Plastischen ein weit allgemeinerer Begriff der sinnlichen Erscheinung von *figura* entstand, nämlich der einer logischen und mathematischen sowie der einer grammatischen und rhetorischen Form. Dieser Entwicklung wird Hamann insofern gerecht, als er, ebenso wie »in einem frühen Brief (...) an Kant« (Hoffmann, 1972, S.138), den Terminus 'figurieren' an dieser Stelle (Hamann, NIII, S.285, Z.28) im logisch-mathematischen Sinn gebraucht, während er ihn nur eine Zeile tiefer, bei der Klage über den »(M)ißbrauch(.)« unserer »Redefiguren« (Hamann, a.a.O., Z.29), und auch zwei Abschnitte später, bei der Erörterung der Tatsache der »Einschränkung und Bestimmung« der »Schrift« durch »Figuren« gemäß der »Oekonomie des literarisch gestalteten Raums« (Hamann, a.a.O., S.286, Z.20-22), im grammatikalisch-rhetorischen Sinn verwendet. Angesichts dieser Vielfalt des 'Figura'-Begriffs bei Hamann kann der neuerliche Versuch, nachzuweisen, »Hamann rekurrier(e)« bei seiner Bildung des Begriffs der »'figürliche(n) Erkenntnis'« vornehmlich auf »die Algebra mit Ziffern und algebraischen Symbolen als (mathematischen) Zeichen« und beziehe sich somit in seinem Denken unmittelbar »auf die (...) Tradition eines Leibniz und Wolff« (Weiß, 1990, S.125-7), wenig überzeugen.

106   Die an dieser Stelle vorgenommene Unterscheidung zwischen dem mathematischen Verfahren der »Gewißheit(sfindung)« durch die »kyriologische(.) Bezeichnung« der »sinnlichsten Anschauung« sowie deren nachfolgender »Synthesin« mit Hilfe von »symbolischen Formeln und Gleichungen« einerseits, und dem metaphysischen Verfahren der »Verarbeit(ung)« der »Wortzeichen und Redefiguren unserer empirischen Erkenntnis zu lauter Hieroglyphen« und zu charakteristischen »Typen idealischer Verhältnisse« (Hamann, NIII, S.285, Z.20-5) andererseits, ist, wie Jørgensen nahelegt, in Anlehnung an eine Arbeit des Hamann gut bekannten Sprach- und Altertumsforschers J.G. Wachter entstanden, der mit seinen »Bezeichnungen kyriologisch, symbolisch und charakteristisch drei Entwicklungsstadien« unserer abendländischen »Schrift« (Jørgensen, 1968, S.88) erfassen wollte. Dabei »besteht« für Wachter die »kyriologische« Schrift noch ganz »aus Bildern der Dinge«, während »die symbolische oder hieroglyphische« bereits »durch Bilder Unbildliches aus(drückt)« und zuletzt die »charakter(istische)«, die ihrem eigenen Selbstverständnis nach »keine Buchstaben« mehr braucht, »nicht die Dinge, sondern die Wörter«, und »zwar mit willkürlichen Zeichen« (Jørgensen, ibid.), wiedergibt. Diese endgültige Trennung der 'Dinge' von den 'Wörtern' zu bewirken, ist zweifellos das Ziel der kantischen Bemühungen um eine neue 'Metaphysik', das dieser aber nach Hamanns Ansicht allein durch seinen »transcendentalen Aberglauben« an das an sich unerkennbare 'Vernunftding' (»entia rationis«) und dessen »leere Schläuche und Losung(en)« (Hamann, ibid.) nicht erreichen konnte.

107   Streng genommen war »Kant« wohl durchaus »in der Lage«, doch eben nicht bereit, »die Geschichtlichkeit« der von ihm selbst verwendeten »philosophischen Sprache« (Markis, 1982, S.152) anzuerkennen. Er wollte offensichtlich nicht akzeptieren, daß alle im Text der *Kritik* auftauchenden »Wortzeichen« und »Redefiguren« bloße »Erweiterungen«, Auslas-

sungen oder Umstellungen »der Sprache der Tradition« (Markis, a.a.O., S.152-3) sind. Das hielt ihn freilich nicht davon ab, »Kategorien« bzw. Grundbegriffe »der traditionellen Rhetorik in seine Vernunftkritik (zu übertragen)« (Markis, ibid.). Dies galt sowohl für bestimmte »Wortzeichen« wie »Eindruck, Bild, Begriff, Aisthesis, Kategorie, Idee, Vernunft« als auch für zahlreiche »Redefiguren« wie »Beispiel, Schema, Symbol, Konstruktion, Exposition, Kontext, Metapher und Analogie« (Markis, ibid.). Gerade durch sie nun zeigt sich, wenn auch unfreiwillig, »die Antinomie der Sprachaufklärung« (Markis, ibid.): »Der Aufklärer« kann am Ende »seinen eigenen Kriterien der Vernunft (nicht mehr) gerecht werden« (Markis, ibid.). Die geschichtliche »Dialektik von Vernunft und Leidenschaft ist« trotz aller gegenteiligen Versuche »in sprachlicher Hinsicht nicht zu sistieren« (Markis, ibid.). Jene Dialektik bleibt unweigerlich an die rhetorische Tradition gebunden.

108   Simon 'übersetzt' die »Biderkeit der Sprache« (Hamann, ibid.) mit die »(Vor)gegebenheit« der »historischen Sprache« (Simon, 1979, S.149). Das trifft zweifellos die hamannsche Sprachkonzeption insgesamt, erhellt aber in keiner Weise die geschichtliche Bedeutung von 'bi(e)der' bzw. 'bi(e)derb' und 'Bi(e)derkeit' als solche. Wenn wir diese im Wörterbuch nachschlagen, ergeben sich zwei unterschiedliche Begriffsverwendungsmöglichkeiten. Die eine ist »veraltend« (*Duden. Das große Wörterbuch der deutschen Sprache in sechs Bänden*, hrsg. u. bearb. unter der Leitung v. G. Drosdowski, Mannheim 1976, hier: Bd.1. S.386) und auf Hamanns eigenes Sprachverständnis beziehbar. Sie lautet 'dem Bedürfnis entsprechend', 'brauchbar', 'nützlich' (von Sachen), 'tüchtig', 'brav und wacker', 'aufrichtig und verläßlich', 'ehrenwert und anständig' (von Personen). Die zweite ist »ironisch« (*Duden*, a.a.O. S.387) und auf Kant gemünzt. Sie lautet 'auf beschränkte Weise rechtschaffend', 'allzu naiv', 'einfältig', 'treuherzig'. Der Verdacht, daß der aus diesem breiten Bedeutungsspektrum von 'bi(e)der' entstandene Begriff »Biederkeit« bei Hamann ein Neologismus, eine »(N)eubild(ung)« des »18. Jahrhunderts« (*Duden. Etymologie*, bearb. v. G. Drosdowski u.a., Mannheim 1963, hier.: S.65) sein könnte, ist nicht abwegig, bedürfte freilich der genaueren Überprüfung.

109   Die schwierige Textstelle, an der Kant hervorhebt, daß der »Verstand« wohl die »Erscheinungen als Vorstellungen (...) auf ein Etwas (beziehe), als den Gegenstand (unserer) sinnlichen Anschauung«, dieses 'Etwas' aber nur ein »transzendentale(s) Objekt« sei, ein »Etwas = x (bedeute), wovon wir gar nichts wissen, noch überhaupt (...) wissen können«, obwohl dieses »transzendentale Objekt« bzw. »Etwas = x« sich streng genommen von »den sinnlichen Datis (gar nicht) absondern (ließe)«, weil sonst nichts übrig bleiben würde, »wodurch es gedacht« (Kant, KdrV, A250-1) werden könnte, wird offensichtlich nicht nur in der *Rezension* von 1781 (vgl.: Hamann, NIII, S.277, Z.12-17), sondern auch im »Zusammenhang« seiner ausgeführten »Metakritik« von 1784 für Hamann »zum Zeug(nis) gegen Kant selbst« (Bayer, 1987, I, S.39). Dies geschieht, indem er nachweist, daß die *Kritik* mit dieser trotz aller Nähe behaupteten Unterscheidung von Sinnlichkeit und Verstand sowie mit der Setzung des 'Etwas = x' doch wieder »in die (vorkritische) Tradition Platos zurückkehr(t)«, und indem er darüber hinaus zeigt, daß das nach »Kant die Erfahrung ausmachende, (bloß) konstitutive aufeinander Bezogensein von Sinnlichkeit und Verstand in der Sprache« der *Kritik* immer schon konkret »wirksam« ist (Bayer, ibid.; vgl.: Simon 1967, S.66-8 sowie ders., 1979, S.136-40).

110   Daß die Rede vom »magische(n) Schattenspiel« (Hamann, NIII, S.285, Z.33-4) ebenso wie die von der »magische(n) Laterne an der Wand« (Hamann, NIV, S.290, Z.32) eine »Anspielung auf das platonische Höhlengleichnis, Plato, Politea, 7. Buch« (Piske, 1990, S.285, A.66 (S.301)) darstellt, ist aufgrund der von Hamann des öfteren hergestellten Nähe zwischen Kant und Platon naheliegend. (Vgl. dazu: Hoffmann, 1972, S.203-4; Wohlfart, 1981/2, S.117; ders., 1984, I, S.22, A.36, 131-2, A.50; ders, 1986, S.23; ders., 1988, II, S.116; Bayer, 1979, S.82; ders., 1986, II, S.191-3; ders., 1987, I, S.26, 28-9, 43; Majetschak, 1989, S.456-8; Piske, 1989, S.170; Weiß, 1990, S.154-5.) Kontrastiert wird dieses aus der klassisch-antiken Bilderwelt entnommene Gleichnis jedoch von dem

biblischen der nicht minder geheimnisvollen 'Finger' einer 'Menschenhand' an der durch einen 'Leuchter' hell bestrahlten 'Wand' in dem königlichen Saal' des 'Belsazer', die dort die Worte 'Mene mene tekel u-parsin' niederschrieben, die dem König den Tod und seinem Reich den Untergang prophezeiten. (Vgl.: Daniel, 5, 1-30 mit Hamann, NIII, S.284, Z.30: »Mene, mene, tekel den Sophisten!«, wobei die Ahnenreihe Besazer - (Sophisten, Aufklärer, Rationalisten) - Kant gebildet wird.) Durch die bildliche Überlagerung wird das 'Schatten-reich' Platons bzw. Kants neu beleuchtet. Es erscheint nunmehr im göttlichen Licht der wahren Aufklärung.

111 »Interessant ist« in diesem Zusammenhang zweifellos die Tatsache, daß (Hamann) zunächst in der *Rezension* der KdrV aus dem Jahr 1781 die von Kant selber als »Hauptfrage angesehene Frage der objektiven Deduktion aufnimmt: "Was und wie viel kann Verstand und Vernunft, frei von aller Erfahrung, erkennen?"« (vgl.: Hamann, NIII, S.277, Z.34-35 mit Kant, 1781, KdrV, AXVII), während er dann in der *Metakritik* von 1784 »die (Vor-)Frage der von Kant als nicht wesentlich zu seinem Hauptzweck gehörig angesehenen subjektiven Deduktion: "(W)ie ist *das Vermögen zu denken* selbst möglich?"« (vgl.: Hamann, NIII, S.286, Z.1-2 mit Kant, ibid.), als »Hauptfrage ansieht« (Wohlfart, 1984, I, S.141, A.88). Dies ergibt sich daraus, daß Hamann in der *Rezension* noch weitgehend der von Kant selbst vor-gegebenen Grundfrage folgt und eigentlich erst in der *Metakritik* damit beginnt, diese Frage als solche zu hinterfragen, indem er ihren eminent rhetorischen Charakter herausarbeitet (versus Olivetti, 1979, S.178-83, 188, 191). Dadurch nun wird zunächst einmal deutlich, daß die in der *Kritik* behandelte Hauptfrage alle weiteren ganz bewußt ausschließen soll. Es zeigt sich aber auch, daß die in der *Kritik* nicht eigens behandelte »(Vor-)Frage«, 'wie das Vermögen zu denken selbst möglich ist', von Kant nicht bloß »verk(a)nnt« oder einfach »(...)vergessen(...)« (Bayer, 1986, II, S.287; vgl.: ders., 1987, I, S.40; ders., 1988, II, S.187, 198; ders., 1990, II, S.446, 453 sowie ders., 1992, II, S.26-7, 33) worden ist, sondern bereits im Vorfeld der Vorrede der *Kritik* zum Schutze der behaupteten Reinheit seines Denkens ausgegrenzt wurde.

112 Wer den von uns angegebenen Abschnitt des kantischen Grundtextes mitgelesen hat, wird feststellen, daß wir dort, wo es in der *Kritik der reinen Vernunft* »Einbildungskraft (.) als ein Grundvermögen der menschlichen Seele« (Kant, KdrV, A.124) heißt, dem ha-mannschen Selbstverständnis folgend 'Einbildungskraft als ein Grundvermögen der menschlichen Natur' eingesetzt haben. Ein solcher Schritt rechtfertigt sich nach aufgrund des von ihm in der *Metakritik* herausgearbeiteten geschlechtlichen Charakters unserer Ein-bildungskraft, deren Eigenheit für ihn darin bestand, »zwischen dem Erkenntnisvermögen der Seele und dem Bezeichnungsvermögen ihres Leibes« (Hamann, NII, S.121, Z.22-5) immer schon zu vermitteln (vgl.: Gründer, 1958, S.175-6; Seils, 1961, II, S.324-5 und noch Majetschak, 1988, II, S.251-4).

113 Anders als Heidegger unterstellt (vgl.: M. Heidegger, *Die Sprache*, in: ders., *Unterwegs zur Sprache*, Pfullingen ⁵1975, S.15), geht es Hamann bei seiner »plakativen« und »wirkungs-orientiert(en)« (Majetschak, 1988, II, S.252 u. 254) Rede von der »genealogische(n) Prio-rität« der alltäglichen »Sprache« vor dem Denken »logischer Sätze und Schlüsse« (Hamann, ibid.) nicht um eine bloße »Umkehrung« (Bayer, 1987, I, S.40) des von Kant verkehrten »Konstitutionsverhältnis(ses)« von »Logik« und »Rhetorik« (Markis, 1982, S.118), sondern um den Nachweis ihrer »wechselseitige(n) Beziehung« (Bayer, 1987, I, S.41, A.217; vgl.: Majetschak 1988, II, S.251-2, 254) zueinander. Er will diesen »seit Heraklit und Platon« (Bayer, 1988, II, S.179) ausgefochtenen Streit um den jeweiligen Vorrang imgrunde genauso wenig wie Heidegger zur einen oder anderen Seite hin »eindeutig(.)« (Majetschak, 1989, S.478, A.4) entscheiden, also »(weder) die Sprache (...) aus anderem, das nicht sie selber ist, begründen, noch (...) anderes durch die Sprache erklären« (Heidegger, ibid.). Schon lange vor Heidegger nämlich hatte Hamann der scheinbar so einfach zu erläuternde Satz »Vernunft ist Sprache (...)« (Hamann, HV, S.177, Z.18) in einen unendlich tiefen (vgl.: Wohlfart, 1984, I, S.41 und ders., 1984, II, S.36-7)

170

»Abgrund« (Hamann, ibid., vgl.: Heidegger, ibid.) geführt, über dem er allerdings, anders als Heidegger, nicht als freier Denker zu »schweben« (Heidegger, ibid.; vgl. Bayer, 1987, I, S.40, versus Hoffmann, 1972, S.85) meinte, sondern in den er als geschlechtlich gebundener Mensch mit einem entsprechend langen »Geschlecht(s)register« (Hamann, NIII, S.107, Z.6; vgl. Bayer, 1992, S.15, A.68) »ins Leere weg« zu »stürzen« (Heidegger, ibid.) glaubte, ohne sich jemals anders als »indirekt« (O'Flaherty, 1989, S.114) mitteilen zu können, so daß allein die durch Christi Tod und Auferstehung (vgl.: Bayer, 1986, II, S.280; ders., 1988, II, S.181) lebendige »Hoffnung« (Bayer, 1988, II, S.107), vom anderen, dem Mitbruder, aufgefangen zu werden, ihn überleben ließ. Bereits durch seinen »(F)all(..)« (Heidegger, ibid.) läßt sich also, zudem noch sehr viel genauer als bei Heidegger selbst, die »Tiefe« und »Höhe« (Heidegger, ibid.; vgl.: Bayer, 1990, II, S.444, A.58) der ebenso irdischen wie himmlischen »Ortschaft« (Heidegger, ibid.) topographisch (vgl.: Bayer, 1992, S.19) »durchmessen«, »in der wir« (Heidegger, ibid.), die wir als Flüchtlinge zwischen den Zeiten leben (vgl. Bayer, 1988, II, S.52), ganz »heimisch werden möchten« (Heidegger, ibid.).

114 »Das Evozieren von Personen (fictio personae, prosopopöi)« (Ueding/Steinbrink, 1986, S.295) ist ein noch zur Zeit Quintilians vielfach angewendetes Verfahren der klassisch-antiken Rhetorik. Es diente der »Einführung gegenwärtiger oder nicht gegenwärtiger, erfundener oder wirklicher Personen oder der Einführung personifizierter Gegenstände oder Begriffe durch Äußerungen und Reden oder durch Handlungen« (Ueding/Steinbrink, ibid.). Eine solche Äußerung, »Rede oder Handlung« konnte nach Quintilians Auffassung sowohl »wahr« als auch »erdichtet sein«, doch »auf jeden Fall« mußte sie »charakteristisch und damit in der Vorstellung wahrscheinlich sein« (Ueding/Steinbrink, ibid.). Dabei »beruht(e)« die »Gedankenfigur« der »Prosopopöie« auf der »Einbildungskraft« des jeweiligen Autors, denn allein durch sie »tr(a)ten« ihm selbst die »Personen oder Dinge so lebhaft vor Augen«, daß sie auch seinen Lesern wie »wirkliche und anwesende Personen sprechend bzw. handelnd« (Ueding/ Steinbrink, ibid.) vorkommen konnten. Auffallend ist allerdings bei Hamanns praktischer Handhabung dieser Gedankenfigur, daß bei ihm nicht nur wegen des zu seiner Zeit »herrschend gewordenen«, ungenauen »Sprachgebrauch(s)« die von der klassisch-antiken Theorie aus behauptete, »streng(e) (...) Unterscheidung« zwischen der authentischen Wiedergabe eines »Dialog(s)(...) wirklicher Personen« und der reinen »Erdichtung einer Rede« fiktiver literarischer Figuren aufgegeben wird. Die »heilige(.) Prosopopee« (Hamann, NII, S.201, Z.19-20) offenbart sich in der hamannschen *Metakritik* als spannungsgeladene Grundfigur der erzählerischen Darstellung, die trotz ihrer ganz sinnlich-konkreten Wendung ins Wirkliche offen bleibt für den das Alltägliche überschreitenden Blick auf das göttlich Unendliche. Sie hebt sich insofern sowohl von dem die »Gespräche wirklicher Menschen« bloß abstrakt »nach(..)bilde(nden)«, profanen »Dialog« (vgl.: Bayer, 1986, S.288-9, sowie ders., 1988, II, S.189-90) als auch von der diese »Gespräche« frei »erdicht(enden)«, profanen »Prosopopöie« (Ueding/Steinbrink, ibid.) stilistisch ab. Sie zeigt sich als eine spezifisch christliche Gedankenfigur nicht nur der 'Heiligen Schrift', in der die scheinbar so starren Grenzen zwischen Realität und Fiktion fließend geworden sind.

115 Vgl.: Büchsel, 1988, I, S.72, 85, 98-9; Metzke, 1955, S.312; Gründer, 1958, S.21-92; Hoffmann, 1972, S.84-5; Dyck, 1977, S.117-23; Jørgensen, 1980, S.228-9; Bayer, 1980, S.253-4; ders., 1981, S.74-5; ders. 1986, I, S.195; ders., 1988, II, S.75-6, 141-3, 191; Majetschak, 1987, S.136-7; ders. 1988, II, S. 240-4; Simon, 1967, S.51-3; ders., 1987, III, S.110-1; ders. 1990, S.17; Weiß, 1990, S.175, 159, 173-4.

116 Vgl.: Hamann, NI, S.91, Z.7-12 sowie ders., NII, S.171, Z.8 u. 26.

117 Vgl.: Bayer, 1988, II, S.51 und Piske, 1989, S.250.

118 Vgl.: Piske, 1989, S.253 mit A.799 und dem Rückverweis auf Hamann, NI, S.157, Z.39-40 - S.158, Z.1-3.

119 Vgl.: Simon, 1967, S.231, A.61, 12; Piske 1989, S.280.

120 Siehe: H. Schanze, *Transformation der Rhetorik. Wege der Rhetorikgeschichte um 1800*, in: *Rhetorik*, Bd. 12, 1993, S.60-72.

121 Anders als Kant, der den durch die »Fragen« der »menschlichen Vernunft« zum Vorschein kommenden »Punkt des Mißverstandes der Vernunft mit ihr selbst« durch eine »Kritik der reinen Vernunft« zunächst zu »spezifizier(en)« und dann »auf(zu)lös(en)« hoffte, die eine »Kritik« des »Vernunftvermögens überhaupt, in Ansehung aller Erkenntnisse, zu denen sie unabhängig von aller Erfahrung, streben mag« (Kant, KdrV, AXII), sein sollte, versucht Hamann nicht bloß jenen einen »Punkt« (Kant, KdrV, AXII), sondern den ganzen »Mittelpunkt des Mißverstandes der Vernunft mit ihr selbst« (Hamann, NIII, S.286, Z.9-10) zu bestimmen. Diesen »Mittelpunkt« machte für ihn eben die »Sprache« (Hamann, ibid.) aus, die auch Kant bei der Ausformulierung seiner »Fragen« (Kant, ibid.) auf seine Weise gebraucht hatte. Erst in der genauen Bezugnahme also auf diese Fragen wurde Hamann deutlich, daß die von Kant benutzte »Sprache« nicht weniger als die seiner Vorgänger zur »Verführerin unseres Verstandes (wird)« (Hamann, HVII, S.172, Z.36), denn sie »führt« diesen »Verstand« unweigerlich »in das Gebiet des Sinnlichen, (...), des ihm gegenüber Anderen, von dem er sich, um seine "Reinheit" und Apriorität zu bewahren, abzugrenzen suchte« und »stellt« letztendlich »die transzendentale "Reinheit" der Vernunft selbst in Frage, indem sie ihr (...) Verhältnis zu den Bereichen des Gefühls, der Phantasie und der (...) Natur vergegenwärtigt (Piske, 1989, S.201). Die von Kant verklagte und von Hamann verteidigte 'menschliche Vernunft' wird dadurch sich selbst zum Problem. Sie wird zum 'Problem der Sprache', die nunmehr als das erscheint, was sie wirklich ist, nämlich das höchst verführerische »Mittel unsere Gedanken mitzutheilen« und »anderer Gedanken« auf eine noch genauer zu klärende Weise »zu verstehen« (Hamann, NII, S.125, Z.15-16).

122 Vgl.: Hoffmann, 1972, S.220, A.102.

123 Die Versuche, die »hermeneutischen Denkansätze« (Hoffmann, 1972, S.154; vgl.: Malsch, 1976, S.93, 95; Meinhold, 1976, S.58; Olivetti, 1979, S.169ff.; Majetschak, 1988, II, S.237, 248; Piske, 1989, S.10, 229, 263, 266, 274, 275; Weiß, 1990, S.113-5, 116, A.236, 118, 122, A.254, 123, 134-5, 137, 141, 151-2, 155) in den Schriften Hamanns auszumachen, die zu seiner produktiven »Aneignung und Umformung« der Tradition der »Hermeneutica sacra« (Hoffmann, a.a.O., S.27-8; vgl.: ders., a.a.O., S.161-73) geführt haben, erweisen sich eben dann, wenn man diese aus Selbstzeugnissen (Tagebuchaufzeichnungen, Briefen) des Magus gewonnenen »Denkansätze« (Hoffmann, a.a.O. S.154) zur Bestimmung des eigentlichen »Konzentrats von Hamanns« metakritischer »Autorschaft« (Hoffmann, a.a.O., S.146) benutzen will, als äußerst problematisch. Bringt doch Hamann selber im Text der *Metakritik* die Erfahrung zum Ausdruck, daß die allen seinen »hermeneutischen Denkansätze(n)« (Hoffmann, a.a.O., S.154) zugrunde liegende Annahme: zumindest »Gott versteht (mich)« (Hamann, NIII, S.128, Z.6-7; vgl.: Hoffmann, 1972, S.220, A.102 sowie Bayer, 1980, S.259-60; ders., 1983, S.360: ders., 1988, II, S.82-3; ders., 1990, I, S.163), bei seiner konkreten Interpretationsarbeit für ihn in keiner Weise hilfreich war. Diese von Hamann eigens hervorgehobene Tatsache nun aber, daß trotz jener 'hermeneutischen Grundannahme' im Text der *Metakritik* der sprachliche »Mißverstand(..)« über die Probleme »der Vernunft« (Hamann, NIII, S.286, Z.9-10) nicht aufgehoben wird, macht es notwendig, die bislang in der Hamann-Forschung (vgl. etwa: Büchsel, 1988, I, S.40; Gründer, 1958, S.21-92; Wild, 1975, S.153-5; Jørgensen, 1976, S.31; Meinhold, 1976, S.55; und Weiß, 1990, S.157, 159, 173-4, A.367) unter theologischen Gesichtspunkten gestellte Frage nach der »(Göttlichen) Methode« (Simon, 1987, S.110-1) der Herunterlassung, in der Tat die in zahlreichen Selbstzeugnissen Hamanns erörterte »Grundfrage« seiner sakralen »Hermeneutik« (Simon, 1990, S.17), durch die »stil(istische)« Frage nach der nicht minder 'Göttlichen Methode' der »Einlassung« (Simon, 1979, S.163, vgl.: Piske, 1989, S.241) zu ergänzen, welche sich dabei als die auch aus dem literarischen Text der *Metakritik* zu beantwortende Grundfrage der 'sakralen Rhetorik' Hamanns zu erweisen hätte.

124 Vgl.: Bayer, 1988, II, S.47.

125 Vgl.: Völkner, 1987, S.667.

126 Vgl.: Simon, 1987, II, S.85-9 und Weiß, 1990, S.160-9.

127 Vgl.: Hamann, HVII, S.43, Z.36-44.

128 Vgl.: Bayer, 1988, II, S.60.

129 Vgl.: Wild, 1994, S.261.

130 Vgl.: Bayer, 1986, II, S.281 und ders., 1988, II, S.183.

131 Vgl.: Simon, 1967, S.15, 18-9, 47-9; ders., 1979, S.161; ders., 1990, S.14-5; ders., 1994, S.133 und Wohlfart, 1984, I, S.45, A.120, 49-50, A.130-1, 125-6, versus Büchsel, 1986, S.406-7 (Simon), 408-9 (Wohlfart).

132 Vgl.: Bayer, 1986, II, S.288 und Hamann, HVII, S.176, Z.6-8.

133 Vgl.: Bayer, a.a.O., S.248-9; ders., 1986, II, S.288-91; ders., 1988, III, S.64, 69-70, 71, 189.

134 Vgl.: Simon, 1983, S.13, A.3.

135 Vgl.: Simon, 1979, S.162 und ders., 1983, S.13, A.39.

136 Vgl.: Völkner, 1987, S.675.

137 Vgl.: Simon, 1987, S.97.

138 Vgl.: Völkner, 1987, S.670.

139 Vgl.: Hamann, NII, S.129, Z.5-6 u. S.136, Z.11-12.

140 Die im ersten Moment vielleicht befremdlich wirkende Rede von einer »Oekonomie« des unsere »Schrift« gestaltenden »Raumes« (Hamann, ibid.) erklärt sich dadurch, daß »Ökonomie« im griechisch-antiken Sprachengebrauch »nicht nur die Haushaltung und Hausverwaltung« meinte, sondern allgemein auch auf »die Einrichtung und Ordnung, speziell die Heilsordnung sowie die Anordnung des Stoffes durch den Künstler« (Wohlfart, 1984, I, S.162, A.156) bezogen werden konnte und mußte. Und tatsächlich wird die von uns bereits angesprochene »Oekonomie« des hamannschen »(Schreib-)Stiles« (Büchsel, 1988, I, S.218) maßgeblich bestimmt durch eine »Ökonomie des Raums«, d.h. durch eine topographische »Raumordnung«, die sich beim »Lesen«, genauer gesagt im »Augenblick (literarisch-)ästhetischer (Text-)Erfahrung« (Wohlfart, 1987, I, S.78), eigens bildet. Dabei hat das mit die-ser Erfahrung verknüpfte Problem des »Verstehen(s) eines Textes« wie die *Metakritik* mit dem des »Verstehen(s) eines Bildes bzw. einer Zeichung (...) mehr Ähnlichkeit(,) als man auf den ersten Blick denk(en)« (Wohlfart, ibid.) könnte. Auch beim Lesen der hamannschen Schrift ist nämlich, so wie in der Malerei, »das gewöhnliche räumliche Nebeneinander« der Sätze bzw. Argumente Kants für einen Moment lang »aufgehoben« (Wohlfart, ibid.). So aber wird der durch die *Kritik* scheinbar endgültig verlorengegangene »Raum« für Veränderungen in unserer Geschichte »von neuem eingeräumt« (Wohlfart, a.a.O. S.78-9). Wir »schauen« nunmehr »nicht nur anders in den Raum« der *Kritik* »hin(ein)«, sondern wir sehen zuletzt »einen anderen«, leeren »Raum« (Wohlfart, ibid.) zwischen den Buchstaben, Wörtern und Zeilen. Wenn auch nur in diesem negativen Sinne ist die *Metakritik* also »raumbildend« (Wohlfart, ibid.).

141 Der an dieser Textstelle naheliegende Vergleich mit dem berühmten zweiten Absatz der hamannschen *Aesthetica in nuce*: »Poesie ist die Muttersprache des menschlichen Geschlechts; wie der Gartenbau, älter als der Acker(bau): Malerey, - als Schrift: Gesang, - als Deklamation: Gleichnisse, - als Schlüsse: Tausch, - als Handel.« (Hamann, NII, S.197, Z.15-7; vgl.: Wohlfart, 1984, I, S.161, A.154, ders. 1987, I, S.76-82; Majetschak, 1988, II, S. 145 sowie Bayer, 1992, II, S.29-30), macht neben der augenscheinlichen Übereinstimmung auch gewisse, durchaus bemerkenswerte Unterschiede deutlich. Diese liegen zum einen darin, daß in der *Aesthetica* ein grundsätzlicher Gegensatz zwischen Musik (Gesang) und Sprache (Deklamation) bzw. zwischen Malerei und Schrift durch den Bindestrich gestaltet wird, während in der *Metakritik* jeweils das eine, also Sprache und Schrift, aus dem anderen, nämlich Musik und Malerei, entwickelt wird. Sie sind aber auch dadurch bedingt, daß in der *Aesthetica* der Schwerpunkt der Betrachtung eindeutig bei der Sprache des Poeten bzw. Rhapsoden sich bildet (vgl.: Hamann, NII, S.195, Z.3 u. S.199, Z.1-3),

während er in der *Metakritik* gleichermaßen auf der Sprache und der Schrift des Literaten bzw. Rhetors liegt (vgl.: Hamann, NIII, S.286, Z.9-13 u. S.287, Z.26-29).

142 Bei der Rede vom »überschwänglich beharrlichen Einfluß« der »Sinne« auf den »Verstand« (Hamann, ibid.) ergibt sich im Schriftbild zwischen Nadlers und Henkels Edition eine Abweichung, die wohl der Beachtung wert ist. Während Henkel (Hamann, HV, S.213, Z.37) ebenso wie Weischedel für Kant (vgl.: Kant, KdrV, BXXX) »überschwenglich« einsetzt, steht bei Nadler eben »überschwänglich« (Hamann, NIII, S.286, Z.23-4). Für die Henkels Fassung spricht dabei, daß es Hamann an dieser Stelle seiner *Metakritik* einerseits um die Auseinandersetzung mit der »hochgelobte(n) Vernunft« der Berliner Aufklärung »mit ihrer Allgemeinheit, Unfehlbarkeit, Überschwenglichkeit, Gewißheit und Evidenz« (Hamann, NIII, S.225, Z.3-4; vgl. dazu: Bayer, 1983, S. 357-8; ders., 1984, S.409; ders. 1987, I, S.11 u. ders., 1988, II, S.35) ging, er aber andererseits Kants nicht minder »überschwenglichen Vernunftgebrauch« (Bayer, 1986, I, S.187) tadeln wollte. Nadlers Fassung wäre zugute zu halten, daß sie die von Hamann sicherlich auch beabsichtigte Anspielung auf Gottes »(Ü)berschwenglich(keit)« (Hamann, NII, S.41, Z.32; vgl.: Bayer 1988, II, S.72) in den Vordergrund rückt, eine Überschwenglichkeit, die aufgrund der »geschlechtliche(n) Konnotation(en)« des »hebräischen Wort(es) für 'erkennen' (vgl. 1 Mose, 4, 1: 'Und Adam erkannte sein Weib Eva, und sie ward schwanger und (...) sprach: Ich habe einen Mann gewonnen mit Hilfe des *Herrn*.')« (Bayer, 1988, II, S.81) gut und gerne als Überschwänglichkeit im Schriftbild verankert werden könnte. Ob sich dies wegen der philologischen Schwächen des Nadler-Textes noch rechtfertigen läßt, müßte allerdings genauer überprüft werden.

143 Der Vergleich der beiden Textfassungen von Nadler und Henkel fördert auch an dieser Stelle eine Textabweichung zutage, auf die wir hinweisen müssen: Während es bei Nadler heißt, »daß Raum und Zeit war nicht ideae innatae, (...) zu seyn scheinen« (Hamann, NIII, S.286, Z.26-28), was Simon zu der Anmerkung veranlaßt hat, daß statt »war« sinnvollerweise »"zwar" zu lesen (ist)« (Simon, 1967, S.261), steht bei Henkel (bzw. Majetschak): »daß Raum und Zeit wo nicht ideae innatae, (...) zu seyn scheinen« (Hamann, HV, S.214, Z.3, vgl. Majetschak, 1988, II, S.208, Zeile 15-17). Wir haben unserem Textverlauf entsprechend bei der Paraphrase 'wohl' eingesetzt.

144 Vgl.: Hamann, NII, S.198, Z.28 mit Hamann, NIII, S.237, Z.24-5 und dazu Ringleben, 1988, S.211, 214, 216.

145 Vgl.: Bayer, 1980, S.250-1.

146 Vgl.: Wohlfart 1984, II, S.21, A.7.

147 Vgl.: Majetschak, 1988, II, S.248-9.

148 Vgl.: Bayer, 1988, II, S.81.

149 Vgl.: Bayer, 1988, II, S.98.

150 Philologisch abgesichert ist der Befund, daß Hamann bei den Zuordnungen 'gewalttätig, unbefugt und eigensinnig' vornehmlich an jene »(a)bstrakt(e)« (Bayer, 1983, S.358) Trennung der »communicatio von Verstand und Sinnlichkeit« (Bayer, 1979, S.45) dachte, die letztlich in den »Despotismus des Systems« (Bayer, 1983, ibid.) führte, den wir seit »Adorno und Horkheimer« als Ausdruck der unglückseligen »Dialektik der Aufklärung« (Bayer, 1979, S.51 (Diskussion); vgl. ders. 1987, I, S.33-4) interpretieren. Ebenso gut belegt ist die Tatsache, daß »Hamann« bei dem »Ausdruck 'Scheidung'« in erster Linie das für ihn unerträgliche »Bild« der »'Ehescheidung'« (Majetschak, 1989, S.455) vor Augen hatte. Geklärt werden müßte noch, ob bei Hamann an dieser Textstelle nicht das positive Gegenbild der 'machtvollen Scheidung' mit enthalten ist, die sich gemäß der bei Hamann durchlaufenden Sexualmetaphorik als Gleichnis für den 'fruchtbaren ehelichen Geschlechtsverkehr' deuten läßt (durch die naheliegende Assoziation 'Scheidenvorhof' bzw. 'vestibulum vaginae'; vgl. Hamanns Rede von der »Veste des reinen Verstandes« (Hamann, NIII, S.287, Z.30) und 'Scheide' bzw. 'Vagina').

151 Vgl.: Wohlfart 1984, I, S.152.

152   Siehe: F. Nietzsche, *Rhetorik. Darstellung der antiken Rhetorik*, Vorlesung Sommer 1874, in: Nietzsches Werke, Großoktavausgabe, Leipzig 1894-1913, dort: 3.Abt., Bd.XVIII, *Philologica (...)*, hrsg. v. O. Crusius, Leipzig 1912; vgl. B. Kositzke, *Rhetorik und Erotik bei Nietzsche*, in: J. Kopperschmidt/H. Schanze, Hrsg., *Nietzsche oder 'Die Sprache ist Rhetorik'*, München 1994, S.183ff., insbes. S.185.

153   Wenngleich sich die Frage, wer mit diesem »neuen aus der Höhe aufgehenden Lucifer(.)« (Hamann, ibid.) gemeint sein könnte, wohl nicht eindeutig beantworten läßt, ist es hoffentlich erlaubt, den Verdacht zu äußern, daß Hamann dabei weniger an Kant selber, sondern vielmehr an seinen einstigen Schüler und langjährigen Weggefährten Herder gedacht hat. Diese Vermutung zumindest könnte nach der Einsicht in den umfangreichen Briefwechsel der achtziger Jahre zwischen Hamann und Herder entstehen (vgl. insbes.: Hamann, HIV, S.400, Z.18; natürlich ders., HV, S.210, Z.17ff. sowie ders., HVI, S.127, Z.21-25) und wäre ebenfalls durch die Lektüre der herderschen *Metakritik* von 1799 zu bestätigen. Während dabei aus dem ersteren hervorgeht, daß die uns beschäftigende Idee einer 'Metakritik' genau genommen im Gedankenaustausch zwischen Hamann und Herder entstanden ist (vgl.: Bayer, 1990, I, S.445, A66 und ausführlich: L. Frank, *Herder And The Maturation Of Hamann's Metacritical Thought: A Chapter In The Pre-History Of The 'Metakritik'*, in: W. Koepke, S.B. Knoll, Hrsg., *J.G. Herder, Innovator Through The Ages*, Bonn 1982, S.157-89), ließe sich anhand des zweiten deutlich machen, daß die beiden *Metakritiken* sich doch darin wesentlich unterscheiden, daß Hamann dem bei Herder zumindest latent vorhandenen »(Sprach)platonis(mus)« (Simon, 1983; vgl. dagegen: ders., *Herder und Kant. Sprache und 'historischer Sinn'*, in: *J.G. Herder: 1744-1803*, hrsg. v.G. Sauder, Hamburg 1987, S. 3-13, insbes. S.12-13) äußerst skeptisch gegenüberstand. Mit einigem Recht könnte Hamann also in Herder jenen Kant nicht unähnlichen 'Lichtbringer' und 'Morgenstern' (»Lucifer(.)« (Hamann, ibid.); vgl. dazu neben Luk., 10, 18 vor allem auch Jes. 14, 12) sehen, von dem in unserem Text die Rede ist; dies nicht zuletzt auch deshalb, weil Herder, wie bereits erwähnt, tatsächlich fünf-zehn Jahre später seine schon 1784 geplante, doch eben erst 1799 fertiggestellte *Metakritik zur Kritik der reinen Vernunft* veröffentlicht hat.

154   "Er nahm die Schlange und legte sie unter den Bausch seines Gewandes.", heißt es in Äsops Fabel 97 *Der Bauer und die Schlange* (vgl. auch ders., Fabel 97b *(Der Wanderer und die Natter))*. Überlagert wird dieses der griechisch-antiken Fabel-Welt entlehnte Bild von der 'Busenschlange' jedoch durch das spezifisch christliche und laut Hamann ironisch aufzufassende Gleichnis von der betrügerischen »Schlange« als »Figura des Gekreuzigten« beziehungsweise als »Präfiguration (Christi)« schon in 1. Mose, 3, 1-15, vor allem aber nach Joh., (3), 14: »"Und wie Moses in der Wüste (eine) Schlange erhöht hat, (al)so muß des Menschen Sohn erhöht werden."« (Wild, 1975, S.213; vgl.: Jørgensen, 1968, S.44 sowie Weiß, 1990, S.163, A.350) Über die sich nicht nur von der griechisch-antiken Quelle her, sondern zudem aus dem Zeugnischarakter der hamannschen Schriften ergebende *Un-möglichkeit* der geschlechtsspezifischen Ausdeutung dieser Bilder vor dem Hintergrund der zugegeben gewagten Gleichsetzung von 'Schlange' und 'Penis' wäre noch zu reden.

155   »Zusammen mit der lutherischen Christologie ist« laut Bayer bei Hamanns Bezugnahme auf den Begriff der 'Transsubstantiation' »die lutherische Abendmahllehre vorausgesetzt« (Bayer, 1987, I, S.17). »Ihr zufolge reichen sich« in »Brot und Wein« wohl »Leib und Blut Christi dar«, doch »ohne Transsubstantiation des Brotes und Weines«, denn obgleich das eine vom jeweils anderen ganz »umfangen« und vollkommen »durchdr(ungen)« wird, so daß es anders als bei Kant zu einer »unauflöslichen Vereinigung« des natürlichen »Element(s)« und des künstlerischen »Einsetzung(swortes)« des Schöpfers im »'Sakrament der Sprache'« kommt, bleiben die Elemente als solche doch für sich bestehen und werden nicht »transsubstantiier(t)« (Bayer, ibid.; vgl. Hamann, HIV, S.254, Z.33-34 und Hamann, NIII, S.287, Z.21 u. S.289, Z.21-2) beziehungsweise verwandelt. Der Begriff der 'Transsubstan-

tiation' muß dem-nach von dem der 'Transfiguration' gänzlich unterschieden werden (versus Wohlfart, 1986, S.129-30).

156 Erst von hier aus bestätigt sich das, was wir anfangs bereits angesprochen haben. Die für Hamanns Denken zentrale Idee einer »communicatio göttlicher und menschlicher idiomatum« (Hamann, NIII, S.27, Z.11-12) läßt sich exakt nur fassen als die eines »Wortwechsels« (Bayer, 1980, S.247), der ohne einen Bruch in der Kommunikation nicht vollzogen werden kann. Die von der Forschung (vgl. neben Bayer, 1980, a.a.O. S.248-9, ders., 1983, S.350-1, 355, 357; ders., 1986, II, S.288-91, ders., 1988, II, S.64, 69-71, 189; schon Hoffmann, 1972, S.222-3; sowie Büchsel, 1987, I, S.68-9; und O'Flaherty, 1989, S.147-8) angestellte Untersuchung des Begriffs der 'Idiomenkommunikation' muß demzufolge ausgedehnt werden auf die des Begriffs des »Idiomenwechsels« (Hamann, ibid.). Nur aus dem Verhältnis der beiden Begriffe zueinander nämlich läßt sich die Wirkung der unserer »Volkssprache« eigenen »Kräfte« (Hamann, ibid.) als solche erkennen. Nur von dort aus läßt sich die Tatsache des dauernden Wandels und der Entwicklung unserer Umgangssprache erklären und beschreiben.

157 »Nur fruchtbare und lebendige Erkenntnis«, schreibt Bayer, »ist für Hamann wahr, solche Erkenntnis, die (...) nicht«, wie diejenige eines Kant, »aus der Trennung von Selbst und Lebenswelt« gewonnen wird, »sondern im Wahrnehmen des unauflöslichen Zusammenhangs beider« sich offenbart, des »Zusammenhangs«, der sich aus der einen sprachlichen »Quelle ergibt: aus Gott« (Bayer, 1988, I, S.163). Eines Gottes, der in ähnlicher Weise, wie er den scheinbar für immer verschlossenen Mutterschoß Sarahs fruchtbar gemacht hat (vgl.: 1. Mose, 17, 1-22 sowie 21, 1-7), auch die tote Sprache der Kritik durch das, was er durch den 'göttlichen Autor' Hamann sagt, »wie durch ein Wunder« (O'Flaherty, 1989, S.138) wieder zum Leben erwecken kann.

158 Wo bei Nadler »per Thesin et Antithesin« (Hamann, NIII, S.287, Z.25) steht, ist nach Henkel »per Thesin et Arsin« (Hamann, HV, S.214, Z.36) einzusetzen. Was in der Interpretation dieses von »Chr. Knudsen« offengelegten Sachverhaltes durch G. Wohlfart leider nicht richtig deutlich wird, ist die durchaus nicht selbstverständliche Tatsache, daß »'Thesis'« und »'Arsis'« in der Metakritik von Hamann im Sinne von »Senkung« (für 'Thesis') und »Hebung« (für 'Arsis') (Wohlfart, 1984, I, S.161, A.155) gebraucht worden sind. Die »(G)egenläufig(keit)« (Wohlfart, 1984, II, S.35, A.89) nun dieser beiden Begriffe besteht eben darin, daß in der altgriechischen Metrik die 'Thesis' den betonten Taktteil bzw. die Hebung und die 'Arsis' den unbetonten Taktteil bzw. die Senkung im Satz ausmachte, während sich in der modernen Metrik die Beziehung offensichtlich umgekehrt hat (vgl.: Knaurs Fremdwörterbuch, hrsg. v. U. Hermann, München 1982, S.46 u. 418). Bei Hamann nun findet in der Tat genau diese Umkehrung des von Kant noch in griechisch-antiker Tradition festgelegten Verhältnisses von 'Thesis' und 'Arsis' statt.

159 Daß, wie zu Anfang dieses Kapitels im Hinblick auf O. Bayer bereits angemerkt wurde (vgl. noch einmal: Bayer, 1990, I, S.447, A72; ders., 1992, I, S.1, 12-5 mit A.51, A.61 und A.64), die uns heute vorliegende Metakritik von 1784 mehr ist, als die abgeschwächte Endfassung der beiden diesbezüglichen Entwürfe von 1781 und 1782, hängt vor allem mit der Einfügung des nun zu interpretierenden, weder in 'Entwurf A' noch in 'Entwurf B' enthaltenen Texteinschubs (Hamann, NIII, S.287, Z.26-40) zusammen, durch dessen »ebenso großartige(.)« wie »höchst barocke(.) Expektorationen« (Hegel, 1828, S.329) die hamannsche Metakritik eine ganz eigene literarische Gestalt mit sehr viel mehr »Tiefe« (Wohlfart 1984, I, S.156, A.140) bekommt. Einer »Tiefe« freilich, die aufgrund der an dieser Stelle vorgenommenen, geradezu übergroßen Verdichtung verschiedenartiger sprachlicher Bilder am Ende wohl auch für uns ebenso reizvoll wie »finster bleib(en)« (Wohlfart, ibid.) wird.

160 Wenngleich bei Hamann stets eine »Mischung« der drei literarischen »(Haupt-)Gattungen« (Bayer, 1986, II, S.285 bzw. ders., 1988, II, S.186) stattfindet, ist festzuhalten, daß sich an dieser exponierten Stelle seiner Metakritik die »(stilistische) Sprachgestaltung« (Simon,

1967, S.262) spürbar verändert. Die ansonsten eher episch verhaltene Darstellung nämlich erfährt plötzlich eine geradezu dramatische Steigerung. Sie bekommt den eigenständigen Charakter einer 'Autorhandlung' (vgl.: Büchsel, 1988, I, S.219 mit A 20-1, 243 sowie Simon, 1979, S.160), die von ihrem plakativen Begriff her im krassen »Gegensatz zum kantischen Begriff reiner Verstandeshandlungen« (Simon, 1967, ibid.) steht und sich durch die in ihr ganz Gestalt gewordene »göttliche Tatoffenbarung«, also durch ihren (gemäß Jak.1, 19-25) eminent rhetorischen »Wort(charakter)« (Büchsel, 1988, I, S.22), auch vom hegelschen Begriff 'dramatisch-dialektischer Sprachhandlung' (vgl.: Wohlfart, 1984, I, S.221-3 mit A.53-5) deutlich unterscheidet.

161 Im *Ersten Brief des Paulus an die Korinther* hat dieser über 'die Liebe als höchste Geistesgabe' geschrieben, daß 'wenn (er) mit Menschen- und Engelszungen (ge)redet (hätte)', trotzdem nur 'ein tönend Erz oder eine klingende Schelle (gewesen wäre)', solange er 'der Liebe nicht (gehabt hätte)' (vgl.: 1. Kor., 13, 1). Eine »Liebe«, die ihr göttliches »Licht« (Wohlfart, 1987, II, S.119) wirft auf die aus ihr erwachsene »Wahrheit« und »Freiheit« (Büchsel, 1962, S.155). Eine 'wahre' und »'freie Liebe'« (Wohlfart, 1984, I, S.14-5, A.131) zu sich »(s)elbst« wie zum anderen also, die in der Tat »der Grundtrieb aller unserer Wirksamkeit« (Hamann, NIV, S.424, Z.47) beim Reden und Schreiben ist.- Differenziert wird dieses biblische Bild dadurch, daß das 'Beifall erheischende' (»panegyrisch(e)« (Hamann, ibid.)) im 'erztönenden' Klang auch jener 'Schelle' des 'Demosthenes' sich laut Hamann aus des berühmten Griechen Veranlagung wohl erklären ließ. Der 'Panegyriker' nämlich war in der griechischen Antike ein zu besonderem Anlaß auftretender Prunkredner, dessen Aufgabe darin bestand, so wie Demosthenes Lob und Tadel auszusprechen über eine ansich unbestrittene Tatsache. Für Hamann aber mußte dadurch, daß der kantische Text ihm vom ganzen Ansatz her fragwürdig erschien, zunächst einmal alles zweifelhaft werden. Allerdings äußerst sich in der *Metakritik* genau genommen eine neuzeitliche »Skepsis«, die gemäß »demselben 13. Kapitel des ersten Korintherbriefes« von der vagen »Zuversicht« überlagert wird, daß die Hamann selber allein mögliche »Stückerkenntnis« der kantischen *Kritik* auf ihre wirkungsgeschichtliche »Vervollkommnung (hin) ausgerichtet (ist) (1. Kor., 13, 8-13)« (Hoffmann, 1972, S.216).

162 Wie wir unseren Geschichtsbüchern entnehmen können, entwickelte der berühmte »Rhetor(.) Demosthenes« (Bayer, 1986, II, S.285; vgl.: ders., 1988, II, S.42, 186) seine geradezu sprich-wörtlich gewordene 'dreieinige Energie der Beredsamkeit' mit dem wegen seiner nachgewiesenen Bestechlichkeit (vgl.: Büchsel, 1987, II, S.74) allerdings unerreichten und wohl auch unerreichbaren Ziel, das politisch-militärische Bündnis von Athen, Sparta und den Phokern gegen Philipp II. von Makedonien im '2. Heiligen Krieg' (356-346 v. Chr.) zu stärken. Hamann deutet die damaligen historischen Ereignisse natürlich radikal um, wenn er zu dieser ganz weltlichen 'Dreieinigkeit' die Vorstellung von der wahrhaft 'Göttlichen Dreieinigkeit' von 'Vater, Sohn und Heiligem Geist' hinzufügt. Daß bei jener textlichen Überblendung ins Religiöse der weltliche Bezug dennoch nicht verloren geht, hängt zusammen mit dem ganz eigenen Charakter der durch die sinnliche Verführungskunst einer vermeintlichen 'Hure' angeregten und fruchtbar gemachten Beziehung des Magus zur 'Heiligen Schrift' (vgl. dazu: Bayer, 1988, II, S.81, 174-5, 224-5, 229). Eben diese ohne Trauschein und kirchlichen Segen mit Hamann verbundene, dadurch nach damaligen gesellschaftlichen Maßstäben ehrlose Frau war Anna Regina Schuhmacher, die anders als Hamanns ursprüngliche Braut aus bürgerlichen Verhältnissen, die »unbefleckte(.) Jungfrau« (Hamann, NIII, S.287, Z.38-9) Catharina Berens, »keine« sich künstlich zierende »Mutter Gottes seyn« (Hamann, ibid.) wollte.

163 Vgl.: Platon, *Politea*, 598b; Aristoteles, *Poetik*, Kap. 2 u. 14 sowie Quintilian, *Ausbildung des Redners*, 9, 2, 31, 58 (dazu Ueding/Steinbrink, 1986, S.21-2, 297) mit 1. Kor. 4, 16 (dazu Büchsel, 1988, I, S.271, A.7).

164 Vgl.: Nadler, 1949, S.463.

165 Vgl.: Jørgensen, 1966, S.384 u. 386; ders., 1976, S.40-1 sowie Hoffmann, 1972, S.137-45.

166 Vgl.: Henkel, 1960, I, S.11.
167 Versus Majetschak, 1988, II, S.239.
168 Vgl.: Hegel, a.a.O., S.280-1.
169 Nicht nur in der *Metakritik*, sondern überall bei Hamann »verweist« der Texttorso in seiner nicht bloß zufällig zustande gekommenen, sondern literatur-historisch bedingten (vgl.: Bayer, 1988, II, S.21-2) »Gestalt des sinnlichen Fragments auf das übersinnliche Ganze« (Piske, 1990, S.290) der abendländischen Geschichte. Die historische »Wahrheit« wird demnach von Hamann, anders als bei Kant, »nicht im Sicherheben über die Bedingtheit endlicher Wirklichkeit (gefunden)«, sondern gerade im »Gleichnishaften und Unvollkommenen, im (sprachlichen) Verweischarakter des Endlichen« (Piske, ibid.) der *Kritik* einer *reinen Vernunft* gesucht. »Allgemeines und Besonderes« werden dabei über die sakrale oder auch profane Figur »vermittelt«, die durch ihre Lebendigkeit zweifellos der treffendste »Ausdruck« der sinnlichen »Gegenwart des übersinnlichen Ganzen im Fragment« ist. Als Figur weist sie darauf hin, daß zwischen dem behaupteten »Wesen der Wirklichkeit und der Erfahrung ihrer Gegenwart« ein sprachlicher »Zusammenhang besteht, der (eben) nicht in abstrakten Begriffen (gefaßt) werden kann« (Piske, ibid.). Vielmehr zeigt sich, daß das »Ganze im Fragment« nur als das »besondere Allgemeine« (Piske, a.a.O., S.291; vgl.: M. Frank, *Das individuelle Allgemeine*, Frankfurt a.M. 1977) des sinnlich-konkreten Begriffs erscheinen kann.
170 Das von Hamann verwendete Wort »Veste« (Hamann, ibid.) ist mit einiger Wahrscheinlichkeit von dem lateinischen 'vestibulum' abgeleitet, was zum einen in einem altrömischen Haus die 'Vorhalle' meint und zum anderen anatomisch einen 'Hohlraum' bezeichnet. Wenn wir dann noch hinzudenken, daß 'vesta' die griechische Göttin des staatlichen und heimischen (Herd)feuers gewesen ist und Hamanns spätere Lebensgefährtin Anna Regina Schuhmacher ursprünglich als Köchin im elterlichen Haus beschäftigt war, liegt sehr nahe, wessen 'Veste' Hamann bei seinem die unterschiedlichen Begriffsbedeutungen 'göttlich' und 'geschlechtlich' im christlichen Rahmen zusammenführenden, literarischen Exkurs angeregt hat (vgl. auch: Hamann, NIII, S.201, Z.10-12). Es ist der Glaube an Gott und an die körperliche Liebe, der für Hamann eine 'feste Burg' war.
171 Bei der »Leiter« (Hamann, ibid.) handelt es sich laut 1.Mos., 28, 12 um die 'Himmelsleiter', von der Jakob auf dem Weg nach Haran während der nächtlichen Ruhe geträumt hat. Auf jener vom Boden bis in den Himmel reichenden 'Jakobsleiter' stiegen nach dem Biblischen Text die Engel Gottes auf und nieder zum Zwecke der »Herablassung« (Büchsel, 1988, I, S.92) des Wortes Gottes. Hamann gibt diesem biblischen Bild zusätzlich zu der eher traditionellen, sprach-theologischen (vgl. Büchsel, 1988, I, a.a.O. S.49, 91-4; Gründer, 1958, S.187; Tilliette, 1979, S.73, 76 (Diskussion); Wohlfart, 1984, I, S.38, 153-5; Piske, 1989, S.206-8) eine allerdings erst durch die freie 'sprachliche Einlassung' auf das 'göttliche Wort' erkennbare, sehr offene und weltliche Deutung, wenn er bei der »Leiter« (Hamann, ibid.) auch an das stark erigierte Glied des schöpferischen Autors Kant, das sorgsam unter dem 'Herrenrock' seiner Sprache verborgene und dadurch für den Leser unerkennbare 'Ding an sich', denkt und das 'Auf und Nieder' der Engel Gottes zugleich auf den die phantastischsten Bilder hervorrufenden, bekannterweise zumeist im (halb)wachen Zustand stattfindenden Beischlaf bezieht.
172 Die 'Stätte Mahanajim' ist laut 1.Mos., 32, 3 das von Engeln bevölkerte 'Heerlager Gottes', auf das Jakob auf dem Weg zu seinem Bruder Esau trifft, und für Hamann offenbar zugleich ein Gleichnis für das gemeinschaftliche 'Bettlager'. (Die weitere Assoziation 'Bordell' und 'Lotterbett' bei 'Mahanajim' ist wohl zu gewagt.)
173 Die dauernde »Buhlschaft« des Autors Hamann um sinnliche »Anschauungen« des Geschlechtlichen und die regelmäßige »Nothzucht« seiner daraus hervorgehenden, konkreten »Begriffe« (Hamann, ibid.) »(v)ermisch(en)« sich, anders als in der literarischen Vorlage Kant(s)« (Simon, 1967, S.262), an dieser besonders dichten Textstelle der *Metakritik* zu ei-

nem beides »(c)hron(ologisch)« (Hamann, ibid.) aufzeichnenden, geschichtlichen Bei-(schlaf)spiel (versus Hegel, 1828, S.329).

174 Die »Baubo« ist laut J. Simon jene »Zauberin in der griechischen Mythologie«, die mit ich-ren »schlüpfrige(n) Redensarten Demeter, die ihrer entführten Tochter nachtrauert, "durch eine unerhörte Art von Trost" *(inaudita specie solaminis)* (erheiterte)« (Simon, 1967, S.262). Hamann gibt diesem Bild allerdings dadurch eine doppelte Gestalt, daß bei ihm jene »Baubo« - was bei Schoonhoven stark hervortritt (vgl. Hamann, HHV, S.155, A.11) - wohl zunächst mit »Redensarten« (Simon, ibid.), dann aber auch »mit ihr (Demeter) selbst« ihr nun nicht bloß abstrakt sprachliches, sondern ganz körperliches »Formenspiel« (Hamann, NIII, S.287, Z.37-8) betreibt. (Versus Bayer, 1987, I, S.35, A.167 und Piske, 1989, S.206-7, A.652, die dort, wo 'ihr' steht, anscheinend 'sich' lesen.)

175 »Wer ist sie, die hervorbricht wie die Morgenröte, schön wie der Mond, klar wie die Sonne, gewaltig wie ein Heer?«, fragt sich schon Salomo, einer der ersten Voyeure der abend-ländischen Literaturgeschichte, als er Sulamith, seine zukünftige Braut, zum erstenmal erblickt und hinabgeht in seinen »Nußgarten, zu schauen die Knospen im Tal, zu schauen, ob der Weinstock sproßt, ob die Granatbäume blühen« (vgl. Hoheslied, 6, 10-11). Die vom Biblischen Text her allerdings recht naheliegende geschlechtspezifische Ausdeutung dieser Bilder durch Hamann, diesen sich wohl nicht weniger geschickt als König Salomo 'ver-bergenden Beobachter geschlechtlicher Handlungen', zumindest zum Teil nachzuvollziehen, war der Sinn unserer diesbezüglichen Ausführungen. Demjenigen, der solches und ähn-liches über alle Maßen schätzt, ist es natürlich freigestellt, dem Gesagten eigene Ent-deckungen und Erfahrungen hinzuzufügen.

176 Wir kommen demnach an dieser Stelle zu einem anderen Interpretationsergebnis als G. Wohlfart, der grundsätzlich die Ansicht vertritt, »Kant« habe uns diesbezüglich doch wenigstens einen versteckten »Hinweis« gegeben, wenn er zumindest in seiner *Anthro-pologie in pragmatischer Hinsicht* die für ihn selbst allerdings nicht zu beantwortende Frage nach der sprachlichen »Wechselwirkung« von Sinnlichkeit und Verstand im Zusammenhang der grundsätzlichen Überlegung behandelt, »(w)as (...) wohl die Ursache davon sein (mag), daß alle organische(n) Wesen, die wir kennen, ihre Art nur durch die Vereinigung zweier Geschlechter, (die man das männliche und weibliche nennt,) fort-(..)pflanz(en)« (Wohlfart, 1984, I, S.137-9; vgl.: Kant, Werke in 6 Bänden, hrsg. v. W. Weischedel, hier: Bd. VI, S.479-80) können. Denn wenngleich unbestritten ist, daß Kant an dieser Stelle »das sinnliche Dichtungsvermögen der (geschlechtlichen) Affinität im Zusam-menhang mit der Einbildungskraft behandelt« (Wohlfart, ibid.), so ist doch, wie bereits erwähnt, der von Kant stets zugrunde gelegte Begriff der »reinen Einbildungskraft« (Kant, KdrV, A124) ein ganz anderer als der von Hamann gebrauchte. Dort nämlich, wo Hamann die von Kant gestellte »Frage« nach dem »letzten Grund(..)« der »Vereinigung« von »Ur-sache und Wirkung« konkret behandelt und dabei zwangsläufig auf die sprachliche »Einbildungskraft« zu sprechen kommt, äußert er sich, wie wir selbst sehen konnten, mit einer Offenheit über deren »Ausschweifungen« (Hamann, NIV, S.366, Z.11-14), die für Kant ganz undenkbar gewesen wäre. Freilich geraten wir dann, wenn wir uns ihr in der von Hamann beschriebenen Weise nähern, schnell in »ein sehr gefährliches Dilemma« (Ha-mann, a.a.O., Z.16). »Geben wir jeder Vorstellung der Einbildungskraft Raum, (...), so werden wir (mitunter) zu solchen Irrthümern, Ungereimtheiten und Dunkelheiten verleitet, daß wir selbst uns zuletzt unserer Leichtgläubigkeit schämen müßen« (Hamann, a.a.O., Z.16-19). »Wenn wir aber von der anderen Seite uns entschließen, alle gewöhnlichen Eindrücke (unserer) Einbildungskraft zu verwerfen, um dem reinen Verstande (...) zu fol-gen; so würde dennoch selbst diese Entschlüßung bey einer strengen Befolgung gefährlich werden, weil der Verstand, wenn er allein und nach seinen allgemeinsten Grund-gesetzen handelt, sich selbst zum Grunde richtet, und nicht den geringsten Grad der Evidenz weder in der Philosophie noch in dem gemeinen Leben übrig läßt.« (Hamann, a.a.O., Z.24-30). Es ist am Ende ein Ausdruck der Redlichkeit Hamanns, daß er dem Leser keinen Ausweg aus

dem beschriebenen »Dilemma« versprochen hat und es ist ein Zeichen seiner Konsequenz, daß er trotz aller Zweifel weiterhin an die Kraft seiner »Einbildung« geglaubt hat. Einer »Einbildungskraft«, die ihn freilich immer wieder »in den kläglichsten Zustand (versetzen)« mußte und ihm jedesmal »den Gebrauch aller Glieder und Fähigkeiten« vollständig zu »entzieh(en)« (Hamann, ibid.) drohte, so daß er stets darauf aus war, sie »durch den Geist« einer genaueren »Beobachtung« wieder »(zu) zügel(n)« (Bayer, 1988, II, S.166, A.44 (S.182); vgl.: ders., a.a.O., S.170-5).

177   Vgl.: Büchsel, 1988, I, S.109-11; Wild, 1975, S.124, 168.

178   Siehe: L. Wittgenstein, *Tractatus logico-philosophicus*, in: ders., Werkausgabe in acht Bänden., neu durchges. v. J. Schulte, Frankfurt a.M. 1984, hier: Bd.1, 1984.

179   Vgl.: Simon, 1967, S.146.

180   Versus Majetschak, 1988, I, S.94.

181   Vgl.: Metzke, 1951, S.277-8, ders. 1952, S.266; ders., 1955, S.305-6; Büchsel, 1988, I, S.35-99; Gründer, 1958, S.169-70; Koepp, 1965, S.48-54, 230-61; Hoffmann, 1972, S.146, Wild, 1975, S.39-40; Jørgensen, 1976, S.28-33; Kracht, 1981, S.5-12, 14-6, 214-31, 260-1; Bayer, 1985, S.395-6; ders., 1987, I, S.12; 1988, II, S.74, 82-3, 172, 216; Piske 1989, S.234; Weiß, 1990, S.139, A.295, 157-60.

182   Vgl.: Bayer, 1988, II, S.85-6.

183   Vgl.: Bayer, 1986, I, S.195, A.97; ders., 1988, II, S.35, 86.

184   Vgl.: Bayer, 1988, II, S.184-5.

185   Vgl.: Bayer, 1988, II, S.83, 177.

186   Vgl.: Bayer, 1986, I, S.180.

187   Vgl.: Hamann, NII, S.61, Z.28.

188   Erinnert sei in diesem Zusammenhang zunächst an den Satz Hegels, daß das, »(w)as Hamann seinen Geschmack an Zeichen nennt«, eben dies ist, »daß ihm alles gegenständlich Vorhandene seiner eigenen inneren und äußeren Zustände wie der Geschichte und der Lehrsätze nur gilt, insofern es vom Geiste gefaßt, zu Geistigem geschaffen wird, so daß dieser göttliche Sinn weder nur Gedanke noch Gebilde einer schwärmenden Phantasie«, sondern allein das sprachlich sich offenbarende »Wahre« ist, das in den Wortzeichen und Redefiguren seine ganz »gegenwärtige Wirklichkeit hat« (Hegel, 1828, S.316-7).

189   Dennoch »lohnt (es), sich eigens klarzumachen«, »welche (Bedeutungs)veränderung« und welcher »Erkenntnisgewinn« durch »die von Hamann gebrauchten (Darstellungs)mittel« und die dahinter stehende metakritische Darstellungsmethode »erreicht« (Bayer, 1981, S.77) wird. Interessanterweise nämlich führt die von ihm geleistete »"Arbeit des Negativen"« (Büchsel, 1986, S.407), die vom ursprünglichen Text und seinen Begriffen ja nichts Positives läßt, zu »keine(m) Abbruch«, sondern im Gegenteil sogar zu »eine(r) Intensivierung« (Bayer, ibid.) des Gesprächs. Man kann Hamann denn auch »nicht vorwerfen (...), Kant (bloß) abstrakt negiert (...) zu haben«, indem er ihm einfach etwas anderes, womöglich »gar (...) Irrationales entgegen(..)setzt« (Bayer. a.a.O., S.77-8). Vielmehr wird von ihm mittels seines »Anti-Styl(s)« (Hamann, NIV, S.425, Z.51) in »bestimmter Negation (...) ein konkreter Widerspruch herausgebracht« und gerade »in solchem (rhetorisch)-dialektischen Verfahren vermieden«, daß die radikale »Umkehrung der Kantischen Stellungnahme« hinter diese zurückfällt, wodurch sie dann sehr einfach als »unvernünftig« (Bayer, ibid.; vgl.: ders., 1988, II, S.145, 184-5) abqualifiziert werden könnte. Nur in dieser bestimmten »Negati(on)« also kommt Hamann sich selbst und seinen Lesern »in seinem Anderssein zum Bewußtsein« (Simon, 1990, S.24). Allein in solcher »Negati(on)« offenbart sich - um den Preis einer vollständigen Entäußerung (vgl.: ders., 1983, S.15, A.3 (S.19-20) - seine sprachliche »Wirklichkeit« (Simon, 1990, ibid.) und Wirksamkeit.

190   Vgl.: Bayer, 1988, II, S.99.

191   Versus Bayer, 1987, I, S.28, 34 und ders., 1990, I, S.439-40.

192   Vgl.: Wohlfart, 1984, I, S.121.

193　Hart Nibbrig, ibid.; vgl.: Bayer, 1979, S.52 (Diskussion); ders., 1981, S.157; ders., 1988, II, S.43; Piske, 1989, S.219 und O' Flaherty, 1989, S.191.

194　Vgl.: Hamann, NII, S.197, Z.3 u. ders., NIII, S.27, Z.1.

195　Vgl.: Wohlfart, 1986, a.a.O., S.101, 108.

196　Vgl.: Wohlfart, 1987, I, S.81.

197　»Kongenial wiederholt Hamann« dabei laut Bayer »die Einsicht und den Kampf Luthers gegen die Schwärmer« und »Spiritualisten«, indem er nun gegenüber den Naturforschern des 18. Jahrhunderts »betont(.)«, daß sein experimenteller »Geist«, der noch »in der Freiheit Gottes« begründet ist, eben »nicht unmittelbar« aus sich selbst heraus, sondern nur »durch das leibliche«: »mündliche« oder schriftliche, »öffentliche« oder private, auf jeden Fall aber »äußere« und geäußerte »Wort« (Bayer, 1988, II, S.175) sich mitteilt. Allein als ein solcher *un*reiner Geist nämlich kann er den gleichermaßen gefährlichen »Usurpationen« eben nicht nur des vom »philosophisch(n) Genie« unterstellten, reinen »Geist(es) der Beobachtung«, sondern auch des vom »poetische(n) Genie« gefeierten, nicht minder reinen »Geist(es) der Weissagung«, der über seine »Fiktion(en)« die »Visionen abwesender Vergangenheit und Zukunft zu gegenwärtigen Darstellungen verklärt«, erfolgreich »wiederstehen« und »für das« wenn auch schwankende sprachliche »Gleichgewicht derselben (sorgen)« (Hamann, NIII, S.382, Z.30 bis S.384, Z.8; vgl.: Bayer, 1988, II, S.170-5 sowie O'Flaherty, 1989, S.125-6, 188 u. 192).

198　Vgl.: Simon, 1979, S.157-8.

199　Übersetzung des im Original griechischen Zitats laut Simon, 1967, S.263.

200　Übersetzung des im Original griechischen Zitats laut Simon, 1967, S.263.

201　Jener 'Stein' ist bekanntlich nicht nur derjenige, der durch eine 'Verwerfung' seines Architekten Kant, d.h. durch eine Lageveränderung in den oberen, tranzendentalen Schichten der Erdkruste, zum 'Eckstein' des Turm- und Logenbaus der reinen Vernunft geworden ist (Psalm 118, 22), weswegen Hamann als göttlicher Autor 'seine Hand wider (ihn) ausstreck(t)' (Jer. 51, 25-6). (Vgl. damit das an seine Leser gerichtete Bild von der 'geballten Faust' und der 'ausgestreckten Hand' (Hamann, NIII, S.289, Z.23-4).) Er ist auch derjenige 'Stein', den 'Gott' uns in 'Zion' (Jerusalem) als 'Grundstein' hinterlassen hat, eigentlich ein 'kostbarer Eckstein' also, der 'fest gegründet ist' für den, der an das 'glaubt', was 'der *Herr* spricht' (Jes. 28, 16).

202　Darauf, daß die Rede über den 'Turm-und Logenbau der reinen Vernunft' eine Anspielung auf den »Anfang der transzendentalen Methodenlehre« der *Kritik der reinen Vernunft*, insbesondere auf »K(d)rV, A707« darstellen könnte, wo Kant tatsächlich über den laut seinem ursprünglichen »Plan« bis »an den Himmel reichen(den) (Turm)« schreibt, den er aus zu geringem »Vorrat an Materialien« (Wohlfart, 1984, I, S.158, A.148) jedoch leider nicht vollenden konnte, wurde in der Forschung bereits hingewiesen. Nicht erwähnt worden ist allerdings der in diesem Zusammenhang eigentlich viel näher liegende, sich zudem auch vom kantischen Text her ergebende Bezug auf den 'Turmbau zu Babel' und die in dessen Verlauf entstandene Sprachverwirrung, die es bekanntlich unmöglich machte, 'daß' von dort an '(.)einer des anderen Sprache verst(and)' (1. Mose, 11, 7; vgl. dazu noch einmal Jer. 51, 25-6, wo der 'Untergang Babels' geweissagt wird). Darüber, warum es sich bei diesem 'Turm-' zugleich um einen 'Logenbau der reinen Vernunft' handelt, läßt sich ohne einen kritischen Kommentar nicht anders als spekulativ reden, weshalb wir diesbezüglich lieber schweigen.

203　Wie der 'Entwurf A' zur *Metakritik* aus dem Jahr 1781 erhellt, bezieht sich die Rede von den »kategorischen und idealischen Wäldern« (Hamann ibid.) genau genommen auf die »subjektive(n) Bedingungen« der Entstehung der *Kritik der reinen Vernunft*, die eben darin bestehen, daß ihr Verfasser Kant sich bei der Bildung seiner Verstandesbegriffe aus »aristotelische(n) Categorien« ebenso wie bei derjenigen seiner Vernunftbegriffe aus »platonische(n) Ideen« (Entwurf A, Z.20-2; vgl.: Bayer, 1990, I, S.438) immer schon an der philosophie-geschichtlichen Tradition, dem 'Geschlechtsregister' all seiner Kategorien und

181

Ideen (vgl.: Bayer, 1987, I, S.35-6), orientiert.- Was die Metapher des 'Waldes' angeht, so ist ein Zusammenhang zu Quintilian, *Ausbildung des Redners*, I, 6, denkbar, wo es heißt: »Wollen wir denn einräumen, daß einige Worte sogar von ihren Gegensätzen abgeleitet werden, wie z.B. lucus (Wald), weil er, durch Schatten verdunkelt, eben nicht licht ist?« (*Der neue Büchmann. Geflügelte Worte.* bearb. u. weitergef. v. E. Urban, Niedernhausen/Ts. 1994, S.416). Die zunächst spätantike »Verbreitung« dieses Satzes ist offenbar durch das an ihn angelehnte »Wortspiel: 'Lucus a non lucendo' ('Wald wird lucus genannt, weil es darin nicht licht ist.') geschehen, der so Eingang in die »*Aeneis* (des) Vergil gefunden« (*Der neue Büchmann*, ibid.) hat. Besonders interessant ist bei diesem Wortspiel der von Hamann sprachlich gestaltete Gegensatz zwischen dem klassisch-spätantiken 'Dunkel' im Wald gerade auch der kantischen *Kritik* und dem zwischen den Blättern seiner Bäume durchschimmernden '(Zwie-)Licht', das für ihn das wohl vielfach gebrochene, doch eben dadurch »wahre(.) Licht« einer christlichen »Aufklärung« (Bayer, 1981, S.90) gewesen ist.

204 Vgl.: Hamann, NIII, S.192, Z.2.

205 Vgl.: Hamann, NIV, S.271, Z.30-2.

206 Das hier angesprochene Problem besteht genauer gesagt darin, daß wir dann, wenn wir beim Schreiben auf die uns überlieferte Literaturgeschichte *rekurrieren,* zu ihr Zuflucht nehmen, anfangs wohl meinen, auf allgemein bekannte Werte zurückgehen zu können, doch mit der Zeit merken, daß diese Geschichte selbst sich vor unseren Augen beständig verwandelt. Um nun ihre vollständige Auflösung zu verhindern, bleibt uns nicht anders übrig, als *Rekurs,* also Beschwerde und Berufung, bei einer höheren, göttlichen Instanz einzulegen in der durch Hamanns Ansatz gestärkten Hoffnung, daß dadurch unser Problem einer angemessenen Literaturgeschichtsschreibung gelöst wird.

207 Vgl.: Mark. 12, 13-7.

208 Vgl.: Matth. 21, 23-27.

209 Vgl.: Joh. 16, 23.

210 Vgl.: Wohlfart, 1984, I, S.127.

211 Vgl.: Bayer, I, 1987, S.23-32.

212 Vgl.: Jørgensen, 1976, S.39-41 und Büchsel, 1988, I; S.24, 111; sowie Piske, 1989, S.280.

213 Vgl.: Büchsel, 1988, I, S.16, 196-8; dies., 1962, S.147 und Bayer, 1988, II, S.49 (versus Hoffmann, 1972, S.140, A.97).

214 Vgl.: Büchsel, 1988, I, S.283.

215 Vgl.: Bayer, 1986, II, S.290 und ders., 1988, II, S.190.

216 »Nach einer Wortbildung bei Rabelais« faßt J. Simon, ähnlich wie J. Nadler und E. Büchsel, die durch Hamann der Transzendentalphilosophie Kants nachgewiesene Neigung, Sprache zu »matagrabol(i)si(e)r(en)«, als deren Eigenart, »'schreibend Leeres auszuloten'« (Simon, 1967, S.245; vgl.: Büchsel, 1988, I, S.14; dies., 1963, S.201, A.1 (nach Hamann, NII, S.423, Z.11-5) und Bayer, 1988, I,S.307-9 sowie Piske, 1989, S.199, A.628). Und tatsächlich ist es ja so, daß Kant zumindest in den jeweiligen Vorreden seiner *Kritiken* mit dem schweren Gewicht der dortigen Formulierungen den »narrativ(en)« (vgl.: Bayer, 1992, I, S.12) Grund des sprachlichen Meeres berührt hat, auf das er sich zumindest anfangs, trotz seiner geradezu panischen Angst, stilistischen 'Schiffbruch' zu erleiden und entgegen seinem Wunsch, sicheren Boden unter den Füßen zu finden (vgl.: Kant, KdrV, A235ff. und dazu Wohlfart, 1986, S.22-3 sowie Bayer, 1990, II, S.442-5), hinauswagen mußte. Aufgrund dieser Angst nun aber und wegen dieser Neigung sollte zumindest beim späteren 'Ausloten' natürlicher Untiefen die kritische Distanz zwischen ihm selbst als Autor und jenem unendlich tiefen sprachlichen Meer stets gewahrt bleiben. Wie die meisten unfreiwilligen Seefahrer nämlich konnte Kant weder richtig schwimmen noch tauchen (vgl. dagegen Hamann, NII, S.61, Z.28 bei Simon, 1967, S.12-3 und dazu Wohlfart, 1984, I, S.120; Bayer 1987, I, S.17-8). Dies zeigt sich nicht zuletzt an der beim Lesen seiner *Kritiken* doch recht störenden Trockenheit und Dürre der größtenteils sehr abstrakten Textbeispiele.

217 »Wer es« so wie Hamann »dem Leser überläßt«, schreibt O. Bayer in diesem Zusammenhang, »'die geballte Faust in die flache Hand zu entfalten', traut ihm (durchaus) zu, selbst
spontan und stark zu sein« (Bayer, 1988, I, S.311; vgl.: Hamann, ibid.). Dem widerspricht
augenscheinlich »der Gebrauch des Adjektivs 'schwach'« (Bayer, ibid.) an dieser Stelle. Daß
trotzdem die »Rede« von den »'schwachen' Lesern nicht im (abstrakten) Widerspruch« zu
dieser grundsätzlich unterstellten Spontanität und »Stärke steht« (Bayer, ibid.), liegt daran,
daß Hamann aus eigener Erfahrung von »'schwachen Lesern' als solchen redet«, die sich
»nicht mit (den) 'Erklärungen und Lehrsätze(n)' eines vom Körperlichen gereinigten 'philosophischen Verstandes' abspeisen lassen, sondern Milch und Honig, (...), sinnliche Gleichnisse« bei der Lektüre »nötig haben, durch diese aber gerade stark werden« (Bayer, ibid.;
vgl.: Hamann, NII, S.96, Z.22 u. S.97, Z.19-21), selber zu schreiben. Die augenscheinliche
Grenze zwischen dem Autor Hamann und seinem Leser wird dadurch allerdings sehr
fließend. Es kommt zu seiner »*Metakritik* der *Kritik* Kants« denn auch ein solcher »Leser
nicht erst sekundär hinzu - als ob ihm nur der Nachvollzug des Vorgedachten« und
Vorgeschriebenen »bliebe« (Bayer, a.a.O, S.309). Dieser Leser soll vielmehr »an der
dargebotenen 'geballten Faust' lernen«, sie von sich aus »'in (s)eine flache Hand zu
entfalten'« (Bayer, a.a.O., S.310; vgl.: Hamann, ibid.).

218 In den Rahmen unserer Interpretation paßt sehr schön, was O. Bayer, der Fachmann in
theologischen Fragen der Hamann-Deutung, über die an dieser Stelle offensichtliche
Anspielung auf 2. Kor. 3, 6: 'Denn der Buchstabe tötet, aber der Geist macht lebendig.',
treffend bemerkt hat. Und zwar ist es nach seiner Auffassung so, daß durch die aus dem
»lutherischen Sakramentsverständnis« hervorgehende »Unterscheidung« und »Zuordnung
von 'Element' und 'Einsetzung(swort)'« die gleichzeitig dargebotene »paulinische Unterscheidung (...) von 'Buchstabe' und 'Geist'« durch Hamann in ganz bestimmter, sinnverändernder Weise »ausgelegt« (Bayer, 1988, I, S.312-3) wird. Die eigentliche Pointe der
damit vorgenommenen »Autorhandlung« besteht dann darin, daß »er sich mit seinem
Pauluszitat ganz gegen den Sinn des paulinischen Textes (stellt), dem es (bekanntlich) um
eine scharfe Antithese geht: Der Buchstabe, das anklagende und verdammende Gesetz, tötet«, während der »Geist«, das »freisprechende Evangelium, (...) lebendig (macht)« (Bayer,
ibid.). Der unübersehbare »Ernst« seiner spielerischen »Autorhandlung liegt im Widerspruch gegen diese Art und Weise«, in der gerade auch Kant die »paulinische Antithese«
für seine »Scheidekunst in Anspruch« nimmt: nämlich »um vom bloßen Buchstaben den
reinen Geist zu scheiden« (Bayer, ibid.). Demgegenüber beharrt Hamann darauf, daß
»'Element'« und »'Einsetzung'« ebenso wie »'Buchstabe'« und »'Geist'« im 'gewissen Wort'
»unauflöslich zusammen(gehören)« (Bayer, ibid.) und in ihm tatsächlich immer schon
vereinigt sind (vgl.: ders., 1990, II, S.450).

219 Siehe: M.F. Quintilianus, *Ausbildung des Redners*, Lat. u. dt. hrsg. u. übers. v. H. Rahn, 2,
Bde., Darmstadt 1972 u. 1975, hier: Bd.1, 2, 20, 7).

220 Siehe: B. Stolt, *Docere, delectare und movere bei Luther*, in: Dt. Vierteljahrsschrift f.
Literaturwissenschaft u. Geistesgeschichte, 44, 1970.

221 Vgl.: Hoffmann, 1972, S.186, A.63; Knudsen, 1983, S.100 (Büchsel, 1986, S.410); Bayer,
1986, I, S.183.

222 Ob und wieweit wir an diesem Punkt von Hamann weitere Unterstützung bekommen
können, ist zunächst einmal ein nicht unerhebliches philologisches Problem. Streng
genommen nämlich müssen wir selbst bei der ausgeführten *Metakritik* zwischen einer
»Langfassung« (vgl.: Hamann, NIII, S.281, Z.5 bis S.289, Z.29 bzw. Hamann, HV, S.210,
Z.17 bis S.216, Z.34, S.217, Z.1-4) aus dem »Januar 1784« und einer »Kurzfassung« (vgl.:
Hamann, NIII, S.281, Z.5 bis S.289, Z.24 bzw. HV, S.210, Z.17 bis S.216, Z.31) aus dem
»September desselben Jahres« (Bayer, 1987, I, S.21-2) unterscheiden. Wenn wir uns in
diesem Fall auf die Langfassung beziehen, so liegt dies daran, daß wir Hamann, NIII, S.289,
Z.25-7 bzw. HV, S.216, Z.32-4 + S.217, Z.1-4 wohl als Bruch, doch nicht als »Abbruch«
(Bayer, ibid.) betrachten. Anders also als O. Bayer (vgl.: Bayer, 1988, II, S.193, A.1) geht es

uns bei der Bezugnahme auf diese Textstelle darum, den nicht nur inhaltlichen, sondern auch formalen Übergang (vgl.: Hamann, NIII, S.289, Z.27-8 und dazu: Majetschak, 1987, S.283 (S.212)) von der *Metakritik* von 1784 zu *Golgatha und Schebblimini* aus dem selben Jahr hervorzuheben.

223 Vgl.: Hamann, HV, S.177, Z.18.

224 Siehe: F. Nietzsche, *Rhetorik. Darstellung der antiken Rhetorik.* Vorlesung Sommer 1874, Nietzsches Werke, Großoktavausgabe, Leipzig 1894-1913, dort: 3. Abt, Bd. XVIII, *Philologica (...)*, hrsg. v. O. Crusius, Leipzig 1912; vgl. G. Most/Th. Fries, *Die Quellen von Nietzsches Rhetorik-Vorlesung*, in: J. Kopperschmidt/ H. Schanze, Hrsg., *Nietzsche oder 'Die Sprache ist Rhetorik'*, München 1994, S.24-5.

225 Vgl.: Hamann, NIII, S.284, Z.25-26.

226 Vgl.: Bayer, 1988, II, S.140.

227 Vgl.: Simon, 1994, S.134.

228 Mit Weitsicht ist dieser Aspekt von O. Bayer erfaßt worden, der schreibt, daß »(d)ie in Hamanns *Metakritik* konzentrierte«, zweite »Revolution philosophischer Orientierungen« in der Neuzeit nunmehr aus theologischer Perspektive gegen die scheinbare »Sprachvergessenheit« der »transzendentale(n) Vernunftkritik« Kants »kämpft« und dabei vor allem auf die seinerzeit vorherrschende »philosophische Gotteslehre, die Logik, Ontologie und Hermeneutik« (Bayer, 1988, II, S.36) zielt. Die Frontstellungen, den Verlauf und den Ausgang dieser für die Nachwelt so bedeutsamen Auseinandersetzung zumindest ein Stück weit zu verdeutlichen, war die bescheidene Aufgabe des zugegeben nicht gerade neutralen Berichterstatters.

229 Beide Facetten des Begriffs 'Traktat', nämlich 'wissenschaftliche Abhandlung' und 'religiöse Flugschrift', berührt O. Bayer bei seiner Bemerkung, daß »Hamanns Autorhandlungen« eben »(k)eine dickbäuchigen Bücher«, sondern »'Fliegende Blätter'« sind, die ganz genaue »Antworten« auf ebenso exakte wissenschaftlich-philosophische Fragen geben und sich dabei oft »auf ein einziges Wort hin konzentrier(en)«, so wie hier auf das den 'springenden Punkt' der kantischen Untersuchung und den »Geist der Zeit« blind »treffende Wort« (Bayer, 1988, II, S.43) der *Metakritik*. Deutlich wird dem Leser dabei in der Tat, daß Hamanns Ausdruck »'Fliegendes Blatt'« wohl zum einen »ein zeitgenössisches Wort für 'Flugblatt'« oder »Flugschrift(..)« ist, zugleich jedoch ein »Bibelzitat« (Bayer, a.a.O., S.48 u. 53) darstellt, durch das seine gesamte Autorschaft als ein 'fliegend Blatt' und ein 'dürrer Halm' erscheint, dessen Flug 'ernsthaft' zu 'verfolgen' (vgl.: Hiob 13, 25) trotz aller dabei auftretenden Schwierigkeiten wohl der Mühe wert war.

230 Bekanntlich setzt sich mit Kant fort, was man seit »Descartes« als »explizite Reflexion des Denkens auf seine Methoden betrachten kann« (Majetschak, 1990, S.227). Der Erfolg jedoch einer derartigen »Reflexion« ist im einen wie im anderen Fall »davon abhängig«, ob eine »allgemeingültige Methode des Denkens als Methode, sich über die Wahrheit bestimmter Überzeugungen aufzuklären, überhaupt (...) begründe(t)« (Majetschak, ibid.) werden kann. »Im Lichte« nun dieses ganz erheblichen Problems »läßt sich Hamanns (...) Kantkritik« zweifellos »als eine immanente (Meta-)Kritik an dem Versuch methodischer Selbstbegründung des Denkens (...) betrachten« (Majetschak, ibid.), deren Ziel es ist, nachzuweisen, daß jene kantische »Methode« zur behaupteten »Allgemeinheit (...) nur kommen (kann)« (Majetschak, a.a.O., S.231), wenn es der »Einbildungskraft« des sie anwendenden Autors gelingt, »eine Ordnung und Bewegung« seiner »Gedanken in sinnlichen Zeichen« herzustellen, die »Allgemeinheit, z.B. als Übereinstimmung aller in einer bestimmten Auslegung« (Majetschak, a.a.O., S.234), zu suggerieren vermag. Laut Hamann nun stellt »der Stil des Sprechens und Schreibens« bei Kant eine solche »Ordnung und Bewegung« (Majetschak, ibid.) her. »Er ist die Form, in der das Denken durch sprachliche Einbildungskraft zu Formulierungen findet«, die dann durch das scheinbare »Verstanden-Werden zum Überzeugtsein führen« (Majetschak, ibid.). Insofern« aber liegt »(i)n der Ordnung und Bewegung der stilistisch-individuell formulierten Gedanken« der kantischen

Kritik nicht nur eine »absolute Grenze«, sondern zugleich »die absolute Voraussetzung« ihrer »sich allgemein währenden Methode« (Majetschak, ibid.), die wiederum zu hinterfragen sich Hamann zur Aufgabe gemacht hat. Für ihn selber nämlich war jene von Kant vorausgesetzte Grenze letztlich rein willkürlich gezogen. Die sprach-stilistische »Wahrheit« und ihre »Methode« (Majetschak, a.a.O., S.231) ließen sich nicht einfach voneinander trennen. Beide bilden deswegen in Hamanns Interpretation eine unzerstörbare Einheit.

231 Vgl.: Unger, 1911, S.111-15, 138 sowie Dockhorn, 1949 (1968), S.91; Dyck, 1977, S.114-23; und dazu: Gründer, 1956, S.62-8; Wild, 1975, S.22, 40, 174-6; ders., 1987, S.99; Bayer, 1988, II, S.145; Wohlfart, 1987, II, S.118-9; O'Flaherty, 1989, S.112-3, 195 sowie Weiß, 1990, S.14-7, 170-2.

232 Siehe: G. Ueding, *Von der Universalsprache zur Sprache als politischer Handlung*, in: ders., *Aufklärung über Rhetorik. Versuche über Beredsamkeit, ihre Theorie und praktische Bewährung*, Tübingen 1992, S.59ff., insbes. S.60, A.5; vgl. Weiß, 1990, S.16, A.7.

233 Vgl.: H. Böhme/G. Böhme, *Das Andere der Vernunft. Zur Entwicklung von Rationalitätsstrukturen am Beispiel Kants*, Frankfurt a.M. 1983; und dazu: Bayer, 1988, II, S.11, 106, 174.

234 Vgl.: Simon, 1990, S.13-29; insbes. S.25 u.28.

235 Vgl.: Wetzel, 1981, S.13ff.; Simon, 1983, S.15, A.4; ders., 1990, S.13; Majetschak, 1988, II, S.234-5; ders., 1990, S.228 u. 335.

236 Was Hegel bekanntlich »bei (...) Hamann (...)« vermißt, ist die 'Mühe', Gottes 'Offenbar(ung)' als 'die göttliche Entfaltung nachzudenken', um (so) die Trennungen, die nach Hegel der tötende Verstand der Aufklärung durchgeführt hat, begreifend zu überwinden« (Bayer, 1988, II, S.51; vgl.: Hegel, 1828, S.330-1). Nun wissen wir heute ebenfalls, daß »Hegel selbst (...) die Trennungen (...) allein im (gereinigten) Medium des Denkens überwunden (hat)«, während sie bei ihm »in der sinnlich-politischen Wirklichkeit«, »von Marx und anderen« scharf »kritisiert«, als real-sprachliche bis zuletzt »stehengeblieben (sind)« (Bayer, ibid.). »Hamann dagegen geht es«, anders als Hegel glaubte, »gerade um den Zusammenhang und die Verschränkung« von kreativem Geist und »sinnlich-politischer Existenz« im sprachlichen »Medium« eines »Denkens« (Bayer, ibid.), das sich mit kontemplativer »Selbstbesinnung« (Bayer, 1990, II, S.442) nicht zufrieden geben kann.

237 Vgl.: Bayer, 1981, S.156.

3 »Eine Rhetorik trivialer Wahrheiten«: Über die Wirksamkeit dieser Vorrede zur Metakritik der Erkenntnistheorie

238 Siehe: G.W.F. Hegel, *Phänomenologie des Geistes*, Vorrede, in: ders., Werke in zwanzig Bänden, Theorie Werkausgabe, hrsg. v. E. Moldenhauer u. K.M. Michel, Frankfurt a.M. 1970ff., dort: Bd.3.

5 Bibliographien

5.1 Erich Auerbach

5.1.1 Primärtexte

Auerbach, E., *Zur Technik der Frührenaissancenovelle in Italien und Frankreich*, Heidelberg 1921, ³1971.

-ders., *Dante als Dichter der irdischen Welt*, Leipzig 1929.

-ders., *Die Entdeckung Dantes in der Romantik*, in: Dt. Vierteljahresschrift f. Literaturwiss. und Geistesges., 7, 1929, S.682ff. wieder in: E. Auerbach. Gesammelte Aufsätze zur Romanischen Philologie, Bern 1967, S.176ff..

-ders., *Vico und Herder*, in: Dt. Vierteljahresschrift f. Literaturwiss. und Geistesges., 10, 1932, S.671ff., wieder in: E. Auerbach. Gesammelte Aufsätze zur Romanischen Philologie, Bern 1967, S.222ff..

-ders., *Romantik und Realismus*, in: Neue Jahrbücher f. Wiss. und Jugendbildung, 9, 1933, S.143ff..

-ders., *Das französische Publikum des 17. Jahrhunderts*, München ²1965.

-ders., *G. Vico und die Idee der Philologie*, Homentage a Antoni Rubio i Lluch, Barcelona 1936, S.293ff., wieder in: E. Auerbach. Gesammelte Aufsätze zur Romanischen Philologie, Bern 1967, S.233ff..

-ders., *Sprachliche Beiträge zur Erklärung der Scienza nuova von G.B. Vico*, in: Archivum romanicum, 21, 1937, S.173ff. wieder in: E. Auerbach. Gesammelte Aufsätze zur Romanischen Philologie, Bern 1967, S.251ff..

-ders., *Über die ernste Nachahmung des Alltäglichen*, in: Travaux du Seminaire de Philologie Romane I, 1937, S.262ff..

-ders., *Figura*, in: Archivum romanicum, 22, 1939, S.436ff., wieder in: E. Auerbach. Gesammelte Aufsätze zur Romanischen Philologie, Bern 1967, S.55ff..

-ders., *Sacrae scriptuae sermo humilis*, in: Neuphilologische Mitteilungen, 42, 1941, S.57ff., wieder in: E. Auerbach. Gesammelte Aufsätze zur Romanischen Philologie, Bern 1967, S.21ff..

-ders., *Figurative texts illustrating certain passages of Dante's Commedia*, in: Speculum, 21, 1946, S.474ff., wieder in: E. Auerbach. Gesammelte Aufsätze zur Romanischen Philologie, Bern 1967, S.93ff..

-ders., *Mimesis. Dargestellte Wirklichkeit in der abendländischen Literatur*, Bern 1946, ²1959.

-ders., *Vico and aesthetic historism*, in: Journal of Aesthetics and Art Criticism, 8, 1948, S.110ff., wieder in: E. Auerbach. Gesammelte Aufsätze zur Romanischen Philologie, Bern 1967, S.266ff..

-ders., *Introduction études de philologie romane*, Frankfurt a.M. 1949, (engl.: Introduction to Romance Language and Literature, New York 1961.)

-ders., *Rez.: E.R. Curtius, Europäische Literatur und lateinisches Mittelater*, Bern 1948, in: Modern Language Notes, 65, 1950, S.348ff. wieder in: E. Auerbach. Gesammelte Aufsätze zur Romanischen Philologie, Bern 1967, S.330ff..

-ders., *Vorwort*, zu: *Vier Untersuchungen zur Geschichte der französischen Bildung*, Bern 1951, S.7ff..

-ders., *Baudelaires Fleurs du Mal und das Erhabene*, in: Vier Untersuchungen zur Geschichte der französischen Bildung, Bern 1951, wieder in: E. Auerbach. Gesammelte Aufsätze zur Romanischen Philologie, Bern 1967, S.275ff..

-ders., *Philologie der Weltliteratur*, in: Weltliteratur. Festgabe f. F. Strich, Bern 1952, S.39ff., wieder in: E. Auerbach. Gesammelte Aufsätze zur Romanischen Philologie, Bern 1967, S.301ff..

-ders., *Sermo humilis I*, 1952a, in: Romanische Forschungen, 64, 1952, S.304ff..

-ders., *Typologische Motive in der mittelalterlichen Literatur*, Krefeld 1953.

-ders., *Dante's adresses to the reader*, in: Romance Philology, 7, 1953/54, S.268ff, wieder in: E. Auerbach. Gesammelte Aufsätze zur Romanischen Philologie, Bern 1967, S.145ff..

-ders., *Epilegomena zu Mimesis*, in: Romanische Forschungen, 65, 1954, S.1ff..

-ders., *Lateinische Prosa des 9. und 10. Jahrhunderts (Sermo humilis II)*, 1955, in: Romanische Forschungen, 66, 1955, S.1ff..

-ders., *Vico und der Volksgeist*, in: Wirtschaft und Kultursystem. A. Rüstow z. 70. Geb., Zürich 1955, S.40ff., wieder in: E. Auerbach. Gesammelte Aufsätze zur Romanischen Philologie, Bern 1967, S.242ff..

-ders., *Literary Public and Literary Language*, 1957, in: Wächter und Hüter, Festschrift f. H.J. Weignand, New Haven 1957, S.49ff..

-ders., *Vorwort und Einleitung: Über Absicht und Methode*, zu: ders., *Literatursprache und Publikum in der lateinischen Spätantike und im Mittelalter*, Bern 1958, S.7f. u. S.9ff..

-ders., *Vico's contribution to literary criticsm*, in: Studia philologica et litteraria in honorem L. Spitzer, Bern 1958, S.31ff., wieder in: E. Auerbach. Gesammelte Aufsätze zur Romanischen Philologie, Bern 1967, S.259ff..

-ders., (Übers.), *G.B. Vico, Die neue Wissenschaft über die gemeine Natur der Völker*, nach der Ausg. von 1744 übersetzt und eingeleitet, München 1925.

-ders., (Übers.), *B. Croce, Die Philosophie G.B. Vicos*, nach der 2. Auflage übersetzt, Tübingen 1927.

-ders., *Fünf Briefe Erich Auerbachs an W. Benjamin in Paris*, hrsg. v. K. Barck, in: Zeitschrift f. Germanistik, Leipzig, 9, 1988, S.688ff..

-ders., *Philologie der Weltliteratur. Sechs Versuche über Stil und Wirklichkeitswahrnehmung.* (Auszüge aus den Gesammelten Aufsätzen zur Romanischen Philologie, 1967), Frankfurt a.M. 1992.

5.1.2 Sekundärliteratur

Adolf, H., *Review of Mimesis*, in: Modern Language Quarterly, 10, 1949, S.249ff..

Bahti, Th., *Vico, Auerbach and literary history*, in: Philological Quarterly, 60, 1981, S.239ff.

-ders., *Auerbach's Mimesis. Figural Structure and Historical Narrative*, in: After Strange Texts. The Role of the Theory in the Study of Literature, hrsg. v. G.S. Jay und D.L. Miller, Alabama 1985, S.124ff..

-ders., *Allegorien der Geschichte: Literaturgeschichtsschreibung nach Hegel*, in: Kontroversen, alte und neue, Bd.11, S.16ff., Akten des VII Internationalen Germanisten-Kongresses, Göttingen 1985, hrsg. v. A. Schöne, Göttingen 1986.

Barck, K., *'Flucht in die Tradition'. Erfahrungshintergründe E. Auerbachs zwischen Exil und Emigration*, in: Deutsche Vierteljahresschrift f. Literaturwiss. und Geistesges., 68, 1994, 2, Sonderheft 3, S.47ff..

Bondy, F., *Inconnu en France: Erich Auerbach, Mimesis*, in: La Quinzaine littéraire, Paris, 01.06.1966, S.12.

Bourneuf, R., *Erich Auerbach, Mimesis. La représentation de la réalité dans la littérature occidentale*, in: Etudes littéraires, 2, 1969, S.381ff..

Breslin, Ch., *Philosophy or Philology. Auerbach and Aesthetic Historicism*, in: Journal of the History of Ideas, 22, 1961, S.369ff..

Breymayer, R., *Rhetorik und Folkloristik*, in: Linguistica Biblica, 7-8, 1971, S.2ff..

-ders., *Rhetorik und empirische Kulturwissenschaft*, in: H.F. Plett, Hrsg., Rhetorik. Kritische Positionen zum Stand der Forschung, München 1977, S.187ff..

Brinkmann, R., *Wirklichkeit und Illusion*, Tübingen 1947, S.68ff..

Büdel, O., *Boccaccio und Auerbach: Umrisse einer zeitgemäßen Interpretation*, in: Romanische Forschungen, 75, 1961, S.151ff..

Bultmann, L., *Ursprung und Sinn der Typologie (...)*, in: Theologische Literaturzeitung, 1950, S.205ff..

Costa Lima, L., *Historische und metahistorische Kategorien bei Erich Auerbach*, in: Stil. Diskurselemente, hrsg. v. H.U. Gumbrecht und K.L. Pfeiffer, Frankfurt a.M. 1986, S.289ff..

Curtius, E.R., *G. Gröber und die romanische Philologie*, in: Zeitschr. f. romanische Philologie, 67, 1951, S.257ff..

-ders., *Die Lehre von den drei Stilen in Altertum und Mittelalter*, in: Romanische Forschungen, 64, 1952, S.57ff..

Eberwein-Dabcovich, E., *Erich Auerbach. Rezension: Mimesis*, in: Romanistisches Jahrbuch, III, S.547ff..

Della Terza, D., *Erich Auerbach*, in: Belfagor, 18, 1963, S.306ff..

De Man, P., *Allegorie und Symbol in der europäischen Frühromantik*, in: Typologica Litterarum. Festschr. f. M. Wehrli, hrsg. v. S. Sonderegger u.a., Zürich 1969, S.403ff..

De Pietro, Th.M., *Literary Criticsm as History: the Example of Auerbach's Mimesis*, in: CLIO, 8, 3, I, 1979, S.377ff..

Dieckmann, H., *Rezension: Mimesis*, in: The Romantic Review, 39, 1948, reprinted 1966, S.331ff.

Dockhorn, K., *Rhetorik - Aufklärung - Romantik - Biedermeier*, in: Göttingische Gelehrte Anzeigen, 228, 1976, S.285ff..

Dyck, J., *Ornatus und Decorum im protestantischen Predigtstil des 17. Jahrhunderts*, in: Zeitschr. f. deutsches Altertum, 94, 1965, S.225ff..

-ders., *Ticht-Kunst. Deutsche Barockpoetik und rhetorische Tradition*, Bad Homburg 1966 (Tübingen ³1991).

-ders., *Athen und Jerusalem. Die Tradition der argumentativen Verknüpfung von Bibel und Poesie im 17. und 18. Jahrhundert*, München 1977.

Edelstein, L., *Review of Mimesis*, in: Modern Language Notes, 6, 1950, S.426ff..

Ethier-Blais, J., *Mimesis: réalisme et transcendance*, in: Etudes francaises, 6, 1, 1970, S.7ff..

Evans, A.R., *Erich Auerbach as European Critic*, in: Romance Philology, 25, 2, 1971/72, S.193ff..

Faber, R. *Sermo Humilis. Erzählung, Moral und Rhetorik Johann Peter Hebels*, in: Spiegel und Gleichnis. Festschr. f. J. Taubes, hrsg. v. W. Bolz u. W. Hübener, Würzburg 1983, S.215ff..

Fischer, L., *Gebundene Rede. Dichtung und Rhetorik in der literarischen Theorie des Barock in Deutschland*, Tübingen 1968.

Fleischmann, W.B., *Erich Auerbach's Critical Theory and Practice: An Assessment*, in: Modern Language Notes, 81, 1966, S.535ff..

Fortini, F., *Die Vollmacht - Literatur von heute und ihr sozialer Aufstieg*, Wien 1968, S.143ff..

Friedrich, H., *Rezension: K. Dockhorn, Die Rhetorik als Quelle des vorromantischen Irrationalismus (...)*, in: Romanische Forschungen, 65, 1954, S.174ff..

Gadamer, H.-G., *Wahrheit und Methode. Grundzüge einer philosophischen Hermeneutik*, 5. durchges. u. erw. Ausgabe, in: ders., Gesammelte Werke, Bd. 1, Hermeneutik I, Tübingen 1986, S.1ff..

-ders., *Rhetorik, Hermeneutik und Ideologiekritik. Metakritische Erörterungen zu 'Wahrheit und Methode'*, in: ders., Kleine Schriften I, Philosophie - Hermeneutik, Tübingen 1967, S.113ff. (wieder in: Hermeneutik und Ideologiekritik, hrsg. v. J. Habermas u.a., Frankfurt a.M. 1971, S.57ff. sowie in: ders., Gesammelte Werke, Bd.2, Hermeneutik II, Wahrheit und Methode. Ergänzungen, Register. Tübingen 1986, S.232ff.).

-ders., *Replik*, in: Hermeneutik und Ideologiekritik, hrsg. v. J. Habermas u.a., Frankfurt a.M. 1971, S.283ff. (wieder in: ders., Gesammelte Werke, Bd.2, Hermeneutik II, Wahrheit und Methode. Ergänzungen, Register. Tübingen 1986, S.251ff.).

-ders., *Rhetorik und Hermeneutik*, in: ders., Kleine Schriften IV, Variationen, Tübingen 1977, S.148ff. (wieder in: ders., Gesammelte Werke, Bd.2, Hermeneutik II, Wahrheit und Methode. Ergänzungen, Register. Tübingen 1986, S.276ff.).

-ders., *Logik oder Rhetorik? Nochmals zur Frühgeschichte der Hermeneutik*, in: ders., Kleine Schriften IV, Variationen, Tübingen 1977, S.164ff. (wieder in: ders., Gesammelte Werke, Bd.2, Hermeneutik II, Wahrheit und Methode. Ergänzungen, Register. Tübingen 1986, S.292).

Gasser, R., *Propter lamentabilem vocem hominis*, in: Freiburger Zeitschrift für Philosophie und Theologie, 17, 1970, S.3ff..

Gebauer, G. u. Wulf, Chr., *Mimesis. Kultur - Kunst - Gesellschaft*, Hamburg 1992 (insbes. S.18ff.).

Gogarten, F., *Das abendländische Geschichtsdenken. Bemerkungen zu dem Buch von Erich Auerbach "Mimesis"*, in: Zeitschr. f. Theologie und Sprache, 51, 1954, S.270ff..

Green, G., *Literary Criticsm and the Structures of History. Erich Auerbach and Leo Spitzer*, London 1982.

Gronau, K., *Literarische Form und gesellschaftliche Entwicklung*, Königstein/Ts. 1979.

Hamburger, K., *Zwei Formen literatursoziologischer Betrachtung. Zu Erich Auerbachs "Mimesis" und Georg Lukács' "Goethe und seine Zeit"*, in: Orbis literarum, 7, 1949, S.142ff..

Hart, Th.R., *Insight a Method: Erich Auerbach*, in: Literary Theory and Criticsm. Festschr. f. R. Wellek, hrsg. v. J.P. Strelka, 2 Bde., Frankfurt 1984, hier: Bd 1, S.249ff..

Hatzfeld, H.A., *Review of Mimesis*, in: Romance Philology, 2, 1948/49, S.333ff..

Hess, G., *Mimesis. Zu Erich Auerbachs Geschichte des abendländischen Realismus*, in: Romanische Forschungen, 61, 1948, S.175ff..

Holdheim, W.W., *Das Ästhetische und die Zeitlichkeit*, in: Arcadia, 6, 1971, S.237ff., (engl.) wieder in: ders., The Hermeneutic Mode. Essays on Time in Literature and Literary Theory, Cornwell University Press, London 1984, hier: S.151ff..

-ders., *The Aesthetic-Historical Paradox*, in: Comparative Literature Studies, 10, 1973, S.1ff., wieder in: ders., The Hermeneutic Mode. Essays on Time in Literature and Literary Theory, Cornwell University Press, London 1984, hier: S.161ff..

-ders., *Auerbach's Mimesis; Aesthetics and Historical Understanding*, in: CLIO, 10, 2, IV, 1981, S.143ff. wieder in: ders., The Hermeneutic Mode. Essays on Time in Literature and Literary Theory, Cornwell University Press, London 1984, hier: S.211ff..

-ders., *Introduction: The Essay as Knowledge in Progress*, zu: ders., The Hermeneutic Mode. Essays on Time in Literature and Literary Theory, Cornwell University Press, London 1984, hier: S.19ff..

-ders., *Narrativity as Knowledge*, in: ders., The Hermeneutic Mode. Essays on Time in Literature and Literary Theory, Cornwell University Press, London 1984, hier: S.226ff..

-ders., *The Hermeneutic Significance of Auerbach's Ansatz*, in: New literary history, 16, 1984-5, S.627ff..

Junker, A., *Zum Problem des Realismus in der Literatur*, in: Die Neueren Sprachen 2, 1954, S.446ff..

Kaiser, G., *Realismusforschung ohne Begriff*, in: Deutsche Vierteljahreszeitschrift, 43, 1969, S.147ff..

Knoke, U., *Erich Auerbach. Eine erkenntnis- und methodenkritische Betrachtung*, in: Zeitschrift f. Literaturwiss. und Linguistik, 5, 1975, 17, S.74ff..

Kopperschmidt, J., *Rhetorik und Theodizee. Studie zur hermeneutischen Funktionalität der Rhetorik bei Augustin*, in: Kerygma und Dogma. Zeitschr. f. theologische Forschung und kirchliche Lehre, 17, 1971, S.273ff..

Kuhn, H., *Literaturgeschichte als Geschichtsphilosophie (E. Auerbach)*, in: Philosophische Rundschau, 11, 1963, S.222ff..

-ders., *Schriften zur Ästhetik*, München 1966, S.159ff..

Landauer, K., *Mimesis and Erich Auerbach's self-mytologizing*, in: German Studies Review, 11, 1988, S.83ff..

Leibfried, E., *Kritische Wissenschaft vom Text*, Stuttgart. 1970, S.202f. und 213f..

Levin, H., *"What is Realism"*, in: ders., Contexts of Criticsm, Cambridge 1957.

-ders., *Two Romanisten in America: Spitzer and Auerbach*, in: The Intellectual Migration, Europe and America, 1930-60. hrsg. v. D. Fleming u. B. Bailyn, Cambridge 1969, S.463ff..

Lukács, G., *Die Eigenart des Ästhetischen*, in: ders., Werke, Bd.12, 2.Halbband, Darmstadt 1963, S.757f..

Lynch, W.F., *Erich Auerbach*, in: Thought, 25, New York 1951, S.44ff..

Malkiel, Y, *Necrology*, in: Romance Philology, 11, 2, 11, 1957, S.162ff..

Miles, D.H., *Reality and the two Realisms: Mimesis in Auerbach, Lukács, Handke*, in: Monatshefte für den Deutschunterricht, 71, 1979, S.371ff..

Muscatine, Ch., *Review of Mimesis*, in: Romance Philology, 9, 4, 5, 1956, S.451.

Nelson, L., *Erich Auerbach: Memories of a Scholar*, in: Yale Review. A National Quarterly, IV, 1980, S.312ff..

Nerlich, M., *Romanistik und Antikommunismus*, in: Das Argument, 60, 1972, S.276ff..

Niedermayer, F., *Deutsche Romanistik zwischen Metaphysik und Soziologie? Überlegungen anläßlich der drei Sammelbände von Auerbach, Hess und Köhler*, in: Die Neueren Sprachen, 1969, S.394ff..

Pabst, W., *Erich Auerbach*, in: Frankfurter Allgemeine Zeitung vom 19.08.1967, Literarische Beilage.

Pöggeler, O., *Dichtungstheorie und Toposforschung*, in: Jahrbuch f. Ästhetik und Allgemeine Kunstwissenschaft, 5, 1960, S.89ff., als Auszug wieder in: Toposforschung, hrsg. v. M.L. Baeumer, Darmstadt 1973, S.22ff..

-ders., *Dialektik und Topik*, in: Hermeneutik und Dialektik II, hrsg. v. R. Bubner u.a., Tübingen 1970, S.273ff., als Auszug wieder in: Toposforschung. Eine Dokumentation, hrsg. v. P. Jehn, (neuer Titel: Toposforschung und aktualisierte Topik), S.160ff..

Regenbogen, O., *Mimesis. Eine Rezension*, Uppsala 1949, wieder in: ders., Kleine Schriften, hrsg. v. F. Dirlmeier, München 1961, S.600ff..

Schalk, F., *Einleitung*, zu: ders., Hrsg., E. Auerbach. Gesammelte Aufsätze zur Romanischen Philologie, Bern 1967, S.7ff..

-ders., *Nachruf auf E. Auerbach*, in: Romanische Forschungen, 69, 1957, S.126ff..

Schettino, F., *Auerbach und die Novelle vom Frater Alberto*, in: Romanische Forschungen, 71, 1959, S.406ff..

Schulz-Buschhaus, U., *Typen des Realismus und Typen der Gattungsmischung. Eine Postille zu E. Auerbachs Mimesis*, in: Sprachkunst. Beiträge zur Literaturwissenschaft, XX, 1989, S.51ff..

Spitzer, L., *The Adress of the Reader in the Commedia*, in: Romanische Literaturstudien, 1936-56, Tübingen 1959, S.574ff..

-ders., *Linguistics and Literary History*, New Haven 1967, S.85ff..

Stern, J.P., *Vom Nutzen und Nachteil der Wittgensteinschen Philosophie für das Studium der Literatur*, in: Deutsche Vierteljahresschrift f. Literaturwissenschaft und Geistesgeschichte, 50, 1976, S.557ff..

-ders., *Über literarischen Realismus*, München 1983, insbes. S.37ff, 80, 191, 193.

-ders., *In praise of Erich Auerbach's Mimesis*, in: London German Studies, 3, 1986, S.194ff..

-ders., *The rise and fall of random persons: on Auerbach's Mimesis and Sprengler's Decline of the West.*, in: London German Studies, 4, 1992, S.183ff..

Stolt, B. *Docere, delectare und movere bei Luther. (...)*, in: Deutsche Vierteljahresschrift für Literaturwissenschaft und Geistesgeschichte, 44, 1970, S.433ff..

Trapp, J.B., *Auerbach (Review: Literary Language and its Public in Late Latin Antiquity and the Middle Ages)*, in: Encounter, 26, 4, 1966, S.79ff..

Ueding, G./Steinbrink, B., *Grundriß der Rhetorik. Geschichte - Technik - Methode*, Stuttgart 1986, S.161-3.

Veit, W., *Toposforschung. Ein Forschungsbericht*, in: Deutsche Vierteljahresschrift für Literaturwissenschaft und Geistesgeschichte, 37, 1963, S.120ff., wieder in: Toposforschung, hrsg. v. M.L. Baeumer, Darmstadt 1973, S.136ff..

Wellek, R., *Auerbach's Special Realism*, in: Kenyon Review, 16, 12, 1954, S.299ff..

-ders., *Erich Auerbach (1892-1957)*, in: Comparative Literature, X, 1, 1958, S.93ff..

-ders., *Auerbach and Vico*, in: Lettre italiane, 30, 1978, S.457ff..

Westra, H.J., *Auerbach and the Critics*, in: Festschrift f. Paul Klopsch, hrsg. v. U. Kindermann, Göppingen 1988.

Zumthor, P., *Auerbach ou l' éloge de la philologie*, in: Littérature, II, 5, Febr.1972, S.107ff..

5.2 Immanuel Kant und Johann Georg Hamann

5.2.1 Primärtexte

5.2.1.1 Immanuel Kant

Gesamtausgaben

(Zitiert unter Angabe des Verfassers mit dem entsprechenden Textsigel sowie der jeweiligen Seitenzahl der Ausgabe A und B.)

Kant, I., *Theorie-Werkausgabe*. Werke in zwölf Bänden, hrsg. v. W. Weischedel, Frankfurt a.M. 1968ff., darin insbes.: Bd. III u. IV, *Kritik der reinen Vernunft 1 u. 2*, (zit. KdrV); Bd. VII, *Kritik der praktischen Vernunft.*, (zit. KdpV); Bd. X, *Kritik der Urteilskraft* , (zit. KdU).

Kommentare

Baumgartner, H.M., *Kants "Kritik der reinen Vernunft". Anleitung zur Lektüre*, München 1985.

Beck, L.W., *Kants "Kritik der praktischen Vernunft". Ein Kommentar*, ins Dt. übers. v. K.-H. Ilting, leicht veränd. Ausgabe d. University of Chicago Press Ausgabe 1960, München 1974.

Teichert, D., I. Kant: *"Kritik der Urteilskraft". Ein einführender Kommentar*, Paderborn 1992.

5.2.1.2 Johann Georg Hamann

Gesamtausgaben (mit Kommentar)

(Zitiert unter Angabe des Verfassers mit dem entsprechenden Textsigel sowie Band-, Seiten- und Zeilenzahl.)

Hamann, J.G. *Hamann's, des Magus im Norden, Leben und Schriften*, hrsg. v. C.H. Gildemeister, 6 Bde, Gotha 1857-73, (zit. GI-VI).

-ders., *Sämtliche Werke*, His-krit. Ausgabe, hrsg. v. J. Nadler, 6 Bde., Wien 1949-57, (zit. NI-VI).

-ders., *J.G. Hamanns Hauptschriften erklärt*, Bd. I-II hrsg. v. F. Blanke u. L. Schreiner; Bd. IV-VII hrsg. v. F. Blanke u. K. Gründer, Gütersloh 1956-1963, (zit. HHI-VII).

-ders., *Briefwechsel*, Bd. I-III, hrsg. v. W. Ziesemer u. A. Henkel, Wiesbaden 1955-57; Bd. IV-VII, hrsg. v. A. Henkel, IV, Wiesbaden 1959, V-VII, Frankfurt a.M. 1965-79, noch zu erwarten: Bd. VIII (Registerband), (zit. ZHI-III bzw. HIV-VII).

Einzelausgaben (mit Kommentar)

Bayer, O. u. Weissenborn, B., Hrsg., *J.G. Hamann. Londoner Schriften*, Historisch-kritische Neuedition, München 1993.
Gutfleisch, W., Hrsg., J.G. *Hamanns Aesthetica in nuce.* Dokumentation und Kommentar, München 1964.
Jørgensen, S.A., Hrsg., *Sokratische Denkwürdigkeiten und Aesthetica in nuce*, Stuttgart 1968.
Lumpp, H.-M., *Philologica crucis. Zu J.G. Hamanns Auffassung von der Dichtkunst.* Mit einem Kommentar zur Aesthetica in nuce. Tübingen 1970.

Auswahlausgaben (mit Kommentar)

Hamann, J.G., *Schriften zur Sprache*, hrsg. v. J. Simon, Frankfurt a.M. 1967.
-ders., *Entkleidung und Verklärung.* Eine Auswahl aus seinen Schriften, hrsg. v. M. Seils, Wuppertal [2]1987.
-ders., *Vom Magus im Norden und der Verwegenheit des Geistes*, Hamann-Brevier, hrsg. mit einem Nachwort v. S. Majetschak, München 1988.
-ders., *Ausgewählte Schriften*, hrsg. v. H. Eichner, Berlin 1994.

5.2.2 Sekundärliteratur zu Kant und Hamann

Alexander, W.M., *Metacritic of Kant*, in: Journal of the History of Ideas, vol. 27, 1965, S.137ff..
-ders., *J.G. Hamann. Philosophy and faith*, Den Haag 1966.
-ders., *Gnosticism and Hamann's Interpretations of Human Sexuality*, in: B. Gajek, Hrsg., J.G. Hamann, Acta des (ersten) Internationalen Hamann-Colloquiums in Lüneburg 1976, Frankfurt a.M. 1979, S.85ff..
Apel, Fr., *Sprachordnung und Weltordnung im Zusammenhang von Sprachursprungstheorien und Übersetzungskonzeptionen seit Hamann und Herder*, in: Theorien vom Ursprung, hrsg. v. J. Gessinger u. W.v. Rahden, Berlin 1988, Bd.II, S.30ff..
Apel, K.-O., *Das Verstehen. (Eine Problemgeschichte als Begriffsgeschichte)*, in: Archiv f. Begriffsgeschichte, Bd.1, 1955 (I), S.142ff..
-ders., *Die Idee der Sprache bei Nicolaus von Cues*, in: Archiv f. Begriffsgeschichte, Bd.1, 1955 (II), S.200ff..
-ders., *Die beiden Phasen der Phänomenologie in ihrer Auswirkung auf das philosophische Vorverständnis von Sprache und Dichtung in der Gegenwart*, in: Jahrbuch f. Aesthetik u. allgemeine Kunstwissenschaft, III, 1955-57, S.54ff.; auch in: ders., Transformation der Philosophie, 2 Bde., Frankfurt a.M. 1973, hier: Bd.1, S.79ff..
-ders., *Der philosophische Wahrheitsbegriff einer inhaltlich orientierten Sprachwissenschaft*, in: H. Gipper, Hrsg., Sprache- Schlüssel zur Welt, Festschr. f. L. Weisgerber, Düsseldorf 1959 (I), S.11ff.; auch in: ders., Transformation der Philosophie, 2 Bde., Frankfurt a.M. 1973, hier: Bd.1, S.106ff..
-ders., *Sprache und Wahrheit in der gegenwärtigen Situation der Philosophie*, in: Philosophische Rundschau, 7, 1959 (II), S.161ff.; auch in: ders., Transformation der Philosophie, 2 Bde., Frankfurt a.M. 1973, hier: Bd.1, S.138ff..
-ders., *Sprache und Ordnung*, in: Akten des 6. Dt. Kongresses f. Philosophie, München 1960, S.200ff.; auch in: ders., Transformation der Philosophie, 2 Bde., Frankfurt a.M. 1973, hier: Bd.1, S.167ff..

-ders., *Die Idee der Sprache in der Tradition des Humanismus von Dante bis Vico*, Bonn 1963, ³1980.

-ders., *Die Entfaltung der "sprachanalytischen" Philosophie und das Problem der "Geisteswissenschaften"*, in: Philosophisches Jahrbuch, 72, 1965, S.239ff.; auch in: ders., Transformation der Philosophie, 2 Bde., Frankfurt a.M. 1973, hier: Bd.2, S.28ff..

-ders., *Szientismus oder transzendentale Hermeneutik? Zur Frage nach dem Subjekt der Zeicheninterpretation in der Semiotik des Pragmatismus*, in: R. Bubner u.a., Hrsg., Hermeneutik und Dialektik, Festschr. f. H.-G. Gadamer, Bd.1, Tübingen 1970 (I), S.105ff.; auch in: ders., Transformation der Philosophie, 2 Bde., Frankfurt a.M. 1973, hier: Bd.2, S.178ff..

-ders., *Sprache als Thema und Medium der tranzendentalen Reflexion*, in: Man and World, 3, 4, 1970 (II), S.323ff.; auch in: ders., Transformation der Philosophie, 2 Bde., Frankfurt a.M. 1973, hier: Bd.2, S.311ff..

-ders., *Artikel: Hermeneutik*, in: Chr. Wulf, Hrsg., Wörterbuch der Erziehung, München 1974 (I), S.277ff..

-ders., *Einführende Bemerkungen zur Idee einer "tranzendentalen Sprachpragmatik"*, in: C.H. Heidrich, Hrsg., Semantics and Communication, Amsterdam 1974 (II), S.81ff..

-ders., *The Transcendental Conception of Language-Communication and the Idea of a First Philosophie*, in: History of Linguistic Thought and Contemporary Linguistics, hrsg. v. H. Parret, Berlin 1976, S32ff..

Baeumer, M.L., *Vorstudien zu Hamanns Auffassung von der Sprache*, in: The Hamann News Letter, vol. III, 1963, S.8.

-ders., *J.G. Hamanns Mythologisierung von Sinnen und Leidenschaften*, in: Monatshefte 67, 1975, S.371ff..

-ders., *Hamanns Verwendungstechnik von Centonen und Conzetti aus der antiken, jüdischen und christlichen Literatur*, in: B. Gajek, Hrsg., J.G. Hamann, Acta des (ersten) Internationalen Hamann-Colloquiums in Lüneburg 1976, Frankfurt a.M. 1979, S.117ff..

-ders., *Hamann metaphorisch beim Wort nehmen. Die Titelvignette zu Hamanns »Essay á la Mosaique«*, in: J.G. Hamann und Frankreich.. Acta des dritten Internationalen Hamann-Kolloquiums im Herder-Institut zu Marburg/Lahn 1982, hrsg.v. B. Gajek, Marburg 1987, S.33ff..

Balthasar, H.U.v., *Hamanns theologische Ästhetik*, in: Phil. Jahrbuch der Görres-Gesell., 68, 1960, S.36ff..

Barner, W., *Barockrhetorik. Untersuchungen zu ihren geschichtlichen Grundlagen*, Tübingen 1970, S.375.

Baudler, G., *Im Worte sehen. Das Sprachdenken J. G. Hamanns*, Bonn 1970.

Baur, W.-D., *An das Publikum. Moden, Meinungen, Neuigkeiten*, in: O. Bayer u.a., Hrsg., J.G. Hamann. Insel-Almanach auf das Jahr 1988, Frankfurt a.M. 1987, S.19ff..

-ders., *Rez.: E. Büchsel, Biblisches Zeugnis und Sprachgestalt bei J.G. Hamann. (...)*, Gießen 1988, in: Theologische Beiträge, 19, 1988, 5, S.276ff..

-ders., *J.G. Hamann als Religionspublizist*, in: Zeitschrift für systematische Theologie und Religionsphilosophie, 31, 1989, S.141ff..

-ders., *J.G. Hamann als Publizist. Zum Verhältnis von Verkündigung und Öffentlichkeit*, Berlin 1991.

Bayer, O., *Gegen System und Struktur: Die theologische Aktualität J.G. Hamanns*, in: B. Gajek, Hrsg., J.G. Hamann, Acta des ersten Internationalen Hamann-Colloquiums in Lüneburg 1976, Frankfurt a.M. 1979, S.40ff..

-ders., *Wer bin ich? Gott als Autor meiner Lebensgeschichte*, in: Theologische Beiträge, 11, 1980, S.245ff..

-ders., *Umstrittene Freiheit. Theologisch-philosophische Kontroversen*, Tübingen 1981.

-ders., *J.G. Hamann*, in: Die Aufklärung, hrsg. v. M. Greschat, Stuttgart. 1983, S.347ff..

-ders., *Sokratische Katechetik? Der Streit um den kleinen Katechismus in der Aufklärung dargestellt an der Rezeption durch J.G. Hamann*, in: Pastorale Theologie 73, 1984, S.394ff..

-ders., *Hamann, J.G., (1730-88)*, in: Theologische Realenzyklopädie, hrsg. v. G. Müller, Bd. XIV, 3/4, 1985.

-ders., *Vernunftautorität und Bibelkritik in der Kontroverse zwischen J.G. Hamann und I. Kant*, in: Neue Zeitschr. f. Theologie 2, 1986 (I), S.179ff..

-ders., *Vernunft ist Sprache*, in: Kerygina und Dogma, 4, 1986 (II), S.278ff..

-ders., *Schöpfung als Anrede. Zu einer Hermeneutik der Schöpfung*, Tübingen 1986 (III).

-ders., *Die Geschichten der Vernunft sind die Kritik ihrer Reinheit*, in: B. Gajek, Hrsg., Hamann - Kant - Herder. Acta des vierten Internationalen Hamann-Kolloquiums im Herder-Institut zu Marburg/Lahn 1985, Frankfurt a.M. 1987 (I), S.9ff..

-ders., *Einführung*, in: ders. u.a., Hrsg., *J.G. Hamann. Insel-Almanach auf das Jahr 1988*, Frankfurt a.M. 1987 (II), S.7ff..

-ders., *Metakritik in nuce. Hamanns Antwort auf Kants 'Kritik der reinen Vernunft'*, in: Zeitschr. f. systematische Theologie u. Religionsphilosophie, 30, 1988 (I), S.305ff..

-ders., *Zeitgenosse im Widerspruch. J.G. Hamann als radikaler Aufklärer*, München 1988 (II).

-ders., *Wahrheit oder Methode? Hamann und die neuzeitliche Wissenschaft*, in: B. Gajek, A. Meier, J.G. Hamann und die Krise der Aufklärung, Acta des fünften Internationalen Hamann-Koll. 1988, Frankfurt a.M. 1990 (I), S.161ff..

-ders., *Hamanns Metakritik im ersten Entwurf*, in: Kant-Studien, 81, 1990 (II), S.435ff..

-ders., *»Eyfer zum Buchstaben«. Texttheorie und Selbstbewußtsein (...)*, in: Rhetorik zwischen den Wissenschaften. Geschichte, System, Praxis als Probleme (...), hrsg. v. G. Ueding, Tübingen 1991, S.223ff..

-ders., *Kants Geschichte der reinen Vernunft in einer Parodie. Hamanns Metakritik im zweiten Entwurf*, in: Kant-Studien, 83, 1992 (I), S.1ff..

-ders., *Raum und Zeit. Hamanns Metakritik der transzendentalen Ästhetik Kants*, in: Tragende Tradition. Festschr. f. M. Seils zum 65. Geb., hrsg. v. A. Freund u.a., Frankfurt a.M. 1992 (II), S.25ff..

Behre, M., *Dionysos oder die Begierde. Deutung der "Weisheit der Alten" bei Bacon, Hamann und Hölderlin*, in: Hölderlin-Jahrbuch, 27, 1990-91, S.77ff..

Bezzola, T., *Die Rhetorik bei Kant, Fichte und Hegel. Ein Beitrag zur Philosophiegeschichte der Rhetorik*, Tübingen 1993.

Blackall, E.A., *The Language of Sturm and Drang*, in: Stil- und Formprobleme in der Literatur, hrsg. v. P. Böckmann, Heidelberg 1959, S.272ff..

Blanke, F., *Hamann-Studien*. Zürich 1956, insbes. S.11ff., 83ff.; 99ff..

Böhm, M., *Hamann und die Folgen*, in: Philosophie und Kunst, 1987, S.66ff..

Böhme, H., *Natur und Subjekt*, Frankfurt a.M. 1988.

Böhme, H./Böhme, G., *Das Andere der Vernunft. Zur Entwicklung von Rationalitätsstrukturen am Beispiel Kants*, Frankfurt a.M. 1983 (1985).

Bowmann, D., *Hamann als christlicher Autobiograph*, in: B. Gajek, Hrsg., J.G. Hamann, Acta des ersten Internationalen Hamann-Kolloquiums in Lüneburg 1976, Frankfurt a.M. 1979, S.78ff..

Brändle, J., *Das Problem der Innerlichkeit, Hamann, Herder und Goethe*, Bern 1950.

Bräutigam, B., *Reflexionen des Schönen, schöne Reflexionen: Überlegungen zur Prosa ästhetischer Theorie: Hamann, Nietzsche, Adorno*, Bonn 1975, S.22ff..

Büchsel, E., *Aufklärung und christliche Freiheit, J.G. Hamann contra Kant*, in: Neue Zeitschr. f. systematische Theologie, 4, 1962, S.133ff..

-dies., *Uninteressiert an theologischer Richtigkeit an sich. Hamannliteratur 1945-1963*, in: Dt. Pfarrerblatt, 1964, S.54ff..

-dies., *Jenseits von Orthodoxie und Aufklärung. Aus J.G. Hamanns Kontroverse mit den Berliner Aufklärern*, in: Deutsches Pfarrerblatt 4, 1966, S.95ff..

-dies., *Geschärfte Aufmerksamkeit, Hamannliteratur seit 1972*, in: Deutsche Vierteljahresschrift f. Literaturwiss. u. Geistesges., 60, 1986, S.375ff..

-dies., *Über den göttlichen und menschlichen Ursprung der Sprache*, in: O. Bayer u.a., Hrsg., J.G. Hamann. Insel-Almanach auf das Jahr 1988, Frankfurt a.M. 1987 (I), S.61ff..

194

-dies., *Verstehen - Andersverstehen - Nichtverstehen. Kant, Hamann und Herder*, in: Theologische Beiträge, 18, 1987 (II), 6, S.316ff..

-dies, *Biblisches Zeugnis und Sprachgestalt bei J.G. Hamann. Untersuchungen zur Struktur von Hamanns Schriften auf dem Hintergrund der Bibel*, Gießen 1988 (I), (masch. Göttingen 1953).

-dies, *Paulinische Denkfiguren in Hamanns Aufklärungskritik. Hermeneutische Beobachtungen zu exemplarischen Texten und Problemstellungen*, in: Zeitschr. f. systematische Theologie u. Religionsphilosophie, 30, 1988 (II), S.269ff..

-dies., *Rez.: H. Lindner, Aufbruch zu biblischem Denken in der Zeit der Aufklärung*, Gießen 1988, in-: Theologische Beiträge, 19, 1988 (III), 5, S.278ff..

Campe, R., *Affekt und Ausdruck. Zur Umwandlung der literarischen Rede im 17. und 18. Jahrhundert*, Tübingen 1990.

Dockhorn, K., *Die Rhetorik als Quelle des vorromantischen Irrationalismus in der Literatur und Geistesgeschichte*, 1949, wieder in: ders., Macht und Wirkung der Rhetorik, hrsg. v. J. Dyck u. G. List, Bad Homburg 1968, S.46ff., (S.91-2).

-ders., *Rez.: H. Lausberg, Handbuch der lit. Rhetorik*, in: Göttingische Gelehrte Anzeigen, 214, 1962, S.177ff., (S.179-80).

-ders., *Rez.: H.-G. Gadamer, Wahrheit und Methode*, in: Göttingische Gelehrte Anzeigen, 218, 1966, S.169ff., (S.206).

-ders., *Zusammenfassende Bermerkungen*, in: ders., Macht und Wirkung der Rhetorik, hrsg. v. J. Dyck u. G. List, Bad Homburg 1968, S.125ff..

-ders., *Rhetorica movet. Protestantischer Humanismus und karolingische Renaissance*, in: Rhetorik. Beiträge zu ihrer Geschichte in Deutschland vom 16.-20. Jht., hrsg. v. H. Schanze, Frankfurt a.M. 1974, S.17ff., (S.24-5).

Dunning, S.N., *The Tongues of men: Hegel and Hamann on religious language and history*, AAR Dissertations, Series 27, 1979.

-ders., *Kierkegaard's "Hegelian" response to Hamann*, in: Zeitschr. f. systematische Theologie u. Religionsphilosophie, 30, 1988, S.315ff..

Dyck, J., *Athen und Jerusalem. Die Tradition der argumentativen Verknüpfung von Bibel und Poesie im 17. und 18. Jahrhundert*, München 1977.

Echternach, H., *Die Leibhaftigkeit des Geistes. Die Bedeutung J. G. Hamanns für die Gegenwart*, in: Zeitwende. Die neue Furche, Jg.30, 1959, S.92ff..

Fauser, M., *"Rede, daß ich dich sehe". C.G. Jochmann und die Rhetorik im Vormärz*, Hildesheim 1986, (S.110ff.).

Fechner, J.-U., *Philologische Einfälle und Zweifel zu Hamanns Londoner Aufenthalt: Die 'Senelaffäre' und die 'Generalbeichte'*, in: B. Gajek, Hrsg., J.G. Hamann, Acta des ersten Internationalen Hamann-Kolloquiums in Lüneburg 1976, Frankfurt a.M. 1979, S.1ff..

-ders., *J.G. Hamann. »Leser und Kunstrichter«*, in: J.G. Hamann. Acta des zweiten Internationalen Hamann-Kolloquiums im Herder-Institut zu Marburg/Lahn 1980, hrsg. v. B. Gajek, Marburg 1983, S.99ff..

-ders., *Mien Man Hoam. Philologischer Steckbrief zu einem Pseudonym oder die Lust des Autors an der Maske*, in: O. Bayer u.a., Hrsg., J.G. Hamann. Insel-Almanach auf das Jahr 1988, Frankfurt a.M. 1987, S.149ff..

Fink-Langlois, A., *Skeptischer Fürstenspiegel*, in: O. Bayer u.a., Hrsg., J.G. Hamann. Insel-Almanach auf das Jahr 1988, Frankfurt a.M. 1987, S.138ff..

Gadamer, H.-G., *Wahrheit und Methode. Grundzüge einer philosophischen Hermeneutik*, Tübingen 1960 (^{5}1986).

Gaier, U., *Gegenaufklärung im Zeichen des Logos. Hamann und Herder*, in: Aufklärung und Gegenaufklärung in der europäischen Literatur, Philosophie, (...), hrsg. v. J. Schmidt, Frankfurt a.M. 1981.

Gajek, B., *Sprache beim jungen Hamann*, München 1959.

-ders., *J.G. Hamann*, in: Dt. Dichter des 18. Jahrhunderts. Ihr Leben und Werk, hrsg. v. B. v. Wiese, Berlin 1977, S.276ff..

-ders., *Zwei unbekannte Briefe Hamanns*, in: Philosophisches Jahrbuch d. freien dt. Hochstuhls, 1986, S.34ff..

-ders., *Unwissenheit-Selbsterkenntnis-Genie. Hamanns Sokratesdeutung*, in: O. Bayer u.a., Hrsg., J.G. Hamann. Insel-Almanach auf das Jahr 1988, Frankfurt a.M. 1987, S.31ff..

-ders., *J.G. Hamann. Leben und Werk*, in: Acta Borussia. Zentralarchiv f. altpreußische (...), 3, 1989, S.65ff..

-ders., Hrsg., *J.G. Hamann*. Acta des (ersten) Int. Hamann-Colloquiums in Lüneburg 1976, Frankfurt a.M. 1979.

-ders., Hrsg. *J.G. Hamann*. Acta des zweiten Int. Hamann-Colloquiums im Herder-Inst. zu Marburg/Lahn 1980, Marburg 1983.

-ders., Hrsg., *J.G. Hamann und Frankreich*. Acta des dritten Int. Hamann-Colloquiums im Herder-Inst. zu Marburg/Lahn 1982, Marburg 1987.

-ders., Hrsg., *Hamann - Kant - Herder*. Acta des vierten Int. Hamann-Kolloquiums (...) 1985, Frankfurt a.M. 1987.

-ders., u. Meier, A., Hrsg., *J.G. Hamann und die Krise der Aufklärung*, Acta des fünften Internationalen Hamann-Kolloquiums in Münster i.W. 1988, Frankfurt a.M. 1990.

-ders. u.a., Hrsg., *Autor und Autorschaft*. Acta des sechsten Internationalen Hamann-Kolloquiums in Marburg an der Lahn 1992, Frankfurt a.M. 1993.

Gasser, R., *Propter lamentabilem vocem hominis. Zur Theorie der Volkssprache in althochdeutscher Zeit*, in: Freiburger Zeitschr. f. Philosophie und Theologie, 17, 1970, S.3ff..

Geier, M., *Die Schrift und die Tradition. Studien zur Intertextualität*, München 1985.

German, T.J., *Hamann on Language and Religion*, London 1981.

Gießer, H., *»Communicatio« und ihre Strukturen bei J.G. Hamann. Eine theologisch-systematische Untersuchung*, Heidelberg 1964.

-ders., *Schreibart und Sprache bei J.G. Hamann*, in: Kerygma und Dogma, 13, 1967, S.297ff..

Gipper, H., *Das Sprachapriori. Sprache als Voraussetzung menschlichen Denkens und Erkennens*, Stuttgart. 1987.

Goetschel, W., *Kant als Schriftsteller*, Wien 1990.

Graubner, H, *Über Hamann und Herder*, in: Bückeburger Gespräche 1988, Rinteln 1989, S.98ff..

Gründer, K., *Geschichte der Deutungen*, in: J.G. Hamanns Hauptschriften erklärt, hrsg. v. F. Blanke u. L. Schreiner, Gütersloh 1956, Bd. I, S.9ff..

-ders., *Hamann in seinen Briefen (an Herder). Zu den ersten beiden Bänden der kritischen Gesamtausgabe*, in: Wirkendes Wort, Jg.7, 1957, H.3, S.147ff..

-ders., *Figur und Geschichte. J.G. Hamanns »Biblische Betrachtungen« als Ansatz zu einer Geschichtsphilosophie*, München 1958.

-ders., *Nachspiel zu Hegels Hamann-Rezension*, in: Hegel-Studien, I, 1961, S.89ff..

-ders., *Hermeneutik und Wissenschaftstheorie*, in: Philosophisches Jahrbuch, 75, 1967 (I), S.152ff..

-ders., *Hamann und seine Wirkungsgeschichte*, in: Westfälische Zeitung, Bd. 117, 1967 (II), S.78ff..

-ders., *J.G. Hamann*, in: Neue Deutsche Biographie, hrsg. v. d. Historischen Kommision d. Bayerischen Akad. d. Wiss., Bd.7, Berlin. 1968, S.573ff..

-ders., *Reflexionen der Kontinuitäten. Zum Geschichtsdenken der letzten Jahrzehnte*, Göttingen 1982.

-ders., *Hamann und Mendelssohn*, in: ders. u. K.H. Rengsdorf, Hrsg., Religionskritik u. Religiosität in der deutschen Aufklärung, Heidelberg 1989, S.113ff..

Habermas, J., *Exkurs zur Einebnung des Gattungsunterschiedes zwischen Philosophie und Literatur*, in: ders., Der philosophische Diskurs der Moderne, Zwölf Vorlesungen, Frankfurt a.M. 1985.

Hammacher, K., *Der persönliche Gott im Dialog? J.G. Hamanns Auseinandersetzung mit F.H. Jacobis Spinozabriefen*, in: B. Gajek, Hrsg., J.G. Hamann, Acta des ersten Internationalen Hamann-Kolloquiums in Lüneburg 1976, Frankfurt a.M. 1979, S194ff..

-ders., *Shandyismus. Hamanns kritisches Verhör von Jacobis Spinozabüchlein*, in: O. Bayer u.a., Hrsg., J.G. Hamann. Insel-Almanach auf das Jahr 1988, Frankfurt a.M. 1987, S.121ff..

Haubl, R., *J.G. Hamanns Stellungnahme zum Sprachursprungsproblem. Eine offenbarungstheologische Korrektur des Fortschrittsglaubens*, in: Studi Germanici, 21/22, 1983/84, S.31ff..

Hegel, G.W.F., *Hamanns Schriften*, 1828, in: ders., Werke in 20 Bden., hrsg. v. K.M. Michel u. E. Moldenhauer, Frankfurt a.M. 1970, hier: Bd. 11, Berliner Schriften 1818-1831, S.275ff..

Hein, H., *Hamann und Wittgenstein: Aufklärungskritik als Reflexion über Sprache*, in: R. Wild, Hrsg., J.G. Hamann, Darmstadt 1978, S.21ff., auch in: J.G. Hamann. Acta des zweiten Internationalen Hamann-Kolloquiums im Herder-Institut zu Marburg/Lahn 1980, hrsg. v. B. Gajek, Marburg 1983, S.21ff..

Heintel, E., *Gegenstandskonstitution und sprachliches Weltbild*, in: Sprache - Schlüssel zur Welt. Festschr. f. L. Weisgerber, Düsseldorf 1959, S.55ff..

-ders., *I. Kant und J.G. Hamann als Briefpartner*, in: Antaios, V, 1963, S.469ff..

-ders., *Kant und die dialektische Methode*, in: Zeitschr. f. philosophische Forschung, IX, 2, 1955, S.170ff..

Hempelmann, H., *Gott - ein Schriftsteller. J. G. Hamann über die Ent-Äußerung Gottes ins Wort der heiligen Schrift und ihre hermeneutischen Konsequenzen*, Wuppertal 1988.

Henkel, A., *In telonio sedens. J.G. Hamann in den Jahren 1778-1782*. in: Insel-Almanach 1959, S.136ff..

-ders., *Wandrers Sturmlied. Versuch das dunkle Gedicht zu verstehen*, in: Die Gegenwart der Griechen im neueren Denken. Festschrift f. H.-G. Gadamer, Tübingen 1960, S.59ff..

-ders., *Goethe und Hamann. Ergänzende Bemerkungen zu einem denkwürdigen Geistergespräch*, in-: Euphorion 77, 1983, S.453ff..

-ders., *Deutlichkeit. Marginalie zu einem Hamann-Zitat Goethes*, in: Literaturgeschichte als Profession. Festschr. f. D. Jöns, hrsg. v. H. Laufhütte u.a., Tübingen 1993, S.203ff..

-ders., *Briefstrategien. Hamann und Mendelssohn*, in: Zwischen den Wissenschaften. Beiträge zur dt. Literaturgeschichte. B. Gajek zum 65. Geb., hrsg. v. G. Hahn u.a., Regensburg 1994, S.236ff..

Herde, *J.G. Hamann. Zur Theologie der Sprache*, Bonn 1971.

Hillner, G. *J.G. Hamann und das Christentum*, Bd. 2: *Hamann und Kant*, Riga 1924.

Homann, U., *Ohne Sprache keine Vernunft*, in: Der Literat, 30, 1988, S.161ff..

Hoffmann, V., *J.G. Hamanns Philologie. Hamanns Philologie zwischen enzyklopädischer Mikrologie und Hermeneutik*, Stuttgart. 1972.

-ders., *Hamann als Leser von A. Bernds 'Eigener Lebensbeschreibung' (1738)*, in: B. Gajek, Hrsg., J.G. Hamann, Acta des ersten Internationalen Hamann-Kolloquiums in Lüneburg 1976, Frankfurt a.M. 1979, S.289ff..

-ders., *Die Entstehung von Hamanns Schrift »Essay á la Mosaique«: Daten und Fakten* in: J.G. Hamann und Frankreich. Acta des dritten Internationalen Hamann-Kolloquiums im Herder-Institut zu Marburg/Lahn 1982, hrsg.v. B. Gajek, Marburg 1987, S.25ff..

Ijsseling, S., *Kant und die Aufklärung*, in: ders., Rhetorik und Philosophie. Eine historisch-systematische Einführung, (dt.) Stuttgart. 1988, S.123ff..

Jørgensen, S.A., *Hamann, Bacon and Tradition*, in: Orbis Literarum, 16, 1961, S.48ff..

-ders., *Zu Hamanns Stil*, in: Germanisch-Romanische Monatsschrift, N.F. XVI, 4, 1966, S.374ff..

-ders., *Nachwort*, in: ders. Hrsg., *J.G. Hamann. Sokratische Denkwürdigkeiten. Aesthetica in nuce*, Stuttgart. 1968, S.163ff..

-ders., *J.G. Hamann*, Stuttgart. 1976.

-ders., *Hamanns hermeneutische Grundsätze*, in: Aufklärung und Humanismus, hrsg. v. R. Toellner, Wolfenbüttel 1980, S.219ff..

-ders., *J.G. Hamann, »Schriftsteller und Kunstrichter«*, in: J.G. Hamann. Acta des zweiten Internationalen Hamann-Kolloquiums im Herder-Institut zu Marburg/Lahn 1980, hrsg. v. B. Gajek, Marburg 1983, S.77ff..

-ders., *Turbatverse und Fortgebäude. Über den fehlenden Einfluß J.G. Hamanns auf Herders 'Auch eine Philosophie der Geschichte'*, in: Bückeburger Gespräche über J.G. Herder 1983, Rinteln 1984, S.111ff..

-ders., *Arbeit am Mythos?*, in: O. Bayer u.a., Hrsg., J.G. Hamann. Insel-Almanach auf das Jahr 1988, Frankfurt a.M. 1987, S.83ff..

-ders., *Hamann und seine Wirkung im Idealismus*, in: Idealismus und Aufklärung. Kontinuität und Kritik der Aufklärung in Philosophie und Poesie um 1800, hrsg. v. Chr. Jamme u. G. Kurz, Stuttgart 1988, S.153ff..

-ders., *... wenn Sie wüßten, wie ich Sie buchstabire. Herder als Dolmetscher Hamanns (...)*, in: Bückeburger Gespräche 1988, hrsg. v. B. Poschmann, Rinteln 1989, S.89ff..

Kammler, D. *Das sprachliche Be-stimmen der Welt. Ein Beitrag zur Theorie der Lautdichtung Hugo Balls in Auseinandersetzung mit Kant, Herder, Humboldt und Hamann*, in: Hugo Ball. Almanach 1985/86, hrsg. v. der Stadt Pirmasens, bearb. v. E. Teubner, Pirmasens 1986.

Kawanago, Y., *Geschichte und Apokalyptik bei I. Kant und J.G. Hamann*, in: Doitsu Bungaka, 83, 1989, S.115ff..

Knoll, R., *J.G. Hamann und F.H. Jacobi*, Heidelberg 1963.

-dies., *Wort und Ware, Geist und Geld*, in: O. Bayer u.a., Hrsg., J.G. Hamann. Insel-Almanach auf das Jahr 1988, Frankfurt a.M. 1987, S.128ff..

-dies., *Hamann, Kant und die Folgen*, in: Germanistik Luxembourg, 4, 1993, S.5ff..

Knudsen, Chr., *Das gewisse Wort. J.G. Hamanns Sprachtheorie zwischen Tradition und Vernunftkritik*, in: Cahiers de l'institut du Moyan Age Grec et latin, hrsg. v. Dir. d. Inst., Kopenhagen 1983, S.86ff..

Koch, G., *Hamann-Magus und das deutsche Schicksal. Vom Sinn der Einfalt*, Köln 1946.

Koepp, W., *Der Magier unter Masken. Versuch eines neuen Hamannbildes*. Göttingen1965.

Kohnen, J., *Th. G. v. Hippel: 'Gott ist auch Schriftsteller geworden.' Zur Einflußnahme J.G. Hamanns auf das Denken (...) Hippels*, in: Germanistik Luxembourg, 4, 1993, S.27ff..

Kracht, Th., *Erkenntnisfragen beim jungen Hamann*, Wuppertal 1981.

Kraft, P., *Christliche Kabbalistik als sprachformendes Prinzip im Schaffen J.G. Hamanns*, Wien 1961.

-ders., *Zur Deutung von J.G. Hamanns kabbalistischer Prose*, in: Jahrbuch des Wiener Goethe Vereins, 67, 1963, S.5ff..

Krzywon, E.J., *Bemühungen um Hamann. Über die Lage von Edition und Forschung*. in: Phil. Jahrbuch, 87, 1980, S.216ff..

Leibrecht, W., *Der dreieinige Schöpfer und der Mensch in J.G. Hamanns Philologia crucis*, Heidelberg 1953.

-ders., *Philologica crucis. J.G. Hamanns Gedanken über die Sprache Gottes*, in: Kerygma und Dogma, 1, 1955, S.226ff..

-ders., *Gott und Mensch bei J.G. Hamann*, Gütersloh 1958.

Leiss, E., *"Die Vernunft ist ein Wetterhahn."J.G. Hamanns Sprachtheorie und die Dialektik der Aufklärung*, in: Zeitschrift f. germanistische Linguistik, 19, 1991, S.259ff..

Lieb, F. *Glaube und Offenbarung bei J.G. Hamann*, in: Sophia und Histoire, Aufsätze zur östlichen und westlichen Geistes- und Theologiegeschichte, hrsg. v. M. Rohkämmer, Zürich 1962, S.278ff..

Liebrucks, B., *Sprache und Bewußtsein*, Frankfurt a.M. 1966-1974, darin: Bd.3, *Wege zum Bewußtsein. Sprache u. Dialektik in den ihnen von Kant u. Marx versagten, von Hegel eröffneten* Räumen, 1966; Bd.4, *Die erste Revolution der Denkungsart. Kant: Kritik der reinen Vernunft*, 1968.

Lindner, H., *J.G. Hamann über Bibel und Offenbarung*, in: Theologische Beiträge 6, 1975, S.198ff..

-ders., *Lebenswende. London 1758*, in: O. Bayer u.a., Hrsg., J.G. Hamann. Insel-Almanach auf das Jahr 1988, Frankfurt a.M. 1987, S.39ff..

-ders., *Prophezeiung über das Judentum*, in: Theologische Beiträge, 1988 (I), 5, S.268ff..

-ders., *Aufbruch zum biblischen Denken in der Zeit der Aufklärung*, Gießen 1988 (II).

Lüpke, J.v., *Die Wahrheit in einem Hauch oder von der Eitelkeit der Vernunft. »Neue Apologie des Buchstaben h von ihm selbst«*, in: O. Bayer u.a., Hrsg., J.G. Hamann. Insel-Almanach auf das Jahr 1988, Frankfurt a.M. 1987, S.172ff..

-ders., *Anthropologische Einfälle. Zum Verständnis der "ganzen Existenz" bei J.G. Hamann*, in: Zeitschr. f. systematische Theologie u. Religionsphilosophie, 30, 1988, S.225ff..

-ders., *Theologie als 'Grammatik zur Sprache der heiligen Schrift'*, in: Neue Zeitschrift f. systematische Theologie und Religionsphilosophie, 34, 1992, S.227ff..

Lütgert, W., *Hamann und Kant*, in: Kant-Studien, 11, 1906, S.118ff..

Majetschak, S., *Über den »Geschmack an Zeichen«. Zu J.G. Hamanns Begriff des Textes, des sprachlichen Zeichens und des Stils*, in: Kodikas/Code/Ars Semiotica 10, 1987, S.135ff..

-ders., *Rez.-: O. Bayer, Zeitgenosse im Widerspruch. (...).*, München 1988, in: Allgemeine Zeitschr. f. Philosophie, 13, 1988 (I), 3, S.90.

-ders., *Nachwort.. Vom Sprechen und Hören des Wortes*, in: ders., Hrsg., *Vom Magus im Norden und der Verwegenheit des Geistes*, Hamann-Brevier, München 1988 (II), S.231ff..

-ders., *Metakritik und Sprache. Zu J.G. Hamanns Kant-Verständnis und seinen metakritischen Implikationen*, in: Kant-Studien 80, 1989, S447ff..

-ders., *Der Stil als Grenze der Methode. Über Hamanns Descartes-'Lektüre'*, in: B. Gajek, A. Meier, Hrsg., J.G. Hamann und die Krise der Aufklärung. Acta des fünften Internationalen Hamann-Koll. 1988, Frankfurt a.M. 1990, S.227ff..

-ders., *Rez.: I. Piske, Offenbarung - Sprache - Vernunft. (...)*, Frankfurt a.M. 1989, in: Kant-Studien, 83, 1992, S.344f..

Malsch, W., *Zur möglichen Bedeutung von Hamanns Bibeltypologie für die Geschichtsansicht Herders und der Goethezeit*, in: B. Gajek, Hrsg., J.G. Hamann, Acta des ersten Internationalen Hamann-Kolloquiums in Lüneburg 1976, Frankfurt a.M. 1979, S.93ff..

Manegold, I., *J.G. Hamanns Schrift Konxompax. Fragmente einer apokryphischen Sibylle über apokaliptische Mysterien*, Heidelberg 1963.

Markis, D., *Das Problem der Sprache bei Kant*, in: Dimensionen der Sprache in der Philosophie des deutschen Idealismus, hrsg. v. B. Scheer u. G. Wohlfart, Würzburg 1982, S.110ff..

Metzger, W., *J.G. Hamann. Ein Verkündiger des deutschen Zeitalters*, Frankfurt a.M. 1944.

Metzke, E., *J.G. Hamanns Stellung in der Philosophie des 18. Jahrhunderts*, Halle 1934.

-ders., *Hamann und das Geheimnis des Wortes*. Vortrag 1951, in: ders., Coincidentia Oppositorum, hrsg. v. K. Gründer, Witten 1961, S.271ff..

-ders., *J.G. Hamann, der 'Magus im Norden'. Eine Skizze*, in: Die neue Furche, VI, 1952, S.753ff; auch in: ders., Coincidentia Oppositorum, hrsg. v. K. Gründer, Witten 1961, S.264ff..

-ders., *Kant und Hamann*. Festvortrag 1955, in: ders., Coincidentia Oppositorum, hrsg. v. K. Gründer, Witten 1961, S.294ff..

Minson, J., *Man and Manners: Kantian Humanism, Rhetoric and the History of Ethics*, in: Economy and Society (London), 18, 1989, S.191ff..

Nadler, J., *Hamann, Kant und Goethe*. Halle 1931.

-ders., *J.G. Hamann. Genesis, Gnosis, Agnosia*, in: Anz. d. phil.-hist. Klasse d. Östr. Akd. d. Wissenschaften, 1948, S.371ff..

-ders., *J.G. Hamann 1730-1788. Der Zeuge des Corpus mysticum*, Salzburg 1949.

Nebel, G., *Hamann*, Stuttgart 1973.

Nebel, S.S., *The concept of the role of reason in Hamann's and Herder's writings*, in: Northwestern Univ. Diss. 30, 1969/70, S.9ff..

Oelmüller, W., *Lessing und Hamann. Prolegumena zu einem zukünftigen Gespräch*, in: Collegium philosophicum. J. Ritter zum 60. Geburtstag, Stuttgart 1965, S.272ff..

Oesterreich, P.L., *Geheime persuasive Strategien. Zur rhetorischen Metakritik der Philosophie*, in: Rhetorik und Philosophie, hrsg. v. H. Schanze u. J. Kopperschmidt, München 1989, S.297ff..

-ders., *Fundamentalrhetorik. Untersuchung zu Person und Rede in der Öffentlichkeit*, Hamburg 1990.

-ders., *Das Verhältnis von ästhetischer Theorie und Rhetorik in Kants Kritik der Urteilskraft*, in: Kant-Studien, 83, 1992, S.324ff..

O'Flaherty, J., *The Linguistic Foundations of Hamann's Concept of Unity*, Chicago 1951.

-ders., *Unity and Language. A Study in the Philosophy of J.G. Hamann*, Chapel Hill, New York 1952.

-ders., *Language and Reason in the Thought of Hamann: Creative Encounter*. Festschrift f. H. Salinger,. 1978 (Univ. of. North Carolina Studies (...), 91), S.86ff..

-ders., *Socrates in Hamann's Socratic Memorabilia and Nietzsche's Birth of Tragedy*, in: ders. u.a., Hrsg., Studies in Nietzsche and the Classical Tradition, Chapel Hill 1979, S.134ff..

-ders., *The Quarrel of Reason with Itself*, in: Zeitschr. f. systematische Theologie u. Religionsphilosophie, 30, 1988, S.285ff..

-ders., *J.G. Hamann. Einführung in sein Leben und Werk*, übers. v. W. Peters, Frankfurt a.M. 1989.

Olivetti, M.M., *Vernunft, Verstehen und Sprache im Verhältnis Hamann zu Jacobi* , in: B. Gajek, Hrsg., J.G. Hamann, Acta des ersten Internationalen Hamann-Kolloquiums in Lüneburg 1976, Frankfurt a.M. 1979, S.169ff..

Otto, D., *Vom Ursprung lesen. J.G. Hamanns Übersetzung der Herderschen "Abhandlung über den Ursprung der Sprache"*, in: Theorien vom Ursprung der Sprache, hrsg. v. J. Gessinger u. W. v. Rahden, Berlin 1988, Bd. I, S.390ff..

Pallus, H., *Die Sprachphilosophie Hamanns als eine Quelle für Herders Anschauungen über das Verhältnis von Sprache und Denken*, in: Wiss. Zeitschr. d. Univ. Greifswald, XIII, 1964, S.363ff..

Penn, J.M., *Linguistic relativity versus innate ideas. The origins of the Sapir-Whorf hypothesis in German thought*, Haag/Paris 1972.

Piepmeier, R. *Aporien des Lebensbegriffs seit Oetinger*, München 1978.

-ders., *Hamanns Auseinandersetzung mit Frankreich in den »Kreuzzügen des Philologen«*, in: J.G. Hamann und Frankreich. Acta des dritten Internationalen Hamann-Kolloquiums im Herder-Institut zu Marburg/Lahn 1982, hrsg.v. B. Gajek, Marburg 1987, S.11ff..

Piske, I., *Offenbarung - Sprache - Vernunft. Zur Auseinandersetzung Hamanns mit Kant*, Frankfurt a.M. 1989.

-dies., *Kants 'Beobachtungen über das Gefühl des Schönen und Erhabenen' in der Kritik Hamanns'*, in: B. Gajek, A. Meier, Hrsg., J.G. Hamann und die Krise der Aufklärung. Acta des fünften Internationalen Hamann-Koll. 1988, Frankfurt a.M. 1990, S.275ff..

Prochaska, R.A., *Hamann und Horaz. Die Funktion des Zitats in der Wortkunst des Magus*, Graz 1966.

-ders., *Hamanns Freundschaft mit Horaz*, in: Jahrbuch des Wiener Goethevereins 75, 1971, S.5ff..

Puder, M., *Doppeldeutige Sprachfiguren bei Kant und ihre sachliche Motivation*, Berlin 1968.

Rehm, W., *»Kreuzzüge des Philologen«*, in: Dt. Vieteljahresschr. f. Literaturwiss. u. Geistesges., 31, 1954, S.154ff..

Riedel, M., *Urteilskraft und Vernunft. Kants ursprüngliche Fragestellung*, Frankfurt a.M. 1989.

Rieger, R., *Interpretation und Wissen. Hermeneutik bei Schleiermacher und Hamann*, Berlin 1988.

Reuber, M., *Rez.: J.G. Hamann, Insel-Almanach auf das Jahr 1988*, hrsg. v. O. Bayer u.a., Frankfurt a.M. 1987, in: Universitas. Zeitung f. interdisziplinäre Wiss., 43, 1988, 507, S.1026f..

Ringleben, J., *»Rede, daß ich dich sehe.« Betrachtungen zu Hamanns theologischem Sprachdenken*, in: Zeitschr. f. systematische Theologie u. Religionsphilosophie, 30, 1988, 3, S.209ff..

Rochelt, H., *Das Creditiv der Sprache (Von der Philologie J.G. Hamanns und L. Wittgensteins)*, in: Literatur und Kritik, 1969, S.169ff..

Röhricht, R., *J.G. Hamann und N.v. Kues*, in: J.G. Hamann, Acta des ersten Internationalen Hamann-Kolloquiums in Lüneburg 1976, hrsg. v. B. Gajek, Frankfurt a.M. 1979, S.277ff..

Rosenkranz, K., *Geschichte der Kantischen Philosophie*, Leipzig 1840.

-ders., *Kant und Hamann, 1875 (1858)*, wieder in: J.G. Hamann, hrsg. v. R. Wild, Darmstadt 1978, S.16ff..

Ruprecht, E., *Der Aufbruch der romantischen Bewegung*, München 1948.

-ders., *Die Frage nach dem Ursprung der Sprache: Eine Untersuchung zu J.G. Hamanns Wirkung auf die deutsche Romantik*, in: B. Gajek, Hrsg., J.G. Hamann, (...), Frankfurt a.M. 1979, S.309ff..

Salmony, H.A., *J. G. Hamanns metakritische Philosophie*. Bd. 1, Basel 1958.

Schack, T., *J.G. Hamann*, Kopenhagen 1948.

Schirmer, H., *Die Grundlagen des Erkennens bei J.G. Hamann*, Erlangen 1926.

Schmitt, W.H., *Die logische Spannweite von Hamanns Satz 'Vernunft ist Sprache'*, in: Dimensionen der Sprache, hrsg. v. B. Scheer u. G. Wohlfahrt, Würzburg 1982, S.155ff..

Schöne, A., *Herder als Hamann-Rezensent. Kommentar zur »Dithyrambischen Rhapsodie«*, in: Euphorion LIV, 1960, S.195ff..

Schreiner, L., *Bibliographie der Hamannforschung*, in: J.G. Hamanns Hauptschriften erklärt, hrsg. v. F. Blanke u. L. Schreiner, Gütersloh 1956, Bd. I, S.141ff..

Schwarzenbach, R., *Hamanns Prosa*, in: Reformatio, 11/12, 1961, S.640ff..

Seils, M., *Noch einmal: Die »Schürze von Feigenblättern« J.G. Hamanns*, in: Theologische Literatur-Zeitung, 80, 1955, S.499ff..

-ders., *Theologische Aspekte der gegenwärtigen Hamann-Deutung*, Göttingen 1957.

-ders., *Wirklichkeit und Wort bei J.G. Hamann*, Stuttgart 1961 (I).

-ders., *Wort und Wirklichkeit bei J.G. Hamann*, 1961 (II), in: R. Wild, Hrsg., J.G. Hamann, Darmstadt 1978, S.314ff..

-ders., *Zeugenschaft und Zeitkritik: J.G. Hamanns Beiträge zum Selbstverständnis des Jahrhunderts der Aufklärung*, Universitätsreden, H.1, 1983, S.5ff..

-ders., *Rez.: E. Büchsel, Biblisches Zeugnis und Sprachgestalt bei J.G. Hamann. (...)*, Gießen 1988, in: Theologische Literaturzeitung, 113, 1988, 10, S.768ff..

Sievers, H., *J.G. Hamanns Bekehrung. Ein Versuch, sie zu verstehen*, Zürich 1969.

Simon, F., *Dialekt und Hellenismus. »Kleeblatt hellenistischer Briefe«*, in: O. Bayer u.a., Hrsg., J.G. Hamann. Insel-Almanach auf das Jahr 1988, Frankfurt a.M. 1987, S.53ff..

Simon, J., *Einleitung*, zu: ders., Hrsg., *J.G. Hamann, Schriften zur Sprache*, Frankfurt a.M. 1967, S.9ff..

-ders., *Vernunftkritik und Autorschaft. Reflexionen über Hamanns Kantkritik*, in: B. Gajek, Hrsg., J.G. Hamann, Acta des ersten Internationalen Hamann-Kolloquiums in Lüneburg 1976, Frankfurt a.M. 1979, S.135ff..

-ders., *Hamann und die gegenwärtige Sprachphilosophie*, in: J.G. Hamann. Acta des zweiten Internationalen Hamann-Kolloquiums im Herder-Institut zu Marburg/Lahn 1980, hrsg. v. B. Gajek, Marburg 1983, S.9ff..

-ders., *Spuren Hamanns bei Kant?*, in: B. Gajek, Hrsg. Hamann - Kant - Herder, Acta des vierten internationalen Hamann-Kolloquiums im Herder-Institut zu Marburg/Lahn 1985, Frankfurt a.M. 1987 (I), S.89ff..

-ders., *Der gute Wille zum Verstehen und der Wille zur Macht. Bemerkungen zu einer 'unwahrscheinlichen Debatte'*, in: Allgem. Zeitschrift f. Philosophie, 12.3, 1987 (II), S.79ff..

-ders., *Herder und Kant. Sprache und "historischer Sinn"*, in: J. G. Herder, 1744-1803, hrsg. v. G. Sauder, Hamburg. 1987 (III), S.3ff..

-ders., *Zwei Liebesbriefe an einen Lehrer der Weltweisheit, der eine Physik für Kinder schreiben wollte*, in: O. Bayer u.a., Hrsg., J.G. Hamann. Insel-Almanach auf das Jahr 1988, Frankfurt a.M. 1987 (III), S.105ff..

-ders., *Der Mut zum Denken. Hamanns Stellung zur Aufklärung in seiner Zeit und heute*, in: B. Gajek, A. Meier, Hrsg., J.G. Hamann und die Krise der Aufklärung. Acta des fünften Internationalen Hamann-Koll. 1988, Frankfurt a.M. 1990, S.13ff..

-ders., *Schöne Zeichen. Zur Frage einer Ästhetik des Abwesenden*, in: Zwischen den Wissenschaften. Beiträge zur dt. Literaturgeschichte. B. Gajek zum 65. Geb., hrsg. v. G. Hahn u.a., Regensburg 1994, S.126ff..

Stallmach, J., *Der "Zusammenfall der Gegensätze" und der unendliche Gott*, in: K. Jacobi, Hrsg., *Nikolaus von Cues*, Freiburg/München 1979, S.56ff..

Stam, J.H., *The Question of the Origin of Language in German Thought, 1756-1785*, Brandeis 1964.

Strässle, U., *Geschichte, geschichtliches Verstehen und Geschichtsschreibung im Verständnis J.G. Hamanns. Eine entwicklungsgeschichtliche Untersuchung der Werke zwischen 1756 und 1772*, Bern 1970.

Studer, Th., *Metakritik und Aufklärungskrise - Nachlese zum 200. Todestag J.G. Hamanns*, in: Das achtzehnte Jahrhundert, 17, 1993, S.89ff..

Suchy, V., *J.G. Hamann. Kirchenvater,"mystischer Zeuge" oder Häresiarch? 150 Jahre Hamann-Deutung und Forschung*, in: Jahrbuch d. Wiener Goethe Vereins, 69, 1965, S.47ff..

Tiliette, X., *Hamann und die Engelssprache. Über eine Stelle in der Aesthetica in nuce*, in: B. Gajek, Hsg., J.G. Hamann, Acta des ersten Internationalen Hamann-Kolloquiums in Lüneburg 1976, Frankfurt a.M. 1979, S.66ff..

Unger, R., *Hamanns Sprachtheorie im Zusammenhange seines Denkens. Grundlegung zu einer Würdigung der geistesgeschichtlichen Stellung des Magus im Norden*, München 1905.

-ders., *Hamann und die Aufklärung. Studien zur Vorgeschichte des romantischen Geistes im 18. Jahrhundert*, 2 Bde., Darmstadt 1963, (Nachdruck der 2.Auflage zur 1.Auflage Jena 1911).

Vaughan, L., *J.G. Hamann. Metaphysics of Language and Vision of History*, Frankfurt a.M. 1989.

Völkner, P., *Geschichtlichkeit und Individualität im Sprachverständnis J.G. Hamanns*, in: Deutsche Vierteljahrsschrift f. Literaturwissenschaft und Geistesgeschichte, 61, 1987, S.665ff..

Warda, A., *Ein »rasendes und blutiges Billtet« von J.G. Hamann an I. Kant*, in: Euphorion, 13, 1906, S.493ff..

Weber, H., *Hamann und Kant. Ein Beitrag zur Geschichte der Philosophie im Zeitalter der Aufklärung*, München 1904.

Weiß, H., *J.G. Hamanns Ansichten zur Sprache. Versuch einer Rekonstruktion aus dem Frühwerk*, Münster 1990 (I).

-ders., *J.G. Hamann und die Sprachtheorie der Aufklärung. Methodische und wissenschaftstheoretische Voraussetzungen der Rekonstruktion einer Sprachtheorie*, in: Understanding the historiography of linguistics. (...), Symposium (...) 1989, hrsg. v. W. Hüllen, Münster 1990 (II), S.99ff..

-ders., *Das Sprachprinzipium der Vernunft. J.G. Hamanns Metakritik an I. Kant*, in: Beiträge zur Geschichte der Sprachwissenschaft, 3, 1993, S.147ff..

Wetzel, M., *Der monströse Stil. J.G. Hamanns 'Metakritik' und das Problem der Subjektivität*, in: Katabole, 1981, 2, S.13ff..

-ders., *Telephonie. Parerga zu einer 'Phänomenologie der Scham' in Anschluß an J.G. Hamann*, in: fragmente. Schriftenreihe zur Psychoanalyse, H.7/8, 1983, S.116ff..

-ders., *Mysterien des Hymens. »Versuch einer Sibylle über die Ehe«*, in: O. Bayer u.a., Hrsg., J.G. Hamann. Insel-Almanach auf das Jahr 1988, Frankfurt a.M. 1987, S.162ff..

Wild, R., *'Metacriticus bonae spei'. (...)*, Frankfurt a.M. 1975.

-ders., *Natur und Offenbarung. Hamanns und Kants gemeinsamer Plan zu einer Physik für Kinder*, in: Anton, Gajek, Pfaff, Hrsg., Geist und Zeichen. Festschrift f. A. Henkel, Heidelberg 1977, S.452ff..

-ders., *Einleitung*, zu: ders., Hrsg., *J.G. Hamann*, Darmstadt 1978, S.1ff..

-ders., *»Jede Erscheinung der Natur war ein Wort«*, in: O. Bayer u.a., Hrsg., J.G. Hamann. Insel-Almanach auf das Jahr 1988, Frankfurt a.M. 1987, S.91ff..

-ders., *Bemerkungen zu J.G. Hamanns Schreibprozeß am Beispiel des 'Fliegenden Briefes'*, in: Zwischen den Wissenschaften. Beiträge zur deutschen Literaturgeschichte. B. Gajek zum 65. Geb., hrsg. v. G. Hahn u.a., Regensburg 1994, S.258ff..

Wilson, Ch., *Subjektivität und Darstellungsform als Problem von Kants transzendentaler Methodenlehre*, in: G. Gabriel u. Chr. Schildknecht, Hrsg., Literarische Formen der Philosophie, Stuttgart 1990, S.139ff..

Wohlfahrt, G., *Metakritik der ästhetischen Urteilskraft* , Frankfurt a.M. 1970.

-ders., *Metakritische Überlegungen zum Problem der transzendentalen Deduktion bei Kant* , in: Salzburger Jahrbuch f. Philosophie, Bd. XXVI, 1981/82, S.117ff..

-ders., *Denken der Sprache. Sprache und Kunst bei Vico, Hamann, Humboldt und Hegel*, Freiburg/München 1984 (I).

-ders., *Sprachkritik und Sprachmetakritik. Bemerkungen zur Sprachphilosophie Wittgensteins*, in: Allgemeine Zeitschrift f. Philosophie, 9, 1984 (II), S.21ff..

-ders., *Der Punkt. Ästhetische Meditationen* , München 1986.

-ders., *Logik und Ästhetik* , in: O. Bayer u.a., Hrsg., J.G. Hamann. Insel-Almanach auf das Jahr 1988, Frankfurt a.M. 1987 (I), S.76ff..

-ders., *Der metakritische Weg ist allein noch offen* , in: O. Bayer u.a., Hrsg., J.G. Hamann. Insel-Almanach auf das Jahr 1988, Frankfurt a.M. 1987 (II), S.116ff..

Aus dem Programm
Literaturwissenschaft

Achim Geisenhanslüke

**FOUCAULT
UND DIE LITERATUR**

EINE DISKURSKRITISCHE
UNTERSUCHUNG

Westdeutscher Verlag

Achim Geisenhanslüke
Foucault und die Literatur
Eine diskurskritische Untersuchung
1997. 228 S. (Historische Diskursanalyse
der Literatur) Br. DM 49,80
ISBN 3-531-12958-9
In diesem Band wird der Zusammenhang von
Literatur und philosophischer Theorie in den zwischen 1961 und 1967 veröffentlichten Schriften Foucaults untersucht. Der Schwerpunkt der
Arbeit liegt nicht allein auf der Bedeutung der
Diskursanalyse als literaturwissenschaftlich rele-
vantem Verfahren, sondern auf der Frage nach
den Gestalten, in denen die Literatur in Foucaults
eigenes Werk Eingang gefunden hat. Am Beispiel u. a. von Racine, Mallarmé, Blanchot und
Bataille wird dargelegt, inwiefern die Literatur in
der Funktion eines Gegendiskurses als Vorbild
für Foucaults Subjektkritik gelten kann.

Claudia Rademacher
**„Nach dem versäumten
Augenblick"**
Zur Konstruktion des Utopischen in Adornos
essayistischer Sozialphilosophie
1997. 278 S. Br. DM 58,00
ISBN 3-531-12993-7
Versöhnungsutopie, Gesellschaftskritik und essayistische Darstellungsform, so die Grundthese dieser Studie, bilden in Adornos dialektischer Sozialphilosophie eine untrennbare Einheit. Gegen
alle verharmlosenden Vereinnahmungsstrategien
postmoderner wie kommunikationstheoretischer
Couleur deutlich zu machen, daß Adornos theoretische Anstrengung durch alle Paradoxien und
Aporien hindurch von der nach wie vor unabge-
goltenen Forderung zehrt, daß Vernunft endlich
praktisch werde, ist eines der Ziele dieser Arbeit.

Hans-Peter Schwander
Alles um Liebe?
Zur Position Goethes im modernen Liebesdiskurs
1997. 385 S. (Historische Diskursanalyse
der Literatur) Br. DM 62,00
ISBN 3-531-13021-8
Goethe hat als literarischer Wegbegleiter des
modernen Liebesdiskurses das emphatische Ge-
fühlserlebnis zum zentralen Lebenssinn erhoben.
Diese Aufwertung des Liebeserlebens gilt bis heute
ungebrochen. Eine andere Grundstruktur der von
Goethe gestalteten Liebesbeziehungen läuft jedoch dem gegenwärtigen Verständnis von Liebe
zuwider und wird konsequent überlesen: Goethe verweigert den Liebenden das Erleben von
Gemeinsamkeit und weist der Liebe als Ort die
Einbildungskraft des je einzelnen zu.

Änderungen vorbehalten. Stand: Mai 1998.

WESTDEUTSCHER VERLAG
Abraham-Lincoln-Str. 46 · 65189 Wiesbaden
Fax (06 11) 78 78 - 400